国家社科基金项目

"李翱著作校释及其复性思想研究"（14BZX054）

性情与体用

李翱哲学与中国人性论转向

李晓春 著

中华书局

图书在版编目(CIP)数据

性情与体用:李翱哲学与中国人性论转向/李晓春著. —北京:
中华书局,2024. 11. —ISBN 978-7-101-16839-6

Ⅰ. B241. 65

中国国家版本馆 CIP 数据核字第 2024MM3824 号

书　　名　性情与体用:李翱哲学与中国人性论转向
著　　者　李晓春
责任编辑　高　天
装帧设计　刘　丽
责任印制　韩馨雨
出版发行　中华书局
　　　　　(北京市丰台区太平桥西里 38 号　100073)
　　　　　http://www. zhbc. com. cn
　　　　　E-mail:zhbc@ zhbc. com. cn
印　　刷　三河市中晟雅豪印务有限公司
版　　次　2024 年 11 月第 1 版
　　　　　2024 年 11 月第 1 次印刷
规　　格　开本/920×1250 毫米　1/32
　　　　　印张 14½　插页 3　字数 375 千字
国际书号　ISBN 978-7-101-16839-6
定　　价　88.00 元

　　李晓春　1966年生，甘肃省兰州市人，本科、硕士就读于兰州大学哲学系，博士就读于华东师范大学哲学系，2001年获中国哲学博士学位。现任兰州大学哲学社会学院教授，兼任中国哲学史学会理事、中国哲学史学会现代哲学专业委员会副秘书长、甘肃哲学学会常务理事、中华孔子学会张栻与湖湘文化研究专业委员会常务理事等。主要从事中国哲学、中西哲学比较、儒家心性论、中国古代思维方式、宋明理学、儒家思想现代化等方面的研究。已出版专著《宋代性二元论研究》《张载哲学与中国古代思维方式研究》《儒家思想及其现代化》等。

目 录

第一章　李翱的生平
及其思想发生的历史背景

第一节　李翱的生平

李翱(774—836)，祖籍陇西成纪，即今甘肃秦安，为凉武昭王李暠十三世孙。李翱的曾祖父李楚金是李诏的第二子，李诏官居谘议。李楚金明经出身，先被授予卫州参军的官职，后又任贝州司法参军。李楚金的伯兄李惟慎是太原府寿阳县丞，喜饮酒，性豪爽，经常在一起喝酒的朋友里面就有在历史上赫赫有名的草书书法大师张旭。李翱的祖母是清河崔氏，性格柔顺，能够使亲族和睦相处。李翱还常提到他有一位任户部侍郎的叔父李逊，是李惟慎的儿子。李翱所留文献自称他的郡望是陇西李氏，而陇西李氏在当时属于七姓十家的第一大世家，有与清河崔氏通婚的传统。李楚金的夫人就是清河崔氏，这说明李楚金在世时，李翱的家族是很兴盛的，拥有较高的社会地位。再如，据李翱记述，李楚金的伯兄李惟慎每天都能拿着一千铜钱去喝酒，而且他到贝州上任时随身就带了二千万钱，这说明其家族非常富裕。故而，李翱的家族虽到了其父亲一辈开始衰落，但是其士大夫家族传承的底蕴仍在。

李翱的家乡应该是汴州陈留县安丰乡，汴州即今河南开封市。韩愈在《唐故贝州司法参军李君墓志铭并序》中说：

贞元十七年九月丁卯,陇西李翱合葬其皇祖考贝州司法参军楚金、皇祖妣清河崔氏夫人于汴州陈留县安丰里。①

又,李翱在《故朔方节度掌书记殿中侍御史昌黎韩君夫人京兆韦氏墓志铭》中说:

贞元十八年八月甲辰,卒于汴州开封新里乡之某村。其明年正月辛酉,陇西李氏以其丧葬之于陈留县安丰乡冈原。②

李翱的岳父是殿中君韩弇,殿中君的堂弟是韩愈,李翱是通过韩愈的引见而得到韩家的允诺,把女儿嫁给了他。李翱夫人嫁后,她的母亲,也就是李翱的岳母也跟随女儿到了李家。但是李翱的岳母,贞元十八年八月在汴州开封新里乡去世,年仅三十二岁。李翱的岳母去世,本应和殿中君韩弇葬在一起,但韩弇已经葬在河阳,李翱于是将岳母葬于汴州陈留县安丰乡冈原,应为李氏祖坟所在地,汴州陈留县也应该是李翱出生之地。

由于李翱出生日史书没有明确的记载,故而学界有好几种关于李翱出生年月的说法,笔者赞成李翱出生于公元 774 年的观点。李翱出生于公元 774 年,学者早有详尽的研究,针对李翱"翱生始言,叔氏弃没,爰殡于野,年周四甲"③的说法,胡适说:"'四甲'应该是四十年。元和九年上推四十年,为大历十年(七七五),其时李翱已'始

①韩愈著,刘真伦、岳珍校注:《韩愈文集汇校笺注》卷二十四《唐故贝州司法参军李君墓志铭(并序)》,中华书局,2010 年,第 2636—2637 页。
②李翱撰,郝润华、杜学林校注:《李翱文集校注》卷第十五《故朔方节度掌书记殿中侍御史昌黎韩君夫人京兆韦氏墓志铭》,中华书局,2021 年,第 269 页。后引该书,版本同此,不再注明。
③《李翱文集校注》卷第十四《叔氏墓志》,第 245 页。

言'了。大概他生在大历九年(七七四)。"①李恩溥在《李翱年谱》中经过两条证据的论证,说:"合此二证,可知其生年为大历七年。"②台湾学者罗联添著有《李翱研究》一书,他在其中详细地阐述了理由:

> 新旧《唐书》李翱传不载其年寿,无从推定其生年。唯李翱有《与翰林李舍人书》云:
>
> 　　年已六十有一,比诸叔父兄弟为得年矣。且不知余年几何,意愿乞取残年以修所知之道。……王拾遗是桂州旧僚,颇知此志,若与往来,伏望问之。
>
> 李舍人指李珏。《旧书》一七三,《新书》一八二有传。据岑仲勉《翰林学士壁记注补》:李珏,唐文宗大和五年(八三一)九月以库部员外郎兼充翰林学士,七年(八三三)三月除中书舍人充翰林学士,九年(八三五)五月转户部侍郎仍充学士,此书题既称"翰林李舍人",知此书之作不能早于大和七年(八三三)三月,晚于九年(八三五)五月。又李翱以大和七年六月自桂州观察使,改授潭州刺史湖南观察使,八年(八三四)十二月征为刑部侍郎。书有"王拾遗是桂州旧僚"语,可知李翱作此书地在湖南潭州(今湖南长沙)。而李翱在潭州前后仅二年,故知此书只能作于大和七(八三三)、八(八三四)两年,从此逆算六十一年,李翱当生于唐代宗大历八年(七七三)或九年(七七四)。③

阎琦在其著作《李翱评传》中说:

---

①耿云志、李国彤编:《胡适传记作品全编》第二卷,东方出版中心,1999 年,第418 页。
②李恩溥:《李翱年谱》,《中央日报》,1948 年 5 月 17 日。
③罗联添:《唐代诗文六家年谱》,学海出版社,1986 年,第 470—471 页。

前引李翱《复性书》云"南观涛江,入于越,而吴郡陆傪存焉"与"夫子复生,不废吾言矣",明白不过地说明李翱的《复性书》之作,是因为陆傪的鼓励,而《复性书》动笔写作到完成,陆傪已去世了。《复性书(下)》有云:"吾之生二十有九年矣……"姑以李翱《复性书》之作在陆傪卒年、即贞元十八年(802),逆推二十九年,可知李翱生年在大历九年(774)。《李翱年谱》及《〈李翱年谱〉订补》之误,在于确定《复性书》之作在李翱得见陆傪之次年(贞元十六年),而没有细绎出其时陆傪已卒之文意。①

对于以上论证,也有直接反对的论点,比如英国学者巴雷特(Timothy Hugh Barrett)在其博士论文《李翱:释子、道家还是新儒家》("Li Ao: Buddhist, Taoist, or Neo-Confucian")中反对把"吴郡陆傪存焉"中的"存"理解为生死意义上的"存",而应该理解为"在""不在"意义上的"存",即陆傪是不是离开了吴郡,而不是陆傪是生是死。巴雷特认为"志于道者四年矣"是从写《复性书》往前推,如果《复性书》完成于公元802年,那么就太晚了;因为他认为李翱志于道应始于贞元十二、十三年李翱与韩愈相互交流的时期。巴雷特的第一个反对意见是不能成立的,中国人从来不会把"存"从"在"或"不在"某个地方的角度来理解,这自然是因为汉语不是他的母语。但他的第二个反对意见却非常重要,如果他的这个质疑成立,李翱出生年为大历九年(774)就难以成立。要解决这个问题,我们必须重新理解《复性书》的结构和写作过程。

傅斯年说:"约言之,《复性》上下两书皆不杂禅学者,中篇诸问

---

①卞孝萱、张清华、阎琦:《韩愈评传》附一《李翱评传》,南京大学出版社,1998年,第472页。

则或杂或不杂。"①过去我们对于《复性书》都有一个认识上的盲点，以为它是一次性写就的，但是仔细研究《复性书》，就会发现，《复性书》并不是一次性写就的。《复性书》分为上、中、下三部分，但很明显，它的结构分为两个部分，上篇是一部分，中篇和下篇是一部分。为什么这样说呢？因为《复性书》上篇是独立成篇的，尤其是它的最后一段如此说：

> 道之极于剥也必复，吾岂复之时邪？吾自六岁读书，但为词句之学。志于道者四年矣，与人言之，未尝有是我者也。南观涛江入于越，而吴郡陆傪存焉，与之言之。陆傪曰："子之言，尼父之心也。东方如有圣人焉，不出乎此也，南方如有圣人焉，亦不出乎此也。惟子行之不息而已矣。"呜呼！性命之书虽存，学者莫能明，是故皆入于庄、列、老、释，不知者谓夫子之徒不足以穷性命之道，信之者皆是也。有问于我，我以吾之所知而传焉，遂书于书，以开诚明之源，而缺绝废弃不扬之道，几可以传于时，命曰《复性书》，以理其心，以传乎其人。乌戏！夫子复生，不废吾言矣。②

此段从整个段落的语气来看，是文章的结尾，而《复性书》上篇的整篇言说文意完整，对于性情关系以及诚本体有着完整的论述。且最后说"夫子复生，不废吾言矣"，这明显是对于已写完内容的总结和抱负，如果文意还没写完就觉得已经"夫子复生，不废吾言矣"，在文意上说不通；况且很少有在文章的中间写一段总结性的话的情况。如果这个说法可以成立，那么可以认为，《复性书》上篇写于贞元十五年

---

①傅斯年：《性命古训辨证》，上海古籍出版社，2012年，第238页。
②《李翱文集校注》卷第二《复性书（上）》，第15—16页。

李翱和陆傪见面稍后的时间，这就可以解释巴雷特关于"志于道者四年矣"所产生的问题；而相应地，《复性书》中篇和下篇则完成于贞元十八年陆傪去世后当年。在这里就有一个问题，如果《复性书》上篇写于贞元十五年，那么怎么会写"吴郡陆傪存焉"这样的话？这只有一个答案，那就是当李翱最后完成《复性书》时，陆傪已经去世，他在修改文稿时，加上了这个信息。

对于以上推论，还有一个佐证，《宋高僧传》卷第十七《唐朗州药山惟俨传》文后赞宁的"系曰"如是说：

> 尝览李文公《复性》二篇，明佛理不引佛书，援证而征，取《易》《礼》而止。可谓外柔顺而内刚逆也，故曰得象而忘言矣。经云治世诸言皆成正法者，李公有焉。①

这说明赞宁所读《复性书》为上、下两篇，不知何时，下篇分为中篇和下篇，下篇只是一个结尾。这样说起来，李翱的《复性书》原应为上下两篇，上篇写就于贞元十五年，而下篇写就于贞元十八年，完成后李翱对全文进行了修改。

当然，以上论述只是一个推论，我们已经很难寻到更加具体的证据。不过，如果不是这样，那么我们还是把《复性书》的写作过程理解为至少最后的文本是一次性完成的，如此，"志于道者四年矣"的意思就是指李翱从回忆的角度说当时和陆傪交往时已经志于道四年了。很显然，无论《复性书》是在一个时间段写成的，还是一次性写就的，都不影响对李翱出生年月的确定。

唐代宗大历九年（774），李翱出生。李翱在《叔氏墓志》中说：

---

① 赞宁撰，范祥雍点校：《宋高僧传》卷第十七《唐朗州药山惟俨传》，中华书局，1987年，第425页。

"元和九年,岁直甲午,正月十九日丁卯,浙东道观察判官将仕郎试大理评事摄监察御史李翱,奉其叔氏之丧葬于兹。"元和九年甲午正月十九日丁卯是公元 814 年 2 月 12 日。李翱又说:"翱生始言,叔氏弃没,爰殡于野,年周四甲。"①四甲是四十年,孩子始言是个含糊的说法,一般说来大约在一岁左右,那么元和九年,李翱大约四十一岁。元和九年,叔氏去世是在元月,这样推起来,那么李翱应生于大历九年年初(774)或大历八年(773)年末,而大历八年年末就是公元 774 年年初。故而从这条材料看,李翱很可能是出生在公元 774 年年初。确定李翱出生年月还有一条重要线索,就是李翱在《复性书》中说:"南观涛江入于越,而吴郡陆傪存焉。"②这说明李翱在写《复性书》时,陆傪已去世。陆傪去世的时间是贞元十八年四月二十八日(802 年 6 月 2 日),李翱在《复性书》中说到他写作时是二十九岁,如果李翱是在贞元十八年写《复性书》,那么他出生于大历九年,公元 774 年;如果李翱是在贞元十九年写《复性书》,那么他出生于大历十年,公元 775 年。这两条材料的重合点是公元 774 年,那么李翱应是出生于公元 774 年年初。故而李翱的出生年月很有可能是大历九年年初(774)或大历八年(773)年末,公元 774 年年初。同时也可证明,李翱写《复性书》的时间是贞元十八年。另有一条史料也有关于李翱出生年月的信息,即《与翰林李舍人书》记载说写此书时李翱已经六十一岁,至于《与翰林李舍人书》的写作时间,学界有几种说法,郝润华、杜学林校注的《李翱文集校注》做了一个总结:

　　　　文宗大和九年(八三五)五月前作。……按,关于此篇作年,罗《谱》据"王拾遗是桂州旧僚"定于大和七年六月以后;何《谱》

---

① 《李翱文集校注》卷第十四《叔氏墓志》,第 245 页。
② 《李翱文集校注》卷第二《复性书(上)》,第 15 页。

据"年已六十有一"定于大和八年(八三四)。据文云"年已六十有一",以翱生于大历九年推之,此文作时当为大和九年;又李珏以大和七年(八三三)三月拜中书舍人,九年五月转户部侍郎,文既称"翰林李舍人",是此文之作当在九年五月前。①

《新唐书》在《李珏传》中说:"僧孺还相,以司勋员外郎知制诰为翰林学士,加户部侍郎。"②《旧唐书》在《李珏传》中说:"大和五年,李宗闵、牛僧孺在相,与珏亲厚,改度支郎中、知制诰,遂入翰林充学士。七年三月,正拜中书舍人。九年五月,转户部侍郎充职。七月,宗闵得罪,珏坐累,出为江州刺史。"③以李翱生年推,何《谱》是,"据'年已六十有一'定于大和八年(八三四)"④。只是此条材料并不能精确化李翱的出生时间。

大历十四年(779),李翱开始读书,从事于词句之学。《复性书》说:"吾自六岁读书,但为词句之学。"⑤

唐德宗建中四年(783),李希烈攻陷汴州,李翱在《杨烈妇传》中曾提到这件史实,李希烈之乱应对李翱家族所在地的社会生活产生了很大的影响。

唐德宗贞元三年(787),吐蕃请求与唐结盟,殿中君韩弇参与了此事,并在这年五月遇害,卒年三十五岁,其夫人年仅十七岁。

贞元五年(789),李翱十六岁,开始致力于仁义之学,他在《与淮

---

①《李翱文集校注》卷第八《与翰林李舍人书》,第 126—127 页。

②欧阳修、宋祁:《新唐书》卷一百八十二列传第一百七《李珏》,中华书局,2011年精装本,第 5360 页。

③刘昫等:《旧唐书》卷一百七十三列传第一百二十三《李珏》,中华书局,2011年精装本,第 4504 页。

④《李翱文集校注》卷第八《与翰林李舍人书》,第 127 页。

⑤《李翱文集校注》卷第二《复性书(上)》,第 15 页。

南节度使书》中说:"翱自十五已后,即有志于仁义。"①这说明,李翱在思想上的觉悟发生在其十五六岁时,从此,他有了对于儒家思想的真正追索,这个时间点距离他写出代表作《复性书》尚有十三年之久。也就是说,李翱从十六岁正式开始,到其二十九岁时,其对于儒家思想的认识和理解趋于成熟。

　　贞元九年(793),李翱二十岁,从这一年开始参加科举考试。李翱在《感知己赋并序》中说:"贞元九年,翱始就州府之贡举人事。其九月,执文章一通,谒于右补阙安定梁君。……十一月,梁君遘疾而殁。"又说:"梁君殁于兹五年,翱……为文将数万言,……弗啻数倍;……每岁试于礼部,连以文章罢黜。"②这也就是说,从贞元九年至贞元十三年,李翱五年都科举不中。李翱连试不中的原因,他在《送冯定序》中也有说明:"予联以杂文罢黜,不知者亦纷纷交笑之。"③杂文即是在经、史之外的应时试文,《新唐书·选举志》说:"永隆二年,考功员外郎刘思立建言,明经多抄义条,进士唯诵旧策,皆亡实才,而有司以人数充第。乃诏自今明经试帖粗十得六以上,进士试杂文二篇,通文律者然后试策。"④这是说,在唐高宗永隆二年(681),考功员外郎刘思立向皇帝建议,认为科举考试只重现成的经义条目,即使是进士也只是熟悉一些现成的策论,而对于时事并没有实际的处理能力,故而他建议增加一个考查举子实际能力的科目,这就是杂文。显然,李翱连续五年科举失利都因为杂文不过关。

　　贞元九年(793)九月,李翱在参加州府贡举人事的时候,拜见了

①《李翱文集校注》卷第八《与淮南节度使书》,第114页。
②《李翱文集校注》卷第一《感知己赋并序》,第1页。
③《李翱文集校注》卷第五《送冯定序》,第67页。
④欧阳修、宋祁:《新唐书》卷四十四志第三十四《选举志上》,中华书局,2011年精装本,第1163页。

著名古文学家梁肃。唐代科举，名士、权贵对于科举影响很大，故而举子多持其论章诗文拜谒名士、权贵，以争取获得对自己的举荐，这称为"行卷"。后来这种私下的活动竟演变为公开的行为，此即是说，为了更能了解举子，要先行阅读其以前所做之文，使主考官对于其人有一个全面了解。另如在贞元十八年贡试中，韩愈在《与祠部陆参员外荐士书》中向权德舆、陆傪推荐十人，其中首荐四人中的侯云长、韦群玉两人当年即中举，作为此次贡试辅佐权德舆的官员陆傪，也就是李翱在《复性书》中所说的和他心有相通的知己。

作为名士的梁肃很欣赏李翱的才华，但是这年十一月，梁肃就因病去世。有学者认为李翱和梁肃有师生关系，但李翱和梁肃只见了一面，虽然梁肃对李翱很赏识，也向他人推荐褒扬李翱的才华，但二人之间的关系应不能说是师生关系。贞元九年，李翱做的另一件重要的事是曾向宰相上书谈论政刑之事，他在《贺行军陆大夫书》中说到所上之书中有"'亲戚怀二，杀之可也。'况怀二且非亲戚哉"①这样的句子。从这句话中可以看出，李翱有很强的忠君思想，在他看来，即使是亲戚有不忠、怀有二心都应杀之，何况是没有亲族关系的人。此时，李翱刚刚开始参加科举考试，应是胸怀大志，意欲有所作为。

贞元十年（794），李观去世，李翱在《与陆傪书》提到此事，此书信据郝润华、杜学林考证，应写于贞元十六年或十七年。

贞元十一年（795），李翱第三次科考未中，他在《谢杨郎中书》中所说"不获者三"②即是指三次科举未中的情景。在这封书信里，李翱谈到了科举不中的苦闷心情，显示了三次未能及第的彷徨心境。

贞元十二年（796），韩愈在汴州，李翱从徐州来到汴州，得以和韩愈相识。李翱在《祭吏部韩侍郎文》中谈到了他们相识相知的过程，

①《李翱文集校注》卷第八《贺行军陆大夫书》，第117页。
②《李翱文集校注》卷第七《谢杨郎中书》，第100页。

从贞元十二年在汴州相识,李翱和韩愈交往有二十九年之久,直到韩愈辞世。李翱在文中也谈到了他与韩愈的具体关系,他提到"视我无能,待予以友"①这样的话,显然他们之间是一种朋友关系,而不是师生关系;故而,历史上传说的李翱是韩愈学生的说法是不实之词。冯友兰说:"然《李翱集》中《答韩侍郎书》,及《祭吏部韩侍郎文》皆称愈为兄。韩愈与李翱之关系,似在师友之间也。"②当然,文中也谈到李翱初见韩愈,确实从学识上不如韩愈,韩愈也确实有为李翱"讲文析道"③。两人在贞元十二年、十三年、十四年多在一起互相探讨学问,李翱很受启发,获得了很大的收益,这应该是李翱和韩愈相处比较长的一段论道时间。李翱自己也认为,在此之前,他只是为辞章之学,而从贞元十二年之后就开始立志于求道。李翱在《复性书》中说:

> 吾自六岁读书,但为词句之学。志于道者四年矣,与人言之,未尝有是我者也。南观涛江入于越,而吴郡陆傪存焉,与之言之。④

李翱于贞元十五年南游时与陆傪见面,向上推四年,即贞元十二年。这说明李翱的《复性书》并不是一次性完成的,而是有一个过程。在与陆傪见面前,李翱就已经形成了基本的思想,而且见面后不久,就开始写作《复性书》,直到李翱二十九岁,陆傪去世后不久,完成了《复性书》,并加上了对陆傪知遇的感激之情,这也说明了为什么李翱能在陆傪去世后不久就能完成《复性书》。

---

①《李翱文集校注》卷第十六《祭吏部韩侍郎文》,第273页。
②冯友兰:《中国哲学史》,中华书局,1961年,第804页。
③《李翱文集校注》卷第十六《祭吏部韩侍郎文》,第273页。
④《李翱文集校注》卷第二《复性书(上)》,第15页。

《谢杨郎中书》撰写于贞元十二年,文中表现了李翱当时的心情和感想,他说:

> 月日。乡贡进士李翱再拜。前者以所著文章献于阁下,累获咨嗟,勤勤不忘。……
>
> 翱自属文,求举有司,不获者三,栖遑往来,困苦饥寒,踣而未能奋飞者,诚有说也。……
>
> ……若翱者,穷贱朴讷无所取,然既为阁下之所知,敢不以古君子之道有望于阁下哉! 不宣,翱载拜!①

杨郎中即杨于陵,李翱以文章献给杨于陵,希望获得他的赏识,这是唐末学子科举求进的通常之举。需要注意的是,此时李翱已三年未中,心情颇为苦闷。从文中所记看,杨于陵对于李翱的才学还是很赏识的。李翱对于杨于陵的赏识也很感激,在作于大和五年(831)的《祭杨仆射文》中,他说:

> 呜呼! 贞元中岁,公既为郎,始获趋门,仰公之光。遂假荐言,幽蛰用彰,德惠之厚,殁身敢忘。②

贞元十三年(797),李翱和韩愈相聚于汴州。据刘真伦、岳珍校注的韩愈《答李翱书》注说,韩愈和李翱于贞元十三年、十四年在汴州相聚,而后李翱曾于贞元十五年初南游吴越,随后于贞元十六年四月

---

①《李翱文集校注》卷第七《谢杨郎中书》,第100—101页。
②《李翱文集校注》卷第十六《祭杨仆射文》,第282页。

到徐州迎娶韩愈兄长的女儿①。贞元十三年,李翱在汴州,还写作了《高愍女碑》。当时高愍女的父亲高彦昭为颍州刺史,李翱在《高愍女碑》中提到,其所记之事是韩愈告诉他的。韩愈也在《与冯宿论文书》中记载了贞元十三、十四年与李翱的交往:

> 近李翱从仆学文,颇有所得。然其人家贫多事,未能卒其业。有张籍者,年长于翱,而亦学于仆。②

《感知己赋并序》是李翱在贞元十三年科考之后写的感叹之辞,也表现了他对此次考试寄予了很大的期望,希望有道之人能赏识他。在梁肃去世后的五年里,李翱每年都参加科举考试,应试于礼部,但都没能中举。也许是屡考不中的遭遇,使他倍感难遇知己,故而写下了《感知己赋并序》。

贞元十四年(798),李翱登进士第。《旧唐书·李翱传》说:"贞元十四年登进士第,授校书郎。"③李翱中进士后,应该希冀着自己能一展平生的抱负,对未来满怀憧憬,故而写作《知凤》一文。文中借鸟至于宋州之野,阐述了自己对于圣人的认识。李翱认为,知圣人、知凤,不在于其形状样貌,而在于看圣人和凤的所作所为所呈现出的道,故而他说:"知贤圣人者观其道。"④

贞元十五年(799)二月,汴州乱。贞元十五年六月二十九日,李翱在苏州拜于禹之堂,即禹庙。贞元十五年,李翱在苏州遇到侯高,

①韩愈著,刘真伦、岳珍校注:《韩愈文集汇校笺注》卷六《答李翱书》,中华书局,2010年,第744—745页。

②韩愈著,刘真伦、岳珍校注:《韩愈文集汇校笺注》卷七《与冯宿论文书》,中华书局,2010年,第817页。

③《李翱文集校注》附录一《生平传记·旧唐书·李翱传》,第342页。

④《李翱文集校注》卷第五《知凤》,第59页。

他在《故处士侯君墓志》中说:"贞元十五年,翱遇玄览于苏州。"①侯高,字玄览,据李翱《故处士侯君墓志》说,侯高年少时为道士,学习黄老炼气之术,性情刚毅。贞元十五年汴州乱时,侯高写《吊汴州文》,投进大河控诉。和李翱相遇时,侯高拿出此文,请李翱阅读。李翱对孟郊说,此文心意至诚,一定会向上通达上帝听闻。从李翱文中所记来看,李翱思想中似有人格神的存在,只是不是主流,在重要的文献中都不见言及人格神意义上的鬼神,此处所言或只是激愤之辞。贞元十五年,李翱游江南时与陆傪相识,并作《陆傪槛铭》曰:

> 昼日居于是,穷性命于是,待宾客交其贤者亦于是,有客曰翱铭于是。②

是年,李翱还作了《泗州开元寺钟铭并序》。

贞元十六年(800),李翱与韩氏女结婚,他在《故朔方节度掌书记殿中侍御史昌黎韩君夫人京兆韦氏墓志铭》中说:"殿中君从父弟愈,孝友慈祥,贞元十六年,以其女子归于陇西李翱。"③韩愈在《与孟东野书》中也说:"李习之娶余亡兄之女,期在后月,朝夕当来此。"魏引补注说:"后月,即十六年四月也。"④可见,李翱于贞元十六年四月在徐州娶韩愈亡兄女韩氏。

韩愈在《题李生壁》中说:

---

① 《李翱文集校注》卷第十四《故处士侯君墓志》,第242页。
② 《李翱文集校注》卷第十七《陆傪槛铭》,第302页。
③ 《李翱文集校注》卷第十五《故朔方节度掌书记殿中侍御史昌黎韩君夫人京兆韦氏墓志铭》,第269页。
④ 韩愈著,刘真伦、岳珍校注:《韩愈文集汇校笺注》卷五《与孟东野书》,中华书局,2010年,第572、576页。

余始得李生于河中,今相遇于下邳。……是来也,余黜于徐
州,将西居于洛阳。泛舟于清泠池,泊于文雅台下。西望商丘,
东望修竹园,入微子庙,求邹阳、枚叔、司马相如之故文。久立于
庙陛间,悲《那》颂之不作于是者已久。陇西李翱、太原王涯、上
谷侯喜实同与焉。贞元十六年五月十四日,昌黎韩愈书。①

据《旧唐书·地理志》,下邳当时属泗州,贞元十六年五月,因徐州政
局不稳,韩愈、李翱从徐州来到泗州。贞元十六年"九月,……义成军
节度使卢群卒。……戊辰,以左丞李元素为滑州刺史,兼御史大夫、
义成军节度使"②。

贞元十七年(801)九月丁卯,李翱将其祖父贝州司法参军李楚
金、祖母清河崔氏夫人合葬于汴州开封县某里③,此事记载于韩愈的
《贝州司法参军李君墓志铭》④。

贞元十八年(802)四月二十八日,陆傪去世,李翱在《陆歙州述》
中详细说明了此事⑤。贞元十八年八月甲辰,李翱岳母去世,享年三
十二岁,卒于汴州开封新里乡之某村,葬于陈留县安丰乡冈原,李翱
在《故朔方节度掌书记殿中侍御史昌黎韩君夫人京兆韦氏墓志铭》中
记述了此事⑥。是年,李翱应离开滑州观察判官任,《旧唐书·李翱

---

① 韩愈著,刘真伦、岳珍校注:《韩愈文集汇校笺注》卷三十四《题李生壁》,中华
　书局,2010 年,第 3183 页。
② 刘昫等:《旧唐书》卷十三本纪第十三《德宗下》,中华书局,2011 年精装本,第
　393 页。
③ 据李翱《故朔方节度掌书记殿中侍御史昌黎韩君夫人京兆韦氏墓志铭》中
　所记载的地名,应为开封陈留县安丰乡。
④《李翱文集校注》附录一《生平传记·贝州司法参军李君墓志铭》,第 341 页。
⑤《李翱文集校注》卷第十三《陆歙州述》,第 218 页。
⑥《李翱文集校注》卷第十五《故朔方节度掌书记殿中侍御史昌黎韩君夫人京兆
　韦氏墓志铭》,第 269 页。

传》说:"贞元十四年登进士第,授校书郎,三迁至京兆府司录参军。"①

　　是年,李翱写作完成《复性书》。李翱出生于大历九年,即公元774年,他在《复性书》中说写作时是二十九岁,古人年岁为虚岁,那么写作的时间应是公元802年,也就是贞元十八年。此时,陆傪已经去世,故而李翱在《复性书》中有"南观涛江入于越,而吴郡陆傪存焉"②的说法。显然《复性书》中说的是陆傪还活着时候的事,但李翱写作《复性书》的时候,陆傪已经去世;故而李翱最终完成《复性书》的时间应是在贞元十八年。

　　贞元十九年(803),据《故朔方节度掌书记殿中侍御史昌黎韩君夫人京兆韦氏墓志铭》,李翱岳母去世于贞元十八年,他于贞元十九年正月将岳母葬于陈留县安丰乡冈原,文曰:"殿中君从父弟愈,孝友慈祥,贞元十六年,以其女子归于陇西李翱,夫人从其女子,依于李氏焉。降年短命,三十有二,贞元十八年八月甲辰,卒于汴州开封新里乡之某村。其明年正月辛酉,陇西李氏以其丧葬之于陈留县安丰乡冈原。"③

　　也是在贞元十九年,李翱开始在郑滑节度使李元素幕中做观察判官。《论故度支李尚书事状》说:"翱尝从事滑州一年有余。"又说:"当时翱为观察判官。"④白居易游滑台,住在李翱家,其诗《伤唐衢二首》云:"伊昔未相知,偶游滑台侧。同宿李翱家,一言如旧识。"⑤朱

---

①《李翱文集校注》附录一《生平传记·旧唐书·李翱传》,第342页。

②《李翱文集校注》卷第二《复性书(上)》,第15页。

③《李翱文集校注》卷第十五《故朔方节度掌书记殿中侍御史昌黎韩君夫人京兆韦氏墓志铭》,第269页。

④《李翱文集校注》卷第十《论故度支李尚书事状》,第157页。

⑤白居易著,朱金城笺校:《白居易集笺校》卷一《讽谕一·伤唐衢二首》,上海古籍出版社,2020年,第47页。

金城在笺中说:"考元素贞元十六年九月除滑州刺史、义成军节度使,元和元年离任。见《旧书·德宗纪》及《宪宗纪》。白氏此诗云:'偶游滑台侧,同宿李翱家。'翱从事滑州仅一年有余。贞元十七年至十九年,居易俱无游滑州之可能,其与唐衢相识李翱家,约在贞元二十年冬。可知翱之从事滑州亦在贞元十九年至二十年间,至永贞元年迁京兆司录参军。"①

永贞元年(805),据《旧唐书·李翱传》说:"贞元十四年登进士第,授校书郎,三迁至京兆府司录参军。元和初,转国子博士、史馆修撰。"②说明在元和初年前,李翱官居京兆府司录参军。

唐宪宗元和初年,李翱由京兆府司录参军转任国子博士、史馆修撰。白居易在《权摄昭应早秋书事寄元拾遗兼呈李司录》中说:"夏闰秋候早,七月风骚骚。"③此诗朱金城在笺中认为作于元和元年(806),李司录即指李翱,说明李翱在七月前仍在京兆府司录参军任上。《旧唐书·孟郊传》说:"孟郊者,少隐于嵩山,称处士。李翱分司洛中,与之游。荐于留守郑余庆,辟为宾佐。"④《旧唐书·宪宗上》记载说,元和元年十一月"庚戌,……以国子祭酒郑余庆为河南尹"⑤。说明李翱至少在元和元年十一月前仍在京兆府司录参军任上。《旧唐书·李翱传》说:"元和初,转国子博士、史馆修撰。"⑥

---

①白居易著,朱金城笺校:《白居易集笺校》卷一《讽谕一·伤唐衢二首》,上海古籍出版社,2020年,第48页。

②《李翱文集校注》附录一《生平传记·旧唐书·李翱传》,第342页。

③白居易著,朱金城笺校:《白居易集笺校》卷第九《感伤一·权摄昭应早秋书事寄元拾遗兼呈李司录》,上海古籍出版社,2020年,第479页。

④刘昫等:《旧唐书》卷一百六十列传第一百一十《孟郊》,中华书局,2011年精装本,第4204页。

⑤刘昫等:《旧唐书》卷十四本纪第十四《宪宗上》,中华书局,2011年精装本,第419页。

⑥《李翱文集校注》附录一《生平传记·旧唐书·李翱传》,第342页。

《新唐书·李翱传》也说:"元和初,为国子博士、史馆修撰。"①

　　元和三年(808),户部侍郎杨于陵被任命为广州刺史、岭南节度使,召李翱南赴岭南任职。元和三年十月,据李翱《来南录》记叙,李翱受杨于陵之命,于元和四年(809)正月己丑,携妻子从旌善上船。乙未,沿洛水离开东都洛阳,韩愈、石浚川乘船相送。第二天,在洛东和孟郊相见,于是孟郊也加入送行的队伍,众人抵达漕口时,石浚川因妻子的病情先行回归。黄昏时,韩愈、孟郊、李翱等一众人到达景云山居,在这里南望嵩山,题姓名记别。吃完饭后,韩愈、孟郊二人也送别李翱向西回归。正月戊戌,李翱生病,饮葱酒治疗,晚上宿于巩(巩县)。庚子,出洛河进入黄河,到达汴梁口,又沿汴水,从黄河进入淮河,即走隋唐大运河一线。辛丑,到达河阴,即今荥阳市东北,古汴河口。乙巳,停留在汴州,李翱的病又加重了,于是请大夫诊治。

　　元和四年二月丁未,住宿在陈留,即今开封市陈留镇。戊申,住宿在雍丘,即今河南省杞县。乙酉,停留于宋州,即今河南商丘睢阳区。此时,李翱的疾病渐渐痊愈。壬子,到达永城,即今河南省永城市。甲寅,到达埇口。丙辰,停留在泗州,即今江苏省盱眙县沿淮河对岸,洪泽湖南面。庚申,出汴河旧渠大运河进入淮河,船挂风帆路过盱眙县。此时,天气突变,天色阴暗,风向倒逆,船顺河流进入新浦。壬戌,到达楚州,即今江苏省淮安市,再次进入大运河南下。丁卯,到达扬州。戊辰,登扬州栖灵寺九级浮图塔。辛未,渡过长江,到达润州,即今江苏省镇江市。戊寅,到达常州。壬午,到达苏州。癸未,游览苏州虎丘山。乙酉,渡过松江。丁亥,官船出现裂隙,船溺水而损坏。戊子,到达杭州。己丑,游览杭州灵隐寺等景观。癸巳,离开大运河,驾船沿富春江逆流到达富春,即今杭州市富阳区。丙申,经过七里滩到达睦州,此地沿浙江在今桐庐与建德之间。庚子,到达

---

① 《李翱文集校注》附录一《生平传记·新唐书·李翱传》,第 346 页。

盈川,在今浙江省衢州市东北面,登上以杨炯(衢州盈川县令)而著名的盈川亭。辛丑,到达衢州。此时,李翱妻韩氏生病,应与其怀孕有关,不能继续前行,故而住宿在开元寺临江亭后面。

元和四年三月丁未,李翱在衢州。甲子,李翱女儿出生。

元和四年四月丙子,李翱在衢州,与侯高住宿在石桥。丙戌,李翱一行离开衢州。戊子,从常山(在今常山与衢州之间)到达玉山。庚寅,到达信州,即今江西省上饶市。甲午,望见君阳山,险峻有似华山。丙申,登上干越亭。己亥,渡过担石湖①。辛丑,到达洪州,即今江西南昌。在洪州,李翱遇到了岭南使,游览了徐孺亭。

元和四年五月壬子,沿赣水到达吉州,古称庐陵,今江西省吉安市。壬戌,到达虔州,即江西省赣州市。己丑,与韩泰②渡江,游览灵应山居。辛未,登上大庾岭,大庾岭为赣江水系与珠江水系的分水岭。第二天,到达浈昌,即今广东省南雄市。癸酉,登上灵屯西岭,见到韶石。申戌,住宿在灵鹫山③居。

六月乙亥,到达韶州,即今广东省韶关市,韶州古又称曲江,今曲江在韶关市南面。丙子,到达始兴公④张九龄故里。戊寅,进入东荫山,经过浈阳峡。己卯,住宿在清远的峡山。癸未,到达广州。

《来南录》记录了李翱和妻子从洛阳出发,多经水路至广州的经历,大约历时五个月。李翱南行,多走水道,没有水道间以陆路。《来

---

① 应与现在的鄱阳湖有关,有学者认为,鄱阳湖(古代叫彭蠡湖)为后起,后来水体取代担石湖。故而李翱所在时代,尚没有彭蠡湖、鄱阳湖的名称。

② 韩泰,字安平,德宗贞元十一年进士,曾被贬为虔州司马。

③ 灵鹫山,在广东曲江北,北魏郦道元《水经注》说,此山原名虎群山或虎市山,因虎多得名。后因僧人感化,猛虎远离,故又改名灵鹫山。灵鹫山,原在古印度,因鹫多得名,佛祖曾在此讲经,为佛教圣山,又称灵山。

④ 始兴公,唐开元年间名相张九龄,开元二十七年,被封始兴开国伯,食邑 500 户,家乡即在曲江,曾修梅关古道,贯通大庾岭。张九龄才华卓著,曾预言安禄山必反,后果然。

南录》详细记叙了水道陆路的情况,整个行程大约分为两段:从东京洛阳到广州,一是走水道,直到出衢州、信州,七千六百里路;二是从上元、西江出来,有七千一百三十里。具体说起来有以下几段行程:一是从洛川进入黄河,再从汴梁渡过淮河至达淮阴,路程共有一千八百三十里,水路顺流。二是从淮阴到邵伯,路程三百五十里,水路逆流而行。三是邵伯到长江,水路路程九十里。四是从润州到杭州,水路八百里。五是从杭州到常山,水路六百九十五里,逆流而上,而且有很多难走的河道,以竹索拖船沿河道而行。六是从常山到玉山,陆路八十里。七是从玉山到担石湖,水路七百一十里,顺流而行。八是从担石湖到洪州一百一十八里,逆流而上。九是从洪州到大庾岭,水路一千八百里,逆流而行于漳江。十是从大庾岭到浈昌,陆路一百一十。十一是从浈昌到广州九百四十里,先顺流而行于浈江,出了韶州后,行于韶江。

　　另据《题桃榔亭》说,李翱去岭南的时候,本来与监察御史韦君词①相约同去,李翱元和四年正月十八日登船而行,韦辞计划于二月骑马在汴州或宋州追上李翱。如果追不上,相约在常州相会后一起走,但后来两人由于各种缘由没有偕行。后来李翱的妻子生病,在信安(即衢州)休养了四十多天,而韦辞反而已经超过李翱的行程前行了。

　　李翱在岭南的生涯在其《唐故金紫光禄大夫尚书右仆射致仕上柱国弘农郡开国公食邑二千户赠司空杨公墓志并序》中有具体的记载,杨于陵在考制举人的时候,得罪了宫中贵人,故而被贬出京为岭南节度使、广州刺史,同时牵连的人还有韦贯之、李益和郑敬。韦辞与李翱同去岭南辅佐杨于陵,杨于陵在广州任用韦辞为节度判官,政事颇依重他。据李翱《解惑》记载,元和四年(809)十一月,李翱被杨

――――――――――――

① 韦君词,韦词,即韦辞。

于陵任用为节度掌书记,并以节度掌书记知循州。但监军许遂振品行不端,为小人阴附,密告韦辞、李翱扰乱军政,故而杨于陵罢官,重归京里,李翱自然也离开了岭南。

元和五年(810)正月,李翱祭名山大川①。他向北返回时,被宣歙观察使卢坦任命为判官;但卢坦不久升职入京,李翱随后于元和五年十二月②赴其叔父浙东观察使李逊处为官,其在浙东一直到元和九年。在此期间,元和六年(811)八月前,李翱曾去长安,据《解江灵》记载,元和六年八月,他自京还东,晚宿在江上。元和七年(812),李翱的官职为观察判官摄检察御史。在此期间,据《答皇甫湜书》说,"仆到越中,得一官三年矣",此时,李翱计划写《唐书》,但历史记载中却不见有他著《唐书》的记录。李翱说:"仆近写得《唐书》。"③此书不知是单篇文章还是成册的史书,但从上下文讨论的《汉书》《三国志》《晋书》来看,似应是类似的书,应该是写了一部分,但不知最后为何没有成书。

元和八年(813)八月,李翱记录成《何首乌录》。《何首乌录》说的是岭南事,此文亦说明李翱似有神仙思想。

元和九年(814)正月十九日丁卯,李翱奉其叔父李术之丧,当时李翱为浙东道观察判官、将仕郎、试大理评事,摄监察御史。

元和十年(815),李翱在河南府为户曹参军,当时的河南府尹为郑权。元和十一年(816),河南府尹由郑权调换为辛秘。李翱在《劝河南尹复故事书》中详细记述了针对河南府黄卷而与司录参军起纷争之事。李翱在做河南府户曹参军时,与司录参军关于食堂就餐礼

---

①《李翱文集校注》卷第四《解惑》,第51页。
②具体时间出处参见郝润华、杜学林《答皇甫湜书》第一条注(《李翱文集校注》卷第六《答皇甫湜书》,第81页)。
③《李翱文集校注》卷第六《答皇甫湜书》,第78、79页。

仪而产生了激烈的冲突。唐代的河南府司录参军是正七品上,户曹参军是正七品下,而司录参军的别称是纠曹,即有检察诸曹官员的职权。李翱与司录参军就礼仪的争执,反映了李翱不畏权势、性情耿直。然而司录参军毕竟有检察诸曹官员的职权,再加上司录参军对于李翱的所作所为反应激烈,故而李翱后来托病辞去了河南府户曹参军的职务。

元和十二年(817),李翱受剑南东川节度使卢坦召辟,去往剑川,李翱在《祭故东川卢大夫文》中说:

> 公镇剑川,翱作东掾。亟言于相,曷不以荐。官罢在家,卧病饮贫。惟公见念,复召为宾。自修辟牒,以复前好。承命而行,不惮远道。余及陕郊,闻公之丧。失声泣哭,若火煎肠。①

《旧唐书·宪宗下》记载说,元和八年八月,"辛丑,……卢坦为梓州刺史、剑南东川节度使"。又说,十二年九月,"戊戌,剑南东川节度卢坦卒"②。东川即四川东部涪江中下游地区,李翱本欲长途投奔卢坦,但走到陕郊(河南陕县),就听到了卢坦去世的消息,悲痛万分。

元和十四年(819),李翱进京为朝官,官职为国子博士、史馆修撰。在此期间,李翱积极议政,写了一系列的上疏,即:《论事疏表》《疏用忠正》《疏屏奸佞》《疏改税法》《疏绝进献》《疏厚边兵》《疏数引见待制官问以时事》《百官行状奏》。《论事疏表》说:"臣谨条疏兴复太平大略六事,别白于后。"③这应该是一次上疏的文献,《论事疏

---

① 《李翱文集校注》卷第十六《祭故东川卢大夫文》,第281页。
② 刘昫等:《旧唐书》卷十五本纪第十五《宪宗下》,中华书局,2011年精装本,第447、461页。
③ 《李翱文集校注》卷第九《论事疏表》,第131页。

表》是总述,《疏用忠正》《疏屏奸佞》《疏改税法》《疏绝进献》《疏厚边兵》《疏数引见待制官问以时事》是分述。在《论事疏表》中,李翱提出了六条治理国家的原则,而《疏用忠正》《疏屏奸佞》《疏改税法》《疏绝进献》《疏厚边兵》《疏数引见待制官问以时事》则分别论述了这六条原则。可惜,《疏数引见待制官问以时事》已经失传,《李文公集》中只有题目,没有文章。

元和十四年还发生了一件重要的事,《旧唐书·宪宗本纪》记载说:"十四年春正月……丁亥,……迎凤翔法门寺佛骨至京师,留禁中三日,乃送诣寺,王公士庶奔走舍施如不及。刑部侍郎韩愈上疏极陈其弊。癸巳,贬愈为潮州刺史。"①元和十四年正月十四日,韩愈由刑部侍郎贬为潮州刺史。元和十四年二月,李翱写作《秘书少监史馆修撰马君墓志》。元和十四年,任偡后妻杜氏去世,任偡与后妻所生的儿子任淑以前与李翱一同在岭南府共过事,故而当任淑从信州奉府君之丧,合葬于万年杨村时,就请李翱作墓志铭,李翱因之而作了《故检校工部员外郎任君墓志铭》。元和十四年,"太常丞王泾上疏请去太庙朔望上食"②,李翱奏议。

元和十五年(820)六月前,据《旧唐书·李翱传》记载,李翱"寻权知职方员外郎"。元和十五年六月,"授考功员外郎,并兼史职"③。《新唐书·李翱传》也说:"再迁考功员外郎。"④元和十五年七月,李翱出为朗州刺史,很快又因李景俭复为谏议大夫,翱亦为礼部郎中⑤。

①刘昫等:《旧唐书》卷十五本纪第十五《宪宗下》,中华书局,2011年精装本,第465—466页。
②《李翱文集校注》附录一《生平传记·旧唐书·李翱传》,第342页。
③《李翱文集校注》附录一《生平传记·旧唐书·李翱传》,第345页。
④《李翱文集校注》附录一《生平传记·新唐书·李翱传》,第347页。
⑤《李翱文集校注》附录一《生平传记·旧唐书·李翱传》,第345页。

长庆元年（821）十一月二十八日，据李翱《于朗州别女足娘墓文》记载，李翱改任舒州刺史，此前为朗州刺史。长庆元年岁次十二月十九日，李翱别其第七女，准备去舒州就职。二十日，携家去舒州就职。

长庆二年（822）十二月，江州刺史李君浚筑堤。长庆三年（823）正月，李翱作《江州南湖堤铭并序》，可能与大旱有关①。

长庆三年十月二十七日，据李翱《别潜山神文》记载，李翱为朝议郎守尚书礼部郎中、上轻车都尉。据文中记载，李翱任职舒州时邻郡大旱，而舒州人民安居乐业，故而他得以因政绩卓著而回京城，《别潜山神文》是他从舒州将要回京就职时所作。而在要回京复职前，李翱所作《舒州新堂铭》②也谈及此事，并说到邻郡的旱情和舒州的安居乐业。

长庆四年（824），据李翱《兵部侍郎赠工部尚书武公墓志》记载，李翱任礼部郎中。新旧《唐书》也记载李翱入京，召为礼部郎中③。长庆四年四月壬辰，兵部侍郎赠工部尚书武儒衡去世，因与李翱是好友，李翱写《兵部侍郎赠工部尚书武公墓志》。此后，长庆四年，李翱曾面数李逢吉，史书上说，李翱因此而心有不安，故而请告，百日停官；而李逢吉之后又奏授李翱为庐州刺史④。

长庆四年十二月二日（824 年 12 月 25 日），韩愈去世。据李翱《祭吏部韩侍郎文》记载，写此文时李翱为庐州刺史。据郝润华、杜学林《李翱文集校注》注解："知此为宝历元年三月韩愈归葬河阳时所作。李翱以此年二月贬庐州刺史，韩愈归葬时李翱已至庐州赴任，故

---

①《李翱文集校注》卷第十七《江州南湖堤铭并序》，第 305—306 页。

②《李翱文集校注》卷第十七《舒州新堂铭》，第 303 页。

③《李翱文集校注》附录一《生平传记·旧唐书·李翱传》，第 345 页。

④《李翱文集校注》附录一《生平传记·旧唐书·李翱传》，第 345 页。

不能亲临其丧。"①李翱在《故正议大夫行尚书吏部侍郎上柱国赐紫金鱼袋赠礼部尚书韩公行状》中说："(韩愈)长庆四年,得病,满百日假,既罢,以十二月二日卒于靖安里第。"②

大和元年(827),李翱在《唐故特进左领军卫上将军兼御史大夫平原郡王赠司空柏公神道碑》中说："大和元年,翱自庐以谏议大夫征,路出于蔡,元封泣拜。"因而作神道碑③。《祭故福建独孤中丞文》说："维大和元年岁次……,朝散大夫守右谏议大夫知制诰李翱。"④故而李翱当时所任官职为朝散大夫守右谏议大夫知制诰。《旧唐书·李翱传》也记载说："大和初,入朝为谏议大夫,寻以本官知制诰。"⑤

大和三年(829)二月,李翱官拜中书舍人。大和三年五月后,李翱受谏议大夫柏耆事牵连,授少府少监,很快又出任郑州刺史⑥。

大和四年(830),杨于陵去世,李翱在《唐故金紫光禄大夫尚书右仆射致仕上柱国弘农郡开国公食邑二千户赠司空杨公墓志并序》中记载说："大和四年十二月癸亥,以疾薨于新昌第,享年七十有八。……明年四月庚午,归葬郑州荥泽县先太保之兆,祔于夫人颍川韩氏赠华阴郡太夫人之茔。……大卿侍郎以翱之受恩也久,来请为志。"⑦李翱在《祭杨仆射文》中说："卜筮叶期,返宅于荥,翱复守郡,

①《李翱文集校注》卷第十六《祭吏部韩侍郎文》,第274页。
②《李翱文集校注》卷第十一《故正议大夫行尚书吏部侍郎上柱国赐紫金鱼袋赠礼部尚书韩公行状》,第165页。
③《李翱文集校注》卷第十三《唐故特进左领军卫上将军兼御史大夫平原郡王赠司空柏公神道碑》,第205页。
④《李翱文集校注》卷第十六《祭故福建独孤中丞文》,第275页。
⑤《李翱文集校注》附录一《生平传记·旧唐书·李翱传》,第345页。
⑥《李翱文集校注》附录一《生平传记·旧唐书·李翱传》,第345页。
⑦《李翱文集校注》卷第十四《唐故金紫光禄大夫尚书右仆射致仕上柱国弘农郡开国公食邑二千户赠司空杨公墓志并序》,第224—225页。

居不敢宁。"郝润华、杜学林在注解中说:"荥,谓荥阳郡。……武德初改为管州。乾元初又改为郑州。时李翱为郑州刺史。"①杨于陵儿子景复请李翱作墓志,据李翱记载所说,大和五年四月,李翱仍在郑州刺史任上。

大和五年(831),李翱出任桂州刺史、御史中丞,充桂管都防御使②。《旧唐书·文宗下》也说:"(大和五年十二月)癸巳,以郑州刺史李翱为桂管观察使。"③

大和七年(833),李翱改授潭州刺史、湖南观察使④。

大和八年(834),李翱征为刑部侍郎⑤。《旧唐书·文宗下》说:"(大和八年十二月己亥)以宗正卿李仍叔为湖南观察使,代李翱;以翱为刑部侍郎,代裴潾;……"⑥

大和九年(835),李翱写《与翰林李舍人书》,显现出出世修道的念头,说明李翱晚年,道家思想对其有一定影响。

大和九年,李翱转任户部侍郎。大和九年七月,李翱"检校户部尚书、襄州刺史,充山南东道节度使"⑦。《旧唐书·文宗下》也说:"(大和九年)八月甲戌朔,以户部侍郎李翱检校礼部尚书,充山南东道节度使,代王起。"⑧

---

① 《李翱文集校注》卷第十六《祭杨仆射文》,第 283、284 页。
② 《李翱文集校注》附录一《生平传记·旧唐书·李翱传》,第 345 页。
③ 刘昫等:《旧唐书》卷十七下本纪第十七下《文宗下》,中华书局,2011 年精装本,第 543 页。
④ 《李翱文集校注》附录一《生平传记·旧唐书·李翱传》,第 345 页。
⑤ 《李翱文集校注》附录一《生平传记·旧唐书·李翱传》,第 345 页。
⑥ 刘昫等:《旧唐书》卷十七下本纪第十七下《文宗下》,中华书局,2011 年精装本,第 556 页。
⑦ 《李翱文集校注》附录一《生平传记·旧唐书·李翱传》,第 345 页。
⑧ 刘昫等:《旧唐书》卷十七下本纪第十七下《文宗下》,中华书局,2011 年精装本,第 559 页。

李翱去世的年月正史记载不详,《旧唐书·李翱传》记载:“会昌中,卒于镇,谥曰文。”①《新唐书·李翱传》更简略而模糊:“后历迁桂管湖南观察使、山南东道节度使,卒。”②学者们的怀疑主要出自《旧唐书·文宗下》的记录:“(开成元年七月)辛卯,刑部尚书殷侑检校右仆射,充山南东道节度使。”③李翱任职由大和九年七八月到殷侑开成元年(836)七月仅有一年不到,是在任上去世了,还是离任了,并不清楚。这只有两个可能,一是在任上去世,故何智慧根据以上材料推测其卒年应是开成元年。也有学者如马积高认为难以确定具体卒年,甚至推测李翱晚年有避世思想,也可能辞职离任,于会昌年间去世。但在进一步的研究中,学者们注意到了另外一个佐证,即刘禹锡《唐故中书侍郎平章事韦公集纪》的记载:

> 大和二年十二月上前言事,未及毕词,疾作暴偾,以朝服委地。同列白奏,搢笏扶持之,不能起。上命中贵人左右翼负,归于中书,如大醉状。上震惊咨嗟,征医赐药,旁午叠委。会暮,肩舆至第,诘旦以不起闻,赠襚加常礼。
>
> 后十年,嗣子蕃以太子舍人直弘文馆,编次遗文七十通,衔哀贡诚,乞词以冠其首。……
>
> 初,蕃既纂修父书,咨于先执李习之,请文为领袖,许而未就。一旦,习之悄然谓蕃曰:“翱昔与韩吏部退之为文章盟主,同时伦辈,惟柳仪曹宗元、刘宾客梦得耳。韩、柳之逝久矣,今翱又被病,虑不能自述,有孤前言,赍恨无已。将子荐诚于刘君乎。”

---

①《李翱文集校注》附录一《生平传记·旧唐书·李翱传》,第345页。

②《李翱文集校注》附录一《生平传记·新唐书·李翱传》,第348页。

③刘昫等:《旧唐书》卷十七下本纪第十七下《文宗下》,中华书局,2011年精装本,第566页。

无何,习之梦奠于襄州。①

何智慧《李翱年谱稿》认为,此条材料证实李翱在襄州去世,亦即死于山南东道节度使任上,且新旧《唐书》,都证实韦处厚卒于大和二年(828),故而他将李翱去世时间定在开成元年(836)。

何智慧的推论非常有道理,从大和二年十二月开始后十年应是开成二年或三年,而刘禹锡写《唐故中书侍郎平章事韦公集纪》的时间据学者考证应也是开成二年或三年,韦蕃十年后编成遗文后首先请求李翱,这个时间正如何智慧推测应是李翱赴任山南东道节度使前,然后李翱带病赴任,在襄州去世。故而李翱去世可能是殷侑开成元年七月任职前不久,但也有可能病重致仕,去世于开成二年(837),故而卒年不载于新旧《唐书》,去世年月不晚于刘禹锡写成《唐故中书侍郎平章事韦公集纪》的时间。

第二节　唐宋变革视角下的唐末政治及其对李翱哲学思想的影响

一、唐末政治与唐宋变革

秦帝国建立时,中国古代政治体制由周的封建制演变为郡县制。秦以前中国君权统治的合法性源自氏族血缘宗法组织,夏、商相信君权神授,到了周代才开始强调德性的辅助功能。进入郡县制,尤其是秦帝国短短十余年亡国后,汉的统治者来自平民阶层,急需一套适合于郡县制的统治合法性论证体系。董仲舒用天人感应思想重新论证

---

①刘禹锡撰,陶敏、陶红雨校注:《刘禹锡全集编年校注》(第五册)卷十九《唐故中书侍郎平章事韦公集纪》,中华书局,2019年,第2067—2068页。

了君权神授,这和先秦的说法一样;但问题是,君权神授在先秦由氏族血缘宗法组织来保证其现实性和合理性,而秦以后中国氏族血缘关系已经解体,郡县制能保证其合法性的只有武力。这样,中国秦以后的汉、唐诸朝代均有同样的问题存在。当然,郡县制下的君权神授说并非完全没有作用,如果朝廷治理得当,武力强盛,它可以配合其维系统治;但当朝廷治理紊乱,武力衰弱之后,它的论证力量就会随之减弱。

秦以后中国的统治伦理建立在家族血缘基础上,故而汉统一全国后,先灭异姓王,再灭同姓王。灭异姓王当然有助于汉皇室的统治,但剪灭同姓王是把双刃剑,它一方面有利于皇权的传承,同时也失去了家族血缘集团拱卫的力量;故而到了汉的后期,就要利用外戚、宦官的力量。唐也有类似的问题,唐皇室来自关陇贵族集团,李世民又获得山东士族集团的支持,故而唐初政治治理出现了贞观之治。唐前期政治治理的成功一方面在于统治者建政初期的政治能力,另一方面也得益于唐前期的政治平衡。秦以后,血缘氏族解体,但汉后期门阀士族崛起,这一进程至魏晋达到高峰。唐初门阀士族虽不如魏晋,但仍具有重大影响力,如关陇贵族集团和山东士族集团在唐前期对于朝政都发挥了重要影响。门阀士族对历史的影响具有两面性:如果门阀过于强大,就会侵夺王权,如司马氏对曹魏的篡代;但没有门阀士族的制衡,皇权就会失控,统治者会因没有任何制约而沉溺于荒淫无度。在唐前期,皇室一方面刚经历战乱而有自省能力,另一方面也由于皇室还要依重关陇集团而有所顾忌。唐初的谏官实际上代表了各门阀集团的利益,具有坚强的实力后盾,这是后来通过科举进入统治阶层的无背景士大夫不能相比的。皇权如果没有门阀士族的制衡,就会出现明代皇室和士大夫之间的扭曲关系。然而古代的皇室并没有这样的自觉,总是想要打破皇室与门阀的平衡,当这种平衡被打破后,皇帝独揽大权,加上后期继位的皇帝没有真正历经磨难，难以驾驭庞大的帝国，再加上经济、战争等意外的政治变数，皇室的权力就会旁落，帝国最终会走向覆灭，唐的政治就是如此。

　　唐的衰落起自安史之乱，然而这不是突然发生的，缘自唐初政治平衡因武则天的上位而被打破。唐皇室来自关陇贵族集团，但取得政权后，虽然仍然依重关陇贵族集团的支持，但也会有防备之心，逐渐由只依赖关陇集团转而寻求多元的支持。在武则天封后的争斗中，山东士族集团就与关陇贵族集团的利益不同，武则天受山东士族集团支持而上位，故而在武则天掌握政权后，她便有意识地瓦解关陇贵族集团的力量，并开始通过科举选拔平民背景的士子进入统治阶层，从而削弱门阀士族的力量。门阀士族的衰落自然是历史的必然，但当唐皇室弱化了门阀的力量后，它也失去了一支重要的拱卫力量。唐玄宗继位后，虽前期较为励精图治，但到后期，由于各种表面对手的力量被解除，于是沉迷女色，重用奸佞李林甫、杨国忠，最终让安禄山看到了唐王朝的虚弱，从而发生了安史之乱。安史之乱后，唐王朝国力衰弱，没有力量再肃清叛乱的军队，安于现状，从而使战争中的军事集团慢慢坐大，形成了唐后期藩镇割据的局面。到了唐末期，皇室的力量更加衰弱，各藩镇以武力坐大，皇室没有了早期关陇贵族集团、山东士族集团等的支持，只能依重于宦官集团，以至于宦官集团坐大，甚至有了废立皇帝的力量，而宦官集团的有些派系对于藩镇割据却采取默许的态度。藩镇割据严重损害了唐皇室的政治、经济，到了唐末，割据的藩镇越来越多，直至唐王朝覆灭。

　　李翱目睹唐末的乱象，这深深影响了他的政治哲学思想，他深入思考了唐末的现实，并通过上书向皇帝提出了关于政治、经济、军事的六项建议。李翱的政治哲学思想有三个层面：一是对政治的形而上阐释，二是对新兴士大夫阶层精神的塑造，三是具体的针对时政的建言，这三方面是相辅相成的。不过在具体论述李翱政治哲学思想前，我们应有一个更深层次的考察。李翱是宋明理学的先驱，其思想虽发生在唐末，但其哲学思想已经开始构建宋明理学的思想根基，这并不仅仅是一种纯粹思想的发展，而是建立在社会政治经济发展的基础上；故而如果我们能够从唐宋变革的层次来看李翱思想的意义，将更能准确理解其在唐宋变革中的重要作用和路标意义。

唐代经过安史之乱后，政治版图发生了重大变化，最直观的便是各地割据力量的兴起，这严重地威胁到了中央政权的稳定和普通民众的生活。李翱所在的汴州就多次发生兵变，李翱就生活在其中，感受到其利害关系，实际上唐末的政治和经济状况深深影响了他的哲学思想。任何哲学思想都不是无源之水、无根之木，哲学思想虽然常带有抽象的特征，但都受到当时政治和经济发展状况的影响。唐代政治和经济的发展变化在中国历史中有着重大的意义，标志着中国历史由贵族统治到平民社会兴起过渡期的开启。韩愈和李翱是宋明理学的先驱，他们的哲学和政治主张在唐宋变革中具有重要的路标意义。

在中国历史上，很早就有人提出了对唐宋间变化的看法，如南宋的郑樵认为，隋唐以前，选官依于簿状，婚姻根据谱系，而五季之后，则风气为之一变。簿状、谱牒在夏、商、周氏族血缘社会中渐渐产生，春秋战国后秦虽灭周，作为封建制政治基础的氏族血缘统治终结，但家族血缘依然是秦、汉、魏、晋、唐诸时代的统治基础，尤其是在门阀氏族势力大涨的东汉、魏、晋时期，选官必依于簿状、谱牒。然五季之后，即在五代后梁、后唐、后晋、后汉、后周之后，也就是从北宋开始，统治阶层的选拔体制发生了重大的变化，不再按照簿状、谱牒来选官吏，而是不论阶层，以科举选士。虽然科举在唐代就已开始，大约在郑樵的眼里，唐代的科举并非主要的升迁之路。不过我们要看到的是，在唐代后期，科举取士已成为重要的取士途径，作为宋明理学先驱的韩愈和李翱都是通过科举走上政治和思想舞台的。

中国现当代学者也对唐宋变革有着深入的研究，陈寅恪《论韩

愈》说:

> 唐代之史可分前后两期,前期结束南北朝相承之旧局面,后
> 期开启赵宋以降之新局面,关于政治社会经济者如此,关于文化
> 学术者亦莫不如此。退之者,唐代文化学术史上承先启后转旧
> 为新关捩点之人物也。①

陈寅恪此处虽未提李翱,但李翱在开启宋明理学的地位上相比于韩
愈有过之而无不及。钱穆将中国历史分为三期,他说:

> 我们若把中国文化演进,勉强替他划分时期,则先秦以上可
> 说是第一期,秦汉、隋唐是第二期,以下宋、元、明、清四代,是第
> 三期。②

钱穆很强调中国历史上士的构成的变迁对中国历史分期的指示作
用,他认为从宋代开始,士阶层由科举进阶,才有真正的觉醒。他进
一步认为,宋以前是古代中国,宋以后是近代中国,宋以前是贵族社
会,宋以后是平民社会。陈寅恪重视唐中叶的变化,而钱穆更重视唐
宋间的变迁,然两人之说亦可互补;因为在陈寅恪看来,他虽强调唐
中叶的变化,但也认为唐后期是一个过渡期。也就是说,他也和钱穆
一样,认为唐宋之间变化极大。

　　对于历史分期的研究,以后的研究越来越精细,侯外庐说:

> 大概地说,中国封建社会可分为前期和后期两个阶段。……

---

① 陈寅恪:《论韩愈》,《历史研究》,1954年第2期,第113—114页。
② 钱穆:《中国文化史导论》第九章,九州出版社,2011年,第165页。

唐代则以建中两税法为转折点,处在由前期到后期的转变过程中。①

侯外庐很重视经济发展中两税法的重要意义,漆侠对此进行了更深入的研究,他说:

> 这个时期的变革虽然是中国封建经济制度内部的推移演化,但值得密切注意的是,它是从唐代农奴制向宋代封建租佃制转化的全局性的重大问题。②

虽然漆侠认为唐宋处于整个封建社会之中,但唐宋间的变革在整个封建社会中也是一次重要的变革,而农奴制和租佃制的区别也典型地反映了劳动者与土地的不同关系。他评价20世纪50年代对唐宋变革的研究说:

> 50年代,对中国封建社会的形成、发展及其内部分期进行了探索。在对中国封建社会内部分期的一些说法中,其中之一是以两税法作为封建制内部分期的界标,以前为中国封建社会前期,此后为中国封建社会后期。这个说法确实反映了唐宋之际赋税制度的重要变革,同时也反映由这一变革引发的社会经济关系的某些变革。但,放在唐宋之际社会变革的总体上看,它既不是唐宋社会变革中的唯一的一次变革,而且在变革中也不

---

① 侯外庐主编:《中国思想通史》第四卷(上册),人民出版社,1959年,第1页。
② 漆侠:《唐宋之际社会经济关系的变革及其对文化思想领域所产生的影响》,《中国经济史研究》,2000年第1期,第95页。

是主要的。[1]

两税法是中国经济史上的重要事件,但漆侠认为还有更加细致的原因,为此他从以下几方面进行了阐释:

> 一、唐中叶以来封建国家土地所有制日益衰落,向土地私有制转化;二、新的土地兼并势力代替了旧的如山东士族等老牌土地势力;三、封建租佃制关系占支配地位;四、两税法实施后封建国家与土地所有者(地主)、佃户这三者之间的关系,以及封建国家与土地所有者(自耕农民诸阶层)之间的关系;五、唐宋之际土地关系的变化对文化思想领域所产生的作用。[2]

显然,在漆侠看来,唐宋变革不能只以两税法的实施为依据,其实两税法的施行有着更加深刻的经济和社会原因。由于生产力的提高,唐中叶以后土地开始由国有转为私有,漆侠在文中提道:"唐代屯田每一顷五十亩或一顷二十亩,才配备一头丁牛,而在宋代一般地是一顷一头,有的屯田可有二头。"[3]可见,生产力的提高为两税法的实施提供了物质性的基础。土地在唐中叶以后的私有化中也有着新的特点,因为战乱频仍,新兴的军事首领和富人夺取了大量的土地,而传统的门阀士族则受到了极大的打击。显然,这种土地所有者的变更为唐后期和宋代士大夫选举制度的正式形成奠定了社会和经济基

---

① 漆侠:《唐宋之际社会经济关系的变革及其对文化思想领域所产生的影响》,《中国经济史研究》,2000 年第 1 期,第 95 页。
② 漆侠:《唐宋之际社会经济关系的变革及其对文化思想领域所产生的影响》,《中国经济史研究》,2000 年第 1 期,第 95—96 页。
③ 漆侠:《唐宋之际社会经济关系的变革及其对文化思想领域所产生的影响》,《中国经济史研究》,2000 年第 1 期,第 96 页。

础。同时,漆侠进一步论证说,在这种土地制度深刻变化的过程中,剩余公田的耕种方式也由劳役渐渐转为租佃,这种转变改变了农夫与土地的关系,增加了其自由程度。这一系列的变化最终导致国家税收制度的根本变化,对此漆侠做了准确的定位:

> 两税法是"以见居为薄","以贫富为差",它把丁身作为奴役的对象从整个税制中清除了去,尽管还有各类职役、杂徭,但毕竟比租调制前进了一步。这是一点。租调制以丁为本,丁是一个不变的常数,他所负担租调税额是不变的。两税法以资产为准,资产是个可变数,因而这种税制是根据土地的多少(亦即土地的变动量)而加以征收,实际上这种税制是"履亩而税"的,因而它的征收是符合劳动农民的实际的,或者说是接近实际。显然可见,两税法比租调制较为客观,较为实际。①

国外唐宋变革研究最著名的当属日本学者内藤湖南,内藤湖南关于唐宋变革和宋代近世说的思想最早出现于 20 世纪初。内藤湖南认为唐以前的中国属于贵族统治,而宋以后则属于君主独裁。在他看来,虽然君主一直存在,但是在宋以前的诸朝代,君主是属于贵族的,他是贵族的一员,而其独裁性也因受到整个贵族阶层的制约而不是特别明显。但在宋以后,贵族阶层,比如魏晋的门阀氏族已经衰败,故而君主成了真正意义上的独裁者,他所直接面对的不再是一个贵族阶层,而是平民。

牟发松根据内藤湖南的著作《概括的唐宋时代观》和《中国近世史·近世史的意义》,摘录了内藤湖南的主要思想如下:

---

① 漆侠:《唐宋之际社会经济关系的变革及其对文化思想领域所产生的影响》,《中国经济史研究》,2000 年第 1 期,第 104—105 页。

（1）"贵族政治的衰落和君主独裁政治的兴起"——六朝至唐中叶,是贵族政治最盛的时代。在唐末五代过渡期,贵族政治式微,让位于君主独裁政治。臣下职权集中到君主一人,至明清时期独裁政治形式臻于完备。

（2）"君主地位的变迁"——在贵族政治最盛时代,政治属贵族全体专有,君主是贵族阶级的共有物,贵族觉得君主不称意便施行废立。进入近世,君主成为全体臣民的公有物、绝对权力的主体,其地位较贵族时代安全、稳固。

（3）"君主权力的确立"——贵族时代的政治成为天子与贵族的协议体,其政治的推行以承认贵族的特权为前提,贵族并不绝对服从天子的命令。进入近世,代表贵族舆论的门下省封驳权日益衰落,至明清完全消失;君权无限制增长,近世宰相职同秘书,明清后甚至不再设宰相之职。

（4）"人民地位的变化"——在贵族政治时代,人民被整个贵族团体视若奴隶。隋至唐前期,农民在租庸调制下是被束缚在土地上的国家佃户,虽直属国家,事实上是整个贵族团体的佃农。唐中叶租庸调制崩坏而改为两税法,人民从束缚于土地上的制度中解放出来。进入近世,人民有了处置土地及其收获物的自由,私有财产权得到一定程度承认。贵族阶级消灭,君主和人民直接相对。

（5）"官吏录用法的变化"——六朝的九品中正制下,选用官吏完全受贵族的权力左右。唐代的科举依然有利于贵族。近世科举制度改革,考试内容倾向于实务主义,应试、及第人数大增,庶民也获得除官的均等机会。

（6）"朋党性质的变化"——唐代朋党以贵族为中心,专以权力争夺为事。宋代的朋党则为不同政见之争。

（7）"经济上的变化"——唐代货币流通量不多,宋代货币开始大量流通,货币经济盛行。

(8)"文化性质上的变化"——经学:唐代前期继承汉魏六朝学风,注重家法师承。唐中叶以后,对古来注疏表示疑义,在《春秋》解释上提出新说。宋代怀疑精神极度发达,重新解释经典蔚为风气。文学:六朝至唐初流行四六骈文,唐中叶变为散文体的古文,诗文由重形式变为重自由表达;唐末兴起的词,宋元发达的曲,打破音律,表达更加自由,曾经属于贵族的文学一变而为庶民之物。艺术:六朝隋唐盛行彩色壁画,五代两宋渐改为屏风画;金碧山水就衰,白描水墨转盛;作为宏伟建筑装饰品、贵族道具的画,变为平民出身官吏在流寓之际也便于携带、展览的卷轴。乐、舞的变化也同样是从适应、服务于贵族生活,转以迎合平民趣味为趋归。①

内藤湖南从政治、经济、文化等诸方面系统思考了唐宋之间的差异,并以此为根据认为宋代是近世的开始;因为自宋代起,士大夫阶层已与传统的门阀士族有了很大的不同,门阀体制衰落,平民有机会进入统治阶层的秩序。

与内藤湖南这一系的观点不同,美国汉学界提出了一个不同的思想架构,郝若贝(Robert M. Hartwell)在其论文《750—1550 年间中国的人口、政治及社会转型》("Demographic, Political, and Social Transformations of China, 750-1550")中仔细描述了这一思想路径。郝若贝认为,唐宋间的改变只是一种形态间的并行改变,而并不具有真正的进化变革的意义。他的理论侧重于在一个长的时间段描述一种周期性变化,这一变化起自唐中叶,由于人口密度的增加,人口由

---

① 牟发松:《"唐宋变革说"诸问题述评》,《历史教学问题》,2014 年第 4 期,第 62 页。

核心向外溢延,而人口的增加和外溢又造成官员在比例上的增强,从而导致中央对地方控制力的削弱,这最终导致了士大夫对地方政治、经济参与的加强以及精英的地方化趋向。

对于唐宋变革,学者们有不同的态度,有反对的,如张国刚认为,内藤湖南所提唐宋变革深受西方历史观中如基佐(F. P. G. Guizot)的《欧洲文明史》的影响,从西方的角度来看中国历史的发展,他说:"于是从秦汉以降,迄于明清,是一个完整的历史阶段。上古是中华文明的早期形态,秦汉到明清是中华帝国时期,可以称前近代时期。我们说唐宋之际的变化只是前近代时期这个完整历史阶段之内的变化,完全无法套用基佐《欧洲文明史》中所展现的中世纪到近世的革命性转变。中国的唐宋变革只是中华帝国时期的一种阶段性变革。"①张国刚认为,上古、中古、近古的说法是时间概念,任何政治体都可以用,但当其被用于具体的文明时并不等同于社会形态。故而他虽然认为可以把从秦汉到明清说成是近代,但唐宋之际发生的事并不是社会形态的根本性变革,故而唐宋之间的变革只是一阶段性的变迁,并不具有根本变革的意义。

虽然也有学者并不赞同唐宋变革,并认为唐宋间的变化只是量变而不是质变,但大多数学者都认可唐宋变革的重要性。从经济上来说,两税法之后,中国古代的各种徭役和人头税开始逐渐通过"摊丁入亩"向财产税过渡,这是一个重要的趋势。而在政治上,门阀氏族虽在魏晋时达到顶峰,但在唐前期仍然有着很大的势力,如李翱每称其郡望为陇西,很重要的一个原因就因为陇西李氏是唐代重要的名门望族,而李翱母系的山东崔氏也是这样的望族。这些望族在唐代早期也可说是带有门阀的特点,往往并不与普通家族通婚,而是只与自己地位相当的几大家族通婚。但是唐末这些家族也逐渐衰落,

———————

① 张国刚:《论"唐宋变革"的时代特征》,《江汉论坛》,2006 年第 3 期,第 90 页。

正如李翱的家族一样，也需要通过科举来进入政坛。唐代的科举虽不能与宋代的相比，但到唐代后期已经有了很大的进步，虽然如李翱和韩愈这样的举子依旧有着显赫的家世，但他们的家族大多已经没落，很接近宋代的平民，这可以看作是向宋代带有平民性的科举的一个过渡。唐末政治的变迁深深影响了李翱的思想，面对现实的政治生态，李翱深入地思考了自己的对策，他从儒家思想出发，提出了一系列的政治哲学思想和具体应对措施。

前已言及，李翱的政治思想有三个层次：一是对政治的形而上阐释，二是对新士大夫精神的塑造，三是针对唐末政治现实的具体建议。对于前两个方面，李翱已经感受到了唐中叶以后政治变革的方向。随着生产力的逐步提高、门阀士族在与皇权博弈中的逐渐衰落、安史之乱后藩镇割据的加剧，过去支撑国家意识形态的贵族精神已经丧失殆尽，在旧士大夫阶层向新士大夫阶层转型的过程中，士人阶层亟须建立符合当下现实的新价值基础，这包括形而上的道与政的思想，以及以此为基础的新士大夫精神的思想。在新政治秩序中，未来的士大夫越来越多地来自平民阶层，他们没有深厚的家世背景，没有坚实的政治力量支持，他们要依靠什么开展政治活动？正是在这种情景下，李翱最早体会到了新的士大夫精神的奥义，下面我们首先展开关于李翱的政治道论与新士大夫精神建构等方面的讨论。

二、李翱的政治道论与对新士大夫精神的建构

儒家追求好的政治治理，往往把政治与哲学的观念联系在一起，首先要处理好的一对关系，就是道与政的关系。对此，李翱承继先哲的思想，将道看作为政的根本，把政看作道的实施，他在《帝王所尚问》中说："由是观之，五帝之与夏、商、周，一道也。"[1]在他看来，中国

---

[1]《李翱文集校注》卷第四《帝王所尚问》，第55页。

历代政治,虽统治之政有所不同,但是这些不同的政中所贯穿的道则是一致的。故而他说:

> 夏尚忠,殷尚敬,周尚文,何也?
>
> 曰:帝王之道,非尚忠也,非尚敬与文也,因时之变,以承其弊而已矣。救野莫如敬,救鬼莫如文,救僿莫如忠,循环终始,迭相为救。……是文与忠、敬,皆非帝王之所尚,乃帝王之所以合变而行权者也,因时之变以承其弊,不可休而作为之者尔。①

在李翱看来,每个时代都会有不同的特点,这些政治特点和现实情况构成了一个一个更迭的朝代的社会现实。在李翱的政治视野中,他显然并没有形成时代在不断进步的观念,而是认为每个政治时代都会有兴有衰,它们都会历经一个从兴盛到没落的过程,而且这个过程是循环往复的。在他看来,夏代崇尚"忠",但是到夏衰落的时期,就会有"野"的弱点显现出来,这就需要用"敬"的方式救治,故而殷崇尚敬,就是历史的必然。而到了殷衰落的时候,"敬"的弱点就会表现为迷信鬼神,追求虚的事物,这样就需要以"文"即礼来救治它,故而周崇尚"文"就是合宜的。总之,在李翱看来,没有什么固定不变的政治方法,它们会因处在不同的时代而有不同的表现。显然,李翱也具有中国古代儒者的弱点,他们都对于社会的发展抱一种现成的、循环往复的认识,并没有意识到文明真正进步的可能性,对于世界范围内各种类型的政治体制还没有认识。古代儒者的这一特点,当然是由中国特殊的历史发展状况所造就的,但这也限制了他们的视野,对政治的设计也就因循守旧,缺乏创新的新气象。

　　李翱道与政关系的思想与他返本复性的主张其实是一脉相承

---

① 《李翱文集校注》卷第四《帝王所尚问》,第54—55页。

的,他认为只要能返回治道的根本,就会天下大治。在《幽怀赋并序》中,李翱说:

> 惟刑德之既修兮,无远迩而咸归。……况天子之神明兮,有烈祖之前规。划弊政而还本兮,如反掌之易为。[1]

在他的思想里,返本的"本"有两层含义,一是指修刑德,二是指祖先前定的规则。他认为,要想使天下大治,就必须要做好以下两方面的事:一是修刑德,使恶者受到惩治,使善者得到褒扬;二是要有一个可以遵循的制度,这个制度是历代先王传下来的典制。如此,凡做事都有所依,故而就会返回治道的根本,天下自然就会大治。而要使制度得以实际发挥作用,刑德公正,在中国古代郡县体制之下,首要的问题就是如何处理好君臣关系。在这方面,李翱同意孟子的说法,孟子认为,如果君主只是把臣下看作供其驱使的工具,那么臣下就会把君主看作一般的国人,君臣之间就没有什么真正的君臣之义;甚至于,如果君主把臣下看作是随时可以牺牲掉的微不足道的草芥,那么臣下就会把君主看作敌人。

李翱进一步在《与本使李中丞论陆巡官状》中说:

> 上之所以礼我者厚,则我之所以报者重。故豫让以众人报范中行,而漆身吞炭以复赵襄子之仇,其所以待之,各不同也。[2]

在李翱看来,豫让之所以报答范氏、中行氏与赵襄子有着本质的不同,就是因为他们对待豫让的态度有着很大的不同。显然,他认为君

---

[1]《李翱文集校注》卷第一《幽怀赋并序》,第6页。
[2]《李翱文集校注》卷第十《与本使李中丞论陆巡官状》,第151页。

臣之间的效忠关系是相互的,并不主张愚忠。李翱的这一思想也表现在他对上司和下属关系的态度上,他主张较为宽松的上下关系,如他说:

> 不识阁下将欲为能吏哉? 将欲为盛德哉? ……阁下既罚推官直,又请陆巡官状,独不虑判官辈有如穆生者,见醴酒不设,遂相顾而行乎?[1]

是做能吏,还是做一名有德的官员,这是李翱在这里提出的问题。能吏有错必重罚,没有包容之心、爱人之德,也可以说是缺乏仁心之人。而有德的官员既能使所属官员改正错误,又能对他们有宽容和尊重。李翱警告李中丞说,如果你这样处罚严厉,对属下不予尊重,那么真正有德性的下属官员将会离开你。显然,在无情的能吏和有德行的官员之间,李翱反对能吏的无德,在他看来,能吏比不上有德性的官员,这就在呼唤一种正常的官场气氛。他认为官员应为全德之人,而不只是能吏,故而他说:

> 翱受恩于阁下也深,而与陆巡官之交尚浅,其所深者,诚欲阁下之为全德也。[2]

李翱在《论故度支李尚书事状》里曾谈到李尚书的一件往事,李尚书在滑州任职时收了一个歌姬,名叫陶芳,而陶芳却与李尚书的下属有了私情。一般人遇到此事,一定会暴怒不止,甚至做出出格的事情;但李尚书知道此事,只是斥责了两人,并打发下属离开,并没有对

---

① 《李翱文集校注》卷第十《与本使李中丞论陆巡官状》,第 151 页。
② 《李翱文集校注》卷第十《与本使李中丞论陆巡官状》,第 152 页。

两人进行严惩。李翱认为,这是品德中正之人守于中道,使七情合于中节才能做到的事。显然,李翱是肯定李尚书对下属和妾室的宽容态度,并认为古代圣贤对于臣属妻室都有着很宽容的态度。他认为,中正之士行事,不因他人犯错就不给他留有活路。君子处事,要有宽容之心,君主贬谪臣下,要留有余地,使他将来改过,可再为君主效力;丈夫休其妻,也要用和缓的方式,不可断了她再嫁他人的活路。

而对于官员相互关系要遵守的原则,李翱认为重要的是要守礼,并且认为只有无能的官吏才会有欺凌下属的心思,他说:

> 大凡庸人居上者以有权令陵下,处下者以姑息取容,势使然也。[1]

在他看来,官员的心思应在治理政务上,而只有庸人才会以有权位而欺凌下属;同样,庸人如处于下属之位,则必然会逢迎上司。故而他主张,无论是上下属还是同阶官员,相互交往处事都应以礼制的要求行事。显然,李翱对于礼的理解是非常正确的,这也是他对士大夫阶层相互关系的一种界定。在李翱的思想中,他认为从古代即有一士大夫互相扶持行道的传统,在《感知己赋并序》中,他说:

> 夫见善而不能知,虽善何为?知而不能誉,则如勿知;誉而不能深,则如勿誉;深而不能久,则如勿深;久而不能终,则如勿久。[2]

在李翱看来,士大夫阶层是社会的精英阶层,这个阶层以儒家的圣道

---

[1]《李翱文集校注》卷第八《劝河南尹复故事书》,第120页。
[2]《李翱文集校注》卷第一《感知己赋并序》,第1页。

为宗旨,不断地发现儒道人才,并使这些新鲜血液源源不断地进入士大夫精英阶层,这才是士大夫官员的相互扶持之道。但是李翱又性格耿直,言谈以国事为重,对于不称职的官员,他认为不如隐退。如他在《论事于宰相书》中就认为,当时在任的宰相崔群既然不能处理好政务,就理应辞职。他说,唐代贞元初时,任用房玄龄和杜如晦为相,一般人以为非房玄龄和杜如晦不能为相;开元初,任用姚崇、宋璟为相,一般人又以为非姚崇、宋璟不能为相。李翱进一步认为,现在房玄龄、杜如晦、姚崇、宋璟不为相已经许多年了,但中书省从来都没有缺过宰相。故而在李翱看来,天下的治理并不依靠某个不可或缺的人,即使是历代的名相,也并不是非他不可,因为没有他,总会有人代其而出。在这里,我们看到,李翱看重的已经不是人治,而是一种对制度的追求,他的政治治理理想是,在一个合理的制度中,每一个人各尽其本分,即可以出现一个好的治理局面。李翱对这种不单单依靠人治的理想政治的追求应该就是宋明理学的先声,宋明理学的士大夫精神并不完全是一种人治的精神,而是一种理性的制度性安排。

李翱在政府的建制上追求一种稳定长久的体制,而不过度夸大某个高官的作用。显然,即使是宰相这样的高官,李翱也认为,没有谁是不可取代的;这是一种追求士大夫政治的最初表现,是宋代士大夫精神的先声。同时他对于官吏之间的关系,并不主张无原则地下级服从上级,而是要遵守一定的原则,并主张官吏之间精神上的独立性。比如在《劝河南尹复故事书》中,他就认为不守原有规则的司录参军有故意想要自尊其地位的意思。他认为,下级的曹掾,未来没准就是朝廷大员,大家的精神地位是一样的,只要各安其位,各守其职就好,没有必要凭借地位来强调官场上不必要的权力高低关系。显然,李翱的这种主张与以往的士大夫有很大的不同,他呼唤的是一种官员之间的平等地位,那么李翱这种主张的缘由是什么呢? 我们看到,新儒家兴起后,士大夫阶层的精神支柱并不是官场上地位的高低,而是对于儒家思想境界的追求。也许你位卑而言轻,但你的精神境界,也许远超相宰。这样,我们看到,从唐末开始,士大夫阶层的安身立命有了两个层次的依赖:其一是为仕地位的高低,这一点带着命运的成分;其二则是精神境界的高低,这一点只要追求,就能得到。故而,这是中国第一期新儒家兴起时在士大夫阶层精神世界中发生的最为重要的事,李翱在这方面的政治哲学思想就是新兴士大夫阶层政治主张的先声。

中国古代,一直有军事割据的情况,李翱认为,整个政治结构理应使各级官员各司其职,文官和武将形成制衡,这样才会有利于长治久安,也有利于一个正常公正的政治局面的形成。李翱在《劝裴相不自出征书》中极力反对宰相裴度领兵出征,认为唐时的名相房玄龄、杜如晦、姚崇、宋璟是文官,政绩很大但没有武功;郭子仪和两位李姓太尉李光弼、李晟有军功而不当政。显然,李翱觉得这样的情形是最好的,文官和武官各司其职,形成制衡。他进一步认为,每个人的功勋应有限度,若一人独大,就会带来不好的政治格局。故而他建议裴度,既然是宰相,就带领着文官负责整体的谋划指挥就好,不要亲自带兵出征。可以想象,一个宰相既有文官不能比的功勋,又控制了军队,一定会出现政治上的不平衡。

在李翱看来,整个士大夫统治已经不再是汉唐时代以军功为主的人治格局,而是一个以儒家思想为基础的制度化系统。这个系统并不是由一两个英雄人物就可以支撑起来的,而是要由无数具有士大夫精神的士人共同维护和承担,如他说:

> 翱以为宰物之心,患时无贤能可以推引,未闻其以资叙流言而蔽之也。天下至大,非一材而所能支;任重道远,非徇谀狠之

心所能将明也。①

显然,在李翱看来,天下之大,并不是一两个人就能够支撑起来的。天下的治理,需要大量的有德之才来共同努力,他反对以各种无端的理由对于有德之人的压制。

李翱在具体政事的处理上,主张要从源头上正本清源,故而他说:

> 窃尝病此,以故为官不敢苟求旧例,必探察源本,以恤养为心,以戢豪吏为务,以法令自检,以知足自居,利于物者无不为,利于私者无不诮。②

李翱为官,不以习惯的旧例为根本,他以探本求源的精神,使法令与行事规则合于为政的基本原则,故而会更改许多旧例,革故更新,以使政治出现一种新的气象。他认为,为政一定要正本清源,体恤下属,使民众有所养,限制豪吏,并以法令制度检验行政的对错。这样,在李翱看来,政治不是一两个人的事业,而是整个士大夫阶层的职责。士大夫阶层要追寻一个制度化的治理格局,一方面要得到皇权的认可,另一方面要通过科举启用下层的有识之士。对此,他在《贺行军陆大夫书》中认为,"陋巷短褐躬学古知道之人"③并不一定就不如"朝廷藩翰大臣、王公、卿士"④,而且他认为由于"陋巷短褐躬学古知道之人"来自下层民众,故而更加懂得下层民众的处境,也更能与

①《李翱文集校注》卷第七《荐士于中书舍人书》,第97页。
②《李翱文集校注》卷第八《与淮南节度使书》,第115页。
③《李翱文集校注》卷第八《贺行军陆大夫书》,第117页。
④《李翱文集校注》卷第八《贺行军陆大夫书》,第117页。

民众同甘共苦。在这里,李翱意识到,上层的王公、官员因未尝经历生活的艰辛,并没有治理天下的真正的理想;而出生于下层的士人生活习惯简朴,尚没有被奢侈淫靡之风所同化,且他们志向高远,认同儒家伦理,故而会在一种新的精神境界指引下,为一个新的社会治理格局的出现而努力。对此,他说:

> 士之躬学古知道者,固与夫天下百姓同忧乐,而不敢独私其心也。①

李翱认为从政者与布衣守道之人不同,就像耳朵听不到眼睛所能看到的颜色一样。他认为,从本源上来说,布衣守道之人本来就有与天下百姓同忧乐的处境,故而不敢有私心。

　　李翱认为要使国家兴盛,首要的是要任用忠贤之大臣。在他看来,士大夫官员系统是一个以大臣为纲纪的官员系统,在这个系统中,大臣具有重要的地位,他的道德修养不仅会影响到他自身,更重要的是会因为自己的地位而影响到小臣,以及整个社会。正是基于对此的认识,李翱认为对于大臣的任用,一定要以忠正的品行为主,他甚至说:"故忠正者,百行之宗也。"②与任用忠正之臣相对,李翱劝谏君主要远离奸佞之人。在李翱看来,奸佞之人,不识大体,目光短浅,自私贪财,为达到此目的不惜一味地迎合君主的好恶。对此他说:

> 凡自古奸佞之人可辨也,皆不知大体,不怀远虑,务于利己,

① 《李翱文集校注》卷第八《贺行军陆大夫书》,第 118 页。
② 《李翱文集校注》卷第九《疏用忠正》,第 133 页。

贪富贵,固荣宠而已矣。①

在他看来,奸佞之人一切都顺从君主的喜好,君主厌恶什么,他就会加之以罪;君主喜欢财物,他就会进献聚敛财富的计谋,而不顾民众的生计;君主好声色,他就会开通妖艳淫靡之路;君主好求仙神之道,他就会精通各种炼丹之术,以迎合上意。这些人的行为不以行道为准则,而是以看君主的脸色来揣测上意。君主如果喜欢这些奸佞之人,因其不会忤逆自己而重用他们,那么一定会导致天下的纷乱。同时,奸佞之人大多又以朋党的罪名来攻击忠正之臣。李翱认为"夫忠正之人,亦各自有党类",但这种党类只是在道德上互相欣赏、互相团结以对抗奸佞之人,他们的作为不是为了团体的利益,而是以道德仁义为最高旨归。他说:"夫舜、禹、稷、契之相称赞也,不为朋;颜、闵之相往来也,不为党。皆在于讲道德仁义而已。"②但是,朋党之患历代最为帝王所忌讳,因为帝王其实很难判定某一团体是不是为了国家的公义,而且对于公义的具体内容各人又有着不同的看法。故而,李翱认为,君主应掌握正确的判断方法以判定臣下是忠是奸。对此,他说:

> 能尽言忧国,而不希恩容者,此忠正之徒也。……故听其言能数逆于耳者,忠正之臣也。③
> 主之所欲,皆顺不违,又从而承奉先后之者,此奸佞之臣也。④

---

① 《李翱文集校注》卷第九《疏屏奸佞》,第135页。
② 《李翱文集校注》卷第九《疏用忠正》,第133页。
③ 《李翱文集校注》卷第九《疏用忠正》,第133—134页。
④ 《李翱文集校注》卷第九《疏屏奸佞》,第136页。

李翱认为，君主察知忠正之人和奸佞之人的方法其实很简单，忠正之人，言语忧虑国家安危，并不希图得到君主的恩容，而且经常从他那里能听到逆耳之言；奸佞之人则相反，君主的愿望，他没有不满足的，故而他从未有违逆之言行。说起来，忠奸之分，其大端确实很好区分，可惜作为君主，大都不愿听违逆之言罢了。他进一步认为，评价一个人理应兼听则明，而不能只听信一面之词。在《论故度支李尚书事状》中，说到对李尚书人品的评价，他认为，人家中之事，外人很难知晓，如果只是偏信一党亲族的话，以此为依据，则有可能会误导公议。故而据他所说，他之所以写《论故度支李尚书事状》的目的，就在于提供一个对于李尚书人品考查的新角度。

而对于无德之人，李翱主张绝不能姑息。在《杂说二首》中，他以寓言的形式说了一个故事。龙与蛇都被凤所养，龙有智慧而且神明，非常有德性，故而凤知其为同类而对它很亲厚。蛇则很阴险，如被它所忌恨，必会被它所伤。但是蛇似乎很有势力，如果不满足它的要求就会联合豺、犬来咆哮；故而凤为了息事宁人，给它的食物比龙还多。虽如此，最后蛇还是伤了麟，赶走了龙。凤没有了龙、麟与龟的帮助，也终于不能压服蛇。这个故事很像农夫和蛇的故事，李翱以寓言的形式认为，凤对待蛇很软弱，而不能联合龙、麟与龟来共同对付蛇，最终以蛇性为代表的无德之人将会对龙、麟与龟各个击破而使凤失去襄助。凤显然代表的是治理者，一个优秀的上位治理者应该精于政治，联合正气之力来镇压无德之人；如果一味放纵无德之人，当正义的助益力量都被铲除后，统治者就再也没有力量镇压无德之人，政治的风气恐将积重而不可返。

然而，中国古代封建制、郡县制社会都是以人治为核心的社会，这样的社会是不平等的等级社会，故而李翱也意识到，统治者品行的好坏对于社会的作用是举足轻重的。针对这样的社会现实，李翱在《陆歙州述》中认为，凡超出人力之限的，人们就会把责任推给天。他接着说,天下雨,人们认为是为了旱苗得到滋养,但也有可能雨和苗不能相遇,比如雨并没有下到田里,而是下到了山上或海里。人也是这样,天生出俊杰之人,人们认为百姓就会得救,但这样的贤者却有可能得不到任用,其道不能行,这样百姓就不能被其泽。在这里,李翱就提到了"运",认为人能不能实现其抱负,其实是有命运的存在的。故而他说:

> 故贤哲之生自有时,百姓之赖其力,天也;不赖其力,亦天也。①

在李翱看来,傅说、甘盘、尹吉甫、管夷吾之所以能行其道,在运;颜子、子思、孟子、董仲舒不能行其道,也在于运。所以,虽然天不断地因应时节而产生贤者,但是这些应运而生的贤者能不能起到很大的作用,是不是能有利于万民的福祉,最终是由天命来决定的,这显然也是郡县制社会的现实。李翱看到,有些人空有治世才华,但却不能以高洁品行治理地方;而一些品行低下之徒,却窃有大位,谋取私利。在这里,我们感到李翱虽然对于政治格局有诸多的设计,但是在面对复杂的现实生活时,又感到有些力不从心,从而只能把他的设计能不能成功的根源归之于天命,从而显示出他的思想正处于由唐向宋过渡的关节点上。正是在这样的思想基础上,李翱并不主张在政治上做一些违背大势的事情,因为在他看来,人力终难违背天道大势,如果不符合大势走向,人的努力终究难以成功。故而他在《题〈燕太子丹传〉后》中举荆轲的例子认为,荆轲怀燕太子丹之义,欲入秦劫持秦始皇,此事最终定会失败。他分析认为,秦始皇之道与齐桓公之道不同,故而曹沫为了鲁庄公可以劫持齐桓公成功,荆轲却最终遭杀身之祸。两件事表面上看都是用匕首劫持国君,但荆轲所想在秦的大势

—————————————

① 《李翱文集校注》卷第十三《陆歙州述》,第218页。

下很难成功,故而李翱评价荆轲说他"智谋不足以知变识机"①。显然,李翱虽然也很敬佩荆轲的勇气,但是他认为荆轲被杀是必然的事,故而君子行事,要有智谋机变,而不可违逆大势。

综上所述,李翱通过讨论士大夫道德修养和行事规范在呼唤一种新士大夫精神,不同于唐以前等级性的贵族士大夫精神,它具有以下三个特点:

1. 君臣对等的关系。虽然不能说君臣在地位上平等,但强调君主和臣下的关系是相互的。李翱继承了孟子的思想,要求君主要对臣下有一定的尊重,在唐末的历史背景下,这其实在寻求国家政治体系对于新士大夫阶层地位的肯定,甚至表达了如无此尊重,臣下其实有力量对其进行反击。

2. 新士大夫阶层追求的是德性,而不是地位。士大夫阶层的精神支柱并不是官场上地位的高低,而是儒家的精神境界。李翱认为,士大夫应是全德之人,而不是某方面的能吏。士大夫之间上下级只要守礼就可以,更重要的是要互相扶持。李翱将整个新士大夫阶层看作一个整体,明显是针对旧贵族士大夫来说的。新士大夫阶层多是通过科举而进入统治阶层的无背景平民,如果不互相扶持,就不能形成真正的力量,发挥他们的才干。

3. 新士大夫精神追求的不是人治,而是制度,主张在一个合理的制度中,每个人各尽其本分,即可以出现一个好的治理局面。李翱认为,国家的政治系统并不是由一两个英雄人物就可以支撑起来,而是要由无数的具有新士大夫精神的士人共同维护和承担,这种政治格局也可以防止一些野心家一家独大,从而危害国家。显然,李翱看到了人治政治的起伏不定,故而他希望通过一个新士大夫阶层的整体力量,来去除个人处事的不确定性,这种主张显然是宋代以天理为核

①《李翱文集校注》卷第五《题〈燕太子丹传〉后》,第 65 页。

心的士大夫精神的先声。

三、李翱对于唐末政治治理的六点主张

针对唐末的政治现实,从自己的政治哲学主张出发,李翱在任国子博士、史馆修撰期间,向皇帝上疏,对于唐末的政治治理提出了六点主张,他在《论事疏表》中认为,平定祸乱靠的是武力,但要使国家长治久安则需要文德之功。故而,他认为,皇帝在使用武力平定政局的同时,也要注意国家文治制度的建设。他提出了六条针对唐末政治现实的主张:

(一)疏用忠正

"疏用忠正"主要是在讲任用忠良贤德之人来辅佐皇室治理国家。他在《疏用忠正》中说:

> 故忠正者,百行之宗也。大臣忠正,则小臣莫敢不为正矣;小臣莫敢不为正,则天下后进之士皆乐忠正之道矣;后进之士皆乐行忠正之道,是王化之本,太平之事也。①

李翱认为,皇帝治理国家,最重要的是要任用贤良之臣,并对于所任用的贤良之臣给予极大的信任,这有点像宋代士大夫"得君行道"的主张。在他看来,只要大臣忠正贤良,大臣的属官就不敢做越矩的事情,如此,长久之后,就会形成一种传统,使得现有的官吏以及后来加入士大夫阶层的官员都以行忠正之道为目标和习惯。但是,对于皇帝来说,他也想任用贤良之臣,但人心隔肚皮,什么样的人才是贤良之人呢? 对此,李翱说:"能尽言忧国,而不希恩容者,此忠正之徒

---

① 《李翱文集校注》卷第九《疏用忠正》,第133页。

也。""故听其言能数逆于耳者,忠正之臣也。"①他认为,观察并发现忠正之人是有方法的,发现忠正之人要看他平日的言行,如果一个人所行所做在忧国忧民,而并不想借此而获得什么个人的好处,这样的人就是忠正之人。而且,忠正之人可能会说一些逆于耳的忠言,并不像奸佞之臣老是说一些顺耳阿谀之言,这也是一个可以参考的特点。

李翱进一步认为,忠正之人之间也有着相互的交往,但是这种交往并不是结党营私。他举汉元帝时萧望之、周堪、刘向在与许伯、史高的斗争中失败为例,认为许伯、史高在汉元帝那里攻击萧望之、周堪、刘向三人结成朋党,实际是奸人妒忌的谗言,不可因此而做出误判。如果误判,就会像汉元帝一样,因任用奸佞之臣,而使汉走向了覆灭的边缘。

而对于忠信之人的存在,李翱借用孔子的话说,"十室之邑,必有忠信如丘者焉"②。在他看来,忠信之人还是大量地存在的,只要皇帝认真辨识,就会有大量的忠信之人被任用,从而使国家的政治生态有一个很大的变化。

(二)疏屏奸佞

在《疏屏奸佞》中,李翱认为,自古奸佞之人都不识大体,不为国家的未来考虑,一心谋取私利,并无限度地随顺君主;而君主也因为奸佞之人对自己的顺从而任用他们。李翱对于奸佞之人深恶而痛绝之,认为即使尧、舜为君,但如有奸佞之人为臣,国家必不能兴盛。他具体指出,在历史上,像荣夷公、费无极、太宰嚭、王子兰、王凤、张禹、许敬宗、杨再思、李义府、李林甫、卢杞、裴延龄这样的人其实很多,如果君主任用他们,大则亡国,小则国家法纪废弛。

---

① 《李翱文集校注》卷第九《疏用忠正》,第 133、134 页。
② 朱熹:《四书章句集注·论语集注卷三·公冶长第五》,中华书局,2012 年,第 83 页。

李翱向皇帝进一步进言,希望皇帝亲贤臣,远小人,如此方能视听清明,国家大治。李翱对于奸佞之人的防范的确源自中国古代人治社会的隐忧,这也是中国古代社会把道德修养本体化的真正原因所在。

(三)疏改税法

政治与经济紧密相关,顶层的经济设计其实就有政治的意义在里面。中国古代是农耕自足经济,民众生活的好坏与赋税的多少息息相关,故而李翱在上疏中也十分重视赋税制度的完善。他分析说,唐建中元年初定立两税制时,当时一匹绢可换钱四千,一斗米可换钱二百;如此算下来,赋税一万钱的农户交纳两匹半绢即可。但现下虽税额没有变化,粟与帛的价钱却越来越低,一匹绢换不到八百钱,一斗米换不到五十钱。这样算下来,赋税一万钱的农户就要交纳十二匹绢,接近以前赋税的五倍。即使官府压低税收,税收也是以前的三倍。

面对这样的经济现实,李翱进一步分析认为,导致这样结果的原因在于赋税必以钱交纳。虽然朝廷也意识到赋税的苛重,要求体恤地方百姓,但如果不改其法,豪门大商就会在市场上积累钱币以获利,从而使农户的生产和生活日渐难以维持。在此情况下,李翱建议朝廷下诏,一切赋税皆交纳布帛;如此,则经济之困局可迎刃而解。

然而,货币的使用是经济发展的大趋势,李翱的建议自然可以短期使用;但长期肯定不是使国家经济发展的好手段。以实物交税首先面临的就是运输成本的问题,再有就是贮藏的问题。当然,按李翱所描述的经济境况,除了政治原因以外,从经济学角度来看,唐末经济应存在货币供给不足的问题。当然,唐末经济衰敝的主要原因是政治内忧外困,这也是农垦经济时代到了王朝末期的普遍现象。但是,无论如何,李翱在经济上所提的以实物纳税的方式其实是把实物的运输和贮藏责任和成本转移到国家身上,这客观上有利于民众的生产和生活,如能实施,在短期内或能对经济发展、社会安定起到积极的作用。

(四)疏绝进献

李翱前此谈到赋税制度的不足,但唐末赋税制度扭曲的原因是多方面的。由于唐末藩镇割据,政治的割据必导致经济的割据,故而藩镇的风气亦会影响到中央政府直接统治的区域。在此情形下,李翱指出,钱帛是国家的钱帛,地方大员不可巧立名目,变相贪没国家的财富。他尤其指责各地节度使的所谓进献,认为各地军需和留给各州府的经费是一定的,哪里会有什么节余;如果有节余,那一定不像各地节度使所言出自节俭,而一定来自他途。各州府军镇所谓的余钱或者直接取自民众,或者官府经营酿酒等暴利行业,与民争利;如此者日久,国家必有祸乱。

李翱向皇帝进献一策,他说,过去中原养兵是因为局势的不稳定,如今李师道等乱臣均已伏诛,中原地区就没有必要像过去一样保养重兵。他认为现下各地节度使都谎报兵员数额,以吃空饷;不如由朝廷派官员去往各道府兵镇,核实兵员人数,这样,至少可以减少国家十分之一的开支。而这些节省下来的开支就可用于充实边防,吐蕃之患不足虑矣。

李翱所言,实中时政之的,但当时唐末藩镇割据,此策极难施行。李翱所言,实是欲加强中央集权,不使地方道府军镇自行其是,分割国家赋税和政治权力,是加强唐末国家统治力的有益良策。惜其难以施行,如此策能行,唐难保不有中兴之局面。

(五)疏厚边兵

在详细讨论了诸项内政的基础上,李翱向皇帝提出了厚边兵的提议。他认为,现在内地已经平定,就要重视边地的防守,其提出的策略是用一百万贯钱在边地招收十万战士。李翱认为,有了这多出来的十万战士就可以起到战略威慑作用,使得四夷之敌不敢轻举妄动；如此，则边无战事，内地可安。

（六）疏数引见待制官问以时事

《疏数引见待制官问以时事》一篇已经佚失，《论事疏表》有其概略："以通拥蔽之路，则下情达。"①应是李翱建议皇帝开通上下传达舆情的通道，使民间之情实，能达于朝廷。李翱此建议与其政治主张一致，在于着力形成一套体制性的上下通达的政治决策机制。

第三节　唐末经济状况
及其对李翱哲学思想的影响

宋明理学时期的许多重要思想家都在经济上支持井田制，如张载就此还专门著文论述过其可行性。但显然，这与历史上政治与经济的发展趋势是不相适应的，而这些思想家之所以对井田制持支持的态度，可能主要的原因并不在于经济，而是对源自孔孟的王道政治哲学的向往。故而讨论李翱的经济思想，我们的着眼点主要是落实到其政治哲学的基础上。

在国家经济政策方面，李翱赞成先秦时期的井田制和什一税，他的经济思想本自孔子和孟子的思想，对此，他说：

> 孔子曰：……"若欲行而法，则周公之典在。"孟子曰："夏后氏五十而贡，殷人七十而助，周人百亩而彻，其实皆什一也。"②

朱熹在《四书章句集注》中解释说，夏代一位农夫授予田地五十亩，这五十亩田地中有五亩作为贡赋。商代开始施行井田制，把六百三十

---

① 《李翱文集校注》卷第九《论事疏表》，第130页。
② 《李翱文集校注》卷第三《平赋书并序》，第29页。

亩地划分为九个区域,每个区域七十亩地,中间作为公田,周围的地每七十亩授予一家农户。这种方法是让八家农户共同耕种中间的七十亩公田,以作为赋税,不再针对每户的私田征税。周代一位农夫授予田地一百亩,乡里用贡法,都鄙用助法。总的来说,三代赋税都等于或接近十税其一,朱熹解释贡、助、彻法十分清晰。在李翱看来,先秦历代相传的什一之法是儒家政治教化的经济基础,税重于或轻于什一之法都会破坏儒家政教的基础。在什一之法的基础上,公与私都在经济上有所保障,这样才可以教化民众而使民风返归淳朴。在《平赋书并序》中,李翱同意孟子的说法,即认为重于或轻于尧舜之道,都是有问题的。他认为,古代的圣贤,没有不善于为政和治理民众的,而治理民众最好的方法正如他所说的"理人者,莫大于既富之,又教之"①。

李翱进一步认为,经济是政治稳定的基础,社会的动乱,究其终极的原因,实在于经济治理的不恰当。他认为,凡人都有基本的生活保障要求,一日没有食物人就会饥饿,一年没有制衣到冬季就会寒冷。而且在士、农、工、商四民中,就属农人最苦;丰收的年岁,农人尚不能完全丰衣足食;遇到水旱之灾的年份,则农人就只有流离失所。到了此时,民众就会怨恨统治者,和平时期尚且可能没有归属感,何况是动乱之时。如此,国家的危殆就会到来,故而李翱说:"自古之所以危亡,未有不由此者也。"②李翱看到了经济对于社会治理和道德教化的基础地位,强调如果百姓在经济上不能得到保证,那么天下必定大乱。在李翱看来,发生这一切都是因为统治者不懂得真正的经济之道。

李翱自然也不主张无限度地减轻税敛,他认为什一之税正好符

---

① 《李翱文集校注》卷第三《平赋书并序》,第29页。
② 《李翱文集校注》卷第三《平赋书并序》,第29页。

合利国利民的原则。但是,相较于现实政治中总是税赋过重的情况,李翱认为,轻赋税其实反而得财货多;因为只有轻赋税,人才能安居乐业,这样从事农业生产的人口就会增多,而从事农业生产的人增多,自然就会使财货增多。显然,李翱的思想是重农主义的,他尚未看到工商业的重要性;同时,中国古代社会一乱一治的政治现实是不是可以用李翱所说的什一税的方法来解决,我们还可以再讨论。在李翱以上思想的基础上,他感慨说:

> 是以有土地者有仁义,无代无之,虽莫不知之,然而未有一人能行之而功及后代者,由此道也。①

很明显,李翱经济思想的基础并不在经济本身,而在于儒家传统的心性之学;因为在他看来,之所以仁义之道不能行一方面在于见识短浅,另一方面在于人的欲望的危害。他认为,夏、商、周所施行的什一之法遭秦毁灭后,到了唐代,已经很难恢复。中国古代士大夫中有许多人都有恢复井田制的希冀,这反映了他们对于国家民族前途的解决方法的思考。不过,这种解决方法即使有效,也只是在一定的时间段内有效,而在一个长时间的跨度中则总会有失效的时间,而这个失效的时间段对于中国的文明有可能是破坏性的。但是我们发现,古代学者却常常沉溺于其中,而不能自拔。这自然不能怪我们的先辈,因为在他们那里,经济上的解决方案一直没有超脱重农主义思想的羁绊,这主要源自中国古代社会停留在农业社会的时间过于长久。这是一个文明演化的怪圈,没有经济形态的改变我们就不能走出农业文明,而没有走出农业文明,我们就很难发展出真正解决这一困境的思想。

---

① 《李翱文集校注》卷第三《平赋书并序》,第 30 页。

钱穆在《国史大纲》中认为,战国时实行什一税;汉代实行什五税一,而且常常收半租,故而税常能达到三十税一;唐朝前期建立租庸调制,税收只是四十税一,比汉代税收更轻。钱穆认为,租庸调制是中国古代历史上最轻的税制,唐代前期的繁荣正是以此为基础。而且他还认为,唐代租庸调制有为民制产的精神,这才是前期唐代稳定的根本原因①。然而唐代自安史之乱后,政治格局大变,藩镇割据日益严重,再加上特权阶层免除税收,一些人又因生活所迫而依附于地方豪强,这导致国家赋税锐减,被迫放弃按人丁收税的租庸调制而改用按田亩收税的两税法。按照钱穆的说法,两税法已经失去了为民制产的精神实质,而变成了只收税、不制产的纯粹的税收体制。由于唐后期土地兼并日益严重,庄园经济兴起,私租额已经是官税的二十倍,我们从唐代税收制度的改变就已经可以看到衰落的未来。

李翱正是处于唐末的经济格局中,他也许没有想到唐初的租庸调制是中国古代最轻的赋税制度,但是其思想却深得租庸调制的精华,有着为民制产的思想。李翱有一种希冀,他想要学习夏、商、周的制度,取适合于唐代社会现实的部分,以使什一之法有可能在唐代真正施行起来。李翱在《平赋书并序》中对其主张进行了详细的论述,他认为,天下之大,要看千里之都;而要了解千里之都,可以看百里之州;而百里之州则由一亩一亩的田地构成。李翱此说,完全是一种同质同构的感觉,从哲学上说,和《大学》的修身、齐家、治国、平天下使用的是一个思维方式。这也是中国古代哲学的特点,天下之大最终可以还原为一亩之地。不过从当代哲学的视野来看,这种还原就带上了传统的特点,因为传统中国尚没有发育出复杂的社会结构,一切

---

①参见钱穆著《国史大纲》之《隋唐五代之部》中的《唐代之租庸调制》和《由租庸调制到两税制》两小节。

都在一种简单的同构关系之中。

李翱从一亩之地算起，240 步为一亩；亩上为里，360 步为一里，方里之田有 540 亩；十里之田 54000 亩；百里之州有田 54 亿①亩；千里之都有田 5400 亿亩。李翱设想，在方里之地，也就是 540 亩地里，用 10 亩建造房屋、道路、牛、猪等家畜生息的处所，以及种植蔬菜的地方，就可以满足方里之内人家的需要。其他的地则按照井田制的方式来安排生产，方里之地可养 8 户人家，并有 1 份公田用于赋税，即他所说的什一之税。依此类推，百里之州，有 100 个方十里者，在这样大的土地上，建造州县城郭、道路、丘墓、乡井以及沟渠，大约需要 36 个方十里者，一共有田地 19 亿 4 万 4000 亩，合计 1 万 9440 顷地。这样，百里之州的人家可以满足生活需求。依此类推，千里之都亦复如此。李翱在此基础上进一步计算，一亩地每年除去水旱以及地力肥瘦的因素，出产粟谷一石，用其中的十分之一交赋税，那么百里之州有田地 54 亿亩，除去 19 亿 4 万 4000 亩用于修建州县城郭、房屋、道路、丘墓、乡井、沟渠、牛猪等家畜生息的处所，以及种植蔬菜的地方，余下田地 34 亿 5 万 6000 亩，也就是 3 万 4560 顷地。如果收取什一税，就会有 34 万 5600 石贡于天子，这些税赋足以供给整个国家行政机构的正常运行。

其实，现代学者多认为，孟子所说的井田制四方四正的田地授予在现实中很难实现，大约也只是现实的近似产物，四方四正的田亩不过是孟子阐述其思想的理想化说法而已。李翱的经济思想借鉴自孟子的思想，自然也有同样的问题；但是，我们在这里主要关注的是李翱经济思想中的为民制产思想。试想，井田制的核心是什么？是给每一户农人以恒定的田产，而且此田产的所有权属于国家，故而不能买卖。中国古代是典型的农垦经济，土地是最重要的财产，所以历代

①亿：亿有二义，一为万万，一为十万。李翱的计算中，亿指十万。

贤者有许多都对井田制表现出兴趣的真正原因即在于此。假令每个人都有恒定的田产，那么整个国家就处于一种有序的状态之中；只是可惜社会发展是复杂的，许多王朝建政初期授予民众的田产到了后期都会因人口的繁衍、天灾人祸被大土地所有者所兼并。李翱应该是看到了唐后期以来的土地兼并和大庄园的兴起，意识到百姓失去其田产，最后会导致国家的衰亡。但是重新实行井田制只是李翱的一种理想，因为他并没有在文中讨论如何实行，因为在现实社会里，这个方法根本是没有办法施行的。

　　而在能够实行的具体经济政策上，李翱的一些提法则很有现实意义。李翱反对各地地方官吏的所谓进献，在他看来进献其实就是杀鸡取卵，没有恒常制度的所谓进献只会导致民不聊生、社会动荡。在《疏绝进献》中，李翱认为，进献一定会加重税收，他说：

　　　　故有作官店以居商贾者，有酿酒而官沽者，其他杂率巧设名号，是皆夺百姓之利，亏三代之法，公托进献，因得自成其私，甚非太平之事也。[1]

李翱认为，任何财货都有来源，不是天上掉下来的。各地节度观察使说，进献的财物是军镇的节余，不取自百姓，这是不可信的。各地官员之进献一定是垄断行市，巧设名目以私下征税，表面上说是进献，其实是为他们自己掠夺财富寻找借口。李翱认为官员不能与百姓争利，天下的财富是一定的，有了基本的税收，就不能再增加不必要的税收；如非如此，则民不聊生，天下就会动荡不安。对此，他接着说：

---

①《李翱文集校注》卷第九《疏绝进献》，第 139 页。

是岂非两税之外,又加税焉。①

两税之法已经十分沉重,如果再额外加税,那一定会使父子、夫妇不能养活自己;到了这个程度,民心动荡,还指望天下太平,那就是痴人说梦了,就是妇人都知道这样做的结果。显然,在现实生活中,李翱真正的为民制产的理想是不可能实现的,他也只能向统治者建议,尽可能地减少百姓的赋税,以维护唐王朝的暂时稳定。

李翱所处的唐末,正逢战乱之时,诸多藩镇节度使割据,内乱不断。在平乱后暂时和平的间隙里,李翱在军事经济上主张减少内地的兵士数量,增加边防的军士数量,以此来平衡国家财政与养兵数量的冲突。李翱在阐述他的这一主张时流露出对于四夷在文化上的歧视倾向,他说:

然蕃戎如犬羊也,安识礼义。②

李翱认为四夷不识礼义,故而只要有机会就会发动战争,故而应对之策只在边境保持强大的军队,以有威慑之势。他认为,用兵之道在于使敌人畏惧于己方强大的军事实力而不敢进犯,方是上策。而要使己方军事力量强大,就要大量征招军队,而军队存在的基础就是强大的经济的支撑。他建议边镇各地节度使多招十万兵士,这样一年不过多费钱一百万贯,但是就可以威慑四夷,达到不战而屈人之兵的效果。如此,边境无有战事,京师就可高枕无忧。然而,一百万贯钱币来自哪里呢?对此,李翱也提出了切实可行的策略,他认为,在和平时期,理应在内地裁军,减少兵士数量,从而减少开支,而将这些减

---

①《李翱文集校注》卷第九《疏绝进献》,第140页。
②《李翱文集校注》卷第九《疏厚边兵》,第141页。

少的开支用于边防。他认为，既然吴元济、李师道之乱已经平定，就不应在内地多蓄兵士，而应由朝廷派官员到各道，与各地节度使、团练使言明各道应留兵的数量，核查兵士的实际数量，这样每年就可以节省大量军费，用于充实边军，从此边患不足为虑。其实李翱要减少内地军队数量，实很难推行；因为唐末藩镇割据局面已经形成，军事手段成为扼制这一类随时都可出现的事件的必要手段，故而赋税日渐涸竭和军费的巨大开支成为唐末不可避免的矛盾。

　　通过对李翱经济思想的讨论，我们清晰地感受到了李翱哲学思想产生的经济背景，他所有的经济主张都建立在复兴儒家政治哲学的理想的基础上，这对于我们理解李翱的哲学思想具有一定的辅助作用。

第二章　李翱哲学的天道观

第一节　中国古代早期儒家的天道观

中国古代思想与西方思想最大的不同在于西方思想的本质在于追寻真理,而中国古代思想则更倾向于追寻道。道与真理这两个观念有重合,但也有区别;真理与西方的逻各斯传统紧密地相互关联,而道的传统则与中国传统的熟人熟事的生活样态相联系。西方思想的传统在于发现真理,探索未知;而中国古代思想则是对于一个已知的世界的平衡。那么中国古代思想中所说的道有些什么样的特点呢?

许慎在《说文解字》中说:"道,所行道也。"清代的段玉裁在《说文解字注》中说:"道者人所行,故亦谓之行。道之引申为道理,亦为引道。"①道的甲骨文字形为,在四通之道,中间有一人;道的金文字形为,在四通之道,中间的人上为首,下为止。还有两种金文的形式有引路的意思。显然,道的原意是道路,后来滋生出引导、引路的意思。《尚书·禹贡》说:"九河既道。"②又说:"江、汉朝宗于海,九江

①段玉裁:《说文解字注》,中华书局,2013年,第76页。
②钱宗武、杜纯梓:《尚书新笺与上古文明·禹贡》,北京大学出版社,2004年,第65页。

孔殷，沱、潜既道。"①两句话中所说的"道"均是"疏导"的含义，比"引路""引导"的意思又深了一层。道后来成为中国形而上学的最高概念，仔细推敲道早期的含义，大约形而上学的道起始自"道路"和"引导"之义。

形而上学的道出自老子的思想，老子认为，道是很难言说和摹状的，可以用"有"和"无"两个字来描述它从无到有的过程，我们会从"无"看到造化的神妙，从"有"看到事物显现出的界线。老子进一步认为，道是玄而又玄的产生万物的门户。现在说起道，有规律的意思，似乎带有理性的成分，极端一些，会把它理解成西方的真理，或者逻各斯。如果这样理解中国古代思想中的道，肯定是有问题的，因为中国古代思想中的道是一种主客不分、理气不分的存在。这一点，我们可以从老子关于道的思想中体会到，《老子》说：

> 其上不皦，其下不昧，绳绳兮不可名，复归于无物。是谓无状之状，无物之象，是谓惚恍。②

虽然老子说道是听不见、看不见、摸不着的存在，但是他用了人的感觉去体会道，而不是用理智去思考道，这很有意思。老子的意思，似乎是道尚没有在感觉的层面分开来，故而是一个混沌体。"皦"的意思是"光明"，"昧"的意思是阴暗，"绳绳"的意思是"纷芸不绝"③。显然，在老子看来，道也不能用明与暗来说明，故而道是一种介于有形无形、有象无象之间的混沌体。这里所说的"象""状"是什么呢？

---

①钱宗武、杜纯梓：《尚书新笺与上古文明·禹贡》，北京大学出版社，2004年，第69页。

②陈鼓应：《老子注译及评介》，中华书局，1984年，第114页。

③陈鼓应：《老子注译及评介》，中华书局，1984年，第115页。

如果仔细思考，就有点像中国古代哲学中的另一个重要概念"气"。老子又说：

> "道"之为物，惟恍惟惚。惚兮恍兮，其中有象；恍兮惚兮，其中有物。窈兮冥兮，其中有精；其精甚真，其中有信。①

道既然是混沌体，便会有此恍恍惚惚的感觉，"其中有象"，"其中有物"②，这种说法就绝不是西方的真理或理念，因为我们不能说真理是恍恍惚惚的，看不真切的。如果从宋明理学理气相分的角度来看，我们只能说老子所说的道是一种理气混一不分的状态，而宋明理学则将先秦时期的道一分为二，理气相分。如此说来，宋明理学理学与气论两系其实是各取原始意义上的道的一部分而已。老子的这一思想后来被庄子和稷下道家所承继，如《管子·内业》说：

> 精也者，气之精者也。③

道家所说的道包含自然之道和人道，而且更加偏向探讨世界起源意义的自然之道；而孔子说道多说人道，以至于子贡说："夫子之文章，可得而闻也；夫子之言性与天道，不可得而闻也。"④《论语》使用"道"字的次数有 72 次，但只有子贡说的这一句话有"天道"二字。

---

①陈鼓应：《老子注译及评介》，中华书局，1984 年，第 148 页。
②陈鼓应：《老子注译及评介》，中华书局，1984 年，第 148 页。
③陈鼓应：《管子四篇诠释——稷下道家代表作解析》，商务印书馆，2006 年，第 100 页。
④朱熹：《四书章句集注·论语集注卷三·公冶长第五》，中华书局，2012 年，第 79 页。

孔子说性，只有一句"性相近也，习相远也"①；说"道"的次数很多，但从未提过"天道"二字。子贡所言，自古及今，有诸多争议。《论语》只是记载了孔子的少量言语，孔子说"性"虽只有一句，但代表着孔子是说"性"的。而孔子虽少言及天道，但谈道的次数却很多；且对于与道的含义有些相近的"命"，孔子也有许多论述。故而，说听不到孔子言性与天道，是不太符合实际的。古代儒学史上，有两个人对于子贡话语中连接"性"和"天道"的"与"字有不同的说法。首先是南梁的皇侃，他说：

> 夫子之性，与天地元亨之道合其德，致此处深远，非凡人所知，故其言不可得闻也。②

皇侃认为，孔子的文章人们可以见到，但六籍所说的话的宗旨，却很难领会，而原因则在于孔子的性与天道相合故而有德性，这种相合的精微之处，一般人很难领悟。显然，皇侃把"与"字解释为"合"，是动词，而非连词。而李翱在《论语笔解》中也有类似的说法，李翱认为，"天命之谓性"的含义就在于天与人相合为一，他认为天也是有性的，比如春季有仁，夏季有礼，秋季有义，冬季有智，而人循此天之性，就会形成人的五常。他进一步认为，人们只知孔子的文章，但却很难理解孔子性与天道相合的真谛，他说：

> 盖门人只知仲尼文章，而少克知仲尼之性与天道合也，非子

---

① 朱熹：《四书章句集注·论语集注卷九·阳货第十七》，中华书局，2012年，第176页。

② 皇侃撰，高尚榘校点：《论语义疏》卷三《公冶长第五》，中华书局，2013年，第110页。

贡之深蕴,其知天人之性乎?①

李翱此说,在《论语笔解》中,正是对子贡的话的疏解。李翱对于"天命之谓性"已有全新的理解,他将天性人性贯通为一,因而将"与"亦理解为"合"字,是顺理成章之事。对于此,李翱在《论语笔解》中还进一步阐释说:

> 深乎!圣人之言,非子贡孰能言之,孰能默识之耶!吾观上篇子贡曰"夫子之言性与天道,不可得而闻也",又下一篇陈子禽谓"子贡贤于仲尼",子贡曰:"君子一言以为不知,言不可不慎也。夫子犹天,不可阶而升也。"此是子贡已识仲尼"天何言哉"之意明矣,称"小子何述者",所以探引圣人之言,诚深矣哉!②

孔子对道非常重视,他曾说:"朝闻道,夕死可矣。"③其道多侧重在人道,《论语》中对于何为道有诸多的描述。如有一次,孔子对曾参说,我的道是一以贯之的,孔子离开后,门人们就问曾子夫子刚才的话是什么意思。曾参就说,夫子的道,就是忠恕之道。子贡也曾经问过孔子,有没有一句话可以作为准则来终身施行。孔子就说,你说的就是恕道啊,自己所不愿的,就不要施予别人。可见,孔子之道的核心是推己及人的忠恕之道。

作为子思子学派的代表性著作,《性自命出》对道的阐述可以帮

---

① 韩愈、李翱:《论语笔解》,《景印文渊阁四库全书》第196册,台湾商务印书馆股份有限公司,1986年,第8页。

② 韩愈、李翱:《论语笔解》,《景印文渊阁四库全书》第196册,台湾商务印书馆股份有限公司,1986年,第25页。

③ 朱熹:《四书章句集注·论语集注卷二·里仁第四》,中华书局,2012年,第71页。

助我们理解孔子对道的认识。《性自命出》说:"性自命出,命自天降。道始于情,情生于性。始者近情,终者近义。"①作为接续孔子性命之学的子思子学派,大约与孔子的原始思想最接近。显然,在《性自命出》中,道的位置在情的下面,整个概念系统依从的是天、命、性、情、道的次序,这里的道显然是人道,这可以很好地帮助我们理解孔子关于道的思想。

《论语》没有记载孔子将道分类的思想,但《孟子》中有一处记载:

孔子曰:"道二:仁与不仁而已矣。"②

孟子引证了此句,也认同此句的主张,他更加细致地思考了道的种类的问题。孟子认为,作为君,有为君之道,作为臣,有为臣之道;这两者都是效法尧舜处理君臣关系以及君民关系的。但是,如果作为臣子的不以舜事尧的道来事君,那就是不敬其君;而作为君主如果不能像尧治理民众那样,那就是戕害民众。孟子认同孔子的说法,将道分为仁道和不仁之道。这样说来,道就有了好坏之分,道本身似乎就成为一个中性的概念。这种对道的理解在现代汉语中也存在,比如俗语说的"盗亦有道"。不过,在孟子的思想里,天道和人道大约是有区别的,人道有好坏之分,而天道大约就只能是正面的。孟子谈到性、命与天道的关系时认为,人的肉体有眼、耳、鼻、舌、身,口能尝味,眼睛能看到美色,耳朵能听到声音,鼻子能嗅到气味,四肢喜欢安逸,这些都是人天生的性。但孟子进一步认为,这些属性是性,但更像是

①李零:《郭店楚简校读记》,北京大学出版社,2002年,第105页。
②朱熹:《四书章句集注·孟子集注卷七·离娄章句上》,中华书局,2012年,第282页。

命,所以君子不把它们叫作性。那么,什么是人真正的性呢？孟子认
为,父子之间存在的仁、君臣之间相处的义、客人与主人之间相处的
礼仪、贤者修养自己的德性所获得的智慧、圣人对于天道的感悟能
力,这些似乎也是来自天道的命,但它们才是人真正的性,所以君子
不把它们称为命。在这里,我们看到,在孟子的思想中,性与命在含
义上有重叠,但已经开始了明确的分化,性是那种在我们心中通过修
养就可以获得的,而命则是我们努力后不一定能得到的东西。显然,
在这个意义上,天道更多的是与人的性联系在一起的,这也是孟子所
说的尽心知性则知天的真正意义所在。

　　孟子之前的《性自命出》已经开始讨论天、命、性、情、道五者之间
的先后次序及它们之间的关系,《五行》则更是直接提到天道的问题,
《五行》说：

　　　　德之行五和谓之德,四行和谓之善。善,人道也。德,天
　　道也。①
　　　　闻君子道,聪也。闻而知之,圣也。圣人知天道也。②

五行指仁、义、礼、智、圣,前四者属于人道之善,如在前四者修养基础
上再达到圣的境界,就可以闻知天道。可见,天道包含人道,而人道
要通过修养,获得圣的境界之后,才能达到天道。孟子承继了《五行》
的这一思想理路,认为人通过尽心,就可知性,而知性后,就可以知天
道。可见,在孟子的思想里,性已经是连接天人的重要枢纽。

　　什么是孟子所说的天道呢？孟子说：

---

①李零:《郭店楚简校读记》,北京大学出版社,2002 年,第 78 页。
②李零:《郭店楚简校读记》,北京大学出版社,2002 年,第 79 页。

　　是故诚者,天之道也;思诚者,人之道也。①

与《五行》中具体的仁、义、礼、智、圣相比,诚具有了更加抽象的特点,是孟子对于天道更加深入的思考。前于《孟子》的《中庸》就已经对于诚进行了深入的思考,《中庸》说:

　　诚者,天之道也;诚之者,人之道也。②
　　自诚明,谓之性;自明诚,谓之教。诚则明矣,明则诚矣。③

孟子的说法与《中庸》的说法十分相似,继承的关系也十分明显。可见,从《中庸》开始,性与诚,或者说性与天道的关系就已经引起了儒家学者的注意。

　　道除了在与性和诚相互关系中呈现的样貌外,还有另一个样貌,这一点在《易传》中表现得非常明显,《易传》说:

　　是故形而上者谓之道,形而下者谓之器。④

道器之分是中国古代道论中的一个重要区分,《易传》通过"形"将道和器区别开来,形而上的是道,形而下的是器。但是在形上与形下之间,有一个概念我们也要重视,那就是气。气属于有形的,还是无形的呢? 这一点不同学术派别的人会有不同的看法,最典型的如张载

---

① 朱熹:《四书章句集注·孟子集注卷七·离娄章句上》,中华书局,2012年,第287页。
② 朱熹:《四书章句集注·中庸章句》,中华书局,2012年,第31页。
③ 朱熹:《四书章句集注·中庸章句》,中华书局,2012年,第32页。
④ 周振甫译注:《周易译注·系辞上传》,中华书局,1991年,第249页。

的看法,张载为了比较气之间的差别,仔细区分了"无形无象""有象无形""有形有象"三种状态。在张载看来,太虚是气的本体,它是无形的,至于有没有象,就要看针对什么来说了,这一点不涉及我们所论的主旨,就不在这里多谈了。不过,从张载的视野看过去,气的本体是可以无形,甚至于无象的。如此说来,气属于形而上还是形而下就是一个问题。宋明理学时期,朱熹和陆九渊就阴阳是形而上还是形而下进行了激烈的争论,应该就是这一学术问题在思想史上的重要事例。

总的说来,先秦时期的道,尤其是自然之道,与气有着密切的关联,气理一体的道是先秦道论的本相。到了宋明理学时期,道分裂为理与气两个部分,这是一个重要的学术变故,需要我们认真思考的是,李翱的道论在这样一个思想进程中起到了什么作用?

第二节　李翱思想中"道"的含义

《中庸》本是《礼记》中的一篇,继韩愈推崇《大学》之后,李翱在其思想中把《中庸》提到了核心经典的地位,这为宋代四书系统的形成奠定了思想基础。当然,李翱如此重视《中庸》,是与其对于整个世界的理解息息相关的。李翱的世界构架承继了传统的以天、地、人三者为基础的思想,他说:

> 日月星辰经乎天,天之文也。山川草木罗乎地,地之文也。志气言语发乎人,人之文也。[1]

李翱认为,这个世界是由天、地、人三才构成的,不过在他的论述中,

①《李翱文集校注》卷第五《杂说二首》,第69页。

我们没有看到在佛教中已经成熟起来的体用概念,他依旧用的是本末概念,而且即使是本末概念,也不像王弼用得那样多。体用概念从佛教时期开始成为重要的中国思想概念,但是李翱并没有使用,这一方面说明儒家思想还没有真正地吸收这一对概念,同时也说明儒家学者对于佛教观念的排斥态度。从世界架构上来说,李翱仍然使用的是旧的架构,但他对于天、地、人三者的关系进行了深入的思考,这一思考就体现在他对于"文"这一概念的使用上。

"文"有纹理的意思,也指事物的色彩交错,如《易传》说:"物相杂,故曰文。"①后引申为与"质"相对的"文"。总体上来说,文是事物表现出来的,并具有修饰意义的特征。这种修饰意义很重要,它不是一种自然的状态,而是一种将天、地、人三者统一起来的意义系统。具体来说,日、月、星、辰在天上运行,这是天之文;山川草木遍布大地,这是地之文;人发出的志气语言,则是人之文。有意思的是,李翱并不觉得人的形貌是人之文,而是认为人的思想世界才代表了人之文。在李翱的视野里,正是天、地、人三者的"文"将它们统一为一个意义的世界。那么,文是怎样把三者统一为一体的呢?对此,李翱说:

> 夫毫厘分寸之长,必有中焉;咫尺寻常之长,必有中焉;百千万里之长,必有中焉;则天地之大亦必有中焉。居之中,则长短、大小、高下虽不一,其为中则一也。②

在李翱看来,从纤小的事物,到天地的广大,无论是怎样的事物,都会有一"中";长短、高下、大小虽有差别,但是它们之间的关系所构成的

---

①周振甫译注:《周易译注·系辞下传》,中华书局,1991年,第271页。
②《李翱文集校注》卷第五《杂说二首》,第69页。

"中"则是意义相同的。故而,对于李翱来说,这个世界是由"中"的原则,通过天之文、地之文、人之文的统一性来建构起来的。李翱对于世界结构的论述不多,对于世界统一性的理解主要还是表现在对道和心性的理解上。

李翱道的思想,深受《中庸》和《孟子》思想的影响,故而我们讨论李翱的道论,便离不开《中庸》和《孟子》关于道的思想。李翱在《复性书》中,阐述了他关于道统之传的思想,他认为,孔子的道统首先传给了颜回。颜回是孔子的高徒,按李翱所说,颜回得到孔子的道统之传,能够做到"不远而复"。所谓的"不远而复",字面的意思即是行出不远就会返回,而在儒家的修养思想中,则意味着颜回已经体认到了儒家的大道。他即使犯错,也会马上发现,故而在人生中就不会犯大的错误,这显然是得到儒家道统之传的一个重要标志。"不远而复"的另一面相就是"其心三月不违仁"[1],从颜回的事例来说,颜回体认到的儒家大道的核心就是"仁",故而颜回犯了错误,就会用仁心来纠正这个错误,复归于仁。颜回得到孔子所传之道,但没有达到圣人的境界,只是因为其经济生活状况导致早逝。在孔子的弟子中,除了颜回得道比较全面外,其他弟子均不同程度地获得了孔子所传的儒道,李翱在其《复性书》中特别提到了子路。在李翱看来,子路的故事很能体现儒家道统之传的核心含义。子路在卫国任大夫孔悝的邑宰,后卫国发生政变,子路进城责问蒯聩,蒯聩便令石乞、盂黡二将杀子路,子路不敌,临死时说:"君子死,冠不免。"对于子路此行为的意义,李翱进行了深入的解释,认为子路将死,从容地系好帽子的带子就死,体现了视死如归的精神境界。这并不是说,子路只是具有匹夫之勇,而是其心达到了"寂然不动"的境界。故而李翱认为,儒家所传道统的核心就是寂然不动之心。孔子的另一名高足曾子临死时

---

① 《李翱文集校注》卷第二《复性书(上)》,第15页。

说:"吾求何焉? 吾得正而毙焉,斯已矣。"①李翱认为,曾子此语是对性命之道有深入体认的表现。孔子之道经由颜回、子路、曾子等学生,再由子思传给孟子,而孟子死后,李翱认为儒家的道统之传虽有孟子诸弟子在传播,但经秦焚书,儒家的道统之传便中断了,所剩的只有章句、威仪之类的表面形式。

李翱非常重视《中庸》在儒家思想传承中的重大作用,这也有助于我们理解为什么李翱是中国思想史上第一个如此推崇《中庸》思想的人,他的这一思想对于宋明理学四书系统的形成起到了关键的作用。李翱认为,孔子把道传给了他的学生,最著名的有颜回、子路和曾子。而更重要的一条思想理路则是孔子的孙子子思子所著的《中庸》,他认为子思子的思想得了孔子思想的真传,而孟子的思想就是承继了子思子思想的结果。但是李翱认为《中庸》原来有四十七篇之多,显然,李翱认为孟子所传习的思想是以四十七篇《中庸》为其核心的,孟子的一些学生也得到了正宗的子思子学派的传承;但是由于秦的焚书,使得《中庸》四十七篇仅存一篇,于是才造成了儒家性命之学道统的断绝。很显然,孔子在《论语》中言及性与天道的记载较少,而《中庸》中大量关于性命、天道的思想才是子思子得自孔子正宗的性命与天道思想。但是由于《中庸》仅存一篇,此道便在传承上不完整,或者说更加微妙,故而李翱认为后人不理解《中庸》,从而把儒家思想理解为"文章章句、威仪击剑之术"②之类的技艺,不明道之源泉之所在。而李翱的抱负就在于重新阐明此道,承继此道,在《从道论》中,李翱说:

　　　　君子从乎道也,不从乎众也。道之公,余将是之,岂知天下

---

①《李翱文集校注》卷第二《复性书(上)》,第15页。
②《李翱文集校注》卷第二《复性书(上)》,第15页。

党然而非之；道之私，余将非之，岂知天下謷然而是之！①

李翱认为，人生于斯世，处于复杂的社会环境中，我们的行为有没有一定的准则呢？他认为，人的行为处事，应以道为准则。他特别反对人的从众心理，认为士大夫处世要以天下的公益为重，而不追求有害于社会的私利。这里说到"道之公"和"道之私"，应该并不是指道还分公道、私道两种道，而是说，从道的角度看是公的，我就认为是对的；从道的角度看是私的，我就会否定它。

显然，李翱认为存在着一个恒常之道，这是他对道的一个总的认识。在《复性书》中，李翱说：

> 道者，至诚也。诚而不息则虚，虚而不息则明，明而不息则照天地而无遗。非他也，此尽性命之道也。②

李翱很重视道与诚的关系，而他的说法直接承继自《中庸》和《孟子》的思想。《中庸》说：

> 诚者，天之道也；诚之者，人之道也。诚者不勉而中，不思而得，从容中道，圣人也。诚之者，择善而固执之者也。③

诚的含义是真实无伪，《中庸》认为诚是天道的实质，《孟子》也如此认为：

---

①《李翱文集校注》卷第四《从道论》，第41页。
②《李翱文集校注》卷第二《复性书（上）》，第14页。
③朱熹：《四书章句集注·中庸章句》，中华书局，2012年，第31页。

> 是故诚者,天之道也;思诚者,人之道也。至诚而不动者,未
> 之有也;不诚,未有能动者也。①

可见,儒家子思子学派至孟子一系在孔子思想的基础上发展出了儒家的天道观,"诚"正是对于儒家人道思想的进一步形而上学化。为什么要选"诚"概括天道的内涵呢? 这是因为诚可以成为天道、人道、心的中介面,是将心、性、天统一起来的枢纽。

《尚书·太甲》说:"鬼神无常享,享于克诚。"②这里的诚应是对鬼神虔诚的意思。《周易》中用"孚"字来表示诚的含义,如《周易·杂卦》说:"《中孚》,信也。"③而在《中庸》中出现的诚的含义我们可以通过汉唐人的注了解其真实的意思。《礼记·乐记》说:"著诚去伪,礼之经也。"孔颖达解释说:"诚,谓诚信也。伪,谓虚诈也。经,常也。言显著诚信,退去诈伪,是礼之常也。"④从孔颖达的解释看,诚是与伪相对的,其含义为诚信。这一点可以再用《礼记》中的一句话为佐证,《礼记》说:"是故贤者之祭也致其诚信,与其忠敬",又说:"身致其诚信,诚信之谓尽,尽之谓敬,敬尽然后可以事神明,此祭之道也。"⑤可见,《礼记》本身就有诚信的说法,只不过这个"诚信"多与神明有关,依然含有虔诚的意思在内,但也有了人的自主德性的成分。不过,把诚解释为虔诚、诚信,但诚的含义也承继了《中庸》《孟

---

① 朱熹:《四书章句集注·孟子集注卷七·离娄章句上》,中华书局,2012 年,第287 页。
② 钱宗武解读:《尚书·太甲下》,国家图书馆出版社,2017 年,第 164 页。
③ 周振甫译注:《周易译注·杂卦》,中华书局,1991 年,第 300 页。
④ 郑玄注,孔颖达等正义:《礼记正义》卷三十八《乐记第十九》,阮元校刻:《十三经注疏》第三册,中华书局,2009 年,第 3332 页。
⑤ 郑玄注,孔颖达等正义:《礼记正义》卷四十九《祭统第二十五》,阮元校刻:《十三经注疏》第三册,中华书局,2009 年,第 3478、3479 页。

子》中的思想,诚与性相关而有了沟通天人的意义,这一点可以从郑玄和孔颖达注疏《中庸》的相关字句中体现出来。郑玄说:

> 言"诚者",天性也。"诚之者",学而诚之者也。①

孔颖达在疏中说:

> 此经明至诚之道,天之性也。则人当学其至诚之性,是上天之道不为而诚,不思而得。②

郑玄认为,诚就是天性。孔颖达同意郑玄的说法,并进一步补充说,上天之道就是诚信的,人应效法天道,学而至于诚的境地。人修养到圣人的境地,就能不刻意就做到中道,他的性就可上合天道,这已经有了以诚而沟通天人的意思。不过,"诚"字发展到宋儒那里,就有了不同的意思。程颐说:"真近诚,诚者无妄之谓。"③又说:"无妄之谓诚,不欺其次矣。"④显然,程颐的说法已经不同于宋以前的想法,宋以前诚的主要意思是诚信,但程颐认为,不欺骗只是其次,诚的核心意思是"无妄"。朱熹承继程颐的想法,认为诚的含义是"真实无

---

① 郑玄注,孔颖达等正义:《礼记正义》卷五十三《中庸第三十一》,阮元校刻:《十三经注疏》第三册,中华书局,2009 年,第 3542 页。
② 郑玄注,孔颖达等正义:《礼记正义》卷五十三《中庸第三十一》,阮元校刻:《十三经注疏》第三册,中华书局,2009 年,第 3542 页。
③ 程颢、程颐著,王孝鱼点校:《二程集・河南程氏遗书卷第二十一下》,中华书局,2004 年,第 274 页。
④ 程颢、程颐著,王孝鱼点校:《二程集・河南程氏遗书卷第六》,中华书局,2004 年,第 92 页。

妄"①。这样,从先秦两汉关于"诚"的思想到宋明理学中"诚"的概念,含义发生了很大的变化;而在这个变化中,李翱关于"诚"的思想正处于两者的交界面上,在中国古代思想的诚观念的演变中居于重要的地位。

对于诚,李翱说:

> 道也者,至诚也。至诚者,天之道也。诚者,定也,不动也。②

显然,李翱谈道,是在其复性的主张中来谈。他认为天道是至诚的,但是他对诚的解释是"定",也就是"不动"。先秦两汉对诚的理解主要是虔诚、诚信,宋明理学对诚的理解是真实不妄,而李翱对诚的理解是"定",进一步解释,就是"不动"。李翱为什么要这样理解诚呢?这与他对于道的理解有关,李翱认为,儒家道统所传的核心就是寂然不动。对此,李翱在《复性书》中讨论儒家的道统之传时说:

> 由也,非好勇而无惧也,其心寂然不动故也。③

寂然不动是李翱认为的儒家道统之传的真义,它代表的是儒家贤者面对纷扰的世事能够保持内心的宁静、安定,这种宁静、安定是人内心修养的状态和境界。寂然不动的说法出自《周易·系辞》:"《易》无思也,无为也,寂然不动,感而遂通天下之故。"④然而李翱对于寂

---

①朱熹说:"诚者,真实无妄之谓,天理之本然也。"(朱熹:《四书章句集注》,中华书局,2012年,第31页)
②《李翱文集校注》卷第二《复性书(中)》,第20—21页。
③《李翱文集校注》卷第二《复性书(上)》,第15页。
④周振甫译注:《周易译注·系辞上传》,中华书局,1991年,第244页。

然不动的提法不仅仅只是沿用前说,而是把它看成了儒家道统之传的核心,在其中,我们可以感到佛教佛性本体的修行之术对于李翱思想的影响。这样,李翱对于诚的解释是从"虔诚""诚信"向"真实不妄"过渡的中间环节。李翱对于"诚"的"定""不动"的界定很大程度上与人心有着关联,而这种对于"诚"的安定性的强调是中国古代儒家思想向宋明理学心性理路转变的重要标记,从此心性理路在中国思想中的形而上学意义日益明显。而当程颐、朱熹体悟出诚"真实无妄"的说法时,其受佛教的影响已经很深,因为"妄"正是佛教针对假有而时常言说的语词。

如果从宋明理学的角度来理解,诚的含义是真实无妄,真实是世间万物存在的基础,故而《中庸》说:"不诚无物。"①自然,这里所指的物并不是完全意义上西方思想中的客观的物,而是与人联系在一起的事物。诚也是人道的基础,诚实是人心中存有的重要的道德品质,是与天道相对应的人的主观世界的道德意识,而"真实无妄"的真正含义是要让人免于陷入虚妄的世界而不能自拔。为什么中国思想要不断地强调破除"妄"呢?因为中国古代社会建立在宗法血缘的基础之上,是一个熟人熟事的世界,而在一个熟人熟事的世界中,人际关系复杂,并难以处理;故而,人的道德修养如不到位,就会因外部和心性内部的压力扭曲我们的心性,从而做出不可挽回的错事。比如,一个人性格懦弱,他便有可能依附权贵,助纣为虐。这样,如果一个人不重视心性中诚的修养,可能终身都不会意识到他处于一个虚妄的世界之中;他不仅不会认为自己的道德是有缺陷的,而且会认为自己是一个有德性的人。比如一个人性格懦弱,没有主见,别人让他做什么他就做什么;但他会自欺地认为,你看,我多善良,别人让我做的事,我都帮他做了。儒家思想非常反对懦弱无主见的人格,认为这是

①朱熹:《四书章句集注·中庸章句》,中华书局,2012年,第34页。

一种恶的人格,将来此人在日常生活中,必懦弱无主见;一旦居于高位,必依附强权,做出有害于社会的事。

这样,诚是天道、人道统一性的基础,逐渐成为儒家思想的核心概念。韩愈推崇《大学》,李翱推崇《中庸》,他们的努力为四书系统的形成奠定了基础。李翱承继孟子和《中庸》的思想,深入思考了天道与人道以及天道、人道的统一性问题,他同意《中庸》"天命之谓性,率性之谓道,修道之谓教"①的思想,并在此思想的基础上,提出了其重要的道论思想。那么,李翱的道论有什么特点呢? 从李翱的文献来看,李翱的道并非只是自然之天道,他所说的道有着与性紧密相关的特点,也常常称为性命之道。他说:

> 道者,至诚也。诚而不息则虚,虚而不息则明,明而不息则照天地而无遗。非他也,此尽性命之道也。②
>
> 故在车则闻鸾和之声,行步则闻佩玉之音,无故不废琴瑟,视听言动,循礼而动,所以教人忘嗜欲而归性命之道也。③

《中庸》说:"天命之谓性,率性之谓道。"④孟子认为,"尽其心者,知其性也。知其性,则知天矣"⑤。现在我们对这两句话的理解多受宋明理学的影响,但在先秦哲学中,它们的意义并不是宋明理学理解的那样。可以说,《中庸》的话与《性自命出》所说的"性自命出,命自天降"很相似,而孟子虽然认为尽心可以知性知天,但性与心、天的关系

---

①朱熹:《四书章句集注·中庸章句》,中华书局,2012 年,第 17 页。
②《李翱文集校注》卷第二《复性书(上)》,第 14 页。
③《李翱文集校注》卷第二《复性书(上)》,第 14 页。
④朱熹:《四书章句集注·中庸章句》,中华书局,2012 年,第 17 页。
⑤朱熹:《四书章句集注·孟子集注卷十三·尽心章句上》,中华书局,2012 年,第 356 页。

是含糊的，并不像宋明理学那样清晰。这样说起来，李翱所说的性命之道就具有了非常重要的意义，它标志着中国儒家思想的天道观开始与心性有了直接的关联，道走上了以心性为路径的思想道路，我们可以说，李翱的性命之道的思想是程颐的核心观点"性即理"的先声。

这样，李翱的道是性命之道，同时也具有诚的特点，而这个"诚"就是天道与人道统一的基础。李翱思想中诚的"不动""定"的特点既有天道的永恒性，又有人的心性的寂然不动性，故而成为统贯天人的中介面。我们发现，《中庸》和《孟子》已经开始重视诚的意义，而在李翱的思想中，诚上升到了本体的地位，这一本体并不是先秦时道的本体性，而是上升到了心性之道的本体性。在李翱的思想中，他重视性与诚，性、诚并举，开启了宋明理学的道的理化道路。有意思的是，二程的老师，宋明理学的开山鼻祖周敦颐在其代表作《通书》中就是奉"诚"为最高本体的。如果我们问宋明理学的天理概念来自哪里，那我们一方面可以说受到佛教真如、佛性、法界学说的影响（比如华严宗"四法界"说中的理法界），但如果从中国本土的思想承继上来说，天理的前身理应就是"诚"。显然，在宋明理学的开山鼻祖周敦颐的思想中，诚是《通书》思想系统的最高本体，而这一本体在他的两个学生程颢和程颐的思想中则演变成了天理。

在《中庸》中，诚是从与明相对的角度来说的，这就是《中庸》中所说的"自诚而明"和"自明而诚"的两条道路，对此，《中庸》说：

> 自诚明，谓之性；自明诚，谓之教。诚则明矣，明则诚矣。[1]

《中庸》说诚，主要是从诚信、真实的角度来说，而且将此诚信与人的心性修养联系在一起。宋明理学在解释此语时，已经将诚从本体的

---

[1] 朱熹：《四书章句集注·中庸章句》，中华书局，2012 年，第 32 页。

角度来解读，但《中庸》的原意，诚并没有如天理一样的含义与地位。我们从宋明理学的解释中，可以看到诚的观念在以后的发展，也自然能意识到，李翱哲学把诚提高到本体的地位对于宋明理学的重要意义。比如，朱熹在解释此句话时说：

> 自，由也。德无不实而明无不照者，圣人之德。所性而有者
> 也，天道也。先明乎善，而后能实其善者，贤人之学。由教而入
> 者也，人道也。诚则无不明矣，明则可以至于诚矣。①

朱熹解释《中庸》此语，以天道落于人心而成就人性，诚而明，就是天道在人性上的体现，故而性有诚，自然无不明。《中庸》对诚的理解还有更深的含义：

> 诚者自成也，而道自道也。诚者物之终始，不诚无物。是故
> 君子诚之为贵。诚者非自成己而已也，所以成物也。成己，仁
> 也；成物，知也。②

《中庸》说："诚者，天之道也。"③而上引"诚者自成也，而道自道也……"，又把诚与道分开来解释，显然，在《中庸》中道与诚还是有区别的。我们理解古代典籍，常受西方逻辑理性的影响，从严格的逻辑推理的角度来理解，就会误读古代典籍的含义，因为中国古代思想并不以完全性的逻辑性推理为其最重要的特色，而是以法象思维或者道的思维为其思想的骨架。所以，这里所说的"诚者，天之道也"就

---

① 朱熹：《四书章句集注·中庸章句》，中华书局，2012 年，第 32—33 页。
② 朱熹：《四书章句集注·中庸章句》，中华书局，2012 年，第 34 页。
③ 朱熹：《四书章句集注·中庸章句》，中华书局，2012 年，第 31 页。

并不是把诚等同于天之道,而它所说的更多的是,人心之诚,来自天道。故而,《中庸》说"自成"有两方面的含义,成己与成物。成己是在人的心中成就仁心,成物是以知而将主观与外界连通为一。《中庸》体悟到,性的特点就是合内外,性的这种合两的特点是之后中国古代心性论的重要基础。

李翱的思想承继了《中庸》和《孟子》关于诚与天道的思想,强调诚和性,形成了他独特的性命之道的思想,将道与性命紧密地关联起来。李翱同意《中庸》的思想,将道分为天之道与人之道,他说:"至诚者,天之道也。诚者,定也,不动也。""教也者,人之道也。诚之者,择善而固执之者也。"①天之道是至诚,人之道是诚之者,而这两者李翱其实更多的都是从人的心性修养的角度来说的;因为,他说天道之诚,是从"定"和"不动"的角度来说的,而说人道,也是从坚持善而不放弃的角度来说的。李翱对于性与天的关系的解释又受汉儒天人感应学说的影响,在《论语笔解》中,李翱在疏解"子贡曰:'夫子之文章,可得而闻也;夫子之言性与天道,不可得而闻也'"时说:"天命之谓性,是天人相与一也。天亦有性,春仁、夏礼、秋义、冬智是也。人之率性,五常之道是也。"②这一思想与董仲舒的天人感应思想十分相近,如董仲舒也认为天有喜怒之气、哀乐之心,并认为天的这种特点与人的心性情感是相配对的。董仲舒认为春天运行的是喜气,故而万物萌生;夏天运行的是乐气,故而有利于万物的长养;秋天运行的是怒气,故而万物就会衰败死亡;而冬天运行的是哀气,故而万物应收敛含藏。如此,在董仲舒看来,喜怒哀乐是天人所共有的。

李翱的思想,和董仲舒的很类似,他认为,天性与人性是对应的,

①《李翱文集校注》卷第二《复性书(中)》,第20—21页。
②韩愈、李翱:《论语笔解》,《景印文渊阁四库全书》第196册,台湾商务印书馆股份有限公司,1986年,第8页。

在天为春、夏、秋、冬,在人为仁、义、礼、智。但是在《复性书》中,李翱并没有继续表述其关于天性的思想,而是加强了诚的地位,也许在李翱思想成熟之际,他感到没有必要再使用汉人的思想结构,而是从更加本体化的角度突出了诚的意义,这也许是李翱道论向宋明理学过渡的一个重要的路标。

　　李翱的道观念和性观念也受到《周易》深刻的影响,比如李翱所说的儒家所传的道统核心寂然不动就来自《易传》,《易传》又说:"一阴一阳之谓道,继之者善也,成之者性也。"①《易传》中还有许多关于诚和性的思想,如:

　　　　和顺于道德而理于义,穷理尽性以至于命。昔者圣人之作《易》也,将以顺性命之理。②

　　总之,李翱承继孔子的思想,以其"复性"思想贯通《中庸》和《易传》,以"诚"和"性"两个关节点融通《中庸》《大学》《易传》《孟子》中关于道与性的思想,形成了其独特的性命之道思想,为宋明理学"性即理"的思想开拓出早期的思想路径。

第三节　李翱关于士大夫如何行道的思想

　　李翱主张性命之道,将人的心性与道紧密地联系起来,故而在李翱的思想中,如何行道,以及人对于道持一个什么样的态度,这是李翱道论的重要组成部分。在《去佛斋并序》中,李翱认为,儒道是每一个人都能施行的,而不是只有个别人能行而排斥其他人的。他说:

––––––––––––
① 周振甫译注:《周易译注·系辞上传》,中华书局,1991年,第234页。
② 周振甫译注:《周易译注·说卦》,中华书局,1991年,第280页。

君臣、父子、夫妇、兄弟、朋友,存有所养,死有所归,生物有道,费之有节,自伏羲至于仲尼,虽百代圣人,不能革也。故可使天下举而行之无弊者,此圣人之道,所谓"君臣、父子、夫妇、兄弟、朋友,而养之以道德仁义"之谓也。患力不足而已。向使天下之人,力足尽修身毒国之术,六七十岁之后,虽享百年者亦尽矣。天行乎上,地载乎下,其所以生育于其间者,畜兽、禽鸟、鱼鳖、蛇龙之类而止尔,况必不可使举而行之者耶? 夫不可使天下举而行之,则非圣人之道也。①

在他看来,人生于此世,有一些关系是永远不能改变的,这些关系主要包括君臣、父子、夫妇、兄弟、朋友之间的关系。子女生在世上,父母就要养育;人老而去世,子女就要为老人送终;在平日的生活中,人也要为日用劳作,吃穿用度也要知道节俭。这些都是整个天下的人实行而没有弊病的,故而这就是圣人之道。圣人之道,就是以道德仁义来处理君臣、父子、夫妇、兄弟、朋友之间的关系。显然,圣人之道是天下所有人都可以行的道,而且是经过时间检验的,是一种传统。李翱说:"夫不可使天下举而行之,则非圣人之道也。"②这句话讲的道理其实就是儒家的恕道,在他看来,如果只是使一部人过得很好,却引起了另一部分人的苦难,那这就不是真正的圣人之道。故而他接着说:

故其徒也,不蚕而衣裳具,弗耨而饮食充,安居不作,役物以养己者,至于几千百万人,推是而冻馁者几何人可知矣。于是筑楼、殿、宫、阁以事之,饰土、木、铜、铁以形之,髡良人男女以居

---

① 《李翱文集校注》卷第四《去佛斋并序》,第46页。
② 《李翱文集校注》卷第四《去佛斋并序》,第46页。

之,虽璇室、象廊、倾宫、鹿台、章华、阿房弗加也。是岂不出乎百姓之财力欤?

　昔者禹之治水害也,三过其门而不入,手胼足胝,凿九河,疏济、洛,导汉、汝,决淮、江而入于海。人之弗为蛟龙食也,禹实使然。德为圣人,功攘大祸,立为天子。而《传》曰:"菲饮食,恶衣服,卑宫室,土阶高三尺。"其异于彼也如是,此昭昭然其大者也。①

在《去佛斋并序》中,李翱进一步分析认为,佛教徒不事生产,完全舍弃君臣、父子、夫妇、兄弟、朋友之间的关系,也就是舍弃了圣人之道。不仅如此,李翱看到佛教寺院建筑了大量的楼宇宫殿,靡费了大量的土、木、铜、铁;不事生产,而又费用过度,这必然会引起另一部分人的冻馁苦难。他举例说,圣人禹治水的时候,三过家门而不入,他凿通九河,疏通济、洛、汉、汝、淮、江,而使它们最终入于大海,从而使天下免去水患;但是虽然禹的功绩如此之大,他的生活却非常简朴。可见,李翱主张人生于世,不仅要从事有益于社会的事,而且生活要简朴,反对浪费奢侈的生活。

　但是在现实生活中,中才以下的人却多从众而不能从道;故而,对于君子如何守道,李翱认为,中资之人往往对儒家经书中所言的思想不能领会其精神根本,所以易受众人言论的左右,而对于真正领悟大道的君子来说,应是从道,而不是从众。故而他说:

　中才之人拘于书而惑于众。《传》言:"违众不祥。"《书》曰:"三人占,则从二人之言。"翱以为,言出于口则可守而为常,则中人之惑者多矣。何者?君子从乎道也,不从乎众也。道之公,余

---

① 《李翱文集校注》卷第四《去佛斋并序》,第46—47页。

将是之,岂知天下党然而非之;道之私,余将非之,岂知天下謷然
而是之! 将是之,岂图是之之利乎? 将非之,岂图非之之害乎?
故大道可存,是非可常也。小人则不然。将是之,先懼其利己;
将非之,先怖其害己。然则远害者心是而非之,眩利者心非而是
之。故大道丧,是非汩,人伦坏,邪说胜。庸可使众言必听,众违
必从之耶?①

在《从道论》中,李翱认为,虽然《易传》说"违众不祥",《尚书》说"三
人占,则从二人之言",但是他认为,如果把这些话理解为说出来的话
就要永远信守不变,那么中人之资的人就会有许多困惑。在李翱看
来,儒家的君子修养以道为准则,有了这样的准则,将不会被名利以
及众人的言论所影响。君子遵从道,并不在于支持的人多与少,也不
在于有利还是无利。故而在李翱的心中,道是恒常的,具有形而上的
意义,是儒家先圣体悟出后,又经由先贤、君子的践履而成形的。

　　然而李翱又认为,君子守道,也不是那样简单。君子守道,不会
莽撞,就应该讷于言而敏于行。李翱认为,如果人有贪婪之心,那富
人的言论就会胜出;如果性格懦弱,出于生存的考量,那有威权的人
的言语就会胜出;如果是中等之人,那么猾者的言语就会胜出。故而
他说:

　　　　而君子之处众,则谆谆然如愚,怡怡然如卑。当言而默者
三:游同而器异则默,待近而责远则默,事及而时未则默。②

在他看来,君子性情宁静,处事因不计较私利而心性超然。当事情的

①《李翱文集校注》卷第四《从道论》,第41页。
②《李翱文集校注》卷第四《从道论》,第41页。

条件并未成熟时，他并不会急于发言和行动；故而在李翱看来，君子的特点是俟时而默于众。当时势世情已经来到面前时，君子会尽力而为，但是君子不会为了追求名利而做偏激的事情，故而他说：

> 君子怯于名而勇于实。吾非众之首，众非吾必从，君子完其力而已，则奚以违？理不吾之问，辞非人必从，君子耳其声而已，则奚以违？所谓君子者，进退周旋，群独语默，不失其正而不罹其害者，盖在此而已矣。①

李翱此说，在孔子后学派中，应是曾子一系的思想。曾子有保身的意识，如他临死之时，让其弟子察其手足，都完整如父母初给，故而他有君子守道善身的思想。李翱承继曾子的这一思想，又将其与道贯通，形成其独特的思想。观李翱的思想，儒家思想的核心已经不是圣人，而是道，圣人是体道之人。显然，在孔子的思想中，这一思路并不明显。我们可以把李翱这一对道的新认识与宋明理学的兴起联系起来看，宋明理学最重要的特征就是天理本体地位的确立和一个真正体道而行的士大夫精神的形成。我们看到，李翱并不觉得一个修行性命之道的君子可以凌驾于他人之上，所以他说，我不是众人的首领，别人也不是我的附庸。我和众人行事，都是依道而行，我说的理，别人可以质疑询问，我说的话，别人不一定要行。李翱的这种胸怀，并非每一个儒者都会具有，而李翱之所以能做到这一点，就在于他认为，道才是所有的君子必须依从的，而不是依从某个依道而行的人。正是从这一点出发，李翱认为，君子依道而行，注意道运行的时机，而不是盲目行事，只为了博取虚名。李翱强调君子处事，要致力实务，周旋于事物，而不会轻易就蹈于险地而蒙受祸害。故而李翱认为，圣

---

① 《李翱文集校注》卷第四《从道论》，第42页。

人与常人最重要的区别不在于容貌,而在于是否行道。在《知凤》中,他通过传说或者寓言的形式叙述了关于什么样的人才是圣人的思想。他认为,凤在禽鸟中的地位就像圣人在人中的地位,但是凤鸟之所以是凤鸟并不在于形象有什么特别,而在于号令天下禽鸟的能力。圣人亦复如此,在他看来,历代的圣人,从黄帝、尧、舜、禹、汤、文王直到孔子和颜回,没有听说他们的相貌是相同的。圣人之所以是圣人,显然不在于相貌如何,而在于德性如何。

　　总之,在李翱的思想中,道成为儒家思想的核心,天下的众人,在道面前是一视同仁的。显然,这是对汉代魏晋时期神化圣人、以圣人为核心的思想的一种反思。在他看来,圣人之所以是圣人,就在于有行道的觉悟和能力,而士人修养的重心也开始向对道的体悟转移,这应该是宋明理学以天理为本体的先声。

　　李翱既然对行道和遵从道如此重视,那么为了行道,是不是可以讲一些策略呢? 在《答侯高第二书》中,李翱用自己的践行说明了士大夫的责任是修养完善道,但他又认为,并不是有了完善的道就可以施行,因为行是有运的成分在里面的。不过,李翱反对为了要追求这个运,就人为地用不正当的手段改变这个运;他认为,如果用了这些手段,道就已经不是道本身了。在《答侯高第二书》中,李翱一方面认为道是统一的,但另一方面又认为道在具体的表现形态上是有区别的。李翱认为,他所行之道是古圣人所行之道,这里显然隐含着只有古圣人之道才是唯一正确的道。同时,他进一步强调说,如果他所行的道闭塞不通,那么君子之道就消亡了。如果他所行的道能行于天下,那说明古代诸位圣人所传之道就并未绝于当下。从这些言辞来看,李翱对自己所行所言均颇为自信,但在说到他与侯高意见的不合上,他又说:

　　　　前书若与足下混然同辞,是宫、商之一其声音也,道何由而明哉?①

显然,在李翱看来,道并不是只有一个声音,而是有宫商之不同。他认为,士人应从不同的角度,发出不同的声音,才能表现出道的真义。李翱此说,正是承继了中国古代传统中"和而不同"的思想,体现了即将兴起的宋明新儒家思想包罗万象的胸襟和气魄。

李翱进一步强调,君子可以等待道的时机而行道,但所待的这个时机一定是行仁义之道,而不是违背仁义之道。故而他强调要区分这两种类型的"适时行道"。他说:

> 足下再三教我适时以行道。所谓时也者,乃仁义之时乎?将浮沉之时乎? 时苟仁且义,则吾之道何所屈焉尔;如顺浮沉之时,则必乘波随流望风高下焉。②

李翱认为,一个人是否行道,并不是看他生活境遇的顺逆,无论人生活境遇如何,都可以行道。所以,他在《答侯高第二书》中反问侯高:你说的时,是仁义之时呢,还是浮沉之时? 他回答:一个人如果行仁义,无论是顺境逆境,他的道有何损失呢? 如果你说的是人的浮沉之时,那么无非是随波逐流而以利益为重罢了。故而在他看来,所谓的"适时行道"应是等待行仁义的时机,而不是人生际遇浮沉的时机。李翱反对侯高所说的"适时以行道",认为如果为了顺应浮沉的时事,那就成了随波逐流之辈,哪里还有道? 这样的"适时行道"其实就已经偏离了大道。李翱在此的体悟是,君子无论居于庙堂之上,还是处于陋巷之下,只有守仁守义才是正道,而不可乱用权宜之谋。至于君

---

① 《李翱文集校注》卷第七《答侯高第二书》,第104页。
② 《李翱文集校注》卷第七《答侯高第二书》,第105页。

子已经修得大道,而不为统治者所用,那就不是君子的责任,而是统治者的耻辱了。如此,能不能行道在于己,而道是不是真能行于天下,那就不是君子的问题了,他在《答侯高第二书》中说:

> 颜渊对曰:"夫子之道至大,故天下莫能容,虽然,夫子推而行之,不容何病,然后见君子! 夫道之不修也,是吾丑也;夫道既已大修,而世不用,是有国者之丑也。"①

李翱借用颜子的话,认为不能修行道,那是士人的耻辱,但是已经修得大道,不用,那就是当权者的耻辱了,而且不被当权者所容,正能显示道之修行者是一个真正的君子。

李翱对于道之行与不行,也没有更好的办法,但他还是对于道本身寄予厚望。在李翱看来,既然有道之运行,既然道生我于世,我修得大道,难道就是让我不能行大道的吗? 故而他说:

> 天之生我也,亦必有意矣。将欲愚生民之视听乎? 则吾将病而死,尚何能伸其道也? 如欲生民有所闻乎? 则吾何敢辞也。然则吾道之行与否皆运也,吾不能自知也,天下人安能害于我哉?②

显然,李翱对于天道的自然运行抱有强烈的信念,认为天既然生我,一定是有深意的,这与孔子说的"天生德于予,桓魋其如予何"③的想

---

① 《李翱文集校注》卷第七《答侯高第二书》,第105页。
② 《李翱文集校注》卷第七《答侯高第二书》,第106页。
③ 朱熹:《四书章句集注·论语集注卷四·述尔第七》,中华书局,2012年,第98页。

法是一样的,隐含着天道必行的思想。在他看来,天道运行,不是为了愚弄生民;这样说起来,天命、天运也与道有着同构关系,如果没有天命、天运,如何可以称其为道呢?

对于具体的天命与道的关系,李翱亦有着深入的思考,在《命解》中,李翱说:

> 或曰:"贵与富在我而已,以智求之则得之,不求则不得也。何命之为哉?"或曰:"不然。求之有不得者,有不求而得之者,是皆命也。人事何为?"二子出,或问曰:"二者之言,其孰是耶?"对曰:"是皆陷人于不善之言也。以智而求之者,盗耕人之田者也;皆以为命者,弗耕而望收者也。吾无取焉尔。循其方,由其道,虽禄之以千乘之富,举而立诸卿大夫之上,受而不辞。非曰贪也,私于己者寡,而利于天下者多,故不辞也。何命之有焉?如取之不循其方,用之不由其道,虽一饭之细,犹不可以受,况富贵之大耶?非曰廉也,利于人者鲜,而贼于道者多,故不为也。何智之有焉?然则君子之术,其亦可知也已。"①

李翱从如何获得地位和财富的角度,探讨了命与智的关系。有的人认为,富与贵是自己用智力和算计追求的结果,哪里有什么命。有的人又认为富与贵是人命里带着的,无论如何努力都不可能改变命中注定的结果。李翱认为,这两种说法都是错误的,在他看来,用智求富贵,就像偷盗别人家田地的收获;而认为一切均由命定的说法,则如不耕种就想有收获一样。真正的命是对于道的体悟,这就与人的修养高低有了直接的关联。在此基础上,李翱认为,顺道而行,如果有富贵,可以接受,因为顺道而为就会有利于天下。而如果不顺道却

---

① 《李翱文集校注》卷第四《命解》,第53页。

可以靠计谋获得,李翱认为即使是一顿简单的饭也不能接受,因为这样做对道有损害,利于己多,而利于人少。在这里,我们看到,李翱所说的道,并不是道家所说的"以万物为刍狗"的无情的天道,而是关怀天下的儒家的人道与天道。

第四节　李翱哲学中"道"在思想史上的意义

李翱在中国思想史中以其性情论闻名,但是性情论并不是凭空建立的,如果没有其道论的创新,也就不会有性情关系思想的新思路。初读李翱的《复性书》,会给人一种错觉,似乎只不过是一篇大量引用前人思想的文献。诚然,李翱的《复性书》大量地引用了《大学》《中庸》《孟子》《易传》的原文和思想,但是仔细研读,我们会发现,这是一篇处于时代转换点的不可多得的经典之作,因为在这篇不长的《复性书》中,宋明理学的最初雏形正在产生。

李翱的道论,应受到韩愈道论的影响,韩愈是李翱最重要的朋友之一,他有感于佛教的传法谱系,也想要建立儒家自己的传法系统,故而提出了道统说:

> 尧以是传之舜,舜以是传之禹,禹以是传之汤,汤以是传之文、武、周公,文、武、周公传之孔子,孔子传之孟轲。轲之死,不得其传焉。[1]

韩愈认为儒家有一个道统传承,但是在孟子死后,就后继无人,从而造就了一个佛教日渐鼎盛的局面。他有意要重新复兴儒家道统,并

[1]韩愈著,刘真伦、岳珍校注:《韩愈文集汇校笺注》卷一《原道》,中华书局,2010年,第4页。

对此有很大的抱负。李翱非常熟悉韩愈的思想,他也叙述了对于儒家道统的看法,在《复性书》中,他说:

> 昔者圣人以之传于颜子,颜子得之,拳拳不失,不远而复,"其心三月不违仁"。……子思,仲尼之孙,得其祖之道,述《中庸》四十七篇,以传于孟轲。轲曰:"我四十不动心。"轲之门人,达者公孙丑、万章之徒,盖传之矣。遭秦灭书,《中庸》之不焚者,一篇存焉,于是此道废缺。其教授者,惟节行文章章句、威仪击剑之术相师焉,性命之源,则吾弗能知其所传矣。①

> 有问于我,我以吾之所知而传焉,遂书于书,以开诚明之源,而缺绝废弃不扬之道,几可以传于时,命曰《复性书》,以理其心,以传乎其人。乌戏! 夫子复生,不废吾言矣。②

李翱的想法和韩愈有所不同,强调《中庸》在儒家道统之传中的地位。他的道统之传很简略直接,认为孔子把其核心思想传给了颜回,颜回又将其传了孔子的孙子子思,子思述《中庸》,将其核心思想传给了孟子,孟子又将其思想传给他的诸位门人。但是秦焚书坑儒后,《中庸》原本有四十七篇,此后仅剩一篇,《中庸》所剩的这一篇又极难读,故而儒家的道统真传从此便不得其传。李翱应是受到禅宗传法神秘性的影响,认为儒家所传大道也有其真传核心,就是《中庸》的思想系统,其实质就是他体悟出的寂然不动。李翱认为,儒家大道不传,汉儒所传只是一些章句训诂以及外在的礼仪和击剑之术罢了,而真正的性命之道则不得其传。李翱应是感到他深体《中庸》的宗旨,获得了儒家道统的真传,故而著《复性书》,以接续儒家断裂的道统。

①《李翱文集校注》卷第二《复性书(上)》,第15页。
②《李翱文集校注》卷第二《复性书(上)》,第15—16页。

　　韩愈和李翱被称为宋明理学的先驱,他们在儒家道统之传的认识上虽有区别,但大的方向是一致的。李翱最早开始提高《中庸》的地位,冯友兰说:"《中庸》本为《礼记》中一篇。此特别提出之。此后《中庸》遂为宋明道学家所根据之重要典籍。《易·系辞传》此亦特别提出,后亦为宋明道学家所根据之重要典籍。"①劳思光对于李翱的此一贡献也给予了很高的评价,他说:"最可注意者,是李氏乃首以《中庸》为据而提出儒学理论之人,盖《中庸》作为《礼记》之一篇,虽在南朝亦有为疏解者,实向不为儒者所重视。李氏独据《中庸》立说,实开启宋儒尊信《中庸》之风气。此较韩愈之重视《大学》尤为重要。盖韩氏虽引用《大学》,实未能依其文而提出任何理论。李氏则真能依据《中庸》而发挥其理论也。"②傅斯年亦说:"戴记此三篇③,在李氏前皆不为人注意,自李氏提出,宋儒遂奉之为宝书。即此一端论之,李氏在儒学史上之重要已可概见。"④《大学》和《中庸》本是《礼记》中的两篇,韩愈在中国思想史上最早开始推崇《大学》,李翱则最早开始推崇《中庸》,再加上早已经地位很高的《论语》和《孟子》,他们对于中国思想史上四书系统的形成起到了奠基性的作用,深刻影响了中国思想史,推动了四书系统取代五经系统的历史进程,为中国古代思想的转型做出了重大的贡献。韩愈和李翱为什么会如此重视《大学》和《中庸》呢? 显然,面对着隋唐时儒学衰微的局面,他们苦苦地思索着破局的方法,在阅读《大学》和《中庸》时,一定是感到了某种深深的共鸣。这种共鸣是什么呢?《大学》强调修身、齐家、治国、平天下,这是一套从个人修养一直到天下治理的儒家修身治国的

①冯友兰:《中国哲学史》,中华书局,1961 年,第 808 页。
②劳思光:《新编中国哲学史(三卷上)》,广西师范大学出版社,2005 年,第 21 页。
③《大学》《中庸》《乐记》。
④傅斯年:《性命古训辨证》,上海古籍出版社,2012 年,第 236 页。

理论,将个体的人与整个家国天下联系在一起,预示着个人与天道恰当联系的可能性。而李翱对《中庸》思想的理解则摆脱了汉人的解释,他从中看到了人性与天道关联的正确路径,从而体会出心性本体与天道本体在诚上的统一性。实际上,李翱对于《中庸》的全新理解,预示着一个新的以心性本体为核心的宋明道学时代的开启。

韩愈与李翱所处的时代,是一个佛教鼎盛的时代,有一个完整的传法系谱,佛教义理也精深完备,儒家在与其的思想竞争中实际上处于弱势。有鉴于此,韩愈认为佛教、道家和儒家各有各的道,各有各的德,于是他说:"仁与义为定名,道与德为虚位。"①这种说法的思想意义其实在于突出了道与德的形而上意义,也就是说,儒家思想已经接受了天道与心性形而上的使命。不得不承认的是,先秦儒家虽然也有了天道的观念,但是其天道观念的形而上意义并没有完全地凸现。中国古代思想在经过玄学与佛教的洗礼后,形而上的本体意义日渐突出,这迫使儒家最终不得不使自身的核心观念本体化。韩愈对于儒家的道似乎还是一种被动的维护,而李翱则开始了一个新的思想建构活动,他意识到了道的形而上意义。那么,李翱所理解的道是怎样的呢?

在《知凤》中,李翱说:"知贤圣人者观其道。"②在这篇短文中,李翱所说的道是超越于具体形象的,也就是说,不同的人,相貌不同,但只要是圣人,他们所拥有的道是完全相同的。如再深入一步,不同的物之中所有的道是不是一样的呢?我们提这个问题的原因,是因为想要比较李翱所说的道与宋明理学的天理,我们在这里是不是已经看到了宋明理学中天理与具体事物相互关系的影子呢?在李翱的思

①韩愈著,刘真伦、岳珍校注:《韩愈文集汇校笺注》卷一《原道》,中华书局,2010年,第1页。
②《李翱文集校注》卷第五《知凤》,第59页。

想中,道是我们要遵守的最高准则,在《从道论》中,他认为,判断是非的标准既不是言,也不是人数的多寡,而是大道。如果把李翱对道的理解放到晚唐社会背景之下,我们就可以感到,在佛教流行的时代,对儒家道的强调其实本身就具有重要的意义,代表着中国人对儒家之道新的体认和觉醒,预示着一种新的思潮的悄悄孕生。这一思潮并不是对先秦两汉的道简单意义上的重新回归,而是在回归中有着新的觉悟。在《国马说》中,李翱描述了一个国马的形象,国马与骏马并道而行,骏马咬国马以至血流于地,但国马似乎并不受此等情形的影响,精神平静自若,没有任何对骏马的报复,似乎就像不知道骏马对自己做的事一样。同样,在《截冠雄鸡志》中,李翱所描述的截冠雄鸡也具有和国马相同的特点,虽然整个鸡群都对自己不友好,甚至于联合起来欺辱它,但它的行为似乎并不受整个鸡群的影响,依旧我行我素,与众鸡为善,而不生乖戾之心。

　　孔子说:"以直报怨,以德报德。"[1]这是先秦儒家的传统,蕴含着儒家的道,这个道对人是有区别的。儒家反对以怨报怨,但是在报德和报怨上一用德一用直,还是有一定区别的。但是在李翱的《国马说》中,我们没有看到这一区别,国马对于骏马"犯而不校"[2],而且步行自若,似乎骏马的行为对它没有丝毫影响。在这里,李翱对道的描述似乎预示着儒家对道的崭新认识,宋明理学中所说的圣人气象也隐隐地在李翱的思想中透射了出来。宋明理学的最高概念是天理,虽也属于道的范围,但理和道在内涵上还是有区别的。理是在道的基础上进一步抽象的结果,与万物的关系是理一分殊,而道很少说道一分殊。道比理更加质朴,更加原始,更加贴近中国人生命的本真。

---

①朱熹:《四书章句集注·论语集注卷七·宪问第十四》,中华书局,2012年,第158页。
②《李翱文集校注》卷第五《国马说》,第62页。

在《截冠雄鸡志》中，除了《国马说》的意义外，我们更感到了一种牺牲的精神，截冠雄鸡不仅有牺牲的精神，而且对于其族群有着一种深深的眷念。这一点，我们从先秦儒家思想中很难看到，孔子周游列国，其道行则止，其道不行则走；孟子更是如此，在他看来，儒者有大道在手，不是我求君主，而是君主应该尊敬贤者，如像截冠雄鸡这样，恐怕孟子是不会同意的。

在中国思想史上，儒道在唐末的变化代表着中国历史正在发生重大的转变。先秦时期，中国社会处于封建制下，这一统治体制建立在氏族血缘的基础之上，皇权的合法性也由氏族血缘来决定，不需要过多的论证。不过，周人已经明显地感到了天命的无常，其实，这不是天命变了，而是社会形态正在历经变化。由于氏族血缘关系正在不断被削弱和瓦解，皇权的合法性已经不能由血缘关系来天然地决定。中国古代的统治秩序需要新的论证，但是这一论证历经了漫长的时期，从春秋战国的礼崩乐坏，到秦统一中国后郡县制的建立，秦汉时期，中国人最终寻到的统治合法性的依据是天人感应和武力。天人感应其实并没有什么根本性的力量，因为这一理论必须要配合血缘氏族宗法系统才能真正地起作用，这也是秦以前中国封建制社会形态主要的论证力量。但是，秦汉时期的统治合法性用它来论证只能和武力征服相互配合，这种配合导致的只有血腥的各种社会力量的纷争。于是我们看到了秦末的农民起义，看到了刘邦与项羽之间的争伐，看到了汉代士人们三统三正的说法，看到了魏晋时期门阀士族的崛起，看到了唐前期的稳定和安史之乱后重新陷入的武力冲突的旋涡。

汉唐看重武力，但是唐已经意识到从下层士人中获取新鲜血液的重要性，但是只有到了宋代，中国郡县制统治才寻到了其合法性的理论论证和现实基础。这个论证是通过皇室与士大夫阶层的妥协来实现的，要达成这个结果，需要有两个条件：一、皇室意识到天下不仅是皇室的天下,还是士大夫阶层的天下,皇室要交出一部分治权,以换取士大夫阶层的衷心拥护。二、一个具有新的气象的士大夫阶层渐渐成形,这个阶层不是过去的贵族门阀阶层,它要不断地给予士人们希望,也就是将真正优秀的下层士人吸收到统治结构之中。这个阶层取得了"得君行道"的权力,作为回报,他们会放弃推翻皇权的努力。这样的妥协是有益的,因为会使社会更加稳定,摆脱皇室不断面临的危机。

正是在这样的历史背景下,唐末的儒家士大夫阶层开始觉醒,他们已经开始将对统一的道的追求放置到了皇权的上面。无论是皇权也好,士大夫阶层也好,他们都必须对于儒家的道有完全的尊重,这也是双方妥协的基础。如果没有对于一个统一的道的尊重,那么,这种妥协就不可能真正地实现。宋代的统治者睿智地看到了这一点,他们同意了士人们的主张,双方达成了协议,从而在宋代出现了一个具有士大夫精神的以天下为己任的士大夫阶层和集团。这个精英阶层与汉代士人对于天下取三统三正的观点不同,也与魏晋时期名士们对道无可奈何的态度不同,他们以天下兴衰为己任,具有中国历史上从未有过的献身精神。当我们读到北宋名相范仲淹的"先天下之忧而忧,后天下之乐而乐"①时,也许就能很清晰地感到李翱在《从道论》《国马说》《截冠雄鸡志》中所说的道的真正意义所在,因为它正孕育着宋代士大夫阶层的精神世界。

---

① 范仲淹撰,李勇先、刘琳、王蓉贵点校:《范文正公文集》卷第八《岳阳楼记》,《范仲淹全集》第一册,中华书局,2020年,第165页。

第三章　唐以前中国古代
人性论的分类与研究

　　西方人性论涉及的层面比较多,比如休谟的《人性论》由三个部分组成:第一部分是"论知性",第二部分是"论情感",第三部分是"道德学"。而在第一部分"论知性"中,休谟讨论了观念、时间与空间、知识与概然推断、各种哲学体系等。而在中国思想史上,研究人性论比较偏重善恶的属性,我们喜欢说孟子的人性论是"性善论",荀子的人性论是"性恶论",告子的人性论是"性无善无恶论",等等。但是,我们也要意识到,除善恶以外,中国人性论也涉及许多其他的层面。从大的方面说,中国人性论存在着几个大的思想倾向,这些倾向构成了人性论的几条主要思想脉络:具有实证特点的人性论,受"生之谓性"思想影响的人性论,具有突出自性特点的道家人性论,受"天命之谓性"思想影响的儒家人性论以及一种特殊的人性论——佛性论。从细节方面来说,具体的人性论也涉及许多层次,比如最重要的有善与恶、性与情、阴与阳、心与性、未发与已发、性与习等思维层面。其实,人性的分类问题与对人性论的认识相关,分类是对人性论本质认识的一个重要方面,通过一种新的分类方式,我们想尝试探究中国的人性论会不会有一些重要的意义尚未揭示。

　　不过,在对中国古代人性论进行分类之前,我们首先要意识到的是,中国古代人性论思想与"性"字起源的词源学说有着紧密的关联性,这一点应该说已经渗透进了各个学派的思想之中。

　　傅斯年研究清代阮元的《性命古训》,虽不赞同阮元的一些结论,但受到其为学方法的启发,对于"性"字、"生"字在先秦典籍中的含义及其相互关系进行了考证。他认为周代金文、《周诰》《诗经》中并无"性"字,只有"生"之本义,"性"字的字义至《左传》《国语》才稍有萌生:

> 　　《左传》《国语》中之"性"字,多数原是"生"字,即以为全数原为"生"字,亦无不可也。从此可知性之一观念在《左传》《国语》时代始渐渐出来,犹未完全成立,至于"性"之一字,彼时决无之,后世传写始以意加心字偏旁,而所加多不惬当。①

并得出如下结论:

> 　　统计之结果,识得独立之性字为先秦遗文所无,先秦遗文中皆用生字为之。至于生字之含义,在金文及《诗》《书》中,并无后人所谓"性"之一义,而皆属于生之本义。后人所谓性者,其字义自《论语》始有之,然犹去生之本义为近。至孟子,此一新义始充分发展。②

　　徐复观在《中国人性论史(先秦篇)》中则不同意傅斯年将"生"字泛化的解释,他说:

> 　　性字乃由生字孳乳而来,因之,性字较生字为后出,与姓字皆由生字孳乳而来的情形无异。性字之含义,若与生字无密切

①傅斯年:《性命古训辨证》,上海古籍出版社,2012年,第60页。
②傅斯年:《性命古训辨证》,上海古籍出版社,2012年,第9页。

之关连,则性字不会以生字为母字。但性字之含义,若与生字之本义没有区别,则生字亦不会孳乳出性字。并且必先有生字用作性字,然后乃渐渐孳乳出性字。①

牟宗三在《心体与性体》中也说:

> 大抵造字先有生字,后渐孳乳性字。自性之观念言,其初只是直接就生而言性。所谓实然之性即是自生而言性也。自生言性,性非即生也。初民文字简略,字可互代字。虽可通用互代,而观念既生,则义实有别。生与性各自有义。究从生,抑从性,则由上下文语脉决定。不能消灭性字之独立义,而谓性即是生也。②

在中国的古文字中,"性"字起先与"生"字是不分的,也就是说,"性"字的含义其实就包含在事物的产生之中。一个事物产生出来,就会形成其自身的品性,这是很自然的事。刚开始的时候,中国古人的思想是模糊的,他们对于"生"和"性"这两个字是不做区别的;但是后来由于"性"字或"生"字含义的逐渐复杂和多义,"性"字才和"生"字区别开来。显然,"性"的含义在后来除了有来自"生"的含义外,又发展出了形而上的含义。

第一节　本性论:具有经验实证特点的人性品级论

严格说来,具有经验实证特点的人性品级论也是包含在"生之谓

---

①徐复观:《中国人性论史(先秦篇)》,上海三联书店,2001年,第5页。
②牟宗三:《心体与性体》(上),上海古籍出版社,1999年,第176页。

性"思想之中的。但是,它与"生之谓性"的其他理论有所区别,是"生之谓性"的一种特例,特点主要是强调性是分品级的。中国古代哲学思想与经验的世界关系密切,它所面对的不是西方哲学所面对的物的世界,而是熟人熟事的世界。在中国古代人性论中,有一类人性论是通过人的直接生活经验来界定的,人们通过自己的生活经验,实证地感受到在世间有善的人,也有恶的人,并因而得出人性有善与恶或高低品级的差异,我们将这种具有经验实证特点的人性品级论称为本性论。

孔子可以说是这一派系的重要代表,他的人性思想有两个要点,这表现在关于人性的两句话中:

> 性相近也,习相远也。①
> 唯上知与下愚不移。②

孔子论人性很简略,但也很实在,他认为人性并不相同,但是很接近,只不过由于"习"的原因而使不同人的人性有了很大的差异。孔子在这里所说的"性"的含义是什么,大约学者们会有不同的看法。朱熹说:

> 此所谓性,兼气质而言者也。气质之性,固有美恶之不同矣。然以其初而言,则皆不甚相远也。……程子曰:"此言气质

---

① 朱熹:《四书章句集注·论语集注卷九·阳货第十七》,中华书局,2012年,第176页。
② 朱熹:《四书章句集注·论语集注卷九·阳货第十七》,中华书局,2012年,第177页。

之性,非言性之本也。"①

程颐、朱熹从宋明理学对性的理解出发,认为孔子此处所说的性指气质之性。此说从总体的未来发展方向上没有太大问题,但并未真正解释孔子所言之性在其文本中的意义。现代学者傅斯年认为应解作生②,徐复观则反对朱熹将此处的性解释为"气质之性",认为"性相近的'性',只能是善,而不能是恶的"③,然此解释是建立于其在孔子思想中欲贯通性与天道的认识基础上的,是否可取,或可再讨论。解释孔子的思想,现存文献中最需注意的是郭店楚简中的《性自命出》。《性自命出》说:"喜怒哀悲之气,性也。"④《性自命出》是孔子后学的思想,距离孔子比《中庸》更近,所表达的含义有可能更接近孔子对性的理解。既然性的含义是"喜怒哀悲之气",我们便不能把孔子所说的性等同于孟子所说的性,甚至于宋明理学中所说的性。

　　智与愚在西方思想中自然是属于人性的范围,但我们过去似乎过于强调性的善与恶的属性,反而觉得智、愚与人性并不是一类的问题。如果把智与愚看成是人性,那似乎就与孔子所说的"性相近,习相远"相互矛盾了。关于孔子所说的"智"与"愚"的问题,历代都有很多说法,在《十三经注疏》中,何晏引孔安国的话说:

　　　　上知不可使为恶,下愚不可使强贤。⑤

①朱熹:《四书章句集注·论语集注卷九·阳货第十七》,中华书局,2012年,第176—177页。
②傅斯年:《性命古训辨证》,上海古籍出版社,2012年,第67页。
③徐复观:《中国人性论史(先秦篇)》,上海三联书店,2001年,第79页。
④李零:《郭店楚简校读记》,北京大学出版社,2002年,第105页。
⑤何晏等注,邢昺疏:《论语注疏》卷十七《阳货第十七》,阮元校刻:《十三经注疏》第五册,中华书局,2009年,第5484页。

邢昺在疏中同意孔安国的说法,他说:

> 正义曰:此章言君子当慎其所习也。性,谓人所禀受,以生
> 而静者也,未为外物所感,则人皆相似,是近也。既为外物所感,
> 则习以性成。若习于善则为君子,若习于恶则为小人,是相远
> 也,故君子慎所习。然此乃是中人耳,其性可上可下,故遇善则
> 升,逢恶则坠也。孔子又尝曰:唯上知圣人不可移之使为恶,下
> 愚之人不可移之使强贤。此则非如中人性习相近远也。①

　　邢昺认为,性是人所禀受而生的属性,当人与外物不交接时,则人之
禀受因相似而相近;但当人与外物交接后,就会出现习的问题,习于
善就会成为君子,习于恶就会成为小人。邢昺进一步强调说,这种因
习而产生善恶的性,指的是中人之性。显然,他认为,只有中人之性
才具有一定的可塑性,上智与下愚之人的性则是不迁移的。

　　朱熹对孔子的上智、下愚之说进行了进一步的思考,他认为,人
的气质相近,但确有美恶之区分,这种区分后天之习难以改变。不过
因这种说法与宋明理学极力推崇的性善论有一定冲突,朱熹便又回
护认为,这种不可移的不是性,而是才。在他看来,只要人致力于善,
则即使是智力上的下愚,也可渐渐磨砺而向于善。但他最终还是认
为有两种情况的下愚是没法改变的,这两种情况就是自暴和自弃。
自暴的人对儒家的道抗拒而不相信,自弃的人拒绝儒家的道而不以
之为行为的准则;如此,则即使圣人与之同居,也没有办法改变他的
性。朱熹似乎在这里强调了下愚也是选择的结果,他引述程子的话,
举商纣王的例子说:

---

① 何晏等注,邢昺疏:《论语注疏》卷十七《阳货第十七》,阮元校刻:《十三经注
　疏》第五册,中华书局,2009 年,第 5484 页。

　　然其质非必昏且愚也,往往强戾而才力有过人者,商辛是也。圣人以其自绝于善,谓之下愚,然考其归则诚愚也。①

　　朱熹认为,像商纣王这样的人,他的质并非一定是下愚而昏的,其实商纣王从某种角度说是强力过人的,但是也正因为此,他的选择会导致最终的结局是下愚的。在这里,朱熹显然想调和性善与上智下愚不可移观点之间的冲突,但其论证力度稍嫌柔弱,并没有根本性地解决这一难题。

　　历代哲人均从自己的立场出发来解释孔子的思想,这些观点其实来自不同的人性论阵营,虽如此,正因为有人性论之不同的阵营,我们才能对这一观点有一个宽广的视域。孔子说"唯上智与下愚不移"的原意,我们现在只能揣测,也许他的这一观点只是一个很平实的经验观察结果。孔子认为人性是相近的,这是对所有人来说的,但他也注意到了,人的智力水平又有上下高低的不同。如果孔子对"上智下愚"只是这样认为,那他只是说了一个人人都知道的现实情况,但是智与愚对于人性的善恶有没有影响呢? 如果有影响,那有两个结果:一是这种影响是导致性是"近"而不是"同"的原因之一;这也就是说,智与愚的影响已经包含在孔子"性相近"的命题之中了。但是如果我们认为这个"近"字在人性上的差异并不是那样大,那么"唯上智与下愚不移"就会导致孔子"性相近"的说法不能成立。这两种可能性都不能成立,第一种可能性在《论语》中没有进一步的佐证,第二种可能性将会导致孔子思想的自相矛盾,对于一个影响中国思想如此深远的思想家,我们最好不做这样的推论。

　　那么我们所能认可的便是,在孔子的思想里,智与愚对于人性的

―――――――――

① 朱熹:《四书章句集注·论语集注卷九·阳货第十七》,中华书局,2012 年,第177 页。

善恶是没有影响的。如果是这样,那我们就会得出这样的结论:智的人有可能是善的,也有可能是恶的;愚的人也有可能是善的,有可能是恶的。但是我们在孔子言说的语气中又感到他在肯定"上智",而否定"下愚";但是如果"上智"是有善有恶的,"下智"也是有善有恶的,那孔子就不可能对"上智"持肯定的态度。这样,我们对于孔子的"性相近,习相远"和"唯上智与下愚不移"的理解就处于一种尴尬的境地,因为我们既不能说智与愚对人性的善恶是有影响的,又不能说智与愚对人性的善恶是没有影响的。

以上的推论都是一种西学式的逻辑推论,这种推论对中国思想有帮助但也有遮蔽,这里面其实还是涉及我们对于"智"与"愚"的理解问题。对于中国的文化世界来说,中国人所面对的是事,而不是物;也就是说,中国思想所说的"智"是针对事的,而不是针对物的。针对物的智将会导致逻辑规则的建立,而针对事的智却在于对道的领悟和应用。这也就是说,中国思想所说的智和愚其实说的并不是智力上的差别,而是对道的信念和领悟上的差别,如果我们明白了这一点,对于孔子思想的理解就会豁然开朗。孔子认为性是相近的,这是一种实际地经验到的性,但是这种相近的性却在习的作用下产生了很大的差异;这种差异的产生就在于人是不是认同道,是不是领悟到了道,因为到了人性真正形成以后,这种上智和下愚就很难移改。很显然,孔子的思想中有两个倾向,"性相近"代表着"生之谓性"的倾向,"上智下愚"代表着"天命之谓性"的倾向,这两者之间的张力在宋明理学的性二元论中才有了一个相对合理的解决,孔子大约是历史上第一个尝试解决这一问题的人。孔子的人性论其实有着丰富的内涵,我们勉强可以把他的思想放在具有经验实证特点的人性品级论系列的范围内;但是在孔子的思想中还包含一些意犹未尽的东西,这对于其他类型的人性论也有着深刻的影响。

具有经验实证特点的人性品级论系列的人性论与人的经验观察

有密切的关系,没有运用人太多的抽象能力,而是认同我们对生命和生活的实际感受。我们在生活中的实际感受是怎样的呢？在现实的生活中,我们会遇到形形色色的人,他们或文雅或野蛮,或善或恶,或谦逊或傲慢。如果我们没有其他的理论支撑或信仰的坚持,就会从经验出发,认为:有的人生来就是文雅的,有的人生来就是野蛮的;有的人生来就是善的,有的人生来就是恶的;有的人生来就是谦逊的,有的人生来就是傲慢的。这种想法应该是最素朴的,也是最实际的,是我们观察周围世界的必然结果。我们当然会有许多其他类型的想法,那就需要发展出新的思想路径,有新的心灵情感的坚持或者意识形态的需要。

孔子之后,《孟子》中记载了一种具有经验实证特点的人性品级论系列的人性论,但较简略:

> 或曰:"有性善,有性不善;是故以尧为君而有象,以瞽瞍为父而有舜;以纣为兄之子且以为君,而有微子启、王子比干。"①

这是说有的人生来就性善,有的人生来就性恶,而且人性善、性恶与家族血缘没有关系。中国古代最重家族血缘,这一强调非常重要,从根本上否定了善恶与血缘遗传的相互关联。王充在《论衡》中亦详细记载了一种人性论,他说:

> 周人世硕以为"人性有善有恶,举人之善性,养而致之则善长;[恶]性,养而致之则恶长"。如此,则[情]性各有阴阳,善恶在所养焉。故世子作《养[性]书》一篇。密子贱、漆雕开、公孙

---

① 朱熹:《四书章句集注·孟子集注卷十一·告子章句上》,中华书局,2012年,第334页。

尼子之徒，亦论情性，与世子相出入，皆言性有善有恶。①

汉代的扬雄是性善恶混说最著名的代表，他说："人之性也，善恶混。修其善则为善人，修其恶则为恶人。"②扬雄此说，认为人性中善恶相混，人在后天，修善则成善，修恶则成恶。学者中有以为世硕的学说是性中兼含善恶，与扬雄的性善恶混类似，黄晖在注中却这样说：

> 《孟子·告子篇》："或曰：'有性善，有性不善。'"盖即谓此辈。近人陈钟凡《诸子通谊下·论性篇》以世硕之伦谓性善恶混，非也。扬雄主善恶混，世硕主有善有恶，两者自异。故仲任以世硕颇得其正，而扬雄未尽性之理。③

仲任是王充的字，此即是说，王充本人即认为世硕与扬雄的人性理论有本质的差别。黄晖的说法很准确，《艺文志》说世硕是七十子的弟子，宓子贱、漆雕开都是孔子的弟子，公孙尼子有说是孔子弟子，有说是七十子的学生，显然他们都受到了孔子思想的深刻影响。他们的思想类似，都认为"人性有善有恶"，也就是说，有的人性是善的，有的人性是恶的；善性的人，修养善就会善性增长，恶性的人，助长恶就会使恶性加强。很显然，这一理论是在实际观察的基础上进行了一定的理论思考得出的结论，是对现实人性的一种直接的解释。

王充也支持世硕的主张，他说：

---

① 黄晖：《论衡校释·本性篇》，中华书局，1990 年，第 133 页。
② 汪荣宝：《法言义疏·修身卷第三》，中华书局，1987 年，第 85 页。
③ 黄晖：《论衡校释·本性篇》，中华书局，1990 年，第 133 页。

　　　实者,人性有善有恶,犹人才有高有下也,高不可下,下不可高。谓性无善恶,是谓人才无高下也。禀性受命,同一实也。命有贵贱,性有善恶。谓性无善恶,是谓人命无贵贱也。①

　　显然,在王充看来,人性不可能没有善恶,人性有善有恶是一种实际存在的情况,这就像人的才能有高有下,而且高不能变为下,下不能变为高。故而,在他看来,人禀性受命,就会有的人命贵,有的人命贱;有的人性善,有的人性恶。从王充的叙述中,我们注意到,"命有贵贱"和"性有善恶"是比对的关系,命不可能同时禀受贵贱,性也自然不可能禀为善恶相混。而且他紧接其后又论述道,九州土地的属性,有善恶的不均等,故而有黄、红、黑等各种颜色,有上、中、下等地力的差距。对于人来说,人禀受天地之性,或者仁,或者义;至于人的肤色或白或黑,身形或高或矮,则至死不可变易。故而王充赞成世硕的观点,认为人性有善有恶,是善是恶源自天生的禀赋。

　　世硕的理论只谈及"善恶",尚没有谈到"中"。王充虽支持世硕的主张,但他考虑到在善与恶之间有一"中"的问题,故而他说:"初禀天然之姿,受纯一之质,故生而兆见,善恶可察。"②在他看来,人之善恶,禀气天然,生下来就可察见。但他又认为,有中人的存在,告子的性无善无恶,就是针对中人而说的;孔子对于人性本就有中人以上和中人以下的区别,孟子的性善论是针对中人以上来说的,荀子的性恶论是针对中人以下来说的。而对于极善极恶之人,他认为习也不起作用,正如孔子所说,上智与下愚是不能迁移的。这样说起来,王充即认为,人先天禀受,就会有上、中、下三种本性,上善与下恶不可更改,而中性则可由习而进行一定的变革。

────────────

①黄晖:《论衡校释·本性篇》,中华书局,1990年,第142页。
②黄晖:《论衡校释·本性篇》,中华书局,1990年,第137页。

可见,从性有善有恶论中,自然就会发展出性分上、中、下三品的学说,王充的人性学说,实是性三品的最早表达。从人性论的逻辑发展上来说,性善恶混学说的逻辑位置其实就在王充所说的"中"的位置上,只不过不同的哲学家表述不一致,有的只承认人性具有善恶混的状态,有的则认为善恶混的状态只存在于中人,而并不存在于中人以上和中人以下的人性之中。所以说,有性善有性恶的人性理论和性善恶混的理论是一个类型的理论,只不过注重点不同,都属于具有经验实证特点的人性品级论系列的范围。

性善恶混学说在《孟子》中就有记载:

> 或曰:"性可以为善,可以为不善;是故文武兴,则民好善;幽厉兴,则民好暴。"[1]

汉代大儒董仲舒对性善恶混的思想有很深刻的研究,董仲舒首先考察了"性"的含义,他认为,性的含义是"生之自然之资"[2],这里的"资"应和荀子人性论中所说的"资朴"的"资"是同一个意思,和告子的"生之谓性"也很相近。那么,董仲舒所说的"性"是善的,还是恶的呢?对此,董仲舒说:

> 人之诚,有贪有仁。仁贪之气,两在于身。身之名,取诸天。天两有阴阳之施,身亦两有贪仁之性。天有阴阳禁,身有情欲

---

①朱熹:《四书章句集注·孟子集注卷十一·告子章句上》,中华书局,2012年,第334页。

②苏舆撰,钟哲点校:《春秋繁露义证·深察名号第三十五》,中华书局,1992年,第291页。

桩,与天道一也。①

　　天地之所生,谓之性情。性情相与为一瞑。情亦性也。谓
性已善,奈其情何? 故圣人莫谓性善,累其名也。身之有性情
也,若天之有阴阳也。言人之质而无其情,犹言天之阳而无其
阴也。②

　　天之大经,一阴一阳;人之大经,一情一性。性生于阳,情生
于阴。阴气鄙,阳气仁。曰性善者,是见其阳也;谓恶者,是见其
阴者也。③

苏舆的注说:"诚,犹实也。"④董仲舒思想的基础是天人感应和人副
天数,故而在他看来,在人的身体中存在着仁贪两种气,而这决定人
性情的仁贪之气又是来自天的阴阳二气,人与天是相副的。在董仲
舒的思想中,人有性情,正如天有阴阳之气,性因阳而善,情因阴而
恶;由于天有阴阳之气,形成人的身体则会有贪与仁两种性。而且在
董仲舒的思想中,性与情似是一物的两面,这种说法很接近《性自命
出》对性情关系的理解,所以他会说"情亦性也"这样的话。

　　董仲舒进一步解释说:

　　故性比于禾,善比于米。米出禾中,而禾未可全为米也。善
出性中,而性未可全为善也。善与米,人之所继天而成于外,非

---

①苏舆撰,钟哲点校:《春秋繁露义证·深察名号第三十五》,中华书局,1992年,
　第294—296页。
②苏舆撰,钟哲点校:《春秋繁露义证·深察名号第三十五》,中华书局,1992年,
　第298—299页。
③黄晖:《论衡校释·本性篇》,中华书局,1990年,第139—140页。
④苏舆撰,钟哲点校:《春秋繁露义证·深察名号第三十五》,中华书局,1992年,
　第294页。

在天所为之内也。①

　　性如茧如卵。卵待覆而成雏,茧待缲而为丝,性待教而
为善。②

这是说,禾中含有米,卵有成雏的可能性,茧要待缲后然后形成丝。
这正如人性中有善的潜质,但并不能把善的潜质看成是善,故而只能
认为人性中兼有善恶的潜质。但是董仲舒认为,他所说的性只能说
是中人的性,而不能指中人以上和中人以下,他说:

　　圣人之性不可以名性,斗筲之性又不可以名性,名性者,中
民之性。③

　　名性,不以上,不以下,以其中名之。④

这其实就有点类似于性三品说了,但董仲舒的想法又和王充的想法
稍有不同,董仲舒强调性中有善的潜质,而王充的中人之性则更接近
告子性无善无恶的说法;这自是思想的细节,是由不同思想家的不同
思想倾向造成,也展现了思想丰富的内涵。

　　思想不是僵化的,任何分类都不可能是完全性的,在这一点上我
们可能就会想起维特根斯坦的语言家族相似性理论,我们乐于看到

---

①苏舆撰,钟哲点校:《春秋繁露义证·深察名号第三十五》,中华书局,1992 年,
　第 297 页。
②苏舆撰,钟哲点校:《春秋繁露义证·深察名号第三十五》,中华书局,1992 年,
　第 300 页。
③苏舆撰,钟哲点校:《春秋繁露义证·实性第三十六》,中华书局,1992 年,第
　311—312 页。
④苏舆撰,钟哲点校:《春秋繁露义证·深察名号第三十五》,中华书局,1992 年,
　第 300 页。

非线性的思想状况,而不是一种包罗一切的逻辑严密的大全式归纳和分类。董仲舒之所以要把性分为圣人之性、中民之性和斗筲之性,一个重要的原因是他理解的"善"的水平比较高,他认为"善过性,圣人过善":

> 由是观之,圣人之所谓善,未易当也,非善于禽兽则谓之善也。……质于禽兽之性,则万民之性善矣;质于人道之善,则民性弗及也。万民之性善于禽兽者许之,圣人之所谓善者弗许。吾质之命性者异孟子。孟子下质于禽兽之所为,故曰性已善;吾上质于圣人之所为,故谓性未善。善过性,圣人过善。[①]

董仲舒认为,圣人所说的善是程度比较高的,并不是说善于禽兽的善;因为如果说善于禽兽的性,那么万民的性就都是善的,而圣人所说的善,一般的民众并不是很容易就能达到。董仲舒认为,孟子说性善就是拿万民之性和禽兽之性相比,把性善说得低了;而他本人则是拿万民之性与圣人相比,故而说性尚未善。他最终认为,真正的善应是超越了一般的万民之性,圣人的性又超越了能言说的善,达到了一个极高的境界。

在董仲舒看来,"性者,天质之朴也;善者,王教之化也。无其质,则王教不能化;无其王教,则质朴不能善"[②]。董仲舒的这个观点很像荀子的观点,都很重视教化的功用,只是荀子的性是通过知而将外在的礼义纳入人性而成就善,而董仲舒则承认性中即含有善质,就如

[①]苏舆撰,钟哲点校:《春秋繁露义证·深察名号第三十五》,中华书局,1992年,第304—305页。

[②]苏舆撰,钟哲点校:《春秋繁露义证·实性第三十六》,中华书局,1992年,第313页。

同禾中含有米一样。

董仲舒后,刘向的人性论主张性情相应,这与韩愈的性情相应的性三品说很相像,或是韩愈性三品说的先声。他说:

> 凡人之性,莫不欲善其德,然而不能为善德者,利败之也。①

徐复观解读这句话,以为刘向主张性善情恶论,他说:

> 按《论语》以"德行"二字连词,故德亦有行义;"欲善其德",即"欲善其行"。欲善其行,而系出于人性之要求,则刘氏实亦以性为善。从《建本篇》"学者所以反情治性尽才者也"的话来观察,则他承董仲舒的影响,大概认为性善而情恶,所以"反情"即所以治性。②

徐复观以为刘向主张性善情恶论,他认为,既然《论语》把"德行"两个字连在一起用,那说明德也含有行的意义。那么,刘向说"欲善其德",就是在说"欲善其行",故而他认为,刘向此意即在于说人性欲善是出于人性本身的要求,故而他断定刘向是以性为善的。他又依据刘向《建本篇》中的论述,认为刘向是主张性善情恶论的。不过,刘向又有性情相应的主张,如此说成立,则徐复观之观点就难以成立。荀悦说:"刘向曰性情相应,性不独善,情不独恶。"③在这里,据荀悦所说,刘向既然主张"性不独善,情不独恶",那自然是性与情相应的

---

① 刘向撰,程翔译注:《说苑译注》,北京大学出版社,2009年,第124页。
② 徐复观:《两汉思想史》(第三卷),华东师范大学出版社,2001年,第69页。
③ 荀悦撰,黄省曾注,孙启治校补:《申鉴注校补·杂言下第五》,中华书局,2012年,第198页。

主张。也就是说:情恶,性亦恶;性善,情亦善;性与情在善恶上是统一的。

王充的《论衡》又记载说:

> 刘子政曰:"性,生而然者也,在于身而不发;情,接于物而然者也,形(出)于外。形外,则谓之阳;不发者,则谓之阴。"①

刘向认为,性是"生而然的","生而然"有点像告子说的"生之谓性"。故而应与告子、荀子的思想为一系,而且刘向编纂过《荀子》,对荀子的人性论非常熟悉。刘向说:

> 感于善则善,感于恶则恶。②
> 人之善恶,非性也,感于物而后动,是故,先王慎所以感之。③

刘向认为,人感于善就会善,感于恶就会恶,并且认为善恶是感于物后后天获得的。但他的思想与告子的性无善恶论又有区别,这主要是刘向把性情看作是一体的,这应该是受到了荀子人性论的影响。也就是说,虽然善恶来自感外物之情,但情善则性善,情恶则性恶。所以从原初的意义上,性是无善恶的,但是由于环境的熏染,情善则性善,情恶则性恶,故而从后天的角度来说,刘向所说的性又是有善有恶的。在《列女传·齐宿瘤女》中,他认为,尧舜用仁义来"自饰",

---

① 黄晖:《论衡校释·本性篇》,中华书局,1990年,第140—141页。
② 王照圆撰,虞思征点校:《列女传补注·周室三母》,华东师范大学出版社,2012年,第14—15页。
③ 刘向撰,程翔译注:《说苑译注》,北京大学出版社,2009年,第529页。

虽然贵为天子,但在生活上很节俭,故而天下受到他的影响而归于善。这里,他使用"自饰"一词,和荀子的仁义是"伪"的想法如出一辙。

汉代荀悦的人性论很接近刘向的主张,他说:

> "有三品焉。上下不移,其中则人事存焉尔。命相近也,事相远也,则吉凶殊矣。故曰:穷理尽性以至于命。孟子称性善,荀卿称性恶,公孙子曰性无善恶,扬雄曰人之性善恶浑,刘向曰性情相应,性不独善,情不独恶"……"性善则无四凶,性恶则无三仁。人无善恶,文王之教一也,则无周公、管、蔡。性善情恶,是桀纣无性而尧舜无情也。性善恶皆浑,是上智怀惠,而下愚挟善也。理也未究矣。惟向言为然。"①

他对于思想史上出现的孟子性善论、荀子性恶论、公孙尼子性无善恶论、扬雄性善恶混论均有所批评,唯独对于刘向性情相应理论没有反对,而且予以肯定,这说明他在人性论上的主张是与刘向思想亲近的。对于性的含义,荀悦说:

> 生之谓性也,形、神是也。所以立生、终生者之谓命也,吉凶是也。夫生我之制,性命存焉尔。②

"生之谓性"是告子的说法,只是荀悦所说,比告子的含义更为具

---

① 荀悦撰,黄省曾注,孙启治校补:《申鉴注校补・杂言下第五》,中华书局,2012年,第198—199页。
② 荀悦撰,黄省曾注,孙启治校补:《申鉴注校补・杂言下第五》,中华书局,2012年,第195—196页。

体,他将"生之谓性"理解为人的形与神,亦即身体和精神。形与神都和气有着深刻的关联,气形成人之躯体,躯体又有神智,有神智就有好、恶、喜、怒之诸般情感。从这里也可看出,性与情关联紧密,甚至于不可分。也就是说,在他看来,无论是身体还是精神方面的人的特点大约都在性概念的观照范围之中。荀悦"生之谓性"思想的具体含义是什么,比较难以判断,但看他的行文,大约与刘向的类似,且他性情相应的主张大约与刘向同脉。对此,他说:

> 或曰:"仁义,性也。好恶,情也。仁义常善,而好恶或有恶。故有情,恶也。"曰:"不然。好恶者,性之取舍也。实见于外,故谓之情尔,必本乎性矣。仁义者,善之诚者也,何嫌其常善?好恶者,善恶未有所分也,何怪其有恶?"①

显然,在他看来,说性善情恶是有问题的,好恶并不是与性没有关系,而是因性而有所取舍,因它显现于外,故而称之为情,此情本就来源于性。故而他认为,好恶本就是性的取舍,这种取舍显于外就是人的情,性情是一致的。

刘向、荀悦性情一致的观点其实是唐末韩愈性三品说的先声。韩愈认为,孟子主张性善论,荀子主张性恶论,扬子主张性善恶混,这三种说法其实都不能成立。为何如此说呢?他举例说,叔鱼出生时,她的母亲就知道他会因受贿而死;杨食我出生的时候,他的母亲听见他的哭声,就知道宗族会因他而灭。显然,在韩愈看来,有的人的确天生就是恶的,后天如何教育都无法改变他的本性,故而性善论是站不住脚的。但他同时认为,性恶论也是不对的,对此,他举例说,后稷

---

①荀悦撰,黄省曾注,孙启治校补:《申鉴注校补·杂言下第五》,中华书局,2012年,第203页。

和文王出生时,他们的母亲很平安,后稷很聪慧,文王的教育也进行得很顺利。这说明,性恶论也是不对的,因为有天生就很善的人。韩愈又举例说,尧的儿子丹朱、舜的儿子商均、文王的儿子管叔和蔡叔,他们的父亲都是圣人、贤者,但他们都并没有因为好的环境而成为优秀的人,这说明,即使是好的后天环境也没有办法改变先天具有恶性的人。同样,舜和禹,他们的父亲是鲧和瞽瞍,但他们却没有因为后天环境习染的不良而变成大奸之人,而是成为圣人,这说明,恶的环境也没办法改变先天具有善性的人①。显然,韩愈的结论来源于经验性的观察,这与韩愈生活的晚唐时期纷乱的社会现实有关。当然,同样的社会现实会导致不同的思想观念,比如李翱的人性论就得出不同的结论,这是由于人们的观察视角不同。

　　韩愈通过对现实生活的观察和体认,又经过自己深入的思考,提出性三品说:

　　　　性也者,与生俱生也。情也者,接于物而生也。性之品有三,而其所以为性者五;情之品有三,而其所以为情者七。曰:

────────

① "孟子之言性曰:人之性善;荀子之言性曰:人之性恶;杨子之言性曰:人之性善恶混。夫始善而进恶,与始恶而进善,与始也混而今也善恶,皆举其中而遗其上下者也,得其一而失其二者也。叔鱼之生也,其母视之,知其必以贿死;杨食我之生也,叔向之母闻其号也,知必灭其宗;越椒之生也,子文以为大戚,知若敖氏之鬼不食也。人之性果善乎? 后稷之生也,其母无灾;其始匍匐也,则歧歧然,嶷嶷然。文王之在母也,母不忧;既生也,傅不勤;既学也,师不烦。人之性果恶乎? 尧之朱,舜之均,文王之管蔡,习非不善也,而卒为奸;瞽瞍之舜,鲧之禹,习非不恶也,而卒为圣。人之性善恶果混乎? 故曰:三子之言性也,举其中而遗其上下者也,得其一而失其二者也。曰:然则性之上下者,其终不可移乎? 曰:上之性,就学而愈明;下之性,畏威而寡罪。是故上者可学,而下者可制也。其品则孔子谓不移也。曰:今之言性者异于此,何也? 曰:今之言者,杂佛老而言也。杂佛老而言者,奚言而不异?"(韩愈著,刘真伦、岳珍校注:《韩愈文集汇校笺注》卷一《原性》,中华书局,2010年,第48页)

"何也?"曰:性之品有上中下三。上焉者,善焉而已矣;中焉者,可导而上下也;下焉者,恶焉而已矣。其所以为性者五:曰仁,曰义,曰礼,曰信,曰智。上焉者之于五也,主于一而行于四;中焉者之于五,一也不少有焉则少反焉,其于四也混;下焉者之于五也,反于一而悖于四。性之于情,视其品。情之品有上中下三,其所以为情者七:曰喜,曰怒,曰哀,曰惧,曰爱,曰恶,曰欲。上焉者之于七也,动而处其中;中焉者之于七也,有所甚,有所亡,然而求合其中者也;下焉者之于七也,亡与甚,直情而行者也。情之于性视其品。①

性是与生俱来的禀性,情是人的性与事物交接后产生的。在这里,韩愈显然同意性情相应的思想,他认为,既然在现实的生活中,有善的人,有恶的人,有可导向善或者恶的人,那么人的性就有三品。上品的人,其性是纯善的;中品的人,其性可以引导向善,也可以引导向恶;下品的人,就只有纯恶的性了。具体来说,韩愈认为,性包含有五个因素,那就是仁、义、礼、智、信;情包含七种情绪,就是喜、怒、哀、惧、爱、恶、欲。上品的性,以一德为主,而通达于其他四种德;中品的性或者其中的一德有所欠,或者有所过,它与其余四德的关系也有不清澈分明的地方;下品的性则五德均不具备。情与性类似,上品的情,七情能够适中;中品的情,或有过与不及,但可以通过努力合乎中;下品的情,则只有缺失和过分。

俗语说,百人百性,本性论正是对这种经验生活中直观体验的写照。本性论是具有经验实证特点的人性品级论,它的产生源自人的社会生活,人们看到现实生活中的人,有的性善,有的性恶,有的介于

①韩愈著,刘真伦、岳珍校注:《韩愈文集汇校笺注》卷一《原性》,中华书局,2010年,第47—48页。

二者之间,于是便将这种体验和观察上升到理论层面,从而形成了本性论。

第二节　生性论:受"生之谓性"
思想影响的人性论

　　传统上对人性论的划分喜用善、恶为原则,但其实有些主张不同的人性理论,其思想基础是一致的。在受"生之谓性"思想影响的人性论中,有主张性无善无恶的,有主张性恶的,我们把受"生之谓性"思想传统影响的人性论称为生性论。

　　孔子的人性主张是"性相近也,习相远也"①,这个说法比较模糊,对以后儒家的各种人性思想都发生了影响。孔子之后,儒家心性思想的发展脉络过去不是很清晰,但自从郭店楚简《性自命出》《五行》被发现以来,对这一段思想的研究较过去有了很大的进展。根据现在学术界的研究成果,儒家心性论分为子思、孟子一系和告子、荀子一系,而《性自命出》《五行》的出现填补了孔子之后孟子之前这段时间儒家思想史的空白,许抗生在其《〈性自命出〉〈中庸〉〈孟子〉思想的比较研究》一文中对《性自命出》和《五行》对思孟一系和告子、荀子一系的影响做了深入研究。

　　"生之谓性"的说法出自孟子与告子的争论,告子认为,"生之谓性"是人和事物与生俱来的本性,正因为它是生而就有的,故而是无分善恶的。而孟子却认为人性是善的,这一善性来源于人心本就具有的四端,而四端之道德情感如果经过很好的培育会形成仁、义、礼、智四德;故而他认为,善性先天就在人的心性之中,这与告子的说法

―――――――――

① 朱熹:《四书章句集注·论语集注卷九·阳货第十七》,中华书局,2012年,第176页。

针锋相对。

"生之谓性"的语义来源,学者们已经进行了深入的探讨,徐复观在《中国人性论史(先秦篇)》中,不同意傅斯年将先秦"性"字释为"生"的倾向,对"性"字的含义做了深入思考,他说:

> 生之本义为"象草木生出土上";故作动词用则为自无出有之出生;作名词用则为出生以后的生命。……谨按由现在可以看到的有关性字早期的典籍加以归纳,性之原义,应指人生而即有之欲望、能力等而言,有如今日所说之"本能"。其所以从心者,心字出现甚早,古人多从知觉感觉来说心;人的欲望、能力,多通过知觉感觉而始见,亦即须通过心而始见,所以性字便从心。其所以从生者,既系标声,同时亦即标义;此种欲望等等作用,乃生而即有,且具备于人的生命之中;在生命之中,人自觉有此种作用,非由后起,于是即称此生而即有的作用为性。①

从以上认识出发,徐复观认为《诗·卷阿》中的"弥尔性"中的"性"字不应释为"生",而应是"性","指欲望而言"②。他进一步统计春秋时期对"性"字的用法,认为春秋时的"性"字有两个基本的含义:一是欲望;一是本性、本质。他亦注意到《左传·昭公十九年》楚沈尹戌说的话,"吾闻抚民者节用于内,而树德于外,民乐其性"③中的"性"字,应该解作"生"意。他认为"生""性"能否互用,要视上下文的具体情况而定。牟宗三在《心体与性体》中也有与徐复观相似的思想。徐复观和牟宗三做出以上判断时,尚没有看到郭店楚简,而《性自命

---

① 徐复观:《中国人性论史(先秦篇)》,上海三联书店,2001年,第6页。
② 徐复观:《中国人性论史(先秦篇)》,上海三联书店,2001年,第9页。
③ 徐复观:《中国人性论史(先秦篇)》,上海三联书店,2001年,第51页。

出》的出现会加深我们对于"生之谓性"这个思想进路的认识。《性自命出》开篇就说:

> 凡人虽有性,心无定志,待物而后作,待悦而后行,待习而后定。喜怒哀悲之气,性也。及其见于外,则物取之也。性自命出,命自天降。道始于情,情生于性。始者近情,终者近义。知情[者能]出之,知义者能入之。好恶,性也。所好所恶,物也。善不[善,性也]。所善所不善,势也。①

在《性自命出》中,性是"好恶"的意思,且又认为,性是喜怒哀悲之气,那么,性与情其实关系非常紧密。而在《性自命出》中,有两个地方提到的"善"字与"性"相关,第一处就是此段中的"善不[善,性也]。所善所不善,势也",季旭升说:"'善',应释为'长于',……善,指擅长,是天生的才性,有人长于音乐,有人长于数理。"②第二处是《性自命出》第二部分的"未教而民恒,性善者也"③。对于此句中的"善",季旭升说:

> 此处的"性善",指君子的质性美好,不是人民,更不能扩大为普遍的人性本善。简本《性自命出》《性情论》比较明白与"性"有关的论述,除了本简之外,另外还有"四海之内,其性一也。其甬用心各异,教使然也",既然说"其性一也",当然不会指性有善有恶,我们可以把这句话所代表的意义看成孔子"性相

---

① 李零:《郭店楚简校读记》,北京大学出版社,2002年,第105页。
② 陈霖庆撰写,季旭升改订:《〈上海博物馆藏战国楚竹书(一)〉读本·〈性情论〉译释》,万卷楼图书股份有限公司,2007年,第157页。
③ 李零:《郭店楚简校读记》,北京大学出版社,2002年,第107页。

近"的进一步发展,加上本简"未教而民恒,性善者也",则"其性
一也"的"一"应该是比较倾向性有善的可能。简本《性自命出》
《性情论》有关"性"的主张,虽然还没有达到像孟子主张"性善"
那么明确的地步,但应该已经具有类似的倾向了。①

虽然学者们对于这两处"善"的含义有争议,但从思想史的演进来看,
季旭升的说法更有说服力。性的本义是与"生"联系在一起的,故而
很难说其有善有恶,说"擅长"或者一般意义上的"好"可能更加合
适。而性善的说法亦可有两种,一种是经验实证意义上的"善",一种
是形而上意义上的"善"。孟子所说的性善论实际上属于形而上意义
的"善",从思想史的发展来看,只有在经验实证意义上的"善"与
"恶"的思想发展到一定程度后才能产生,这是儒家思想有了较高思
辨水平后的结果。

　　徐复观在《中国人性论史(先秦篇)》中也讨论过"生"孳乳出性、
姓、情的情况。而在《性自命出》中,好恶本就是人的情绪的表现,喜
怒哀悲,更是人的情感本身。如此说来,性与情在《性自命出》中是连
带一体的,而此性将来发展成什么形态,又是由外部环境所决定的;
故而总体来看,此性应是告子"生之谓性"的先声。

　　在中国心性论发展史中,孟子与告子的争论可以说是先秦时期
最为重要的一次争锋,影响到了儒家人性论的发展路径,孟子与告子
的争论也是人性论中"生之谓性"与"天命之谓性"两条路径的争锋。
在本书的叙述中,我们把受"生之谓性"影响的人性论称为生性论,把
受"天命之谓性"影响的人性论称为天性论。

　　告子"生之谓性"的含义显然是从生与性的字源意义上发展而来

――――――――

①陈霖庆撰写,季旭升改订:《〈上海博物馆藏战国楚竹书(一)〉读本·〈性情
　论〉译释》,万卷楼图书股份有限公司,2007年,第193—194页。

的,一个事物生于斯世,天生就会有它的属性,这种天生的属性是无所谓善与恶的。《孟子·告子上》说:

> 告子曰:"生之谓性。"孟子曰"生之谓性也,犹白之谓白与?"曰"然。""白羽之白也,犹白雪之白;白雪之白,犹白玉之白与?"曰:"然。"①

告子认为,"生之谓性"就像事物的色彩,比如白色,白羽、白玉、白雪都具有白的属性,这种白的属性是没有善恶之分的。具体到人类,告子说:

> 食色,性也。仁,内也,非外也;义,外也,非内也。②

告子认为人的"生之谓性"就是"食色",人的饮食男女的属性是与生俱来的,是没有什么善恶之分的。他进一步认为,性善论中孟子所认为的在人的心性中先天就具有的仁义其实是后天加于其上而形成的。在这一点上,告子与孟子进行了激烈的争论,孟子认为人先天就具有仁义,仁义是在人心内的;而告子则认为人先天并不具有仁义,仁义是后天通过情加于人的心性之上的;故而他认为,仁义是在人的心外的。但后来在与孟子的辩论中,针对人的本性与犬牛的本性是否相同的问题,告子退了一步,被迫认为,仁在人心内,而义在人

---

① 朱熹:《四书章句集注·孟子集注卷十一·告子章句上》,中华书局,2012年,第332页。
② 朱熹:《四书章句集注·孟子集注卷十一·告子章句上》,中华书局,2012年,第332页。

心外①。

在孟告之争中,告子在与孟子的争论中不断退让,是因为他所选择的连接内外的途径是人类的情感。而他之所以要选择人类的情感就在于情感既可以在人的心中,又可以与情感所面向的对象关联起来。但是以情感为内外的纽带有一个弊病,那就是既然仁以情感的方式进入人的内心,就说明仁是先天地存在于人心的,这也是为什么告子一定要把义留在人心之外。也就是说,以情为连接内外的纽带,告子就没有办法坚持他"生之谓性"无善无恶的主张。

告子的这一困境,荀子找到了解决办法。荀子言性,与告子的"生之谓性"的说法一脉相承。荀子说:

> 凡性者,天之就也,不可学,不可事;……不可学、不可事而在人者谓之性。②
> 生之所以然者谓之性。性之和所生,精合感应,不事而自然谓之性。③

王先谦在集解中认为,"性之和所生"当作"生之和所生",这种理解很切中要害。荀子所说的性即是自然之性,是不需要学习而天生就具有的性,这种性是生来就如此的性。当然,荀子"生之谓性"的思想虽发展了告子"生之谓性"的思想,但与告子"食色,性也"的说法不同,强调了人与动物的区别,而使"生之谓性"具有了人的类本质潜

---

①关于孟告之争的具体论证请参考拙著《宋代性二元论研究》第一章第一节,中国社会科学出版社,2006 年,第 10—25 页。

②王先谦撰,沈啸寰、王星贤点校:《荀子集解·性恶篇第二十三》,中华书局,1988 年,第 435—436 页。

③王先谦撰,沈啸寰、王星贤点校:《荀子集解·正名篇第二十二》,中华书局,1988 年,第 412 页。

质。荀子说：

> 凡人有所一同：饥而欲食，寒而欲暖，劳而欲息，好利而恶害，是人之所生而有也，是无待而然者也，是禹、桀之所同也。目辨白黑美恶，耳辨音声清浊，口辨酸咸甘苦，鼻辨芬芳腥臊，骨体肤理辨寒暑疾养，是又人之所常生而有也，是无待而然者也，是禹、桀之所同也。可以为尧、禹，可以为桀、跖，可以为工匠，可以为农贾，在势注错习俗之所积耳，是又人之所生而有也，是无待而然者也，是禹、桀之所同也。①

荀子认为，人都有相同的特点，比如饥饿了想要吃饭，寒冷了想要寻求温暖，劳累了就想要休息，喜欢有利益的事物而厌恶有害的事物，这些是禹和桀都具有的。同样，眼睛能分辨色彩和美丑的不同，耳朵能分辨声音的清浊，嘴巴能分辨各种滋味，鼻子能分辨各种气味，身体的触觉能够感受寒暑之变，这些也是无论禹还是桀都具有的。荀子更进一步认为，人们可以成为尧和禹这样的人，也可以成为桀和跖这样的人；可以成为工匠，也可以成为农夫；这源自人在后天的践履和习俗。这样，荀子就将告子所说的人性的内容发展成为人的类本质潜质，这一潜质包含情欲、感知能力、思维和社会行为能力等多方面的因素。

　　不过，荀子所说的人性（即"生之谓性"意义上的人性）与人之所以为人的类本质并不是一个概念，因为荀子认为人与动物最重要的区别在于人有辨的能力：

---

① 王先谦撰，沈啸寰、王星贤点校：《荀子集解·荣辱篇第四》，中华书局，1988年，第63页。

人之所以为人者,何已也? 曰:以其有辨也。饥而欲食,寒而欲暖,劳而欲息,好利而恶害,是人之所生而有也,是无待而然者也,是禹、桀之所同也。然则人之所以为人者,非特以二足而无毛也,以其有辨也。①

基于此认知,荀子认为,"生之谓性"意义上的人性可以通过后天的努力发展出人之所以为人的类本质。

学术界一般都认为,荀子是主张性恶论的,但他的性恶论却处于"生之谓性"的阵营之类。在这方面,荀子有两句话值得我们关注:

故曰:性者,本始材朴也;伪者,文理隆盛也。无性则伪之无所加,无伪则性不能自美。②

孟子曰:"今人之性善,将皆失丧其性故也。"曰:若是,则过矣。今人之性,生而离其朴,离其资,必失而丧之。用此观之,然则人之性恶明矣。所谓性善者,不离其朴而美之,不离其资而利之也。③

在荀子看来,性是本始材朴,即是生而具有的属性,但仁义并不是人生而具有的,而是后天通过知而从外学习获得的属性。所以,他认为人性与人伪两者缺一不可,没有人性,就没有人伪的基础;没有人伪,人性就不能真正发展为人的类本质。"资""朴"这两个概念是理解

---

① 王先谦撰,沈啸寰、王星贤点校:《荀子集解·非相篇第五》,中华书局,1988年,第78页。
② 王先谦撰,沈啸寰、王星贤点校:《荀子集解·礼论篇第十九》,中华书局,1988年,第366页。
③ 王先谦撰,沈啸寰、王星贤点校:《荀子集解·性恶篇第二十三》,中华书局,1988年,第436页。

荀子人性论是性恶论还是性无善无恶论的关键,资、朴在《荀子》一书中出现的次数并不多,资的含义是凭借、依托,朴的含义是质朴。从荀子的原话中,我们可以看到,人性一定会生而离开其资、朴的本性,而性善,则是保持其资、朴并在此基础上美之;故而从人性论的角度来看,资、朴与"生之谓性"的意义非常接近,故而荀子所说的性是资,是朴,即是无善无恶的。既然如此,那我们为什么又认为荀子是性恶论者呢? 这是因为荀子的性是与情一体的关系。荀子说:"性者,天之就也;情者,性之质也;欲者,情之应也。以所欲为可得而求之,情之所必不免也。"①在这里,我们看到,和《性自命出》中性与情不分的状况相似,荀子思想中的性与情也是处于一体的分而不离的状态。如此说来,性是生来如此的,但性的质是情,而情应对外物,必会滋长欲望,而欲望最终会导致人走向恶。

　　从《性自命出》到告子再到荀子的思想,我们看到了中国人性论在"生之谓性"这一思想路径上的进展。在这里,涉及这样一个问题,那就是人性的含义到底是什么? "生之谓性"是人生来就具有的本性,这种本性是不是就是人的类本质呢? 或者说什么是人的类本质呢? 我们看到,在这个世界上的事物,许多事物的性都是稳定不变的,比如石头,它的本性在经验的世界里基本上是同一的,你能说石头硬的属性是善的还是恶的呢? 但是人和其他的事物不同,人的一生会经历精神世界的蜕变,其天生的属性会受到很大的文化熏染,一个成年人的性相对于他儿童时的性会有很大的不同。小时候我们不愿意礼让,在长大后受到文化的熏染就会觉得礼让是人的一种优秀品行。这样,在"生之谓性"与"人之所以为人的类本质"之间就会有一个张力,人先天具有的本性与人类经过上万年的文明进化后的本

----

① 王先谦撰,沈啸寰、王星贤点校:《荀子集解·正名篇第二十二》,中华书局,1988年,第428页。

性有着很大的不同,"生之谓性"是人的类本性的开始,但并不是结束。本性论也有"生之谓性"的特点,但更带有经验观察和体验的特点,且具有善恶品级不同的思想;而生性论则是对人性论更加深层次的思考,并不带有人性品级论的特点,其人性视角是一元的。

第三节　自性论①:具有突出自性特点的道家、新道家人性论

道家对于性的理解其实和"生之谓性"的理路一致,这也是性的原生含义;但是与告子、荀子要把性与仁义联系起来的倾向不同,道家思想崇尚道,故而看重性与道的联系,而反对把性与善恶联系起来。因此,我们就不能把道家放置到"生之谓性"的传统之中,因为它强调了"生之谓性"与道的关联。当"生之谓性"成为道在具体事物上的显现时,便自然与一般意义上的"生之谓性"有了重要的区别,可以说道家的自性论是形而上学版本的"生之谓性"论,但既然是形而

①如果把"天性"的"天"理解为"自然",就像道家和新道家理解的那样,道家的人性论可以称为天性论。但如果把"天性"的"天"理解为"天命",那可以把儒家思孟一系的人性论称为天性论。之所以把儒家思孟一系的人性论称为天性论主要不是源自《中庸》的"天命之谓性",而是源自孟子的"尽其心者,知其性也。知其性,则知天"的说法。"天命之谓性"与"尽其心者,知其性也。知其性,则知天"的意义有所不同,"天命之谓性"虽已经有形而上的意义,但与"生之谓性"关系密切,其相当于孟子所说的从命的角度理解的性,而孟子所说的性则可望知天。此天性亦不同于道家的天性,具有形而上的意义,而道家的天性与"生之谓性"有着紧密的关联。在行文中,笔者也曾考虑把儒家思孟一系的人性论称为德性论,但德性论涵盖范围很广,不适用于中国古代人性论细致具体的分类,故而只好作罢。由于语言在表达人性论分类上的有限性,本书将天性论的"天"以"天命"的意义来指称儒家思孟一系受"尽其心者,知其性也。知其性,则知天"影响的人性论,而以自性论来称谓道家的性超善恶论或自然人性论。

上学的版本,那自然与一般的"生之谓性"有了质的区别。道家的人性思想与其对道的理解是一致的,道是万物的本根,世界万物都是以道为根据而存在的;在道的面前,所有的属性、概念都是从属性的,如果执着于它们,反而是对本源之道的一种损害。从这个角度来说,相互对立的概念或属性(比如善与恶)是因对方的存在而存在的,其实道家在思索这样一个问题:有没有一条超越善恶,达到至善无恶的路径?

对于道家的人性论,唐君毅说:

> 先秦诸子中,道家之老子书中虽有关连于人性之思想,而未尝环绕于性之一名而论之。①

徐复观更详细说道:

> 《老子》一书无性字,《庄子》内七篇亦无性字;然其所谓"德",实即《庄子》外篇、杂篇之所谓"性"。此性含藏于具体生命(形)之中,成为生命的根源。②

道家思想的根基,源自对道德的把握,老子认为,道是不可以用对立的属性和概念来把握的,道使事物回到它本来的状态,回到了事物的本性。对此,老子说:

> 天下皆知美之为美,斯恶已;皆知善之为善,斯不善已。③

---

① 唐君毅:《中国哲学原论·原性篇》,中国社会科学出版社,2005 年,第 22 页。
② 徐复观:《中国人性论史(先秦篇)》,上海三联书店,2001 年,第 369 页。
③ 陈鼓应:《老子注译及评介》,中华书局,1984 年,第 64 页。

　　大道废,有仁义;智慧出,有大伪;六亲不和,有孝慈;国家昏
乱,有忠臣。①

　　绝圣弃智,民利百倍;绝仁弃义,民复孝慈;绝巧弃利,盗贼
无有。此三者以为文,不足。故令有所属:见素抱朴,少私寡欲,
绝学无忧。②

　　善行无辙迹;善言无瑕谪;善数不用筹策;善闭无关楗而不
可开;善结无绳约而不可解。③

在老子看来,当天下都知道美之为美时,那必然同时就会出现丑;当
天下都知道善之为善时,那必然同时会出现不善。正是从这样的思
维方式出发,老子认为,有了仁义,大道就有了缺憾;有了智慧,就同
时会出现伪诈;同样,正是因为六亲不和,所以我们才很强调孝慈;正
是因为国家昏乱,我们才会需要忠臣。故而老子主张,应该弃绝圣
智、仁义,这样才可以使人获得真正的孝慈。其实老子的思想并不排
斥圣智和仁义,而是他认为,一旦社会开始追求它们,那么它们的反
面就会出现,故而他是想用一种特殊的路径来达到真正的圣智和仁
义。所以他总是说一些极具辩证特点的话,比如,他认为,善行的人
不会留下足迹,善于计算的人不需要使用筹策;他的这种方法有些在
经验的世界可以理解,有些可能是一些很难理解的隐喻,但他表达的
意思还是很清晰的。

　　老子的思想无疑是深刻的,从人性论的角度来说,他不追求善的
表面现象,而是寻求达到真正的道的路径。而达到真正的道的秩序,
也就是达到至善无恶的境地,这与善恶对立地想问题的方法是不同

①陈鼓应:《老子注译及评介》,中华书局,1984年,第134页。
②陈鼓应:《老子注译及评介》,中华书局,1984年,第136页。
③陈鼓应:《老子注译及评介》,中华书局,1984年,第174页。

的。正是在这种思想方法的影响下,老子说:

> 上"德"不德,是以有"德";下"德"不失德,是以无"德"。
> 上"德"无为而无以为;下"德"无为而有以为。
> 上仁为之而无以为;上义为之而有以为。
> 上礼为之而莫之应,则攘臂而扔之。
> 故失"道"而后"德",失"德"而后仁,失仁而后义,失义而后礼。①

老子认为,真正具有上德的人并不会有意地去追求形式上的德,所以他才会真正地有德性;而具有下德的人想要不失去形式上的德,反而会失去德性;上德的人以无为为原则,反而他能做到无所不为;下德的人故意为之,但有心所为就会偏离大道。故而老子认为,人们丢失了道,才会有德;丢失了德,才会有仁;丢失了仁,才会有义;丢失了义,然后才会有礼。在老子看来,故意地追求仁、义之类的道德,其实已经偏离了大道。显然,在老子的思想中,万物都遵循大道而运行,在大道中,万物都是其所是,浸润于自己的本性之中。

庄子承继了老子关于道和德的思想,徐复观说:

> 《庄子》书中对德字界定得最清楚的,莫如"物得以生谓之德"(《天地篇》第二四三页)的一句话。所谓物得以生,即是物得道以生。……《庄子》内七篇虽然没有性字,但正与《老子》相同,内七篇中的德字,实际便是性字。②

---

① 陈鼓应:《老子注译及评介》,中华书局,1984 年,第 212 页。
② 徐复观:《中国人性论史(先秦篇)》,上海三联书店,2001 年,第 327—328 页。

在《庄子》内篇中,庄子本人的思想已经表现出重视每一个事物自性的倾向,比如在《逍遥游》和《齐物论》中,庄子都认为,每一个事物都有它的自性,很难相互比较,就比如鲲鹏和小鸟,是体积大了好还是体积小了好,其实是很难有定论的。而在庄子后学的思想中,对自性的思想进行了更加深入的思考。《庄子·骈拇》说:

> 骈拇枝指,出乎性哉! 而侈于德。附赘县疣,出乎形哉! 而侈于性。多方乎仁义而用之者,列于五藏哉! 而非道德之正也。是故骈于足者,连无用之肉也;枝于手者,树无用之指也;骈枝于五藏之情者,淫僻于仁义之行,而多方于聪明之用也。①

《庄子·骈拇》认为,人的手足均有五指,这是自然之性,而有的人手足生有六指,这就不符合自然之性。他以此比喻说,人们追求仁义的名声就是如此,是人滥用智慧的结果。仁义就如同骈拇枝指,并不符合事物的本性,是多余的、没用的,甚至于是有害的。《庄子·骈拇》接着说:

> 彼至正者,不失其性命之情。故合者不为骈,而枝者不为岐;长者不为有余,短者不为不足。是故凫胫虽短,续之则忧;鹤胫虽长,断之则悲。故性长非所断,性短非所续,无所去忧也。意仁义其非人情乎! 彼仁人何其多忧也?②

在庄子学派看来,每一个事物都有它的"性命之情",鸭的脖子短,鹤的脖子长,这都是它们的本性。这也就是说,虽然表面上看来

---

① 陈鼓应注译:《庄子今注今译·骈拇》,中华书局,1983 年,第 231 页。
② 陈鼓应注译:《庄子今注今译·骈拇》,中华书局,1983 年,第 235 页。

事物千差万别,但是从道的角度来看,事物都是各足其性的,也就是都有它们的自性。所以,对于天下的万事万物,每一个事物都从道获得其自性,任何外在的约束都是对道的破坏。

庄子学派认为,事物都有自然之性,而人如果要在自然之性上加上人为的桎梏,那就损坏了人的自然之性。《庄子·骈拇》说

> 且夫待钩绳规矩而正者,是削其性者也;待绳索胶漆而固者,是侵其德者也;屈折礼乐,呴俞仁义,以慰天下之心者,此失其常然也。天下有常然。常然者,曲者不以钩,直者不以绳,圆者不以规,方者不以矩,附离不以胶漆,约束不以纆索。故天下诱然皆生而不知其所以生,同焉皆得而不知其所以得。故古今不二,不可亏也。则仁义又奚连连如胶漆纆索而游乎道德之间为哉,使天下惑也![①]

《庄子·骈拇》举例说,如果想用钩、绳、规、矩来使事物正,那就是在损害其性,如果要用绳索胶漆固定事物,那就是侵害了它的德性;故而曲的事物存在不是因为钩,直的事物存在不是因为墨绳,圆的事物存在不是因为规,方的事物存在不是因为矩。在《庄子·骈拇》作者的视域里,仁义正如墨绳规矩一样,强行追求,则反而会损害事物的自性。他认为,对于人来说,小的迷惑会使人迷失方向,大的迷惑会使人改变自性;用外物,即使是仁义也会使人偏离自性,丧失大道。

这样,有意去追求仁义,不仅得不到仁义,而且会损毁大道。真正的善是"任其性命之情",什么是"任其性命之情"呢? 这就是明见自性,如《庄子·骈拇》所说的"自闻""自见""自适其适""自得":

---

① 陈鼓应注译:《庄子今注今译·骈拇》,中华书局,1983 年,第 237—238 页。

　　吾所谓臧者，非仁义之谓也，臧于其德而已矣；吾所谓臧者，
非所谓仁义之谓也，任其性命之情而已矣；吾所谓聪者，非谓其
闻彼也，自闻而已矣；吾所谓明者，非谓其见彼也，自见而已矣。
夫不自见而见彼，不自得而得彼者，是得人之得而不自得其得者
也，适人之适而不自适其适者也。①

　　"臧"的含义是善，在此段中应是完善的意思，并不是伦理性的善恶对
称的善的意思。《庄子·骈拇》认为，如果我们改变本性去适应仁义
的要求，即使做得再好，也是不完善的。真正的完善并不在于仁义的
外在表现，而是自身德性的完善，是顺应并圆满地体会自身的性命之
情。进一步举例说，真正的耳聪，并不是听清外界的声音，而是听清
自己的心声；真正的目明，并不是看清外界的事物，而是自见其性；那
种不见自性反而去追求外在的东西、改变自性而适应外在的要求的
做法，是根本不懂什么是真正意义上的自性的完善。故而在作者看
来，无论是盗跖还是伯夷，他们之间虽有世间所说的善恶的差别，但
从他们不明白自性的真正含义这一点来看，都是一样的。
　　道家思想对于物性的生成有着深入的思考，《庄子·庚桑楚》说：

　　道者，德之钦也；生者，德之光也；性者，生之质也。②

针对此句，成玄英注说："质，本也。自然之性者，是禀生之本也。"③
此处的"质"与荀子所说的"资""朴"意义相近。道家对于性的理解

---

①陈鼓应注译：《庄子今注今译·骈拇》，中华书局，1983 年，第 242 页。
②陈鼓应注译：《庄子今注今译·庚桑楚》，中华书局，1983 年，第 618 页。
③郭象注，成玄英疏：《庄子注疏·庚桑楚第二十三》，中华书局，2011 年，第 429 页。

应是不加伪饰,也就是老子所说的"见素抱朴"①的意思。这正如《庄子·马蹄》说:

> 彼民有常性,织而衣,耕而食,是谓同德;……
> 恶乎知君子小人哉! 同乎无知,其德不离;同乎无欲,是谓素朴;素朴而民性得矣。②

而庄子学派对于老子推崇的"素朴"赋予了新的意义:

> 夫虚静恬淡寂漠无为者,天地之本,而道德之至,故帝王圣人休焉。③
> 夫恬惔寂漠虚无无为,此天地之本而道德之质也。④

显然,如果老子所说,还是一客观之道的"素朴",庄子学派则将此"素朴"加上了主体的体验,虚静、恬淡、寂寞、无为,既带有人的主观感受,又带有很强的对大道体悟的审美意象。"素朴"即是道的本态的显现,没有人的智巧加于其上,各种对立的差异(如善恶、君子小人等)尚未显现,这正是"道生一"阴阳未分的性的本意之所在。《庄子·天地》说:

> 泰初有无,无有无名;一之所起,有一而未形。物得以生,谓之德;未形者有分,且然无间,谓之命;留动而生物,物成生理,谓

---

① 陈鼓应:《老子注译及评介》,中华书局,1984年,第136页。
② 陈鼓应注译:《庄子今注今译·马蹄》,中华书局,1983年,第246页。
③ 陈鼓应注译:《庄子今注今译·天道》,中华书局,1983年,第337页。
④ 陈鼓应注译:《庄子今注今译·刻意》,中华书局,1983年,第396页。

之形;形体保神,各有仪则,谓之性。性修反德,德至同于初。同
乃虚,虚乃大。合喙鸣;喙鸣合,与天地为合。其合缗缗,若愚若
昏,是谓玄德,同乎大顺。①

在道家的思想中,性与大道有着幽深的联系,陈鼓应解释说:"道为德
所尊崇;生是德的光辉;性是生的本质。"②显然,德源自道,生是德的
显现,而性则是生的实体或本质的表现。此语已经对道、德、生、性四
者的关系说得非常清晰,道家性论的轮廓已经彰显。道家思想中的
本根本体是无,由无而生有,道由未分的一分而成二,这个时候没有
形体但已经有了阴阳之分,但此时的阴阳默契无间。不过,此无形的
阴阳运动一有静止,便会留止而产生事物,有事物就有事物的细理,
就有了形体。形体有神,有规则,这也就是具体事物的性,性其实是
从统一性的角度来说的。如果我们知道道家关于物生成的思想,自
然就会明白,道家的性其实终归是得自德而上溯于道的。而且对于
返性之说,道家也有明确的主张,《庄子·缮性》说:"文灭质,博溺
心,然后民始惑乱,无以反其性情而复其初。"③《庄子·庚桑楚》说:
"汝欲反汝情性而无由入,可怜哉!"④《淮南子·俶真训》说:"是故
圣人之学也,欲以返性于初而游心于虚也。"⑤这样,"性修反德"其实
就有了李翱复性说的萌芽。

但是,这里的"性修反德"与李翱的复性思想是有着重要区别的,
李翱复性思想的目标是性,而道家的性只是道在具体事物上的本质
或者说仪则,也就是形式、规则,修性的目的是合于德、合于道。也就

---

①陈鼓应注译:《庄子今注今译·天地》,中华书局,1983年,第309页。
②陈鼓应注译:《庄子今注今译·庚桑楚》,中华书局,1983年,第619页。
③陈鼓应注译:《庄子今注今译·缮性》,中华书局,1983年,第405页。
④陈鼓应注译:《庄子今注今译·庚桑楚》,中华书局,1983年,第598页。
⑤何宁:《淮南子集释》卷二《俶真训》,中华书局,1998年,第140页。

是说，李翱的复性思想在于凸显出一个性的本体，而道家的返性之说是于自我或具体事物上体会自性之本真，而在其上还有一个道体。可以说返性是道体的一个具现化，而不是道体本身，从返性到对道体的顿悟其实尚有一个过渡。而李翱的复性之说则性体直贯道体，性的地位几乎上升到了最高本体的地位，性与道贯通为一，从而使其思想系统中的道成为性命之道。

魏晋时期的新道家将道家的本体意义完全地凸显出来，但是新道家思想又有着融合儒道的特点，如《三国志·魏书》记载：

> （裴徽）问弼曰："夫无者诚万物之所资也，然圣人莫肯致言，而老子申之无已者何？"弼曰："圣人体无，无又不可以训，故不说也。老子是有者也，故恒言无所不足。"①

虽然王弼承认老子关于无为万物本体的理论，但他显然更推崇孔子的地位。新道家热衷于论证名教与自然的契合关系，其实是想将儒家的名教思想与道家的本体思想嫁接起来。在人性论上，新道家也是总体上承继老庄思想，但却不再提反对仁义的事情。不过，虽然新道家的人性主张似乎与传统的道家人性论有差别，但思想核心却是一致的，都是强调自性的人性论。

王弼谈性承继老子"道法自然"的思想，他说：

> 言之者失其常，名之者离其真，为之者则败其性，执之者则失其原矣。是以圣人不以言为主，则不违其常；不以名为常，则不离其真；不以为为事，则不败其性；不以执为制，则不失其原

----

① 陈寿撰，裴松之注：《三国志》卷二十八《魏书》，中华书局，2011年精装本，第795页。

矣。……故其大归也，论太始之原以明自然之性，演幽冥之极以定惑罔之迷。①

　　王弼在《老子指略》中仔细地阐释了他对于老子思想中万物本源的认识，在他看来，万物的本源无形无象，不可言传，道、玄、深、大、微、远都只能描述其一端，如果要勉强说本体本源是什么，大约只能说是"自然"。"自然者，无称之言，穷极之辞也。"②而王弼说性，从最高的层面上即说的是此"自然"之性，他在解释老子"人法地，地法天，天法道，道法自然"时说：

　　　　道不违自然，乃得其性，[法自然也]。法自然者，在方而发方，在圆而法圆，于自然无所违也。③
　　　　万物以自然为性，故可因而不可为也，可通而不可执也。④

自然之性是一本体本源的说法，落实到具体事物上，则方有方性，圆有圆性，此方性、圆性都是法自然的结果，故而万物之性都是以"自然为性"。此说除承继老子素朴的观念外，性的本体化倾向明显，已摆脱"生之谓性"的影响。
　　既然物性自然，王弼就提出顺自然之性的主张：

────────

① 王弼著，楼宇烈校释：《王弼集校释·老子指略》，中华书局，1980 年，第196 页。
② 王弼著，楼宇烈校释：《王弼集校释·老子道德经注》，中华书局，1980 年，第65 页。
③ 王弼著，楼宇烈校释：《王弼集校释·老子道德经注》，中华书局，1980 年，第65 页。
④ 王弼著，楼宇烈校释：《王弼集校释·老子道德经注》，中华书局，1980 年，第77 页。

　　大夷之道,因物之性,不执平以割物。①

　　夫耳、目、口、心,皆顺其性也。不以顺性命,反以伤自然,故曰盲、聋、爽、狂也。②

落实到人身上,顺感官之性,而不被其情所扰,王弼提出"性其情"的思想。何邵《王弼传》说:

　　何晏以为圣人无喜怒哀乐,其论甚精,钟会等述之。弼与不同,以为圣人茂于人者神明也,同于人者五情也,神明茂故能体冲和以通无,五情同故不能无哀乐以应物,然则圣人之情,应物而无累于物者也。今以其无累,便谓不复应物,失之多矣。③

何晏仍受汉代流行的"圣人无情"以及"性善情恶"思想的影响,认为圣人无喜怒哀乐,但王弼已不同,他认为圣人和常人一样有情感,只不过圣人凭性以节制其情感。这里所说的"神明"就是对"性"的描述,人有此性就可以体会无之本体,并协调诸情,使其无累于物。王弼在解释《易传》"乾道变化,各正性命"时说:

　　静专动直,不失大和,岂非正性命之情者邪?④

①王弼著,楼宇烈校释:《王弼集校释·老子道德经注》,中华书局,1980年,第112页。
②王弼著,楼宇烈校释:《王弼集校释·老子道德经注》,中华书局,1980年,第28页。
③陈寿撰,裴松之注:《三国志》卷二十八《魏书》,中华书局,2011年精装本,第795页。
④王弼著,楼宇烈校释:《王弼集校释·周易注》,中华书局,1980年,第213页。

从上下文可知,王弼认为,道之本体以健而用天形,调协各种时机位次,使万物大和,从而达到以性正情的目标。在解释《易传》"乾元者,始而亨者也;利贞者,性情也"一句时,王弼说:

> 不为乾元,何能通物之始?不性其情,何能久行其正?是故始而亨者,必乾元也;利而正者,必性情也。①

在解释《论语》"性相近也,习相远也"时,王弼有与上文相近的说法:

> 不性其情,焉能久行其正,此是情之正也。若心好流荡失真,此是情之邪也。若以情近性,故云性其情。情近性者,何妨是有欲。若逐欲迁,故云远也;若欲而不迁,故曰近。但近性者正,而即性非正;虽即性非正,而能使之正。譬如近火者热,而即火非热;虽即火非热,而能使之热。能使之热者何?气也、热也。能使之正者何?仪也、静也。又知其有浓薄者。孔子曰:性相近也。若全同也,相近之辞不生;若全异也,相近之辞亦不得立。今云近者,有同有异,取其共是。无善无恶则同也,有浓有薄则异也,虽异而未相远,故曰近也。(皇疏)②

此段作者归属问题学界有争议③,姑且悬置争议,退一步至少可将其

---

① 王弼著,楼宇烈校释:《王弼集校释·周易注》,中华书局,1980年,第217页。
② 王弼著,楼宇烈校释:《王弼集校释·论语释疑》,中华书局,1980年,第631—632页。
③ 王葆玹和王晓毅均认为只有"不性其情,焉能久行其正"一句为王弼原话,其余部分非王弼语。王葆玹说:"皇疏'久行其正'下文与王弼《文言传注》不合,乃是皇侃自己的议论,不是王弼的文字。不过,皇侃既引王弼《周易注》,他所依归的'一家旧释'应与王弼相合,甚至有可能就是王弼《论语释疑》(转下页注)

看作是皇侃对王弼"性其情"思想的解读。王弼认为,性与情的关系就如同本体与物的关系,本体贯通于万物,万物就协调和睦。文中解释说,"性其情"的含义就是"以情近性"。至于性与情的具体关系,此段文字也做了具体的阐释,但"近性者正,而即性非正;虽即性非正,而能使之正"一句却很难理解。楼宇烈说:"'即性',意为听任,放纵其性。"①如王弼"即性非正"中的"性"字为"情"字,则楼氏之说顺畅,但如是性字,则与上下文不类。

王晓毅虽认为此段话不是王弼而是皇侃所言,但他解释道:

> "性命"是自然之性,无须"正",也无法"正",……皇侃则以火与热的关系为喻,对性与情的关系作了详细说明:如果将人性比作火焰,人情就像火焰发出的热。热不是火,情也不是性;温度离火越近越热,情离性越近越真(正);温度离火越远越凉,情被外物所诱惑离性越远越伪(邪)。②

文中之意似在说性与情是有分别的,而且性本身是超越于善恶的,结

(接上页注)的解释。"(王葆玹:《正始玄学》,齐鲁书社,1987年,第387页)王晓毅同意王葆玹的观点,并提出了两点理由:"我同意王葆玹先生的看法。这是一篇皇侃本人的疏讲,在行文中,他多次引用前代圣贤的名言为自己的理解作注脚,如《旧释》《易》《老子》和王弼等。例如皇侃引完'《老子》曰……'之后立刻说:'此皆据事而谈';引'王弼曰……'后亦立刻说:'此皆是情之正',两次用'此皆……'句型,可见系皇侃为本人观点提供佐证的用语无疑。其二,'王弼曰'之后的文字中,有'若以情近性,故云"性其情"'一句,王弼不可能在同一文章中解释自己说过的话。显然是皇侃在解释前面所引'王弼曰'的思想。"(王晓毅:《王弼评传　附何晏评传》,南京大学出版社,1996年,第323页)

①王弼著,楼宇烈校释:《王弼集校释·论语释疑》,中华书局,1980年,第637页。

②王晓毅:《王弼评传　附何晏评传》,南京大学出版社,1996年,第325页。

合此句就是说性本身不能说是善的，但它可以使情有善恶。火本身并不能说冷热，但它可以使其他事物热。性本身是超越善恶、正邪的，但它可以通过"仪"与"静"来正"情"。如此说来，对于性与情的善恶属性，王弼似主张性无善恶，此说与告子所说有点相似，但由于其整个哲学系统的形而上学化，再加上其所言的性与本体匹配的地位，应依然是道家性超善恶的说法①。情有善有恶，近于性为善，远于性为恶，故而王弼的人性论应是性无善恶，情有善有恶。此说与李翱的性善、情有善有不善的人性论只有一步之隔，因为有时候我们也把性超善恶理解为至善无恶，只不过此至善是不与恶相对的善，故而是一种超越层面的纯善。

　　魏晋玄学时期亦有主张性情一致的思想，如嵇康说："《六经》以抑引为主，人性以从欲为欢。抑引则违其愿，从欲则得自然。然则自然之得，不由抑引之《六经》；全性之本，不须犯情之礼律。"②嵇康之说，性情似并未明确区分，而且由于其反玄学的思想理路，他将顺欲

————————

① 前文已言，以下文字在学界有争议："若全同也，相近之辞不生；若全异也，相近之辞亦不得立。今云近者，有同有异，取其共是。无善无恶则同也，有浓有薄则异也，虽异而未相远，故曰近也。"（王弼著，楼宇烈校释：《王弼集校释·论语释疑》，中华书局，1980 年，第 632 页）如此段文字是王弼所言，那可以说王弼思想也受到儒家思想很深的影响，他的主张介于"性超善恶"与"性无善恶"之间。前引文字是针对孔子"性相近也，习相远也"而说的，按照此文的含义，孔子说性，性不是全然相同，但也不是全然相异；故而孔子言性，有同有异，相同的是性无善恶，相异的是禀赋有厚有薄。王弼既然说性无善恶，似与道家的人性主张有所不同，其人性主张便接近孔子、《性自命出》、告子、荀子一系的思想路径；故而，王弼的人性主张应是受到道家人性论和儒家人性无善无恶一系思想影响的结果。只是此说须建立在前引文字是王弼原话的基础上，由于此文在学界有争议，我们只是做一可能的推论，而并不在此深究引文的归属，在此也只能悬置这一结论，以待方家更强有力的考据。

② 嵇康著，戴明扬校注：《嵇康集校注·难自然好学论一首》，中华书局，2014 年，第 447 页。

而行看作是性之自然。

　　魏晋玄学的集大成者郭象创始了独化论,在他看来,万物独化于玄冥之境,生存于世间的万物之间没有因果关系,它们都是独立自化的。为了说明此独化的状态,郭象提出了有、自性、自生、无待、无心、自然、顺物、独化等一系列概念来论证独化的世界。郭象认为,"非唯无不得化而为有也,有亦不得化而为无矣"①。无不能生有,有也不能变为无,这就是说,在其独化的世界中,有是永远存在的,不仅是有常存,具体的事物也是长存的。对于这种事物的存在方式,他说:

　　　　块然而自生耳。自生耳,非我生也。我既不能生物,物亦不能生我,则我自然矣。②

在郭象看来,事物之间没有相生的关系,如此,则每个事物的产生都是自生,推到底就是自然。这显然是对于老庄"自然"观念的承继,但郭象的自然更加凸显的是事物的自性,此自性是自生、自然,或可从其本体论上来说直接源自玄冥之境。世间万物的关系由玄冥之境来决定,而对于玄冥之境,正如其文字的意思所显示的,是道与无的变形物,实际上是人很难用语言来表述和认知的。这里要注意的是,郭象理解的"无"和王弼所说的"无"其实并不一样,王弼所言的"无"是万物的本体,它指的是人类难以描述和认识的存在;而郭象对"无"的认识则只是"无"的表面意思,而他的玄冥之境则很

---

① 郭庆藩撰,王孝鱼点校:《庄子集释》卷七下《知北游第二十二》,中华书局,1961年,第763页。
② 郭庆藩撰,王孝鱼点校:《庄子集释》卷一下《齐物论第二》,中华书局,1961年,第50页。

接近王弼的"无",故而郭象说:"玄冥者,所以名无而非无也。"①对于此源自玄冥之境的自生或自然,郭象直接和自性建立了关联。

《庄子·则阳》说:"圣人达绸缪,周尽一体矣,而不知其然,性也。"②圣人达到很高的境界,能不受各种缚束,而将万物贯通为一体,这是因为圣人的性不知其所以然而自然如此。郭象同意《庄子·则阳》所说,认为"不知其然而自然者,非性如何!"③他所说的性亦是"不知其然而自然"的自性。《庄子·天运》说:"夫《六经》,先王之陈迹也,岂其所以迹哉! 今子之所言,犹迹也。夫迹,履之所出,而迹岂履哉! ……性不可易,命不可变,时不可止,道不可壅。"④此言物各有自性,明白物性,才能明晓物化。郭象在注中说:"言物之自然,各有性也。"他又说:"所以迹者,真性也。夫任物之真性者,其迹则《六经》也。"⑤真性是所以迹,故而非是已显的迹,要真正领悟真性显然非常困难。郭象亦谈到处理不好"迹"与"所以迹"的弊端,他说:"夫圣迹既彰,则仁义不真而礼乐离性,徒得形表而已矣。有圣人即有斯弊,吾若是何哉!"⑥郭象还在《庄子·山木》的注中说:"言自然则自然矣,人安能故有此自然哉? 自然耳,故曰性。"⑦总的来说,郭象以

---

① 郭庆藩撰,王孝鱼点校:《庄子集释》卷三上《大宗师第六》,中华书局,1961年,第257页。
② 陈鼓应注译:《庄子今注今译·则阳》,中华书局,1983年,第672页。
③ 郭庆藩撰,王孝鱼点校:《庄子集释》卷八下《则阳第二十五》,中华书局,1961年,第881页。
④ 陈鼓应注译:《庄子今注今译·天运》,中华书局,1983年,第389页。
⑤ 郭庆藩撰,王孝鱼点校:《庄子集释》卷五下《天运第十四》,中华书局,1961年,第533、532页。
⑥ 郭庆藩撰,王孝鱼点校:《庄子集释》卷四中《马蹄第九》,中华书局,1961年,第337页。
⑦ 郭庆藩撰,王孝鱼点校:《庄子集释》卷七上《山木第二十》,中华书局,1961年,第694页。

自然为性,承继了老子和庄子重自然的思想。

郭象所说的性有三个层次,一个是形而上的层次,这里所说的性是隐的,并通过迹展现在世间。而第二层次的性则很像告子所说的"生之谓性",如他说:

> 故性之不可去者,衣食也;事之不可废者,耕织也;此天下之所同而为本者也。①
>
> 以性言之,则性之本也。夫物各有足,足于本也。②

郭象认为,性指人与事物的根本,此处显然用的是本末的思维方式,尚不是体用的思维方式。"本"与"生之谓性"相配非常恰当,而此"本"对于人来说则是衣食之类"生之谓性"。然与告子和荀子对"生之谓性"理解不同,郭象认为人的"生之谓性"除"衣食"(即食色)外,还有仁义。对此他说:

> 夫仁义者,人之性也。人性有变,古今不同也。故游寄而过去则冥,若滞而系于一方则见。见则伪生,伪生而责多矣。③
>
> 夫仁义自是人之情性,但当任之耳。④

---

① 郭庆藩撰,王孝鱼点校:《庄子集释》卷四中《马蹄第九》,中华书局,1961年,第334页。
② 郭庆藩撰,王孝鱼点校:《庄子集释》卷三上《大宗师第六》,中华书局,1961年,第239页。
③ 郭庆藩撰,王孝鱼点校:《庄子集释》卷五下《天运第十四》,中华书局,1961年,第519页。
④ 郭庆藩撰,王孝鱼点校:《庄子集释》卷四上《骈拇第八》,中华书局,1961年,第318页。

恐仁义非人情而忧之者，真可谓多忧也。①

关于人性说仁义，大约有两条不同的道路：一条是孟子的道路，走的是自郭店楚简《五行》《中庸》"天命之谓性"的道路，此说所言的人性有着超越的意义，而仁义即是其源自天命的超越的形而上的意义。一条即是传统的"生之谓性"的道路，走的是郭店楚简《性自命出》、告子、荀子的道路，此一道路认为仁义是外加的，即是儒家后来很在意的所谓"义外"之说。然郭象的说法虽有"生之谓性"的意思，但他也反对"义外"之说，认为人性就有仁义。但与儒家追求仁义不同，其基本思维方式还是沿用道家的性超善恶之说，认为仁义是人性本有，只须尽性即可，不可以为是外在的东西而起追索之心，反而陷于表面的仁义，不是人的真性之所在了。

对于此表面的仁义，郭象说：

> 仁者，兼爱之迹；义者，成物之功。爱之非仁，仁迹行焉；成之非义，义功见焉。存夫仁义，不足以知爱利之由无心，故忘之可也。②
>
> 夫与物无伤者，非为仁也，而仁迹行焉；令万理皆当者，非为义也，而义功见焉；故当而无伤者，非仁义之招也。然而天下奔驰，弃我徇彼以失其常然。故乱心不由于丑而恒在美色，挠世不由于恶而恒由仁义，则仁义者，挠天下之具也。③

---

① 郭庆藩撰，王孝鱼点校：《庄子集释》卷四上《骈拇第八》，中华书局，1961年，第318页。

② 郭庆藩撰，王孝鱼点校：《庄子集释》卷三上《大宗师第六》，中华书局，1961年，第283页。

③ 郭庆藩撰，王孝鱼点校：《庄子集释》卷四上《骈拇第八》，中华书局，1961年，第323—324页。

> 夫曾史性长于仁耳,而性不长者横复慕之,慕之而仁,仁已伪矣。天下未尝慕桀跖而必慕曾史,则曾史之簧鼓天下,使失其真性,甚于桀跖也。①
>
> 事至而爱,当义而止,斯忘仁义者也,常念之则乱真矣。②

在郭象看来,有意地追求仁,只是获得了仁的迹,但今天的仁迹到了明天有可能就是灾难。故而欲真正行仁道,就应该明白任人之自性,而不是追寻显现于外的仁之陈迹,忘仁义才能当事而行仁义。故而郭象认为,正确地对待仁义的方法理应如下所述:

> 善于自得,而忘仁而仁。③
>
> 所至愿者适也,得适而仁孝之名都去矣。④

去仁孝之名,反而能得到仁孝,故而只有善于自得其自性,忘仁才能获得仁。与宋明理学“性即理”的说法不同,郭象从前两个层次性的含义必然推演出其第三层次性的含义,即从“性分”的角度说“性”:

> 物各有性,性各有极,皆如年知,岂跂尚之所及哉!⑤

---

① 郭庆藩撰,王孝鱼点校:《庄子集释》卷四上《骈拇第八》,中华书局,1961 年,第 315 页。

② 郭庆藩撰,王孝鱼点校:《庄子集释》卷五中《天道第十三》,中华书局,1961 年,第 480 页。

③ 郭庆藩撰,王孝鱼点校:《庄子集释》卷四上《骈拇第八》,中华书局,1961 年,第 328 页。

④ 郭庆藩撰,王孝鱼点校:《庄子集释》卷五下《天运第十四》,中华书局,1961 年,第 501 页。

⑤ 郭庆藩撰,王孝鱼点校:《庄子集释》卷一上《逍遥游第一》,中华书局,1961 年,第 11 页。

天性所受，各有本分，不可逃，亦不可加。①

若各据其性分，物冥其极，则形大未为有余，形小不为不足。[苟各足]于其性，则秋毫不独小其小而大山不独大其大矣。若以性足为大，则天下之足未有过于秋毫也。②

言性各有分，故知者守知以待终，而愚者抱愚以至死，岂有能中易其性者也！③

在郭象看来，万物独化于玄冥之境，自然形成其性，每一个自然形成的性都有其分限，也就是有其独立性，并没有互相比较的意义。每个事物都只要自足于其性分就可以，没有必要希冀或追求自己性分以外的物的属性。至于万物性分之间的关系，郭象则认为是由我们无法认知的玄冥之境来决定的。

而对于性分的理解，郭象常与对"理"的理解结合在一起：

性分各自为者，皆在至理中来，故不可免也，是以善养生者，从而任之。④

故理有至分，物有定极，各足称事，其济一也。⑤

---

① 郭庆藩撰，王孝鱼点校：《庄子集释》卷二上《养生主第三》，中华书局，1961年，第128页。

② 郭庆藩撰，王孝鱼点校：《庄子集释》卷一下《齐物论第二》，中华书局，1961年，第81页。

③ 郭庆藩撰，王孝鱼点校：《庄子集释》卷一下《齐物论第二》，中华书局，1961年，第59页。

④ 郭庆藩撰，王孝鱼点校：《庄子集释》卷七上《达生第十九》，中华书局，1961年，第631页。

⑤ 郭庆藩撰，王孝鱼点校：《庄子集释》卷一上《逍遥游第一》，中华书局，1961年，第7页。

任其天性而动,则人理亦自全矣。①

忘善恶而居中,任万物之自为,闷然与至当为一,故刑名远己而全理在身也。②

天理是宋明理学的最高概念,虽然程颢说是他心悟而得,但其实天理思想应有两个来源,一个是魏晋玄学尤其是郭象对理的重视,另一个则是佛教对理的阐释,如华严宗的理法界。郭象谈理自然源自道家对道的理解,如果说道尚有不可言说的一面,那么理则可以看作是道在某个方面的显现。如此说来,理就与性分有着重要的关联。郭象认为性分之所以能存在,就源自理,理规定了性分的尺寸,人的天性运作,理自然就在其中起着至关重要的作用。当人按照性分自适其性,那么理就会完全地呈现出来。如此说来,道潜在性的后面,人自然而有其性分,人适其性,则道的分理会在人心中和身上完全呈现出来。而对于如何使性显现出来,做到自适其性,郭象说:

此言物各有性,教学之无益也。③

习以成性,遂若自然。④

言物虽有性,亦须数习而后能耳。⑤

---

①郭庆藩撰,王孝鱼点校:《庄子集释》卷七上《达生第十九》,中华书局,1961年,第638页。

②郭庆藩撰,王孝鱼点校:《庄子集释》卷二上《养生主第三》,中华书局,1961年,第116页。

③郭庆藩撰,王孝鱼点校:《庄子集释》卷五中《天道第十三》,中华书局,1961年,第491页。

④郭庆藩撰,王孝鱼点校:《庄子集释》卷七上《达生第十九》,中华书局,1961年,第642页。

⑤郭庆藩撰,王孝鱼点校:《庄子集释》卷七上《达生第十九》,中华书局,1961年,第642页。

在郭象看来,要做到适性,首先要有性,无性再学也无益。如有此性,
或不学习就能,如郭象说:"泛然无习而自能者,非跂而学彼也。"①有
些须通过习才能显现,但教学之益在于在有性的基础上学习,方能适
性。郭象在《庄子注》中说了许多此类的话,如:

> 由外入者,假学以成性者也。虽性可学成,然要当内有其
> 质,若无主于中,则无以藏圣道也。②
> 夫假学可变,而天性不可逆也。③
> 教因彼性,故非学也。④
> 夫积习之功为报,报其性,不报其为也。然则学习之功,成
> 性而已,岂为之哉!⑤
> 夫穿井所以通泉,吟咏所以通性。无泉则无所穿,无性则无
> 所咏,而世皆忘其泉性之自然,徒识穿咏之末功,因欲矜而有之,
> 不亦妄乎!⑥
> 夫外不可求而求之,譬犹以圆学方,以鱼慕鸟耳。虽希翼鸾

---

①郭庆藩撰,王孝鱼点校:《庄子集释》卷九上《外物第二十六》,中华书局,1961
　年,第935页。
②郭庆藩撰,王孝鱼点校:《庄子集释》卷五下《天运第十四》,中华书局,1961年,
　第518页。
③郭庆藩撰,王孝鱼点校:《庄子集释》卷五下《天运第十四》,中华书局,1961年,
　第496页。
④郭庆藩撰,王孝鱼点校:《庄子集释》卷九上《外物第二十六》,中华书局,1961
　年,第938页。
⑤郭庆藩撰,王孝鱼点校:《庄子集释》卷十上《列御寇第三十二》,中华书局,
　1961年,第1043页。
⑥郭庆藩撰,王孝鱼点校:《庄子集释》卷十上《列御寇第三十二》,中华书局,
　1961年,第1044页。

凤，拟规日月，此愈近彼，愈远实，学弥得而性弥失。①

而对于人类如何对待自然之性，郭象说：

> 马之真性，非辞鞍而恶乘，但无羡于荣华。②
> 夫善御者，将以尽其能也。尽能在于自任，而乃走作驰步，求其过能之用，故有不堪而多死焉。若乃任驽骥之力，适迟疾之分，虽则足迹接乎八荒之表，而众马之性全矣。而惑者闻任马之性，乃谓放而不乘；闻无为之风，遂云行不如卧；何其往而不返哉！斯失乎庄生之旨远矣。③

这是说，适性不是无为，而是适当用物之性，只是不要违背人、物的自性。

第四节　天性论：受"仁、义、礼、智、圣"五行思想影响的人性论系列

在道家的思想里，每一个事物虽与道息息相关，但每个事物都具有自性，这种自性是完全的道在某个方面或局部的表现。这也就是说，道家的道与万物的关系是一种整体对应关系，它们的关系就像郭象所表述的那样，是一种万物独化于玄冥之境的关系。而受"仁、义、

---

①郭庆藩撰，王孝鱼点校：《庄子集释》卷一下《齐物论第二》，中华书局，1961年，第88页。
②郭庆藩撰，王孝鱼点校：《庄子集释》卷四中《马蹄第九》，中华书局，1961年，第331页。
③郭庆藩撰，王孝鱼点校：《庄子集释》卷四中《马蹄第九》，中华书局，1961年，第333页。

礼、智、圣"五行思想影响的人性论则认为,万事万物得自天的本体是同一个;也就是说,它所突出的是理一分殊的关系,而道家的人性论所突出的是整体体用的关系。

当孔子说"性相近也,习相远也"①时,并没有明确地说到性与天的关系,孔子的弟子子贡说:"夫子之言性与天道,不可得而闻也。"②这句话的含义正如前所述,会有不同的解释,如果我们把这句话理解为夫子罕言性与天道,那么说明性与天道并不是其思想的核心关注点。不过,现存《中庸》据说是子思的著作,抑或至少是子思子学派的著作,而子思是孔子的孙子,如果说子思的思想没有受到孔子的影响,也许是说不过去的。我们可以推论的是,子思继承和完善了孔子关于性与天道的思想,他的思想在《中庸》中表述得很清晰。《中庸》开篇即说:

天命之谓性,率性之谓道,修道之谓教。③

过去,我们理解"天命之谓性"主要参照宋明儒的理解,但是自从郭店楚简出土以来,"天命之谓性"的含义便有了被重新认识的可能性。从文意上来看,《中庸》关于"天命之谓性"的说法应是脱胎于《性自命出》的"性自命出,命自天降",这里的性并不是指儒家传统的"仁、义、礼、智、信"的体性,故而《中庸》中"天命之谓性"虽已有形而上的意义,但距离《性自命出》"喜怒哀悲之气"的说法并不远。至于命,也还没有后来天理的含义,我们最迟在《孟子》中还看到命与性混在

①朱熹:《四书章句集注·论语集注卷九·阳货第十七》,中华书局,2012 年,第176 页。
②朱熹:《四书章句集注·论语集注卷三·公冶长第五》,中华书局,2012 年,第79 页。
③朱熹:《四书章句集注·中庸章句》,中华书局,2012 年,第17 页。

一起难以取舍的情形。孟子说:

> 口之于味也,目之于色也,耳之于声也,鼻之于臭也,四肢之
> 于安佚也,性也,有命焉,君子不谓性也。仁之于父子也,义之于
> 君臣也,礼之于宾主也,智之于贤者也,圣人之于天道也,命也,
> 有性焉,君子不谓命也。①

大约性命区分最早发生在孟子的思想中,而不是在《中庸》中。在孟子的思想中,人的口、目、耳、鼻、四肢所显示出的人感性的特点是人性,也是天命,但是孟子认为其作为命的成分更多一些。而孟子认为仁、义、礼、智虽也是天命,但这才是人真正的性。在这里,我们看到孟子思想中的"性"与"命"连带一体而刚开始分化的情景,而这一分化在中国人性论史上具有重要的意义;因为食色之"性"其实就是告子所说的"生之谓性",而孟子所说的仁、义、礼、智之"性"则在中国人性论史上第一次具有了形而上的意义。我们看到,本性论、生性论、自性论都与"生之谓性"有着深刻的关联,而只有思孟学派的人性论开始与"生之谓性"有了本质的不同,具有了超越层面的意义。

对孟子思想影响最大的应该是郭店楚简《五行》一系的思想。《五行》说:

> 五行:仁形于内谓之德之行,不形于内谓之行。义形于内谓
> 之德之行,不形于内谓之行。礼形于内谓之德之行,不形于内谓
> 之(行。智形)于内谓之德之行,不形于内谓之行。圣形于内谓

---

① 朱熹:《四书章句集注·孟子集注卷十四·尽心章句下》,中华书局,2012年,第377—378页。

之德之行，不形于内谓之行。①

《史记·历书》说："盖黄帝考定星历，建立五行。"②五行思想形成于殷、周之际，其含义最初与星象相联系，指的是天象，具体含义是辰星、太白、荧惑、岁星、填星五行星在天球面上的运行。显然"行"的含义是运行的意思，而与金、木、水、火、土无关。而作为五材的金、木、水、火、土后来由于指称辰星、太白、荧惑、岁星、填星五行星，才和五行发生了关系。东周战国时期，五行又出现许多其他的含义，如《韩非子·非十二子》中所说的子思与孟子的五行。在中国古代思想中，最高的概念是"道"，道的含义源自行走的道路，许慎在《说文解字》中说："道，所行道也。"段玉裁在注中说："道者，人所行，故亦谓之行。"③从行与道的关系上来看，行应是在道的意义下具体化的路径，许慎在《说文解字》中说："行，人之步趋也。"段玉裁在注中针对"行"字的深层含义说："引伸为巡行、行列、行事、德行。"④五行产生于天象，渐次演化，逐渐成为"道"的含义具体化的重要概念。我们看到在东周战国时出现了五行、四行等不同的说法，不过在思想观念的发展历史中，其他含义的五行、四行的观念都没有发展起来，只有金、木、水、火、土的五行观念最终发展了起来。

虽然如此，我们从文本中看到，郭店楚简《五行》中五行的含义指的是仁、义、礼、智、圣。五行形成于人的心中是德之行，不形成于心中就是仁、义、礼、智、圣本身。在这里，我们很容易就会想到，纯粹的

---

① 李零：《郭店楚简校读记》，北京大学出版社，2002年，第78页。
② 司马迁撰，裴骃集解，司马贞索隐，张守节正义：《史记》卷二十六《历书第四》，中华书局，2011年精装本，第1256页。
③ 段玉裁：《说文解字注》，中华书局，2013年，第76页。
④ 段玉裁：《说文解字注》，中华书局，2013年，第78页。

五行是一种什么样的存在？是道吗？是天理吗？显然，《五行》并没有明确的言说，这从孟子对此问题的态度也可推知。孟子认为人的心中有恻隐之心、羞恶之心、辞让之心、是非之心，此四端发展起来就是仁、义、礼、智四德。孟子的思想在子思子学派之后，他也是刚刚在草创仁、义、礼、智产生和存在的哲学原理。孔子应该是把仁、义、礼、智当作一种经验性的道德品行看待，还没有形成形而上的理论；而《五行》是孔子后学的作品，已经开始寻求仁、义、礼、智的来源与基础，但说得很含糊，只是将仁、义、礼、智、圣区分了形于内和不行于内的两种系统。但是纯粹的仁、义、礼、智是什么，应该和孔子的理解相似，是人类社会中存在的道德品行，它们可以在有些人心中形成，也可以不在另一些人心中形成；可以五行都形成于心中，也可以只有其中的一行或几行形成于心中。但是将仁、义、礼、智、圣称为五行本身就已经超越了孔子的思想，因为它已经开始具有了形而上学的特征。理解《五行》，孟子的思想是一个重要的参照系，而在孟子之前，又有《中庸》的思想可作过渡。从文意上来看，《中庸》在时间上应该晚于《性自命出》和《五行》。

《中庸》首句是"天命之谓性"，是宋代"天命之性"的最早开端，阐明了性与天命的关系，这在心性论思想史上具有重要的意义。但是，今天我们思考"天命之谓性"的意义，却不能只是按宋儒的思想来看。《中庸》"天命之谓性"的本意应该是在孔子"性相近也，习相远也"和子思子学派《性自命出》的基础上产生的，所以这个"天命之谓性"就不能理解为宋明儒的天命之性，而是指天命所生的叫作性，也就是《性自命出》的"性自命出，命自天降"。《中庸》的"天命之谓性"承继了"性自命出，命自天降"形而上的层面，正在走向与"生之谓性"不同的道路。可以说"天命之谓性"既有"性自命出，命自天降"的影子，也有宋代天命之性的兆象，是两者在历史上的交汇点。《中庸》接着"天命之谓性"说："率性之谓道，修道之谓教。"汉代郑玄在《礼记注疏》中认为"率,循也。循性行之,是谓道"①。唐代孔颖达在疏中说:"'率性之谓道',率,循也;道者,通物之名。言依循性之所感而行,不令违越,是之曰'道'。感仁行仁,感义行义之属,不失其常,合于道理,使得通达,是'率性之谓道'。"②两人都训"率"为"循",但这个"循"是依循天命赋予人的性而行,还没有李翱思想中"复性"的意思。这样说起来,《中庸》虽把天命与性联系了起来,但是一方面天命与性的关系并不是宋明理学中天理与性的关系,另一方面《中庸》也还没有提出复性的主张。当然,在《中庸》的思想中,天道与人道出现了重要的贯通发展倾向:

> 诚者,天之道也;诚之者,人之道也。诚者不勉而中,不思而得,从容中道,圣人也。诚之者,择善而固执之者也。③

天道与人道通过诚而互相贯通,人道的目的是追求天道之诚。而且《中庸》认为"自诚明,谓之性;自明诚,谓之教。诚则明矣,明则诚矣"④,这是将性与天道的至诚本体直接地关联起来。不仅如此,《中庸》还出现一种重要的思想倾向,那就是想以诚来贯通天下万物的性。《中庸》说:

> 唯天下至诚,为能尽其性;能尽其性,则能尽人之性;能尽人之性,则能尽物之性;能尽物之性,则可以赞天地之化育;可以赞

---

①郑玄注,孔颖达等正义:《礼记正义》卷五十二《中庸第三十一》,阮元校刻:《十三经注疏》第三册,中华书局,2009年,第3527页。

②郑玄注,孔颖达等正义:《礼记正义》卷五十二《中庸第三十一》,阮元校刻:《十三经注疏》第三册,中华书局,2009年,第3527页。

③朱熹:《四书章句集注·中庸章句》,中华书局,2012年,第31页。

④朱熹:《四书章句集注·中庸章句》,中华书局,2012年,第32页。

天地之化育,则可以与天地参矣。①

只有天下至诚的人,才能穷尽其性;能穷尽自己的性,就能穷尽他人的性;能穷尽他人的性,就能穷尽万物之性;能穷尽万物之性,就可以襄助天地化育万物的功能;可以襄助天地化育万物的功能,就可以参与天地的运行。

《中庸》认为,人能明晓自己的性,就能明晓他人的性,人能明晓他人的性,就能明晓他物的性;这是不是说人自己的性、他人的性和他物的性是相同的呢? 我们都知道,这是宋明理学的思想,宋明理学认为天下万物(包括人)的天命之性是相同的,都是禀受同样天理的结果。尽管我们从《中庸》中看到了这样的倾向,但还不能说《中庸》认为天下万物的性是一个性;因为很显然,《中庸》中的性尚没有分析为天命之性和气质之性。那么,如果这样认为,就会有许多问题出现。《中庸》说:"诚者非自成己而已也,所以成物也。成己,仁也;成物,知也。性之德也,合外内之道也,故时措之宜也。"②诚就是自成,成有两个方面,成己和成物,而性是贯通内外的中介;所以,《中庸》中的性其实是有贯通他人、他物的意思,而不能完全理解为万物的性是相同的。

孟子继承了子思的思想,并进一步明确了子思以诚来贯通天下万物之性的思想倾向:

　　　尽其心者,知其性也。知其性,则知天矣。存其心,养其性,

---

①朱熹:《四书章句集注·中庸章句》,中华书局,2012 年,第 33 页。
②朱熹:《四书章句集注·中庸章句》,中华书局,2012 年,第 34 页。

所以事天也。①

在孟子的思想里,性是天与人心的中介,天命正是通过性而进入人心的。正是在此思路的基础上,孟子认为人心的根本应该是相同的,对此,他说:

> 口之于味也,有同耆焉;耳之于声也,有同听焉;目之于色也,有同美焉。至于心,独无所同然乎? 心之所同然者何也? 谓理也,义也。圣人先得我心之所同然耳。故理义之悦我心,犹刍豢之悦我口。②

孟子采用类比的方法,认为既然口、耳、目都有各自相同的根本,那么难道只有心没有吗? 对于孟子采用类比的方法是不是可以推出结论,我们自然可以有自己的看法;但是在这里最重要的是,在《中庸》中还不十分清楚的人与他人在性上的相同性,在孟子的思想中则清晰地表达了出来。孟子认为,人心相同的根本是理义,他还进一步对于人心的具体内涵进行了思考。对此,他说:

> 由是观之,无恻隐之心,非人也;无羞恶之心,非人也;无辞让之心,非人也;无是非之心,非人也。恻隐之心,仁之端也;羞恶之心,义之端也;辞让之心,礼之端也;是非之心,智之端也。

①朱熹:《四书章句集注·孟子集注卷十三·尽心章句上》,中华书局,2012 年,第 356 页。
②朱熹:《四书章句集注·孟子集注卷十一·告子章句上》,中华书局,2012 年,第 336 页。

人之有是四端也,犹其有四体也。①

他认为,凡是人,都会有恻隐之心、羞恶之心、辞让之心、是非之心,这是人心的四端,就像人有四肢一样自然。人心有此四端,就会生成仁、义、礼、智四德。这样,我们会发现,这种由子思开其端、孟子进一步发展起来的人性论强调一个来自天的本体,这个本体在进入人心后形成人性,这种人性的根本特点是每一个人心中都有相同的人性,而且这种人性具有义理的特点,我们把具有这种特点的人性论称为天性论。

天性论与本性论很好区别,与道家的自性论也很好区别,但是天性论与告子"生之谓性"的区别需要引起我们的注意。孟子和告子曾经就"生之谓性"进行过著名的关于"仁义内外"的争论,《孟子》中记载说:

告子曰:"生之谓性。"孟子曰:"生之谓性也,犹白之谓白与?"曰:"然。""白羽之白也,犹白雪之白;白雪之白,犹白玉之白与?"曰:"然。""然则犬之性,犹牛之性;牛之性,犹人之性与?"②

我们注意到,这一段话中所说的性其实有两种,白是事物的属性,而犬之性、牛之性、人之性却是物种的类性,这两种性其实是不可类比的。当然,孟子和告子在当时并没有意识到这个问题,白之类的属性可以被不同类的事物所分别具有,而性则与白不同,它表示一类事物

---

① 朱熹:《四书章句集注·孟子集注卷三·公孙丑章句上》,中华书局,2012年,第239页。
② 朱熹:《四书章句集注·孟子集注卷十一·告子章句上》,中华书局,2012年,第332页。

的类性,只能为同一类事物所具有。"性"的观念产生于"生",并有
一个不断演进的过程,"生之谓性"指的是事物天生自然就具有的属
性,从这个意义上,我们感到"生之谓性"似乎也有天性的含义。这种
感觉是真实的,这说明对于概念和理论进行分类是很不容易的事,在
这里我们支持维特根斯坦的语词家族相似性理论。其实,所有中国
古代的人性理论似乎都是处于一个家族之中,它们之间有着各种各
样的相似性,我们没有办法用理性的刀把它们断然切得四方四正,但
我们努力揭示出它们之间最重要的区别。我们在这里要说明的是,
虽然我们把中国古代早期人性论主要分为本性论、生性论、自性论、
天性论、佛性论五种,但是我们发现,总有一些秘密的通道将它们串
联起来。这不是说我们的分类是无效的,而正说明它们处于一个语
义的序列之中,其间存在着家族的相似性。

　　"生之谓性"虽然也包含着天性的因素,但是我们发现,"生之谓
性"表面上似乎是一个相同的词,但实际上指向的是完全不同的意义
对象,比如白是"生之谓性",黑也是"生之谓性",世界上有多少种事
物,就会有多少种不同的"生之谓性"。同时,我们还发现,"生之谓
性"一般并不指义理,对于告子来说,更多的是指"食色,性也"①。显
然,"生之谓性"指的是宇宙发生论意义上的属性,这种属性可以是
白,也可以是红,在人则可以是无善无恶的自然属性。而子思所说的
"天命之谓性"则带有一定的形而上的特点,天命是将具有一定超越
性的类性赋予人和物,虽然这种超越性还达不到宋代天命之性的高
度。很显然,《中庸》"天命之谓性"的含义介于"生之谓性"和宋代天
命之性之间。孟子则承继了子思的这一思想路径,认为人可以通过
性而向上与天沟通。显然,孟告之争的实质并不是人性与牛马的本

①朱熹:《四书章句集注·孟子集注卷十一·告子章句上》,中华书局,2012 年,
　第 332 页。

性是否相同的问题,而是人类的类本质的来源与形成问题;孟子认为,人的类本质是天赋的,而告子则认为是后天形成的。

第五节　佛性论:受佛教本体论 影响的超越人性论

佛性问题在释迦牟尼在世时,并不存在,因为印度佛教的基本教义起初是无神论的。但在释迦涅槃后,僧徒们认为,释迦肉身虽不存在,但其思想仍然存在,故而就有了"法身"一说。此说已有将释迦本体化的倾向,但当时只有释迦有此地位,其他僧徒并不具有。但随着思想的发展,印度佛教分化出上座部与大众部,即后来所说的小乘和大乘。小乘谨遵佛教原教旨,佛性论并不是最重要的问题,但其后期思想亦有少许佛性思想之萌芽;但在大乘佛教发展到中期以后,佛性问题日渐发展起来。从思想史发展的意义来说,除了释迦以外,其他的僧徒众生有没有成佛的可能性,此即佛性问题真正的起始原因。思想或宗教信仰是为了解决人类的现实问题,此一起自成佛的希冀虽与释迦在世时的主张不同,但却暗合了人类宗教修行的目标,从佛教的发展历史来看,本来被上座部当作异端除名的大众部的佛性思想日渐成熟发展起来,且成为佛教主要的思想之一。到了佛教东传中国,在中国佛教中,佛性问题更成为最重要的问题之一,是诸多教派立教的根基性理论。与印度佛性理论的地位相比,佛性论在中国被普遍重视的现象是不是与中国本有的强大心性思想有关,是非常值得思考的。佛性一词,赖永海在其论文《佛性与人性——论儒佛之异同暨相互影响》一文中有准确的说明:

　　佛性一语,是梵文 Buddātā 的汉译,亦作佛界、佛藏、如来界、如来藏等。所谓佛性,亦即众生觉悟之因,众生成佛的可能性,这是中国佛教界对佛性的最一般理解。但佛性之"性"在印度佛教中原为"界"字,所谓佛性,亦即佛之本体。后来,随着佛教的不断发展,"界"义也不断发生变化,至大乘佛教时期,"界"字含有更深的意义,被作为形而上真理的别名,这样,佛性又具有本体的意义。[1]

印度大乘佛教早期主要是般若学,其实质主"空",主张勘破世间万象的因缘,而知万物的本源在于空。但以"空"破世间万象,只是破而无立,故而般若宗后期即已意识到这一问题。一些僧侣认为,只说空是未了意,故而自然兴起了以"妙有"为特色的世亲、无著的思想。

佛教传入中土,刚开始只是格义地理解,在历史的进程中慢慢体悟佛教思想的原意,至以僧肇为代表的般若学,则以玄学对佛教的格义阐释已经日臻成熟,中国佛教已明白了般若学的本体为"空",而非玄学所说的"无"。再历经时日,中国的僧侣们也开始渐渐滋生出自己的理解,开启了佛教中国化的历程。慧远是较早有这种思想萌芽的人,魏晋时慧远著《法性论》阐释佛性理论,但已佚失,《高僧传·慧远传》记载有《法性论》关于佛性的说法:

> 先是中土未有泥洹常住之说,但言寿命长远而已,远乃叹曰:"佛是至极则无变,无变之理,岂有穷耶?"因著《法性论》曰:"至极以不变为性,得性以体极为宗"[2]

慧远认为,佛是至极的存在,具有不变的佛性,而修养到佛性即会体

---

[1] 赖永海:《佛性与人性——论儒佛之异同暨相互影响》,《哲学研究》,1989年第11期,第55页。

[2] 赖永海释译:《梁高僧传·晋庐山释慧远》,东方出版社,2020年,第193页。

会到佛的境地。显然,慧远把佛性看作是成佛的根本,在他看来,佛性的本质特点是永恒不变的常存。

六家七宗时的佛教思想,属于受玄学思想影响很深的格义时期,当时尚没有理解佛教本体"空"的真正义理,而是以何晏、王弼贵无论的本体"无"来格义地理解。《肇论疏卷上·不真空论》记载慧远说:

> 庐山远法师《本无义》云:因缘之所有者,本无之所无。本无之所无者,谓之本无。本无与法性,同实而异名也。①

慧远的本无论将法性理解为本无,而他所言的法性也就是佛性,可见是将佛性格义地理解为作为本体的"无"。慧远对法性的看法与王弼《老子指略》中的说法几乎一样,"有"由于有现实的属性而无法产生"众有","无"并非是什么也没有。在此观念的基础上,慧远认为,法性并不具有现实现象世界的属性,故而现实中的众物可因缘而生,但众物正因因缘而生,故而没有自性自相,其本性是无。

慧远以法性指佛性,其说与般若空宗的说法并不完全相同,因为其法性说明显地开始强调有一个佛性妙有的存在。这一点可以通过其神不灭说得到印证,在《沙门不敬王者论》中,慧远说:

> 是故反本求宗者,不以生累其神;超落尘封者,不以情累其生。不以情累其生,则生可灭;不以生累其神,则神可冥。冥神

---

① 慧达:《肇论疏》卷上《不真空论》,《新编卍续藏经》第 150 册,新文丰出版股份有限公司,1994 年,第 866 页上—下。

绝境,故谓之泥洹。①

在慧远看来,人之神修到至极,应就是他所说的法性即佛性的体悟,至此境,神与本体契合,就是达到了涅槃之境。对于这可以达至涅槃之境的"神",慧远说:

> 神也者,圆应无生,妙尽无名,感物而动,假数而行。感物而非物,故物化而不灭;假数而非数,故数尽而不穷。②

此"神"是佛性本体,无名无形,故而虽缘生之象可灭,但此佛性本体不灭,因为它本就是不生不灭的。也正因此,慧远借用薪火之喻解释说:

> 火之传于薪,犹神之传于形;火之传异薪,犹神之传异形。前薪非后薪,则知指穷之术妙;前形非后形,则悟情数之感深。惑者见形朽于一生,便以为神情俱丧,犹睹火穷于一木,谓终期都尽耳。③

慧远之说,显然带有浓厚的中国特色,已与印度般若空宗的思想有异,不过这种思想只是萌芽,而其后的竺道生,这种中国化的倾向更加明显。

---

①僧祐撰,刘立夫、魏建中、胡勇译注:《弘明集》卷第五《沙门不敬王者论·求宗不顺化三》,中华书局,2013年,第320页。

②僧祐撰,刘立夫、魏建中、胡勇译注:《弘明集》卷第五《沙门不敬王者论·形尽神不灭五》,中华书局,2013年,第329页。

③僧祐撰,刘立夫、魏建中、胡勇译注:《弘明集》卷第五《沙门不敬王者论·形尽神不灭五》,中华书局,2013年,第331页。

在佛教中国化的历程中,中国固有传统起着重要的作用,中国古代就有神仙思想,至秦汉时期,秦始皇和汉武帝均有求仙访道的史实记载,而这种神仙,皆是有着神性的自我。再如《老子》《庄子》中对于具有神性的人或世界的描写、道家对真人的向往也是在追求一个神性的自我。故而当中国古代的这一传统与佛教般若学结合,便会改变般若学的原始轨迹,而产生如梁武帝萧衍真神论之类的思想。然而佛教中国化的真正开端起自竺道生,他是这一过程非常重要的一环,《高僧传》说:

> 生既潜思日久,彻悟言外,乃喟然叹曰:"夫象以尽意,得意则象忘;言以诠理,入理则言息。自经典东流,译人重阻,多守滞文,鲜见圆义。若忘筌取鱼,始可与言道矣。"于是,校阅真俗,研思因果,乃言善不受报,顿悟成佛。①

竺道生意识到对佛教经典做格义理解的问题,他借用王弼"得意忘象"的理论,认为只有超脱由翻译造成的语言滞碍,方能真正领会佛教的真义,故而他根据自己对于佛教经典的整体体悟,提出"一阐提人皆得佛性"的主张。此说因是竺道生自己体悟出的思想,在当时并无经典佐证,且当时流传的《涅槃经》说"一切众生皆有佛性,以是性故,断无量亿诸烦恼结,即得成于阿耨多罗三藐三菩提,除一阐提"②,"彼一阐提于如来性所以永绝"③,故而受到当时佛教徒的攻

---

① 赖永海释译:《梁高僧传·宋京师龙光寺竺道生》,东方出版社,2020年,第236页。

② 昙无谶译:《大般涅槃经》卷第七,《大正新修大藏经》第12卷,河北省佛教协会,2005年修订版,第404页下。

③ 法显译:《佛说大般泥洹经》卷第六,《大正新修大藏经》第12卷,河北省佛教协会,2005年修订版,第893页上。

击。直到后来《大涅槃经》传来,竺道生之说才有了经典依据,他也因之而名声大噪。

《北本涅槃经》对于"一阐提人有佛性"进行了理论上的论证:

> 如汝所言,佛性不断,云何一阐提断善根者,善男子,善根有二种:一者内,二者外。佛性非内非外,以是义故,佛性不断。①

善根有内有外,故而能断,而佛性非内非外,并不在内外的限制之中,故而不可以断。对于"一阐提人皆得佛性"的理论,竺道生认为,众生本来就有佛知见分,只是被尘垢所遮蔽罢了。此说与李翱复性主张是一致的,可见李翱以及整个宋明理学的复性倾向是与佛性论有着深层关联的。

对于佛性,竺道生说:

> 以体法为佛,不可离法有佛也。若不离法有佛,佛是法也。然则佛亦法矣。②
> 体法为佛,法即佛矣。③
> 夫体法者冥合自然。一切诸佛莫不皆然,所以法为佛性也。④

---

① 昙无谶译:《大般涅槃经》卷第二十二,《大正新修大藏经》第 12 卷,河北省佛教协会,2005 年修订版,第 493 页下。
② 僧肇述,王孺童校补:《注维摩诘经校补·注维摩诘经卷第八》,中华书局,2022 年,第 547 页。
③ 竺道生等撰,于德隆点校:《大般涅槃经集解(下)》卷第五十四《狮子吼品第二十三》,线装书局,2016 年,第 312 页。
④ 竺道生等撰,于德隆点校:《大般涅槃经集解(下)》卷第五十四《狮子吼品第二十三》,线装书局,2016 年,第 312—313 页。

竺道生所言，即是认为法性本体实相即在诸法之中，故而并不是离法而体佛性。此说其实有重要的意义，佛并未离开现实法相而存在于另一个时空，佛即在现实诸法中体之而出。这样，佛性就是诸法，佛性就在诸法之中，此说促使我们思考佛教中国化最重要的因素是什么。儒家原典中的性论与政治生活紧密相关，而子贡却说"夫子之言性与天道，不可得而闻也"①，而从稍后郭店楚简中的《性自命出》来看，儒家性论原产生于情，后才有形而上的表述。道家的性论因重视道而阐性超善恶之意，那么道与理有什么区别呢？道原意为道路，其最重要的意义是"通"，后来在老子的思想中，道是理气一体的混沌存在，体道主要在于贯通万物。佛教中国化却选择了在先秦典籍中地位稍逊的"理"，但是我们看到，理的一个重要特点是，不再是与气一体的道，而是脱开气的实理，在佛教中有可能表征本体、佛性和实相。如以上分析成立，则我们看到，儒家思想源自情实，道家思想源自对于道的体悟，而佛教思想的中国化则源自对于理的重新体悟。

　　有了以上认知，再来看竺道生的以下话语，便不免会有震惊之感：

　　　　理既不从我为空，岂有我能制之哉？则无我矣。无我本无生死中我，非不有佛性我也。②

　　　　然则文字语言，当理者是佛，乖则凡夫，于佛皆成真实，于凡皆成俗谛也。③

---

①朱熹：《四书章句集注·论语集注卷三·公冶长第五》，中华书局，2012 年，第79 页。

②僧肇述，王孺童校补：《注维摩诘经校补·注维摩诘经卷第三》，中华书局，2022 年，第232 页。

③竺道生等撰，于德隆点校：《大般涅槃经集解（上）》卷第二十一《文字品第十三》，线装书局，2016 年，第359 页。

今分为二,以理由解得,从理故成佛果,理为佛因也;解既得理,解为理因,是谓因之因也。①

佛为悟理之体。②

既观理得性,便应缚尽泥洹,若必以泥洹为贵而欲取之,即复为泥洹所缚。③

如何理解佛性本体?竺道生突出了理的作用。在这里,理虽尚未上升到最高本体的地位,但其是体会和理解佛性本体的重要途径,甚至已经说到了理是成佛之因的程度。如果说佛或佛性是本体,那么"理"就是体现"佛性"本体的成法之精髓。此处,想到未来宋明理学的理本体对于原始儒家的改造,我们不免心有戚戚。

当然,并不是所有佛教宗派都主张一阐提有佛性,唯识宗就主张一阐提无佛性。唯识宗的佛性说以种子说为其思想的基础,《瑜伽师地论·菩萨地》说:

云何种性?谓略有二种:一本性住种性,二习所成种性。本性住种性者,谓诸菩萨六处殊胜有如是相,从无始世展转传来,法尔所得,是名本性住种性。习所成种性者,谓先串习善根所得,是名习所成种性。④

---

① 竺道生等撰,于德隆点校:《大般涅槃经集解(下)》卷第五十四《狮子吼品第二十三》,线装书局,2016 年,第 307 页。
② 僧肇述,王孺童校补:《注维摩诘经校补·注维摩诘经卷第三》,中华书局,2022 年,第 273 页。
③ 僧肇述,王孺童校补:《注维摩诘经校补·注维摩诘经卷第三》,中华书局,2022 年,第 167 页。
④ 王海林释译:《瑜伽师地论·本地分·菩萨地第十五》,东方出版社,2020 年,第 44 页。

唯识宗认为人有八识，而本体识阿赖耶识中含藏种子，种子又有两种，一种是本来就具有的，一种是熏习而成的。唯识宗立五种种性说，即声闻乘种性、缘觉乘种性、如来乘种性、不定种性和无出世功德种性，其中的"无出世功德种性"即主张具此种种性之人没有佛性，不能成佛。

唯识宗对于佛性的理解以阿赖耶识为基础，阿赖耶识中有净染两种种子，而修习的目标则是通过转依之法而将有染种子熏习为清净种子。在此基础上，唯识宗将佛性理解为两种，即理性与行性。窥基认为，理佛性人人具备，但行佛性，一阐提人不具备，故不能成佛。此说似是一妥协，因唯识宗时已见许多经典有一阐提有佛性之说，且唯识宗自己派别中的经典也有些具此倾向，故以此论来完善其说。然唯识宗在此处对于"理"的重视，也不脱佛教中国化的核心宗旨。不过，这也显示了理性与现实之间的张力，正如中国儒家性论的善与恶的主张一般。

竺道生之后，一阐提人悉有佛性之说成为佛性说主流，其间又有佛性本有与本始的争论，颇似儒家思孟一系与告荀一系的争论。思孟一系倡善性本有，而告荀一系认为善性取于外。然佛教本有与始有之争均肯定人人悉有佛性，只不过本有论认为本真佛理永恒不变，故每个人必有；而始有论则从修佛的果说起，因一阐提人当时无此佛果，故而不具佛性，但终必有可能成佛。故因一阐提人虽当下因习染而不具佛性，但应当会在未来有可能因悟而具有佛性，故称其为始有。始有论虽主张当下不具佛性，但并不同于一阐提人不具佛性之说，因为它认为一阐提人有领悟佛性本体的可能，恐怕这也是中国以后佛教发展中很重视"悟"（顿悟）的原因之一。如此说来，本有、始有两说与一阐提人不具佛性说有着本质的差别，只不过认为佛性一为本有，一为始有。而且本有也只是因，尚须有果；始有则强调果，无因哪来的果？如此两者其实就有调和的可能性，故而有后来亦本亦始的调和之说。

天台宗是重要的中国化佛教派别,其佛性思想建基于止观思想,提出一心三观、一念三千等思想,其思想核心中国化特点明显,融空、假、中为一体,认为空、假、中为真实实相的三个面相。智𫖮的止观思想凡经三个阶段,经渐次止观、不定止观,而成熟于《摩诃止观》所成的圆顿止观,他说:

> 若用两字共通三德者,止即是断,断通解脱。观即是智,智通般若。止观等者名为舍相,舍相即是通于法身。①
>
> 圆顿者,初缘实相,造境即中,无不真实。系缘法界,一念法界,一色一香无非中道。②

一般"止"指禅修,"观"指智慧通达,智𫖮的"圆顿止观"则想一开始造境就达到本体实相,一色一香,都合中道,这是一个对止观很高的要求。智𫖮的"一心三观"建立在"次第三观"(即"从假入空观""从空入假观""中道第一义观")的基础上,对此他说:

> 观心释者,观心先空次假后中,次第观心也。观心即空即假即中者,圆妙观心也。……观心释者,观因缘所生心,先空次假后中,皆偏觉也。观心即空即假即中,是圆觉也。云云。③

---

①智𫖮说,灌顶记:《摩诃止观》卷第三上,《大正新修大藏经》第46卷,河北省佛教协会,2005年修订版,第22页下。

②智𫖮说,灌顶记:《摩诃止观》卷第一上,《大正新修大藏经》第46卷,河北省佛教协会,2005年修订版,第1页下。

③智𫖮说:《妙法莲华经文句》卷第一上,《大正新修大藏经》第34卷,河北省佛教协会,2005年修订版,第4页下—第5页上。

世界万物因一心而造现，观心就会有几个层次，一般多理解成有序的几个步骤；但智颛感到如此就会有分，不是究竟的体悟，故而他认为，应是一心三观，也就是一心洞察三个层次的实相。这种独特的思维方式在佛教中表现为月映万川以及镜像的无尽相摄，儒家学习了这种思维方式，程颐将之命名为"理一而分殊"。这也是现代哲学中还原论所讲的原理，一个有机体能不能还原为其构成因素，其实很难。故而智颛认为，一心三观才是对真如实相真正的观照方法，他在其文辞中使用了"即"这个字。笔者曾在《试论"即"在中国古代思想中的意义》中讨论过"即"的五个形成路径，而"即"并不能等同于"是"，它是构成中国古代法象思维的重要语汇。此处的"即"并不是一种系词，而是讲多层次法象共存关系的一个重要节点，是中国人对超出言象之表的世界本体的表达方法。

智颛认为，"一念无明之心"就是菩提心，他说：

> 次根尘相对，一念心起，即空、即假、即中者，若根若尘，并是法界，并是毕竟空，并是如来藏，并是中道。云何即空？并从缘生，缘生即无主，无主即空。云何即假？无主而生即是假。云何即中？不出法性，并皆即中。当知一念即空、即假、即中，并毕竟空，并如来藏，并实相，非三而三，三而不三。①

智颛认为，世间万法，并是一心所生，而真如本体与世间万象并生；故他认为，一心就可同时认知空、假、中三个层面。而且在他看来，如只认知"空"或"假"，其实并不能认识真如佛性本体，即使是"中"，也要通过"空"和"假"来领悟。故而他认为，一念心起，即会有根尘并行

①智颛说，灌顶记：《摩诃止观》卷第一下，《大正新修大藏经》第46卷，河北省佛教协会，2005年修订版，第8页下—第9页上。

的法界,说空、说假、说中,都是真实实相的三个不同侧面。缘生无主,无主就是空,而无主也是说诸法无自性,故为假,而此一切种种均不出法性本体,故可由此而体认"中"道。此处应注意"即"字的用法,佛教中"即"字不可只理解为系词,而是空、假、中三者相即,"相即"非是"等同",而是三个层面的契合。这种契合也说明了向现象世界与本体世界过渡的可能性,而且这种可能性还不是时间性的,而是在一念中发生的。不言而喻,这种思维方式就包含着对于一阐提人成佛的本体论意义上的论证。

当然,现实中的众人尚未领悟佛性,无明与法性自然并未显现相"即"的关系,故而智𫖮说:

> 理实无名,对无明称法性。法性显则无明转变为明,无明破则无无明,对谁复论法性耶?①

真如本体实性其实很难有名称,这本就不是一种在有、无的世界中的一般认知,而是在几个层面之间的体悟。故而智𫖮认为,无明法性对称,法性显则无明转化为有明;无明破,也就"无无明",也就是法性显现。此种无明与法性的关系,智𫖮还从"蔽"的角度进行了进一步的阐释:

> 若蔽碍法性,法性应破坏。若法性碍蔽,蔽应不得起。当知蔽即法性,蔽起即法性起,蔽息即法性息。《无行经》云:贪欲即是道,恚痴亦如是。如是三法中具一切佛法。若人离贪欲而更求菩提,譬如天与地。贪欲即菩提。《净名》云:行于非道,通达

---

① 智𫖮说,灌顶记:《摩诃止观》卷第六下,《大正新修大藏经》第 46 卷,河北省佛教协会,2005 年修订版,第 82 页下—第 83 页上。

佛道。①

在智顗看来,法性与"蔽"相对而生,双方均以对方为存在的条件,如无贪欲之蔽就体现不出菩提境界的真义,菩提就是对贪欲的克服,贪欲就是菩提境勘破的对象。如此,天台宗在善与恶之间建立了一种张力,甚至说"念欲即菩提""行于非道,通达佛道"。此种对立说法自然不是说两者等同,而是在说两者相即不离,是佛性实相一体两面之表现。

智顗在一心三观的基础上,又提出一念三千的思想,对于一念与三千世界的关系,他说:

> 若从一心生一切法者,此则是纵。若心一时含一切法者,此即是横。纵亦不可,横亦不可。只心是一切法,一切法是心故。②

在他看来,一念与三千世界并不是"相生"或"相合"的关系,而是"即"的关系,也就是说,是一瞬间"相即成立"的关系。这种说法似乎脱离了因果时间相续的关系或佛教所说的因缘缘起的关系,而是直接进入了万法与实相的共存状态。而三千的形成缘由却与中国古代法象思维很契合,这也说明,印度佛教与中国文化的相近性。

智顗在止观思想、一心三观、一念三千的基础上,提出了其性具善恶的佛性论,这一思想源自慧思的"性具染净"说:

---

① 智顗说,灌顶记:《摩诃止观》卷第二下,《大正新修大藏经》第46卷,河北省佛教协会,2005年修订版,第18页上—中。
② 智顗说,灌顶记:《摩诃止观》卷第五上,《大正新修大藏经》第46卷,河北省佛教协会,2005年修订版,第54页上。

次明不空如来藏者。就中有二种差别：一、明具染净二法，以明不空。二、明藏体一异，以释实有。①

慧思认为，如来藏，即法性本体具有染净二法性。染净的说法源自佛教，而智顗的"性具善恶"就将佛性染净的传统放在中国人性论善恶的传统上来说，天台宗中国化的特点愈加明显。对于性具善恶，《观音玄义》记载说：

料简缘了者。问：缘、了既有性德善，亦有性德恶否？答：具。问：阐提与佛，断何等善、恶？答：阐提断修善尽，但性善在；佛断修恶尽，但性恶在。问：性德善恶何不可断？答：性之善恶但是善恶之法门，性不可改，历三世无谁能毁，复不可断坏。②

智顗认为，佛性具善恶，这是善恶的法门，正如无善就无恶，无恶亦无善。佛性本具善恶，但明悟本体实相的佛虽性恶在却会断离修恶，而阐提之人则虽也具备善性，但会断离修善。此说在竺道生涅槃佛性说基础上推进了佛性学说，解释了为什么众生皆有佛性，一阐提人也能成佛的难题。智顗进一步认为：

阐提既不达性善，以不达故，还为善所染，修善得起，广治诸恶。佛虽不断性恶，而能达于恶，以达恶故，于恶自在，故不为恶所染，修恶不得起，故佛永无复恶。以自在故，广用诸恶法门化

---

① 慧思说：《大乘止观法门》卷第一，《大正新修大藏经》第 46 卷，河北省佛教协会，2005 年修订版，第 646 页上。
② 智顗说，灌顶记：《观音玄义》卷上，《大正新修大藏经》第 34 卷，河北省佛教协会，2005 年修订版，第 882 页下。

度众生。①

　　智顗认为,阐提因性善不断,故也有可能被善染而重新修善;佛则已顿悟善恶对待之中道,明悟恶的性质与地位,故而永不会再修恶。

　　天台宗性有善恶之说在中国思想史上的确很独特,在中国人性论史上,虽然荀子主张人性恶,其他思想家也有性三品、有性善有性恶之说,但对于恶多因没有办法而放弃。如董仲舒认为,圣人之性和斗筲之性没法改变,这正如孔子"上智与下愚不移"的主张,只有中人之性才有改变的可能。但天台宗将性同时具善恶,而将佛性本身与修佛分开来说,并认为顿悟佛性者并不是远离或在佛性上清除恶,而是明悟了善与恶的真正对待关系,从而以一种超越的目光来看待善恶,体悟佛性的中道实相,使得恶不生而修善。这种说法由于与现实生活很贴近故而很有说服力,而中道实相其实就是要在一心三观、一念三千、十界互具中体现出来。这样就引出了智顗对于佛性的分类,即三因佛性说。

　　三因佛性即正因佛性、了因佛性和缘因佛性,正因佛性即是中道实相,此佛性不能以善恶说,是成佛的正因,以善恶来说的是后两种,即了因佛性和缘因佛性。对此,智顗说:

　　　　故知法性实相,即是正因佛性;般若观照,即是了因佛性;五度功德资发般若,即是缘因佛性。②
　　　　若通观十二缘真如实理,是正因佛性。观十二因缘智慧,是

---

①智顗说,灌顶记:《观音玄义》卷上,《大正新修大藏经》第34卷,河北省佛教协会,2005年修订版,第882页下。

②智顗说:《妙法莲华经玄义》卷第十上,《大正新修大藏经》第33卷,河北省佛教协会,2005年修订版,第802页上。

了因佛性。观十二缘心具足诸行,是缘因佛性。①

这是将佛性区分为三种,正因佛性是成佛的正因,其他两个一个从认知觉悟的角度说,一个从实践践履的角度说。这是从三个层次上说佛性,有根本因,属形上的层次,有辅助因,属认知和实践的层次。无论怎么说,比起中国传统的人性论,天台宗对于佛性的认识更加复杂,兼顾的层面也更多了。这种思维方式,为以后宋明理学性二元论的起源埋下了思想的种子,对李翱的人性论亦有着重要影响,此是后话,此处暂且搁置。

华严宗也是佛教中国化的典型代表,其思维方式与天台宗的一心三观、一念三千相似,《初发心菩萨功德品第十三》说:

> 知一世界即是无量无边世界,知无量无边世界即是一世界;知无量无边世界入一世界,知一世界入无量无边世界;知秽世界即是净世界,知净世界即是秽世界。②

此说与法藏《金师子章》中所表达的思维方式一致,是典型的佛教一多相即的思维方式,如同这个世界抽去实体的阻隔,而圆融贯通为一体。

华严宗以法界缘起为其总纲,如法藏说:

> 法界是所入,法有三义,一是持自性义,二是轨则义,三对意

---

① 智顗说、灌顶记:《摩诃止观》卷第九下,《大正新修大藏经》第 46 卷,河北省佛教协会,2005 年修订版,第 126 页下。

② 佛驮跋陀罗译:《大方广佛华严经》卷第九,《大正新修大藏经》第 9 卷,河北省佛教协会,2005 年修订版,第 450 页下。

义。界亦有三义。一是因义,依生圣道故。《摄论》云,法界者谓
是一切净法因故。又《中边论》云,圣法因为义故,是故说法界,
圣法依此境生,此中因义是界义。二是性义,谓是诸法所依性
故。此经上文云法界法性,辩亦然故也。三是分齐义,谓诸缘起
相不杂故。①

法藏认为,"法界"一词的"法"与"界"各有三义:"法"指自持本性、
规范和"对意"三者。而"界"也有三义,即"因义""性义""分齐义"。
"法"主要指世间理事的本性与规范,而"界"则在此基础上说到理事
之间的因果、自性之间的相互关系。此点澄观说得更加明确:

此经以法界缘起、理实因果不思议为宗也。法界者,是总相
也。包事包理,及无障碍,皆可轨持,具于性分。缘起者,称体之
大用也。理实者,别语理也。因果者,别明事也。此经宗,明修
六位之圆因,契十身之满果,一一皆同理实,皆是法界大缘起门。
语理实,则寂寥虚旷。故经云:"法性本寂无诸相,犹如虚空不分
别,超诸取著绝言道,真实平等常清净。"语缘起,则万德纷然。
故经云:"而于第一实义中,示现种种所行事。"此二无碍,故事理
交彻,互夺双亡;此二相成,则事理照著。以理实而融因果,则涉
入重重;会斯二而归法界,则融通隐隐。②
问:何名法界? 法界何义? 答:法者轨持为义,界者有二义:
一约事说,界即分义,随事分别故;二者性义,约理法界,为诸法

---

①法藏述:《华严经探玄记》卷第十八,《大正新修大藏经》第35卷,河北省佛教
协会,2005年修订版,第440页中。
②澄观述:《大华严经略策》,《大正新修大藏经》第36卷,河北省佛教协会,2005
年修订版,第702页上。

性不变易故。此二交络,成理事无碍法界。事揽理成,理由事显,二互相夺,即事理两亡。若互相成,则常事常理。四、事事无碍法界,谓由以理融彼事故,义如前说。①

法界缘起、理实因果,实不可思议,然可由多层法界的相互关系得以领悟。"界"有二种义:从事法界说是"分别义",指事与事之间的区别和界限;从理法界说则是"性义",指诸法本体之性的不变恒常之义。法界是包含理和事的总相,然法界中的理、事由于相互融洽而没有障碍,故而事物有性分,有规范可寻。缘起是实相的用,理实表征本体,因果表征事物,由理法界与事法界的关系,而呈现理法界、事法界、理事无碍法界和事事无碍法界。澄观说:

> 言法界者,一经之玄宗,总以缘起法界不思议为宗故。然法界之相,要唯有三,然总具四种:一事法界,二理法界,三理事无碍法界,四事事无碍法界。②

四法界中理法界为本体界,事法界指事物的分别,然华严宗所用的方法是"理一分殊"③,也就是理会完全具于一事之中,而不是一事分有了部分的理。也正因此,理法界与事法界圆融无碍,这也是事事无碍的根源所在。

对于此种思维方式,法藏有一很形象的做法,《法藏传》记载说:

---

① 澄观述:《大华严经略策》,《大正新修大藏经》第 36 卷,河北省佛教协会,2005年修订版,第 707 页下。
② 澄观述:《华严法界玄镜》卷上,《大正新修大藏经》第 45 卷,河北省佛教协会,2005 年修订版,第 672 页下。
③ 虽然此概念是程颐提出的,但其义在佛教中已非常普遍。

　　又为学不了者设巧便,取鉴十面,八方安排,上下各一,相去一丈余,面面相对,中安一佛像,燃一炬以照之,互影交光。学者因晓刹海涉入无尽之义。①

此说很是形象,其道理和他为武则天解释佛理的《金师子章》的义理相同:

　　师子眼耳支节,一一毛处,各有金师子;一一毛处师子,同时顿入一毛中。一一毛中,皆有无边师子;又复一一毛,带此无边师子,还入一毛中。如是重重无尽,犹天帝网珠,名因陀罗网境界门。②

显然,此是去除了事物本有的界限,而将本体理法界的创生、摄入看作是没有任何阻碍的。如果此世界即是由一真法界缘起的幻象,自然可以;然如果此世界为实有物质世界,那便其实还可再论。但这却是华严宗的核心思维方式,彰显了中国传统思维方式在佛教影响下的新进展。

　　在四法界之上,华严宗又提出一真法界,作为四法界的基础,由此而引出其"性起"学说。对于性起之说,法藏说:

　　佛性者,是一切凡圣因,一切凡圣皆从佛性而得生长。③

----

①赞宁撰,范祥雍点校:《宋高僧传》卷第五《周洛京佛授记寺法藏传》,中华书局,1987年,第89—90页。

②法藏:《中国哲学史教学资料选辑(上册)·法藏·金师子章》,中华书局,1981年,第483页。

③智俨集:《华严五十要问答》卷下,《大正新修大藏经》第45卷,河北省佛教协会,2005年修订版,第532页中。

鉴微细者,谓此尘及十方一切理事等,莫不皆是佛智所现。①

三者、性起繁兴法尔止。谓依体起用,名为性起,起应万差,故曰繁兴,古今常然,名为法尔。谓真如之法,法尔随缘,万法俱兴,法尔归性,故曰性起繁兴法尔止。②

问:性起及缘起,此二言有何别耶?答:性起者,即自是言不从缘;言缘起者,此中入之近方便,谓法从缘而起,无自性故,即其法不起中令入解之。其性起者,即其法性,即无起以为性故,即其以不起为起。③

缘起说强调万法因缘而起,没有自性;而性起说则认为万法是真如佛性之本体的显用,也即万法本具性体,性体与成法的关系是本体与显用(体用)的关系。与般若空宗比起来,此说亦是承继涅槃佛性思想,将本体贯彻于万法之中。世间万法,无论凡圣,源自佛性。华严宗主张性起即称性而起,一切事物均以佛性为本体,是佛性本体之显用。

华严宗受《大乘起信论》一心二门影响颇深:

显示正义者,依一心法有二种门。云何为二?一者心真如门;二者心生灭门。是二种门,皆各总摄一切法。④

---

①法藏述:《华严经义海百门》,《大正新修大藏经》第45卷,河北省佛教协会,2005年修订版,第632页下。
②法藏述:《修华严奥旨妄尽还源观》,《大正新修大藏经》第45卷,河北省佛教协会,2005年修订版,第639页中。
③法藏:《华严经问答》卷下,《大正新修大藏经》第45卷,河北省佛教协会,2005年修订版,第610页中。
④萧萐父释译:《大乘起信论》,东方出版社,2020年,第51页。

对于佛性,法藏称其为"自性清净圆明体",他说:

> 显一体者,谓自性清净圆明体。然此即是如来藏中法性之体,从本已来,性自满足,处染不垢,修治不净,故云自性清静。性体遍照,无幽不烛,故曰圆明。①

佛性本体自性清净,圆满自足,不受外境染净的影响。然此本体又通过"海印森罗常住用"和"法界圆明自在用"来显现其自身。《大乘起信论》即有将本体与现实相贯通之意,而华严宗则更是主张用"体用"的思维方式,将"本体"与"用"贯通为一体,形成一种体用相即的对世界的理解方式。对此,法藏说:

> 自下依体起二用者,谓依前净体,起于二用:一者、海印森罗常住用。言海印者,真如本觉也。妄尽心澄,万象齐现,犹如大海,因风起浪,若风止息,海水澄清,无象不现。《起信论》云:"无量功德藏,法性真如海,所以名为海印三昧也。"经云:"森罗及万象,一法之所印。"言一法者,所谓一心也,是心即摄一切世间出世间法,即是一法界大总相法门体,……二者、法界圆明自在用,是华严三昧也。谓广修万行,称理成德,普周法界而证菩提。②

真如本体(自性清净圆明体)由二用来显现,即"海印森罗常住用"和

---

① 法藏述:《修华严奥旨妄尽还源观》,《大正新修大藏经》第 45 卷,河北省佛教协会,2005 年修订版,第 637 页中。
② 法藏述:《修华严奥旨妄尽还源观》,《大正新修大藏经》第 45 卷,河北省佛教协会,2005 年修订版,第 637 页中—下。

"法界圆明自在用",相当于《大乘起信论》的真如门和生灭门。一体二用,这是说真如本体是由"真如本觉"和"法界自在"(通过修习以悟理成德)共同来显现的,一者从因说,一者从果说。"法界圆明自在用"从因说,是通过修习而达于对真如本体的领会;而"海印森罗常住用"则从果说,从真如本觉的本来具备来言说。然两者是一体之两用,是一体的两个方面的表现。

华严宗性起说显然讲佛性的清净圆满、纯善无恶;而对于恶之产生,华严宗以《大乘起信论》的一心二门来解释:

> 谓六道凡夫、三乘贤圣,根本悉是灵明清净一法界心,性觉宝光各各圆满,本不名诸佛,亦不名众生。但以此心灵妙自在,不守自性故,随迷悟之缘,造业受报,遂名众生;修道证真,遂名诸佛。又虽随缘而不失自性故,常非虚妄,常无变异,不可破坏,惟是一心,遂名真如。故此一心,常具真如、生灭二门,未曾暂阙。①

无论"六道凡夫"还是"三乘贤圣"都是具有"自性清净圆明体"佛性的,但如果不守自性,就会因造业受到果报而迷失佛性。而修道自持,随缘而不失佛性之真,则能体会佛性,保有自性清净。不过,至华严宗后期,澄观的性起学说受到天台宗性具思想影响,他说:

> 然心是总相,悟之名佛,成净缘起;迷作众生,成染缘起。缘起虽有染净,心体不殊。佛果契心,同真无尽。妄法有极,故不言之。若依旧译,云"心佛与众生,是三无差别",则三皆无尽,无

---

① 宗密撰,阎韬校释:《禅源诸诠集都序校释·禅源诸诠集都序卷下之一》,中华书局,2021年,第100页。

尽即是无别之相。应云"心佛与众生，体性皆无尽"，以妄体本真，故亦无尽。是以如来不断性恶，亦犹阐提不断性善。①

澄观认为，无论是净缘起还是染缘起，因都是同一心体的体现，故而佛果与妄法之间的张力恰能显出佛心本体。这种阐释相较于天台宗的一心三观、一念三千，其核心意蕴是相似的。而此段所言"如来不断性恶，亦犹阐提不断性善"正是天台宗智顗的说法，可见，天台宗对于后期华严宗性起说的影响，使得华严宗早期性起说纯善的因果两种说法稍偏向天台宗的性具善恶说。对此，澄观论证说：

真谓理也，佛也，妄谓惑也，生也，亦生死涅槃。言交彻者，谓真该妄末，妄彻真源，故云交彻。如波与湿，无有不湿之波，无有离波之湿。若论交彻，亦合言即圣心而见凡心，如湿中见波；故如来不断性恶，又佛心中有众生等。②

澄观认为，真、妄依一心体而互相不离交彻，这是在真与妄之间形成了一个张力，此张力支撑起了对于真如本体的彻悟。

禅宗对于佛性也有其独特的观点，慧能说：

我说不生不灭者，本自无生，今亦不灭，所以不同外道。汝若欲知心要，但一切善恶，都莫思量，自然得入清净心体，湛然常寂，妙用恒沙。③

---

① 澄观撰，于德隆点校：《大方广佛华严经疏（上）》卷第十九《夜摩宫中偈赞品第二十》，线装书局，2016年，第691页。
② 澄观述：《大方广佛华严经随疏演义钞》卷第一，《大正新修大藏经》第36卷，河北省佛教协会，2005年修订版，第8页上—中。
③ 惠能著，尚荣译注：《坛经·护法品第九》，中华书局，2010年，第166—167页。

慧能此处所说"不生不灭者"即指佛性,佛性恒有,不生不灭,而且此佛性本体超越善恶,也就是说,并不能用类似儒家对于人性善恶的界定来理解佛性。相比于天台宗和华严宗,禅宗的中国化更加彻底,一个很重要的特点就是禅宗所说的佛性与人性有着很密切的关联。如慧能说:

> 世人性本清净,万法从自性生。①
> 本性是佛,离性无别佛。②
> 自性能含万法是大,万法在诸人性中。③

慧能认为,佛性即存在于人性,离开人性而向外寻求佛性,寻求佛,根本上就不能体悟什么是佛。所以在他看来,人之自性就含有万法,而万法也存诸人性之中。正因如此,慧能认为,众生是佛,他说:

> 汝等谛听,后代迷人,若识众生,即是佛性;若不识众生,万劫觅佛难逢。吾今教汝识自心众生,见自心佛性。④

佛性就在人的自心之中,而了悟人性真谛,也就了悟了佛性。在慧能看来,如能觉悟自性,众生就是佛;如自性迷失,佛就是众生。同样的性,迷就是人性,悟就是佛性。如此推理起来,人性与佛性应是同体而异用的。

而对于心与性的关系,慧能说:

---

① 惠能著,尚荣译注:《坛经·忏悔品第六》,中华书局,2010 年,第 97 页。
② 惠能著,尚荣译注:《坛经·般若品第二》,中华书局,2010 年,第 39—40 页。
③ 惠能著,尚荣译注:《坛经·般若品第二》,中华书局,2010 年,第 40 页。
④ 惠能著,尚荣译注:《坛经·付嘱品第十》,中华书局,2010 年,第 189 页。

　　　　心是地,性是王。王居心地上,性在王在,性去王无。性在身心存,性去身心坏。佛向性中作,莫向身外求。
　　　　自性迷即是众生,自性觉即是佛。①

从慧能所言看,心性应为一体,但应以性为本体,性在身心存在,性离身心俱坏。而性之存在又有两种状态,即觉悟是佛,不觉悟是众生。如果我们把众生之性叫作人性,那么觉悟就是佛性,不觉悟就是人性。对于人性与佛性的关系,慧能认为,人性清净就是佛性,人性有染就体现不出佛性。如此说来,当没有染时,人性就是佛性;当有染时,人性就是众生。

　　在禅宗的思想中,人性与佛性是如此接近,那么如何才能达到清净之人性,也就是佛性呢? 慧能说:

　　　　若言著净,人性本净;由妄念故,盖覆真如,但无妄想,性自清净。②

此说的思维方式与宋明理学中理与气的关系极为相似,或可说宋明理学的理气相分思想受到佛教佛性思想的深刻影响。人性本来清净,之所以会存在染污,是由于人的妄念。在程颐的思想中,理赋予万物而成就纯善之性,然人之所以有不善,则是由于气的遮蔽。对于清净人性或佛性,慧能如此描述:

　　　　善知识! 世界虚空,能含万物色像,日月星宿,山河大地,泉源溪涧,草木丛林,恶人善人,恶法善法,天堂地狱,一切大海,须

---

①惠能著,尚荣译注:《坛经·疑问品第三》,中华书局,2010年,第68页。
②惠能著,尚荣译注:《坛经·坐禅品第五》,中华书局,2010年,第83页。

弥诸山,总在空中。世人性空,亦复如是。

　　善知识!　自性能含万法是大,万法在诸人性中。若见一切
人恶之与善,尽皆不取不舍,亦不染著,心如虚空,名之为大,故
曰"摩诃"。①

在道家思想中,老子以"无"为本体,这在以后形成一个传统,即中国
思想中的虚空并非只是一空间意义的虚无,而是容纳万物、造就万物
的本源。慧能此说,也是将性比作虚空,性不可着任何法象,而正因
为它不着任何法象,不依成见而区分万物,故而无论在本体论还是认
识论的意义上都是清净本源。明悟性之如此境界方是领悟了佛性的
真谛,故而能够"见性成佛",具有佛智。对于佛性的这一特点,慧能
称之为"无念"。他说:"若见一切法,从不染著,是为无念。"②佛的念
即意识是怎样运行的,其实只有达到佛的境界方能明悉,而所谓的
"无念"之说,也只是从果的角度对于佛的念的一种揣测,如希运说:

　　故知一切诸法皆由心造,乃至人天地狱六道修罗尽由心造。
如今但学无心,顿息诸缘,莫生妄想分别,无人无我,无贪瞋,无
憎爱,无胜负,但除却如许多种妄想,性自本来清净,即是修行菩
提法佛等。若不会此意,纵尔广学,勤苦修行,木食草衣,不识自
心,皆名邪行,……③

希运认为,万法皆由心造,而人修佛不应被心造之物所诱导,应保持

①惠能著,尚荣译注:《坛经·般若品第二》,中华书局,2010年,第40页。
②惠能著,尚荣译注:《坛经·般若品第二》,中华书局,2010年,第53页。
③裴休集:《黄檗断际禅师宛陵录》,《大正新修大藏经》第48卷,河北省佛教协
　会,2005年修订版,第386页中。

心之本体,去除不当的分别之心,不生贪欲憎爱之念。然佛性是什么? 我们一般只是从不能怎么样来体会,佛性的真义却是不能言传的。

与"无念"关系密切的是"无住"的说法,慧能说:

> 我此法门,从上以来,先立无念为宗,无相为体,无住为本。无相者,于相而离相;无念者,于念而无念;无住者,人之本性。……念念之中,不思前境。若前念今念后念,念念相续不断,名为系缚。于诸法上,念念不住,即无缚也。此是以无住为本。①

慧能此处所说无住,即是不住于现象,而之所以可以如此,正是由于有一个永恒佛性本体的存在,方能有现象界的变迁。如住于现象,就是束缚;而如果念念不再相续,那就是法身离开色身之时。

---

① 惠能著,尚荣译注:《坛经·定慧品第四》,中华书局,2010 年,第 79 页。

第四章　李翱的人性论

在中国思想史上,关于人性的主张很多,但在最高层次上,依其价值取向的不同,可以划分为三种不同的主张:一种价值取向是指向现实生活的,这主要是指性善、性恶诸论,包括儒、法等家的主张;一种是面向现实又想超脱现实的道家性超善恶论;一种是超离现实、价值取向来世的佛教佛性觉悟论。这三种人性论针对的生活目标有所不同,故而也依各自的立足点形成不同的人性理论;三派人性论有对立,也有相互融通的节点。总的说来,中国古代人性论讨论的焦点在于人性的善恶以及心、性、情的关系问题。

李翱是唐末最重要的儒家学者之一,和韩愈并称宋明理学的先驱。在心性论的领域,相较于韩愈的性三品说,李翱的性情理论在哲学的抽象和完善程度上都超过了韩愈。傅斯年说:"北宋新儒学发轫之前,儒家唯李氏有巍然独立之性论,上承《乐记》《中庸》,下开北宋诸儒,其地位之重要可知。"[1]钟泰亦说:"同时论性者有李翱。吾以为其过愈远矣。"[2]李翱和韩愈交往甚密,他很熟悉韩愈的性三品说,但也清楚其弊端,故而他在性三品说的基础上,提出了性善情有善有不善的复性学说。李翱的人性论显示了一种崭新的学术气象,这是因为他的思想已经深刻地受到思辨程度很高的佛教思想的影响;但

---

[1] 傅斯年:《性命古训辨证》,上海古籍出版社,2012年,第235页。
[2] 钟泰:《中国哲学史》,《钟泰著作集》第1册,上海古籍出版社,2021年,第195页。

是他本人又有着强烈的儒家价值本位意识,故而在其《复性书》中大量引用《中庸》《周易》的思想。他也是中国思想史上第一个把《中庸》的地位提到与《论语》《孟子》《大学》《易传》同等高度的思想家,为日后四书系统的形成起到了关键性的作用。李翱承继孟子的性善论,又吸取《中庸》"天命之谓性"的思想,并参考道家自性论和佛教佛性论,在中国古代人性论史上提出了复性的主张,成为中国儒家人性论精神转向的重要思想路标。李翱的复性理论不仅在当时起到了重大的作用,还对以后宋代性二元论的形成起到了引领作用。

第一节　性情与善恶关系的思维结构

在中国思想史中,性情关系在早期其实是一种分而未离的状态。孔子没有直接把性情放在一起来言说,只是说"性相近也,习相远也"①,而《性自命出》则对孔子的这一思想做了进一步的发展:

> 凡人虽有性,心无定志,待物而后作,待悦而后行,待习而后定。②

这里所说的性与习之间的关系,其实是对于孔子"性相近也,习相远也"的解释,虽有发挥的余地,但却可以帮助我们较为清晰地理解孔子思想的原意。孔子只是谈到性与习的概念及其相互关系,而在《性自命出》中,却增加了心这个层面,并明确地认为,"习相远"的原因在于"心无定志"。显然,《性自命出》发展了孔子的思想,在其思想

①朱熹:《四书章句集注·论语集注卷九·阳货第十七》,中华书局,2012年,第176页。

②李零:《郭店楚简校读记》,北京大学出版社,2002年,第105页。

中，真正最后要安定的是人的内心。《性自命出》认为，性是"喜怒哀悲之气"，一个人禀赋或多或少的"喜怒哀悲之气"，这是人的天命。显然，这里的天命观也是承自孔子的思想，这就是"性自命出，命自天降"的含义所在。而孔子说的"性相近"的含义也就明确了，孔子和《性自命出》的作者都认为人性会禀受"喜怒哀悲之气"，只是多少稍有差别，真正使人禀受的"喜怒哀悲之气"发生质的变化而在心中定型的是后天的习。在孔子的思想里，这叫作"习相远"；在《性自命出》的思想中，这叫作"待物而后作，待悦而后行，待习而后定"。从《性自命出》关于性情关系的表述来看，性与情虽有区分，但这种区分尚处于一种分而不离的状态。

首先，《性自命出》说性是"喜怒哀悲之气"，这其实是在用情来界定性。喜怒哀悲的情感由"喜怒哀悲之气"产生，这似乎有些同义反复。当然，一个是气，一个是情；一个是情的气质基础，一个是人的情感体验；虽有一定的区分，但是如果我们把《性自命出》中的性与宋明理学常说的性来比较的话，它们之间其实存在着本质的差异。在宋明理学中，比如程朱理学认为，性即理；朱熹更是明确地强调，理是没有知觉、意度的，这与《性自命出》认为性与情分而不离的状态完全不同。

其次，《性自命出》说："道始于情，情生于性。始者近情，终者近义。"①孔子的弟子子贡说："夫子之言性与天道，不可得而闻也。"②很显然，在当时，性与天道的概念已经有了，但是孔子却很少说到，这让人有些不可思议。《论语》中，孔子说到性的地方只有一处，而说道

①李零：《郭店楚简校读记》，北京大学出版社，2002年，第105页。
②朱熹：《四书章句集注·论语集注卷三·公冶长第五》，中华书局，2012年，第79页。

的地方却有不少,如"夫子之道,忠恕而已矣""吾道一以贯之"①等;显然,子贡感叹的是,夫子说到性与天道时,大家很难把握夫子的意思。从另一方面也可以说,孔子很少从正面说到性与道这两个概念本身的含义;用哲学性的语言来说,孔子说到性与天道时,欠缺一种形而上的哲学表述。不过,《性自命出》所反映的思想,倒是可以帮助我们理解孔子关于道的思想。在这里,我们并不是说,《性自命出》的思想就一定是孔子原初的思想,但其一定是孔子思想的发展。由于这种发展距离孔子非常近,所以我们由其思想便可大约想见孔子思想的大体趋向。本来,道理应是形而上学的最高本体,但是在孔子和孔子后学眼中,却并不是这样,他们所理解的道与道家思想中的道有很大的差别。在《性自命出》中,天命是最高的概念,天命落实到每一个个体身上就是命,而性是产生于此天命的,情则由此性自然产生出来。性是"喜怒哀悲之气",情是由"喜怒哀悲之气"产生的喜怒哀悲的情绪,而人心中产生的喜怒哀悲的情绪是不是合理适当,是人在生活中和修养时遇到的一个很重要的问题,而道正是用于解决这个问题的。所以,《性自命出》认为,道刚开始与情很接近,当道参与到情的调节中时,最终就会产生"义"的含义,这一点在后来告子与孟子关于"仁内义外"的争论中表现得特别生动。

孟子与告子关于"仁义内外"的争论是中国人性论思想史上的一次巅峰对决,在交锋中,应该说告子的思想正是按照《性自命出》的思想路径来进行的。孟子认为仁义先天地内在于人的心性,故而性是善的;告子则认为,仁义是后天加于无善无恶的性而形成的,故而性是无善无恶的。在孟子,道德情感之四端与道德原则之四德是一种相生的关系;在告子,外在的仁义是通过心灵的情感而纳入人性之中

---

①朱熹:《四书章句集注·论语集注卷二·里仁第四》,中华书局,2012年,第72页。

的。在告子看来,情是把义纳入性的重要纽带,没有情,义就没有办法进入人的心中,这正如《性自命出》所说:"道始于情,情生于性。始者近情,终者近义。"①要注意的一点是,《性自命出》认为"情生于性",但从整个文本看,性情的分离性并不强。从逻辑关系上来说,在人性论的发展历史中,应是先有情感的体验,再有对性的体悟。而之所以要提出"性"这一概念,正是因为人们感到心中应有一个对于情感的统一者、控制者,故而人们渐渐意识到性的地位应高于情,《性自命出》"情生于性"的说法正是对这一思想路径的肯定。

告子之后,荀子言性情,走的是《性自命出》和告子的路径,他说:

> 性者,天之就也;情者,性之质也;欲者,情之应也。以所欲为可得而求之,情之所必不免也。②

杨倞在注中说:"性者成于天之自然,情者性之质体,欲又情之所应,所以人必不免于有欲也。"③荀子对于性情的关系表达得十分清晰,性情是一体而难分的关系,情是性的质体,这与《性自命出》说性是"喜怒哀悲之气"和"好恶"是一脉相承的。可以看出,在荀子的思想中,情性虽有区别,但一体而难分;而在善恶的属性上,正因为性情难分,而情又必然会导致欲,故而荀子虽然认为性本身质朴无善恶之分,但情欲必导致性恶。

到了汉代,性情有了一定的分离,许慎《说文解字》说:"情,人之

---

① 李零:《郭店楚简校读记》,北京大学出版社,2002年,第105页。
② 王先谦撰,沈啸寰、王星贤点校:《荀子集解·正名篇第二十二》,中华书局,1988年,第428页。
③ 王先谦撰,沈啸寰、王星贤点校:《荀子集解·正名篇第二十二》,中华书局,1988年,第428页。

阴气有欲者。……性,人之阳气性善者也。"①《白虎通·性情》说:"性情者,何谓也?性者阳之施,情者阴之化也。人禀阴阳气而生,故内怀五性六情。"文中的阴阳有一定的分离,但似并不具有相生的关系,《白虎通·性情》进一步认为:"性所以五,情所以六何?人本含六律五行之气而生,故内有五藏六府,此情性之所由出入也。"②这是将性情与人的脏器联系起来,其实汉代性情并非是最高级别的哲学概念,在它们的上面,阴阳更加根本,而且汉代性情的关系是通过阴阳来达成的。而纬书《孝经援神契》更是将性情归于阴阳,又将与人的性情有关的阴阳之气具体化为人之魂魄:"情者魂之使,性者魄之主。情生于阴,以计念;性生于阳,以理契。"③汉人理解的魂魄亦与阴阳相配,如许慎《说文解字》说:"魂,阳气也。魄,阴神也。"④董仲舒所理解的性情关系有了一定的分离,性情的这种初步的分离亦并无相生的关系,而是对于天人感应思想框架的一种回应。在董仲舒的思想里,天人感应,天道与人的性情之间也有着对应的关系。大约是依照"一阴一阳之谓道"⑤的传统,在董仲舒看来,天道由阴阳的相互作用来体现,而阴阳之气落到人性上就是贪、仁之性。故而,他说:

> 人之诚,有贪有仁。仁贪之气,两在于身。身之名,取诸天。天两有阴阳之施,身亦两有贪仁之性。天有阴阳禁,身有情欲

①段玉裁:《说文解字注》,中华书局,2013年,第506页下。
②陈立撰,吴则虞点校:《白虎通疏证》卷八《性情》,中华书局,1994年,第381、382页。
③孙毅编:《古微书》卷二十七《孝经援神契》,《丛书集成初编》0692,中华书局,1985年,第525页。
④段玉裁:《说文解字注》,中华书局,2013年,第439页下。
⑤周振甫译注:《周易译注·系辞上传》,中华书局,1991年,第234页。

桎,与天道一也。①

> 身之有性情也,若天之有阴阳也。言人之质而无其情,犹言
> 天之阳而无其阴也。②

显然,在董仲舒看来,人的性情,就像天的阴阳,是一物的两面,但这
两者显然并未有相生的关系,也没有体用的关系。董仲舒又说:

> 天地之所生,谓之性情。性情相与为一瞑。情亦性也,谓性
> 已善,奈其情何?③

"瞑"的意思是闭眼,性情就像眼睛开合的一瞬,几不可分;故而董仲
舒认为情也可以说是性,这充分说明了在他的思想中,性情的区分承
继的是《性自命出》、告子、荀子的路径,虽有分,但这种区分才在思想
史中刚刚展开。《性自命出》有"情生于性"的思想,但这种"相生"的
具体含义尚且模糊,而在荀子和董仲舒的思想中,性与情相生的关系
也不明显。

　魏晋时期,性情关系有主张性情一致的,如嵇康"人性以纵欲为
欢"的思想,此种性情观其实显示性与情并未有很强的区分。汉人就
有神化圣人而主圣人无情之说,何晏遵此传统主张圣人无情,有许多
追随者,这显然是一种认为情会妨碍性的理论。王弼则对此种理论
进行了纠正,他认为圣人亦有情,只是必须以性来制约情。这是一种性

---

①苏舆撰,钟哲点校:《春秋繁露义证·深察名号第三十五》,中华书局,1992 年,
　第 294—296 页。
②苏舆撰,钟哲点校:《春秋繁露义证·深察名号第三十五》,中华书局,1992 年,
　第 299 页。
③苏舆撰,钟哲点校:《春秋繁露义证·深察名号第三十五》,中华书局,1992 年,
　第 298 页。

与情之间的平衡之说，在中国人性论发展史上第一次表现出"性其情"的特点，表现出性与情之间的本末关系，具有很重要的本体论意义。

陈弱水在《〈复性书〉思想渊源再探——汉唐心性观念史之一章》中详细研究了中古时期道教思想对李翱复性说的影响，他说：

> 从先秦到南北朝，中国思想——特别是道家传统——持续保有不少类似"抑情""反性"的想法。然而，灭情反性的完整观念似乎要到唐代道教中才形成。①

陈弱水的这个结论源自他对茅山宗道士吴筠的研究，他引证吴筠的如下思想：

> 成我者神也，则我者人也。神符性以契道，人应情以丧真。（《洗心赋》）②
>
> 神者，无形之至灵者也。神禀于道，静而合乎性；人禀于神，动而合乎情。故率性则神凝，为情则神扰。凝久则神止，扰极则神迁。止则生，迁则死。皆情之所移，非神之所使。（《玄纲论·率性凝神章》）③
>
> 气本无质，凝委以成形。形本无情，动用以亏性。……故生我者道也，灭我者情也。情亡则性全，性全则形全，形全则气全，

---

① 陈弱水：《〈复性书〉思想渊源再探——汉唐心性观念史之一章》，《"中央研究院"历史语言研究所集刊》第六十九本第三分，1998 年 9 月，第 445 页。
② 陈弱水：《〈复性书〉思想渊源再探——汉唐心性观念史之一章》，《"中央研究院"历史语言研究所集刊》第六十九本第三分，1998 年 9 月，第 446 页。
③ 陈弱水：《〈复性书〉思想渊源再探——汉唐心性观念史之一章》，《"中央研究院"历史语言研究所集刊》第六十九本第三分，1998 年 9 月，第 446 页。断句有改动。

气全则神全,神全则道全。道全则神王,神王则气灵,气灵则形超,形超则性彻,性彻则反覆流通,与道为一。(《玄纲论·同有无章》)①

吴筠此说,将性与情看作对境,并将情看作是性的障碍。吴筠表达性与情的关联方式相比于李翱要曲折,他认为,神合乎性,人因神动而产生情感,此情即是对于性的耗损。这里面似乎表达了性因神动而生情的关联,但这种关联并没有赋予情任何正常的地位,而只是把它看作是性的耗损性的根源。这样,吴筠从道、神、气、形、性五个层面上阐述了人无情时的贯通性,而将情看作是整个系统平衡的威胁。

陈弱水还研究了唐代其他道士的复性思想,他说:

除了吴筠,唐初著名道士与经典注释家成玄英在《道德经开题序决义疏》中有言:"所谓无极大道,是众生之正性也。"又说:"生我者道,灭我者情,苟忘其情,则全乎性。"时代比吴筠稍前的另一茅山宗名道士司马承祯的《天隐子·神仙》云:"喜怒哀乐爱恶欲,情之邪也。……去此邪,成仙功也。"同篇《渐门》曰:"人之修真达性,不能顿悟,必须渐而进之。故设渐门……三曰存想。……何谓存想? 曰:收心复性。"②

从陈弱水的论述中可以看出,道教确有很强大的去情复性的主张,此

①陈弱水:《〈复性书〉思想渊源再探——汉唐心性观念史之一章》,《"中央研究院"历史语言研究所集刊》第六十九本第三分,1998年9月,第446页。
②陈弱水:《〈复性书〉思想渊源再探——汉唐心性观念史之一章》,《"中央研究院"历史语言研究所集刊》第六十九本第三分,1998年9月,第447页。

种思想对于李翱的性情关系思想有着一定的影响。

在李翱的思想中,性与情有了一定的分离性,李翱明确地表达了性与情之间的相生关系,对此,他说:

> 虽然,无性则情无所生矣。是情由性而生,情不自情,因性而情,性不自性,由情以明。①

显然,在李翱的思想中,性与情的关系是相生关系和体用关系的复合;这也就是说,性与情既有相生的关系,又有体用的关系。用现代的语言来说,性既是情的本根,又是情的本体。如果相生关系发生在两个独立的个体之间,比如在母子关系中,母亲可以是纯善无恶的,儿子则可能是善的也可能是恶的。

在中国思想史中,这种独立个体之间善恶关系的例子很多,《孟子·告子上》说:

> 或曰:"有性善,有性不善;是故以尧为君而有象,以瞽瞍为父而有舜;以纣为兄之子且以为君,而有微子启、王子比干。"②

这里讨论了几种类型的善与恶的关系,我们注意到,舜的父亲瞽瞍不善,但是生出的儿子却是圣人;在殷商王族里,同一个祖先的后代有像纣一样的恶人,也有像微子和比干一样的贤者。这说明,在相生关系的第一个层次,也就是由一个体生出另一个体时,无论是善产生善,还是善产生恶,抑或是恶产生善,我们都是可以理解的;那么在同

---

① 《李翱文集校注》卷第二《复性书(上)》,第13页。
② 朱熹:《四书章句集注·孟子集注卷十一·告子章句上》,中华书局,2012年,第334页。

一个体之内呢？什么是中国人理解的同一个体之内各要素之间的关系呢？中国人的思维方式与西方人的思维方式有很大的差异,西方思想重视逻辑,是建立在以"是"为核心的逻辑推演基础之上的,即使是现代西方反形而上学的哲学派别也是以传统形而上学的对立面的面相来出现的。与西方这种形而上学思维方式不同,中国思想的思维方式是体用论和理一分殊,这种思维方式影响并左右着中国古代哲人们的思想①。体用思维方式在王弼的思想中已经露出了苗头,再经过佛教的影响,在唐末,体用关系理论已经十分流行。李翱虽没有明确地说性情关系是一种体用关系,但是当我们读到"情不自情,因性而情,性不自性,由情以明"②这样的话时,明显地感到体用思想对李翱性情关系的影响。这样,在同一个体中,中国人组织各种要素的思维结构不是逻辑,而是体用关系,具体到李翱的性情关系上,性与情之间便具有体用和与体用关系相配合的相生关系。相生关系在先秦时期就以本根论的形式存在,比如老子的"'道'生一,一生二,二生三,三生万物"③;但是体用论的相生关系更加注重体与用的一体性。有了以上的思考,我们就要问这样一个问题:在同一个体基础上的体用关系中,如果本体是善的,用能不能是恶的呢?

要回答这个问题,我们首先要回答的是,在体用关系中,什么样属性的体可以导致有善有恶的用? 这个问题其实王弼在《老子指略》中已经说得十分清楚:

> 夫物之所以生,功之所以成,必生乎无形,由乎无名。无形

①"体用论"与"理一分殊"的相关论述请参考拙著《张载哲学与中国古代思维方式研究》第一章"中国古代法象思维与体用论、理一分殊的发展历程",中华书局,2012年,第1—76页。

②《李翱文集校注》卷第二《复性书(上)》,第13页。

③陈鼓应:《老子注译及评介》,中华书局,1984年,第232页。

> 无名者,万物之宗也。不温不凉,不宫不商。听之不可得而闻,
> 视之不可得而彰,体之不可得而知,味之不可得而尝。故其为物
> 也则混成,为象也则无形,为音也则希声,为味也则无呈。故能
> 为品物之宗主,苞通天地,靡使不经也。若温也则不能凉矣,宫
> 也则不能商矣。形必有所分,声必有所属。故象而形者,非大象
> 也;音而声者,非大音也。然则,四象不形,则大象无以畅;五音
> 不声,则大音无以至。四象形而物无所主焉,则大象畅矣;五音
> 声而心无所适焉,则大音至矣。故执大象则天下往,用大音则风
> 俗移也。无形畅,天下虽往,往而不能释也;希声至,风俗虽移,
> 移而不能辩也。①

在王弼看来,本体只能是无形无名的,因为有形有名的物是由无形无名的本体产生出来的。如果本体具有某种属性,则必然会受到这种属性的限制,正如王弼所说,温的就不能是凉的,宫调就不能是商调;所以,这个产生不同事物或属性的本体应该是没有任何属性的,在王弼的思想中,这个本体就是"无"。《老子指略》虽然没有谈到什么样属性的体可以导致有善有恶的用,但是我们从王弼思想中可以推测出,产生善或恶属性的一定是无善无恶的本体;因为如果本体是善的,就只能产生善的用,如果是恶的,就只能产生恶的用。这一点在思想史上还有南宋胡宏的思想作为佐证。

　　胡宏是宋明理学的重要思想代表,现在一般认为,宋明理学有五个大的派系,那就是理学、心学、象数学、气本论、性本论,而胡宏即是性本论派系的思想代表。在宋明理学中,主张性纯善无恶的是主流,而胡宏的学术观点却与此不同,他主张性无善无恶论,这一点显然是向上承继了《性自命出》、告子、荀子的思想路径;而与前人不同的是,

---

① 王弼著,楼宇烈校释:《王弼集校释·老子指略》,中华书局,1980年,第195页。

胡宏的性已经不仅仅是人性的性，而是具有了形而上学意义的本体
性。胡宏的核心命题与我们的讨论十分切近，他说："天理人欲同体
而异用。"①胡宏性论无善无恶的说法最早出自朱熹，但后世学者亦
有主张胡宏的性为本然至善，言至善之性，与恶无对。如牟宗三即认
为，胡宏的性是"超越的绝对体"，是与恶无对的至善。牟宗三此说，
应出自他对朱熹思想的不信任，也出自对胡宏思想的思考，因胡宏
说："性也者，天地鬼神之奥也，善不足以言之，况恶乎？"②在胡宏的
思想中，性是万物的本体，这在宋明理学中具有很重要的意义。这个
本体，按胡宏的说法，善不足以表达它，何况是恶。善恶都是人世间
的伦理原则，显然，胡宏以为这些人世间的原则并不足以完全表达作
为本体的性的本质。牟宗三认为，既然一般的善与恶的对立不能表
达此本体，那么如果有一种脱离了善恶对立的至善无恶的存在呢？
这个说法有点接近道家的性超善恶论，但道家的性超善恶的说法强
调的是事物的自性，与儒家的说法有所不同。牟宗三的这个说法其
实就是王阳明在四句教中所说的"无善无恶心之体"，因我们都知道
王阳明的心之本体良知是纯善无恶的，故而会认为此无善无恶的心
之体大约应是至善无恶的与恶无对的至善之体。当然，说胡宏所说
的性是至善，也有一定的道理，因他如此说道：

> 　或问性，曰："性也者，天地之所以立也。"曰："然则孟轲氏、
> 荀卿氏、扬雄氏之以善恶言性也，非欤？"曰："性也者，天地鬼神
> 之奥也，善不足以名之，况恶乎？"或者问曰："何谓也？"曰："宏

---

① 胡宏著，吴仁华点校：《胡宏集》附录一《宋朱熹胡子知言疑义》，中华书局，
　1987年，第329页。
② 胡宏著，吴仁华点校：《胡宏集》附录一《宋朱熹胡子知言疑义》，中华书局，
　1987年，第333页。

闻之先君子曰:'孟子所以独出诸儒之表者,以其知性也。'宏请
曰:'何谓也?'先君子曰:'孟子道性善云者,叹美之辞也,不与
恶对。'"①

由此文可见,胡宏父子对孟子的性善说也很重视,胡安国说,孟子言
性善,是一种叹美之辞,而且目的就是不与恶对。这段话扬善抑恶的
用意十分明显,但虽如此,亦不能成为他不是性无善无恶论者的证
词。因为如前所述,胡宏虽承继性无善无恶这一系的思想传统,但他
对于此传统又有了一根本的改变,那就是对性的本体论化,这是《性
自命出》、告子、荀子的思想中所没有的;将性上升到本体的地位,这
在中国性论思想史上是一个创举。

　　胡宏论性,将它推到了本体的地位,对此,他说:

　　　　形而在上者谓之性,形而在下者谓之物。性有大体,人尽之
矣。一人之性,万物备之矣。论其体,则浑沦乎天地,博浃于万
物,虽圣人,无得而名焉;论其生,则散而万殊,善恶吉凶百行俱
载,不可掩遏。论至于是,则知物有定性,而性无定体矣,乌得以
不能自变之色比而同之乎?

　　　　告子知羽雪玉之白,而不知犬牛人之性,昧乎万化之原。此
孟子所以不得不辨其妄也。以此教民,犹有以性为恶而伪仁义
者,犹有以性为善恶浑不能决于去就者。②

浑沦同浑沌,同混沌,指宇宙形成前的迷濛状态,或元气状态。由此

①胡宏著,吴仁华点校:《胡宏集》附录一《宋朱熹胡子知言疑义》,中华书局,
　1987年,第333页。
②胡宏著,吴仁华点校:《胡宏集·释疑孟·辨》,中华书局,1987年,第319页。

段话可知,在胡宏看来,性是形而上之本体,此本体与天地为一体而未分,又能通达贯通于万事万物,即使圣人也不能给它名称。此本体散而生于万物从而显现出万殊之状况,此时才会呈现出善恶吉凶;故而善恶只是从具体事物上才显现出来,并非本体之象。所以说,由具体事物才会显示出诸如善恶的定性,而性本身却并无定体,不宜用善恶来言说。故而胡宏认为,告子用羽、雪和玉固定的白色去理解性并不能领会性为万物万化源泉的形上奥义。在性与气的相互关系上,胡宏以性为体,将性与气合为一体,认为性是气之根本。他说:"非性无物,非气无形。性,其气之本乎!""气之流行,性为之主。"①而对于性与理的关系,胡宏说:"大哉性乎! 万理具焉,天地由此而立矣。"②在他看来,性具万理,性与理是总分关系。

中国哲学对于本体的意义常有不可言说的传统认知,性为形而上的本体,其意义的阐释其实也很有难度,但胡宏还是就性的含义说:

> 好恶,性也。小人好恶以己,君子好恶以道。察乎此,则天理人欲可知。③

胡宏认为性无善恶,但是性可以用好恶来表示。这种说法,让我们想起《性自命出》中的说法"好恶,性也"。看到这种一模一样的话,让人怀疑胡宏读过《性自命出》,但其早已失传,我们便不由地钦佩胡宏对思想的领悟能力。胡宏在没有任何史料帮助的情况下,通过哲学

①胡宏著,吴仁华点校:《胡宏集·知言·事物》,中华书局,1987 年,第 22 页。
②胡宏著,吴仁华点校:《胡宏集·知言·一气》,中华书局,1987 年,第 28 页。
③胡宏著,吴仁华点校:《胡宏集》附录一《宋朱熹胡子知言疑义》,中华书局,1987 年,第 330 页。

和留传下来的文献的思考,成功地体悟到了性的思想原义,这个原义
离孔子思想不远,在子思子学派的思想活动中刚刚展开。与告子"生
之谓性"和"食色,性也"的说法相比,"好恶"的说法更接近性的原
义;如此说来,朱熹说胡宏的性无善无恶是没有问题的。"好恶"是
性,这是人生而具有的心中本体;至于好恶的依据,则会有天理、人欲
的不同,君子好恶的标准是道,而小人好恶则在于自己的欲望。胡宏
认为,性为体,心为用,对此,他说:

> 圣人指明其体曰性,指明其用曰心。性不能不动,动则心矣。①
> 心也者,知天地,宰万物,以成性者也。②
> 窃谓未发只可言性,已发乃可言心。③

他进而认为,作为本体的性是没有善恶的,他说:"性也者,天地鬼神
之奥也,善不足以名之,况恶乎?"④如此,性为未发,并无善恶属性;
心为已发,善恶于此而分。故而他提出"天理人欲同体异用"的观点:

> 天理人欲同体而异用,同行而异情。进修君子宜深别焉!⑤

---

①胡宏著,吴仁华点校:《胡宏集》附录一《宋朱熹胡子知言疑义》,中华书局,
　1987年,第336页。
②胡宏著,吴仁华点校:《胡宏集》附录一《宋朱熹胡子知言疑义》,中华书局,
　1987年,第328页。
③胡宏著,吴仁华点校:《胡宏集·书·与曾吉甫书三首》,中华书局,1987年,第
　115页。
④胡宏著,吴仁华点校:《胡宏集》附录一《宋朱熹胡子知言疑义》,中华书局,
　1987年,第333页。
⑤胡宏著,吴仁华点校:《胡宏集》附录一《宋朱熹胡子知言疑义》,中华书局,
　1987年,第329页。

显然,天理、人欲均以性为体,但是性体不同的用。胡宏自然不完全反对人欲,但要人欲中节,便合天理。此处似亦有以天理节制人过度之欲的意思,否则就不会说,修养身心的君子,应该深入地理解它们之间的差别。总的来说,胡宏的本体性,与道、气同体,不能以善恶言说,但在它的用上,就会显出善恶的区分。在胡宏的本体论中,本体是无善无恶的,也只有这样无善无恶的本体,才能成为有善有恶世界的本体。

我们讨论了什么样的本体才能合乎逻辑地派生出有善有恶的用的问题,也就明白,在中国古代的思想中,如果体是善的,那么,由纯善的本体产生出有善有恶的用就不符合体用论的思维方式。我们理解的传统体用论,一般是体在前,用在后,但是韩国学者林采佑在《哲学研究》上撰《略谈王弼体用范畴之原义——"有体无用"之"用体论"》一文认为,王弼的思想在历史上屡被误解,他说:

> 尽管王弼的思想在中国哲学史上具有如此深刻的影响,但王弼却是一位历史上罕见的、一直被误解的思想家。对于王弼的思想过去一般是从儒家门户意识的立场上进行批判的。到了宋代,又为理学的观点所歪曲。到了现代,则被牵强附会地比附于西方哲学概念,从而导致了对王弼原义的误解。从魏晋时期到现代,王弼思想的相当一部分被歪曲了。其中,"体""用"的概念是被误解的最具代表性的概念。①

林采佑是韩国学者,他大约没有先入为主之见,故而在看到许多文献

---

①林采佑:《略谈王弼体用范畴之原义——"有体无用"之"用体论"》,《哲学研究》,1996年第11期,第30页。

后,便发现了中国体用论的早期表现形态:

> 王弼思想的核心在于"用"字,而非"体"字。王弼的体是形体的意思,是存在之中的劣等(物之累),真正应该重视的则是用。这个"用"并非佛教或性理学上的二次性、受动性的存在,也非现象或质料。"用"是作用、功能的意思,是把体,即事物的存在和价值积极地体现、发挥的能动性价值观念。没有用之体就不存在任何意义。①

如果我们认同林采佑的观点,就会有一个想法,"体用论"由善体产生恶性是有问题的,但"用体论"由用而产生恶就是有可能的;当然林采佑不会有这样的想法,因为他所说的体是质体之体,而非本体之体。但是,我们可以考虑,在"用体论"中,假如体是本体之体就会有这样的情况。当然这里就会有更深入的含义,从人的角度来说,人如何来用本体之体呢? 这里就涉及了心概念的引入问题。也就是说,从"用体论"的角度来说,人通过什么来实现用体呢? 只有一个途径,那就是通过"心"来用体。

在李翱的思想中,性情关系已经比荀子和董仲舒的性情思想前进了一步。在荀子和董仲舒的思想中,性情关系是分而未离的一体性关系,但还没有发展成为体用的关系;而李翱思想中的性情关系已经是一种体用的关系,性产生情,性是情的本体。也正是因为李翱思想具有了不同于荀子、董仲舒性情关系的体用意义,一些在荀子、董仲舒思想中不成问题的问题就显现了出来。李翱说:

①林采佑:《略谈王弼体用范畴之原义——"有体无用"之"用体论"》,《哲学研究》,1996 年第 11 期,第 33 页。

情有善有不善,而性无不善焉。①

虽然,无性则情无所生矣。是情由性而生,情不自情,因性而情,性不自性,由情以明。②

李翱认为,性是善的,情是有善有恶的,纯善的性怎么会产生不善的情呢？我们在前面已经考察了,只有性是无善无恶的,才有可能从体用论的角度产生善与恶；因为在这种关系中,善与恶是后起的,是无善无恶本体的用的结果。但是在李翱的哲学中,性是善的,情却有善有恶,这就需要我们进一步深入理解其意义。作为一名在思想史上具有重要地位的思想家,在其最重要的思想上轻易地犯表面性的错误,可能性是很小的。在李翱的思想中,情这个概念其实有两种用法,一种指的是善情,一种指的是恶情,但是李翱并没有明确地区分这两种情的用法,我们只有在上下文中才能确定它们的具体含义。在阐述李翱的性情关系理论前,我们有必要简要回顾一下唐以前性情关系的发展史。

第二节　唐以前中国思想史中的性情关系学说

孔子谈到性的次数比较少,也没有谈到性与情的关系问题；但孔子对于性情关系的认识,我们可以通过郭店楚简《性自命出》进行推想。学者们大都认为《性自命出》的成文时代处于孔子和孟子之间,属于子思子学派的著作。子思是孔子的孙子,他的思想应受到孔子很深的影响；故而想来孔子没有提及性情之间的关系,是与在孔子的时代性情概念尚未有明确的分离有关,这一点在《性自命出》中表现

---

①《李翱文集校注》卷第二《复性书(中)》,第22页。
②《李翱文集校注》卷第二《复性书(上)》,第13页。

得非常明显。《性自命出》说:"喜怒哀悲之气,性也。……道始于情,情生于性。"①《性自命出》认为,性是"喜怒哀悲之气",这显然是用情感来界定性的含义,足见性在中国思想最初的认识中,是与情分而不离的一个状况。性是什么,我们在《性自命出》中还读不出太多形而上的意义,而对它的理解更多的是从一个人面对外界事务所表现出的情绪情感来认知的。这里虽然谈到了性产生情的问题,但这种产生是喜怒哀悲之气产生喜怒哀悲之情,而且在谈到性时,《性自命出》还说道"好恶,性也"。好恶也是人的情绪,以此来界定性,显见在《性自命出》中性情连带一体,是分而不离的关系。《性自命出》中的性情关系,有点类似于《礼记·乐记》中的说法,"人生而静,天之性也。感于物而动,性之欲也"②。李翱在其《复性书》中引用了前半句,可见这一思想理论影响之深远。这句话以性为静,以情欲为动,是先秦时期典型的"性静情动"说,后来就有性善情恶说,到李翱再发展为性善情有善有不善说,这一性情关系发展标记着初期的性情关系渐因善恶而分离的理路。

　　孔子的思想并没有试图给予这个世界一个周详的概念系统,孔子后学则大约有了这样一种进一步的思考,《性自命出》作为子思子学派的代表作之一,给出了一个类似世界生成的模式:天—命—性—情—道。在这个序列中,道的位置在情的后面,这个道显然并不是老子所说的道,这也说明,儒家早期,或者说孔子所说的道并不是道家所说的道。

　　告子承继了《性自命出》的思想,提出了性无善无恶的主张,那么这个无善无恶的性与情是一种什么样的关系呢? 告子认为人性是

①李零:《郭店楚简校读记》,北京大学出版社,2002年,第105页。
②郑玄注,孔颖达等正义:《礼记正义》卷三十七《乐记第十九》,阮元校刻:《十三经注疏》第三册,中华书局,2009年,第3314页。

"生之谓性",他进而解释说,他所说的"生之谓性"也就是人的食色之性;因为这是人生来就具有的性,自然是没有善与恶的。但是他并不反对人对于仁义的追求,只不过认为仁义是在人的外面。所谓"在人的外面"自然是指在人性的外面,当然仁义可以通过后天的努力加诸"生之谓性"之上,从而使人具有道德性。不过,在孟告之争中,由于孟子在论辩中的步步进逼,告子被迫认为仁在内而义在外。但是这在外的义又怎样与在内的"生之谓性"相互关联呢? 对此,告子如此说道:

> 曰:"吾弟则爱之,秦人之弟则不爱也,是以我为悦者也,故谓之内。长楚人之长,亦长吾之长,是以长为悦者也,故谓之外也。"①

从这段话我们看到,无论是在内的仁心,还是在外的义,都是通过情感与"生之谓性"相关联的。这里所说的"爱""悦"都是人内心的情感,只不过情感所面向的对象不同罢了。这样说来,告子所说的情感是与"生之谓性"联结在一起的,也是"生之谓性"联结义的纽带。

我们考察孟子的性情关系,不应只注意一个情字,如有学者认为孟子所说的"乃若其情,则可以为善矣"②中的"情"字是"情实"的意思;又有学者认为此"情"就是与性相对的"情"。孟子性情观最集中的表现就是四端四德说,孟子说:

---

① 朱熹:《四书章句集注·孟子集注卷十一·告子章句上》,中华书局,2012 年,第 333 页。
② 朱熹:《四书章句集注·孟子集注卷十一·告子章句上》,中华书局,2012 年,第 334 页。

　　乃若其情，则可以为善矣，乃所谓善也。若夫为不善，非才之罪也。①

戴震在《孟子字义疏证》中说：

　　孟子举恻隐、羞恶、辞让、是非之心谓之心，不谓之情。首云"乃若其情"，非性情之情也。孟子不又云乎："人见其禽兽也，而以为未尝有才焉，是岂人之情也哉？"情，犹素也，实也。②

后世许多学者便遵其说，认为情不是情感的情，而是情实的意思。而赵岐却说：

　　若，顺也。性与情，相为表里，性善胜情，情则从之。《孝经》云："此哀戚之情。"情从性也，能顺此情，使之善者，真所谓善也。③

赵岐将"若"理解为"顺"，将"情"理解为情感之情，并认为性与情之间是相表里的关系，而且认为如果善性胜过情，情就会从属于性。朱熹也说：

　　"'乃若其情，则可以为善。'性无定形，不可言。孟子亦说：'天下之言性者，则故而已矣。'情者，性之所发。"节。

————————————

① 朱熹：《四书章句集注·孟子集注卷十一·告子章句上》，中华书局，2012年，第334页。
② 戴震著，何文光整理：《孟子字义疏证》，中华书局，1982年，第41页。
③ 赵岐注，孙奭疏：《孟子注疏》卷十一上《告子章句上》，阮元校刻：《十三经注疏》第五册，中华书局，2009年，第5981页。

问"乃若其情"。曰："性不可说,情却可说。所以告子问性,孟子却答他情。盖谓情可为善,则性无有不善。所谓'四端'者,皆情也。仁是性,恻隐是情。恻隐是仁发出来底端芽,如一个谷种相似,谷之生是性,发为萌芽是情。……"①

学者争讼,在此就不做断言,如"乃若其情,则可以为善矣"②中的情为情感,那么可见孟子性情一致,联系紧密。如这里的"情"是情实之意,也不打紧。我们对情的考察不应只是盯着一个"情"字,朱熹就认为,四端皆是情。孟子本《中庸》的思想,在天为命,在人为性,认为人心中的仁、义、礼、智就是人的本性,故而在他看来人性是善的。孟子认为,人生来先天就具有恻隐、羞恶、辞让、是非之心;在这四者中,除了是非之心,前三者都是一种情感。故而在孟子的思想中,道德情感萌生道德原则,而且它们在心中有着密切的关联;道德原则产生于道德情感,而且离不开道德情感的辅助作用。如孟子说,当我们看到有儿童将要落井,一定会有怵惕恻隐之情感,会想对孩子进行施救。

荀子的人性论所走的路径应是承继《性自命出》、告子,这一系主张"生之谓性",情感欲望本身就是人生而具有的;故而正像告子认为食色是人天生的性,并没有善恶的属性,荀子对于人的情感欲望也不持绝对排斥的态度。孔子说:"七十而从心所欲,不逾矩。"③荀子说:

①朱熹著,郑明等校点:《朱子语类》卷五十九,《朱子全书》第十六册,上海古籍出版社、安徽教育出版社,2002年,第1880—1881页。
②朱熹:《四书章句集注·孟子集注卷十一·告子章句上》,中华书局,2012年,第334页。
③朱熹:《四书章句集注·论语集注卷一·为政第二》,中华书局,2012年,第54页。

"圣人纵其欲,兼其情,而制焉者理矣。"①与孔子从心所欲但是不逾越规矩的想法一样,荀子也认为,圣人亦不离情欲,只是要有理来制之。荀子对于欲更为详细的思想表现在下面这一段文字之中:

> 凡语治而待去欲者,无以道欲而困于有欲者也。凡语治而待寡欲者,无以节欲而困于多欲者也。有欲无欲,异类也,生死也,非治乱也。欲之多寡,异类也,情之数也,非治乱也。欲不待可得,而求者从所可。欲不待可得,所受乎天也;求者从所可,受乎心也。所受乎天之一欲,制于所受乎心之多,固难类所受乎天也。人之所欲,生甚矣,人之所恶,死甚矣,然而人有从生成死者,非不欲生而欲死也,不可以生而可以死也。故欲过之而动不及,心止之也。心之所可中理,则欲虽多,奚伤于治!欲不及而动过之,心使之也。心之所可失理,则欲虽寡,奚止于乱!故治乱在于心之所可,亡于情之所欲。不求之其所在,而求之其所亡,虽曰我得之,失之矣。②

在荀子看来,人的欲望是天生的,最重要的是控制欲望,而不是禁绝人的情欲。他认为,有些时候,我们欲望过盛而行动力却不足;有些时候,我们的欲望不及,而行动力又超过了限度。前者就需要心来制止它,后者则是心失其理导致的结果。故而,只要心中所许可的事中于理,那么即使欲望多,对于天下的治理又有什么妨碍呢?

---

① 王先谦撰,沈啸寰、王星贤点校:《荀子集解·解蔽篇第二十一》,中华书局,1988年,第404页。
② 王先谦撰,沈啸寰、王星贤点校:《荀子集解·正名篇第二十二》,中华书局,1988年,第426—428页。

孔子说："唯仁者能好人，能恶人。"①《性自命出》说："好恶，性也。"荀子说："性之好、恶、喜、怒、哀、乐谓之情。"②在孔子看来，只有真正的仁者才能好人，能恶人。这主要是说，一般的人，谁给的利多，他就喜欢谁；谁生得漂亮，他就喜欢谁。即使这个人他内心里很厌恶，但如果这个人位高权重，就不敢厌恶。或者想做一个八面玲珑之人，隐藏自己的真实情感，四面讨好，这正是孔子最厌恶的乡愿。《性自命出》显然发展了孔子的思想，子思子学派仔细思考了"好恶"的深层含义，并将它与人性联系起来。荀子说性也谈到这个意思，把"好恶"看作好、恶、喜、怒、哀、乐六情中的两个，可见荀子的思想正是上承孔子、《性自命出》的思想路径。对于性情，荀子说：

性者，天之就也；情者，性之质也；欲者，情之应也。③

在荀子看来，性是天赋的生而就有的本性，情和性不可分，是性的内质，而当性应物时，就会表现为欲。所以，在荀子的思想中，性情也是一体难分的，他也常常直接将性情两字放在一起来使用，如他说："今人之性，饥而欲饱，寒而欲暖，劳而欲休，此人之情性也。"④在荀子的思想里，还没有提出性是不是产生情这样的问题。

《礼记》的作者和成书时代学界有很多争议，《礼记·乐记》所说

---

①朱熹：《四书章句集注·论语集注卷二·里仁第四》，中华书局，2012 年，第69 页。
②王先谦撰，沈啸寰、王星贤点校：《荀子集解·正名篇第二十二》，中华书局，1988 年，第412 页。
③王先谦撰，沈啸寰、王星贤点校：《荀子集解·正名篇第二十二》，中华书局，1988 年，第428 页。
④王先谦撰，沈啸寰、王星贤点校：《荀子集解·性恶篇第二十三》，中华书局，1988 年，第436 页。

的"人生而静，天之性也。感于物而动，性之欲也"①与《性自命出》、荀子的说法很接近。

董仲舒的性的观念与荀子很接近，其性情观亦复如是，但又有发展。他认为，天有阴阳，人有贪仁，性与情的关系如同阴与阳，是一种紧密共在的关系。他说："性情相与为一瞑。情亦性也。……身之有性情也，若天之有阴阳也。言人之质而无其情，犹言天之阳而无其阴也。"②这里的"质"类似于荀子所说的"资""朴"，指的是性，在董仲舒看来，性与情有区别，但还没有完全分开。

中国思想进入魏晋时期，由于本体论思想的巨大发展，性情关系也发生了重要的变化，而王弼的性情思想在魏晋时期具有重要的意义。王弼是贵无论的代表人物，他把老子的本体观念深化提炼，进行了深入的思考，达到了中国本体论史上的又一高峰。

王弼论性，以自然为性，他说："万物以自然为性，故可因而不可为也，可通而不可执也。"③王弼的这句话是注释《老子》二十九章时说的，受道家性论影响，他主张性超善恶，其关于性的言论也体现了对道家思想的认同，如：

> 夫耳、目、口、心，皆顺其性也。不以顺性命，反以伤自然，故曰盲、聋、爽、狂也。④

---

① 阮元校刻：《礼记正义》卷三十九《乐记第十九》，《十三经注疏》第三册，中华书局，2009 年，第 3314 页。
② 苏舆撰，钟哲点校：《春秋繁露义证·深察名号第三十五》，中华书局，1992 年，第 298—299 页。
③ 王弼著，楼宇烈校释：《王弼集校释·老子道德经注》，中华书局，1980 年，第 77 页。
④ 王弼著，楼宇烈校释：《王弼集校释·老子道德经注》，中华书局，1980 年，第 28 页。

> 静则复命,故曰"复命"也。复命则得性命之常,故曰
> "常"也。①

王弼认为,天下万物都有其自然之性,如人的耳、目、口、心,都有其自然之性,人们要做的是顺性而为,如反之则伤害自然,导致人处于目盲、耳聋、口爽、心发狂的境地。他主张静能复命,正如老子主张"归根曰静"②,把性命之常与道联系在一起。

王弼所处的时代,圣人无情论十分流行,比如何晏就主张圣人无情论,《王弼传》说:

> 何晏以为圣人无喜怒哀乐,其论甚精,钟会等述之。弼与不同,以为圣人茂于人者神明也,同于人者五情也,神明茂故能体冲和以通无,五情同故不能无哀乐以应物,然则圣人之情,应物而无累于物者也。③

王弼不同意圣人无情论,他认为圣人的五情与众人是一样的。既然都有情感,那么圣人做事符合大道就不是无情的原因,而是处理事情时不会被人的情欲所牵累。故而《王弼传》又如此说:

> 夫明足以寻极幽微,而不能去自然之性。颜子之量,孔父之所预在,然遇之不能无乐,丧之不能无哀。又常狭斯人,以为未

---

①王弼著,楼宇烈校释:《王弼集校释·老子道德经注》,中华书局,1980年,第36页。

②陈鼓应:《老子注译及评介》,中华书局,1984年,第124页。

③陈寿撰,裴松之注:《三国志》卷二十八《魏书》,中华书局,2011年精装本,第795页。《三国志·魏书·钟会传》后注引何劭《王弼传》。

能以情从理者也,而今乃知自然之不可革。①

在王弼看来,即使像圣人那样聪明睿智,也不能去除人生而具有的自然之性,故而孔子遇到优秀的学生颜回,他不能不快乐,而当颜回不幸夭折时,他不能不悲哀。所以我们不能说孔子不能以情从理,而是自然之性本来就是不可更革的。

既然自然之性不能改变,我们如何对待我们的性情呢? 对此,王弼提出了重要的性情思想,他说:

> 不性其情,何能久行其正? 是故始而亨者,必乾元也;利而正者,必性情也。②
>
> 不性其情,焉能久行其正,此是情之正也。若心好流荡失真,此是情之邪也。若以情近性,故云性其情。情近性者,何妨是有欲。若逐欲迁,故云远也;若欲而不迁,故曰近。③

王弼十分看重性情关系的思想,甚至于把它们和万物的本体相提并论。在他看来,有乾元(万物的本体)就会明白事物的起始原因,而要使人的行为方正,就不能不性其情。所以世界万物有始而能亨通及其末,一定是有一个乾元本体,而要使人做事通达而正,在于性情。故而他进一步认为,情有正有邪,性其情,就是以情近性。只要人能以情近性,那么并不妨碍人有情欲;但如果人不能以情近性,反而心

---

① 陈寿撰,裴松之注:《三国志》卷二十八《魏书》,中华书局,2011 年精装本,第 796 页。《三国志·魏书·钟会传》后注引何劭《王弼传》。
② 王弼著,楼宇烈校释:《王弼集校释·周易注》,中华书局,1980 年,第 217 页。
③ 王弼著,楼宇烈校释:《王弼集校释·论语释疑》,中华书局,1980 年,第 631—632 页。

随情欲而迁远，那么情就是邪的。使人情正的是什么呢？他认为是人心的"忧"和宁静。"忧"自然是先事为备的思虑，宁静是指心绪的平静，不会随情欲而偏离大道本体。正如汤用彤所说："盖辅嗣之论性情也，实自动静言之。心性本静，感于物而动，则有哀乐之情。"①

还有一点要注意的是王弼的复命思想，他说："归根则静，故曰'静'。静则复命，故曰'复命'也。复命则得性命之常，故曰'常'也。"②综观王弼思想，其人性论有两个要点，一为性其情的思想（性其情的思想包括了他情有正邪的思想），一为复命的思想。而这两点都与李翱《复性书》的主要因素十分相像，可以推论的是，李翱应是对于王弼的思想十分熟悉，故而《复性书》应受到了王弼思想的深刻影响。

王弼之后，南朝梁贺玚说："性之与情，犹波之与水，静时是水，动则是波；静时是性，动则是情。"③此说或是受佛教影响而产生的，因为性与情的关系明显与以前的说法有异，性情之间已具有体用的实际关系。

皇侃阐释孔子"性相近也，习相远也"说：

> 然性情之义，说者不同，且依一家旧释云：性者，生也。情者，成也。性是生而有之，故曰生也。情是起欲动彰事，故曰成也。然性无善恶，而有浓薄。情是有欲之心，而有邪正。性既是全生，而有未涉乎用，非唯不可名为恶，亦不可目为善，故性无善

---

① 汤用彤：《魏晋玄学论稿·王弼圣人有情义释》，商务印书馆，2020 年，第 77 页。
② 王弼著，楼宇烈校释：《王弼集校释·老子道德经注》，中华书局，1980 年，第 36 页。
③ 阮元校刻：《礼记正义》卷五十二《中庸第三十一》，《十三经注疏》第三册，中华书局，2009 年，第 3527 页。

恶也。所以知然者，夫善恶之名，恒就事而显，故老子曰："天下以知美之为美，斯恶已。以知善之为善，斯不善已。"此皆据事而谈。情有邪正者，情既是事，若逐欲流迁，其事则邪，若欲当于理，其事则正，故情不得不有邪有正也。故《易》曰："利贞者，性情也。"①

皇侃以为性无善恶，情有正邪。性之所以无善恶，因为性"全生，而有未涉乎用"，此种言说，似也有体用思维的影子。他赞同"性生情成"的旧说，性与情有所分离，但尚未具有如宋明理学那样的独立性。而他的性情观从体用的角度其实比不上贺场的性情水波之喻，因为水波之喻是一种佛教和宋明理学普遍使用的体用关系的说法。

北齐思想家刘昼著有《刘子》，其中《防欲章》《去情章》阐述了其性情思想，在《防欲章》中，他说：

人之禀气，必有性情。性之所感者，情也；情之所安者，欲也。情出于性而情违性，欲由于情而欲害情。情之伤性，欲之妨情，犹烟冰之与水火也。烟生于火而烟郁火，冰出于水而冰遏水。故烟微而火盛，冰泮而水通；性贞则情销，情炽则性灭。是以珠莹则尘埃不能附，性明而情欲不能染也。②

刘昼认为，情出于性，但情对于性有遮蔽作用，故而他认为情会伤性，欲会妨碍情。其所用的比喻与李翱《复性书》所用的烟火之喻一样，但他对于性情关系的描述相比于李翱的性情观有不清晰的地方。情

---

①皇侃撰，高尚榘校点：《论语义疏》卷九《阳货第十七》，中华书局，2013 年，第445 页。

②傅亚庶：《刘子校释·防欲章》，中华书局，1998 年，第 10 页。

出于性,说明情有根,这与李翱所说的恶情无根说有很大的差异。而且刘昼所说,似情都是负面的,而李翱《复性书》中所说的情则有善有恶。在《防欲章》中,刘昼接着说:

> 故林之性静,所以动者,风摇之也;水之性清,所以浊者,土浑之也;人之性贞,所以邪者,欲眩之也。身之有欲,如树之有蝎。树抱蝎则还自凿,身抱欲则还自害。故蝎盛则树折,欲炽则身亡。将收情欲,先敛五关。五关者,情欲之路,嗜好之府也。①

刘昼认为,性静情动,性正情邪,人性本正,但由于没有节制情欲,故而会导致性邪。很明显,刘昼尚没有把性放到形而上的高度,故而他更倾向于讨论性正性邪,而不说性善性恶。在他看来,要保证性正,就要约束情欲,关闭情欲滋生之通路。而对于情对性的害处,刘昼进行了充分的说明:

> 目爱彩色,命曰伐性之斤;耳乐淫声,命曰攻心之鼓;口贪滋味,命曰腐肠之药;鼻悦芳馨,命曰熏喉之烟;身安舆驷,命曰召蹶之机。此五者,所以养生,亦所以伤生。耳目之于声色,鼻口之于芳味,肌体之于安适,其情一也。然亦以之死,亦以之生,或为贤智,或为庸愚,由于处之异也。……故明者剐情以遣累,约欲以守贞。食足以充虚接气,衣足以盖形御寒。靡丽之华,不以滑性,哀乐之感,不以乱神。处于止足之泉,立于无害之岸,此全性之道也。②

①傅亚庶:《刘子校释·防欲章》,中华书局,1998年,第10页。
②傅亚庶:《刘子校释·防欲章》,中华书局,1998年,第10—11页。

刘昼认为，人的各种感官，有利于人的生存，但过度则反而会有害于人性。从此处的比喻中，我们可以感受到，刘昼也并非一概地反对情欲，他认为只要将情欲保持到维持生存的理所允许的水平，就可以避免情欲对于性的伤害。

从行文的比喻中，可以看出，刘昼并未全面地否定情，但他对于情的理解却很独特，他在《去情章》中说：

> 情者，是非之主，而利害之根。有是必有非，能利亦能害。是非利害存于衷，而彼此还相碍。故无情以接物，在遇而恒通。有情以接人，触应而成碍。由此观之，则情之所处，物之所疑也。[1]

显然，刘昼认为，在待人接物之时，人应无情，此无情并非是说人没有情感，而是说不要以不好的情感来干扰人的判断。为此，他在《去情章》中详细地阐释了这一主张：

> 是以媒杨誉人，而受誉者不以为德；取庸强饭，而蒙饱者不以为惠；婴儿伤人，而被伤者不以为怨；侏儒嘲人，而获嘲者不以为辱。何者？无情于誉饱，虽蒙惠而非德；无情于伤辱，虽获毁而无憾。鱼不畏网而畏鹈，复仇者不怨镆铘而怨其人，网无心而鸟有情，剑无情而人有心也。使信士分财，不如投策探钩；使廉士守藏，不如闭扃全封。何者？有心之于平，不若无心之于不平也；有欲之于廉，不若无欲之于不廉也。[2]

---

①傅亚庶：《刘子校释·去情章》，中华书局，1998年，第20页。
②傅亚庶：《刘子校释·去情章》，中华书局，1998年，第20—21页。

刘昼所言,一是情对性的妨碍,一是无情的外在效果,而人要做到无情以应事,确实很困难。他的这一理论内外相交,却也算论证得很完善。但此说的逻辑是性虽正,情欲扰乱却可使其邪,这就没有考虑性正的一贯性和本体性。

唐末,与李翱并称为宋明理学先驱的韩愈著有《原性》,对于性情关系有着深入的思考,其性情关系思想已在第三章第一节详述,此处不再赘言。需要注意的是,相比于李翱的人性论,韩愈的人性论似乎更像是一种对前代多种人性论的综汇,其性三品说包罗了性善论、性恶论、性三品等多种因素,未能形成一个有机的理论。而李翱的人性论正是在这样的思想背景下产生的,他的《复性书》虽篇幅不长,但却吸收各派人性思想,尤其是受佛性论影响,形成了其性善情有善有不善的人性论。

第三节　李翱人性论之性与情的体用关系

从汤用彤的观点看,王弼的性情以动静立论,心性本静,感外物会产生情;这说明王弼性情说和之前的性情说类似,都是性情不离的关系。中国思想中的性与情从其源头上说就有着紧密的关系,其逐渐清晰是随着中国古代思维方式的发展,尤其是体用论思想的成熟而发生的。在王弼的思想中,体用论虽有所萌芽,但他的思维方式是本末与母子,尚没有形成体用论,只是到了佛教思想兴盛的时期,体用论才成熟起来。故而性情关系的清晰化,佛教佛性理论的日渐成形大约是一个转折点;因为在佛教思想中,佛性是世界的本体,这个本体与中国思想史中传统的性观念有着本质的区别。佛教佛性理论,以及佛性理论的思维基础——体用论的完善,对于中国传统的人性论产生了重大的影响。对于这种影响,唐末的李翱应该是第一个感受到它的力量并将其应用到儒家性情理论中的人。中国古代思维方式是法象思维、体用论和理一分殊的思维系列,而体用论和理一分殊也是在佛教时期开始形成的。如此说来,由于在王弼的性情理论中还没有形成体用关系,故而学者多将"性其情"理解为性是情的本体,这是一种错误的解读,因为在王弼的思想中尚没有形成体用论①。王弼的性情关系是一种本末关系、母子关系,在他的思想中,本末关系和母子关系具有相近的含义。

　　但是李翱的人性论是在佛教思想已经鼎盛的唐末发生的,故而对于他的人性论来说,使用体用的思维方式就是顺理成章的事。《复性书》主要探讨的是性情关系问题,它开篇即说:

　　　　人之所以为圣人者,性也;人之所以惑其性者,情也。喜、怒、哀、惧、爱、恶、欲七者,皆情之所为也。情既昏,性斯匿矣。非性之过也,七者循环而交来,故性不能充也。②

李翱言说性情,在用词上就与以往不同,以往说性情常常不能分立来说,故而一般是性情一总地说。而李翱在这里的言说则很明确,性与情是一对分立的概念,其含义功用十分明确。李翱认为,圣人之所以是圣人,是因为性;而众人之所以不能保有其性,是因为情。很明显,这里性与情是两种对立的因素,一为成圣的根据,一为泯然众人的缘由。李翱强调,不是说性有什么不同,而是如果任情泛滥,则性就会隐匿不显。接着李翱进一步论述了性与情的具体关系,他说:

　　　　无性则情无所生矣。是情由性而生,情不自情,因性而情,

---

① 具体论述请参见拙文《王弼"体用论"述真》,《兰州大学学报》(社会科学版),2010年第4期。
② 《李翱文集校注》卷第二《复性书(上)》,第13页。

性不自性，由情以明。①

在李翱看来，性与情之间有两种关系，一种是相生的关系，一种是体用的关系。在上面所引的语句中，性与情的分际十分明确，情是由性来产生的，而这种由性产生的情与性又是一种什么样的关系呢？性与情是一种体用关系，情不能独存，因性而为情；性也不能独自为性，在现实生活中可以由情来反映其含义。这种性与情两者之间既是相生又是体用的关系的表述或者说思维方式，在儒家思想史上应是刚刚开始出现；即使在老子"'道'生一，一生二，二生三，三生万物。万物负阴而抱阳，冲气以为和"②这样的对于道的表述中，这种思维方式也还没有出现。显然，在老子对道的表述中，道与万物的体用关系并没有出现，道是通过宇宙论的生成关系与万物发生关联的。

　　在李翱的思想中，性情关系具有两个层面，即体用关系和本末关系。"是情由性而生"，说明了情产生于性，这是一种本末关系，这种由本生末的本末关系强调的是生成论的本根意识；由性而生情并不是产生了分离的性与情，因为他又说"情不自情，因性而情，性不自性，由情以明"③。这说明，在李翱的思想中，性与情依旧具有一体性，是一种分而未离的关系，相比于荀子和董仲舒的性情关系思想突出了性与情的本末和体用关系。其实，按照冯友兰的说法，母子、本末与体用是中国思想发展出体用观念的三个阶段，李翱思想中的性情关系在这三者中应该是徘徊于本末与体用关系之间，这一点是我们需要注意的，因为这会影响到我们理解李翱思想的内涵。

　　体用关系对于李翱的人性论有什么重要的影响呢？从体用关系

---

①《李翱文集校注》卷第二《复性书（上）》，第 13 页。
②陈鼓应：《老子注译及评介》，中华书局，1984 年，第 232 页。
③《李翱文集校注》卷第二《复性书（上）》，第 13 页。

的角度来看,体是善的,那么,用必然也是善的;体是恶的,那么,用必然也是恶的。显然,在体用思维方式下,不可能出现体性是纯善无恶的,而情却是恶的;如果不是这样,那么性与情的关系就不是体用关系。那么,在李翱的性情关系思想中,情况是怎样的呢?

李翱关于性情关系的思想主要集中在《复性书》和《论语笔解》中,他说:

> 性者,天之命也,圣人得之而不惑者也。①
> 诚者圣人之性也。②
> 道也者,至诚也。至诚者,天之道也。诚者,定也,不动也。③

李翱是历史上第一个提高《中庸》地位的人,四书系统的形成与李翱对《中庸》的推崇密切相关。《中庸》第一句即是"天命之谓性"④,李翱的人性论深受"天命之谓性"思想的影响;所以,他说,"性者,天之命也"⑤。天之命的含义是什么呢? 李翱认为圣人之性是诚,而这个诚是道的原则。对于天道来说,它的核心就是至诚,结合人心来说,诚就是安定、不动心的状态。"诚"这个概念是中国哲学的核心范畴,它的含义在汉代为"真实无伪",在宋明理学中是"真实无妄"。诚既是圣人之性的本体,又是天道的本体;这样,在李翱的思想中,他把诚看成是沟通天人的中介或者说通道。

在《复性书》中,李翱认为,子思作《中庸》四十七篇,并将儒家的

---

①《李翱文集校注》卷第二《复性书(上)》,第13页。
②《李翱文集校注》卷第二《复性书(上)》,第14页。
③《李翱文集校注》卷第二《复性书(中)》,第20—21页。
④朱熹:《四书章句集注·中庸章句》,中华书局,2012年,第17页。
⑤《李翱文集校注》卷第二《复性书(中)》,第20页。

道统之传传于孟轲。可见,李翱对于孟子的思想十分推崇,而孟子主要承继了子思子学派的思想,孟子对于心性的主要思路"尽心知性知天"的说法,与《中庸》的"天命之谓性,率性之谓道,修道之谓教"十分相近。李翱的思想深受《中庸》《孟子》思想的影响,在他看来,天道是至诚的,人道则是寻求天道的诚,而圣人的心最重要的也是至诚;如此说来,诚就是天道、人道和人性三者共同交汇之所在。性将天道与人道沟通为一,而性凭什么能把两者贯通为一呢? 自然是通过"诚"。

　　《中庸》原出自《礼记》,是《礼记》中的一篇,显见李翱对于《礼记》的重视,《复性书》中亦引了《礼记·乐记》中的一句话如此说:"人生而静,天之性也。"[1]这里的"静"字,在李翱的人性思想中是什么意思呢? 这需要再结合李翱对人性的其他表述才能清晰理解,李翱在《论语笔解》中说:

　　　　谓人性本相近于静,及其动,感外物有正有邪。动而正,则为上智;动而邪,则为下愚;寂然不动,则情性两忘矣。[2]

这是李翱在《论语笔解》中解释《论语》"性相近也,习相远也"和"惟上知与下愚不移"[3]时说的,他深入思考了孔子"性相近"的含义,认为人性的相近说的是相近于静。这个"静"字与《礼记》中的"人生而静,天之性也"的说法是一致的。如此说来,李翱所说的这个人生而

---

[1]阮元校刻:《礼记正义》卷三十七《乐记第十九》,《十三经注疏》第三册,中华书局,2009 年,第 3314 页。

[2]韩愈、李翱:《论语笔解》,《景印文渊阁四库全书》第 196 册,台湾商务印书馆股份有限公司,1986 年,第 22—23 页。

[3]朱熹:《四书章句集注·论语集注卷九·阳货第十七》,中华书局,2012 年,第 176、177 页。

具有的性就与修养后的圣人之性有一定的距离;同样也可以说,"静"与"诚"在境界上是不同的。这一点结合《复性书》中的说法就更加明晰,《复性书》说:

> 方静之时,知心无思者,是斋戒也。知本无有思,动静皆离,寂然不动者,是至诚也。①
>
> 觉则明,否则惑,惑则昏。明与昏谓之不同。明与昏,性本无有,则同与不同二者离矣。夫明者所以对昏,昏既灭,则明亦不立矣。②

显然,静不是至诚,也不是寂然不动的境界,但也不是被情所昏的状态,在李翱看来,孔子的"性相近"正是指此而说。在人性中,静是一个关节点,向上可以修养到"诚"和寂然不动的境界,向下有可能被情所昏,而被邪情所左右。这正如李翱所说:"动而正,则为上智;动而邪,则为下愚。"③

《论语笔解》和《复性书》是两部著作,如果我们对比《论语笔解》"人性本相近于静"这句话与《复性书》中另一句意义十分相似的话,就可以更加准确地理解它们的意义。《复性书》说:

> "弗虑、弗思,情则不生;情既不生,乃为正思。正思者,无虑、无思也。……"
>
> "此斋戒其心者也,犹未离于静焉。有静必有动,有动必有

---

① 《李翱文集校注》卷第二《复性书(中)》,第19页。
② 《李翱文集校注》卷第二《复性书(上)》,第14页。
③ 韩愈、李翱:《论语笔解》,《景印文渊阁四库全书》第196册,台湾商务印书馆股份有限公司,1986年,第22页。

静;动静不息,是乃情也。……"①

"正思"是《复性书》复性途径的第一步,这自然不是李翱复性的最终目的,故而他认为,努力地做到心中没有思虑是第一步;而真正的无思,是要洞悉本来就没有什么思虑。这个想法明显地受到佛教思想的影响,比如慧能著名的偈说:"本来无一物,何处惹尘埃。"②如果我们要在《论语笔解》中寻到一个与"正思"同样意义的词,那这个词应是"上智"。仔细比较以上所引《论语笔解》和《复性书》中的话,意义基本相同;如果要寻不同处,那就是《复性书》更加完善。以前,学者有疑《论语笔解》非李翱所做,其实比对这两处,就可大致确定《论语笔解》为韩愈、李翱所做。从时间上来看,《论语笔解》以孔子的"上智"和"下愚"立论,尚没有"正思"的独立的想法,应是作于《复性书》之前。《复性书》作于李翱二十九岁时,推算起来《论语笔解》大约作于李翱与韩愈相识并在一起共同研讨儒家义理的时期。

李翱很重视《中庸》中的未发、已发思想,他认为,要使七情不干扰性,就应该使七情发而中节,他引用《中庸》的话说:

> 喜怒哀乐之未发,谓之中;发而皆中节,谓之和。中也者,天下之大本也;和也者,天下之达道也。致中和,天地位焉,万物育焉。③

儒家既注重情未发时的涵养,也注重情发之时的中节,并把这种七情的"中和"看成是与天地大道贯通的达道。显然,李翱在《论语笔解》

---

①《李翱文集校注》卷第二《复性书(中)》,第19页。
②惠能著,尚荣译注:《坛经·行由品第一》,中华书局,2010年,第21页。
③朱熹:《四书章句集注·中庸章句》,中华书局,2012年,第18页。

中所说的"动而正,则为上智"即是讲儒家情发而中节的,这里的"上智"在其理论系统中的含义和位置应该是和《复性书》中的"正思"相近。但是,李翱却并不把"上智"看作是修养的最高境界,他所推崇的最高境界是"寂然不动则情性两忘"。这样,李翱对于情的表达便超出了《中庸》的思想,那么他为什么要推崇性情两忘的寂然不动状态呢? 这大约有两方面的原因:

首先是从具体理论的层面,李翱认为"人生而静"状态中的静是与动相对来说的,他在《复性书》里谈到弗虑弗思的正思后,从动静关系的角度说:

> 此斋戒其心者也,犹未离于静焉。有静必有动,有动必有静;动静不息,是乃情也。[1]

"静"虽然与"寂然不动"的境界有相似的地方,但毕竟是与动相对来说的;李翱引用《易传》的话说:"'吉凶悔吝,生乎动者也。'焉能复其性邪?"[2]在他看来,只要有静,就会产生动,而有了动,就会产生"吉凶悔吝"。这样,李翱对于《中庸》的中节与不中节其实有了一种新的理解,这种理解渗透了道家和佛教思想的影响。

其次,在《中庸》中,喜怒哀乐未发为中,发而只要中节就是和。显然,《中庸》对于情的理解并没有"动静皆离"的意思,而李翱所说的"动静皆离"思想其实对《中庸》的中节思想有了一个不同于前儒的解释,这一解释的根源就在于要回答性为纯善之体时,与作为用的情的关系问题。

在现实生活中,人们通过实践大多已经认识到情有可能导致善,

---

①《李翱文集校注》卷第二《复性书(中)》,第19页。
②《李翱文集校注》卷第二《复性书(中)》,第19页。

也有可能导致恶,这从《中庸》的中节思想中就可以看出来。但是当性与情之间的关系逐渐演变为体用关系时,由纯善的体只能导致纯善的情,那么如何处理恶情的来源和存在就成为一个问题。在这里,李翱的思想通过吸收道家和佛教的思维方式来摆脱儒家性情理论发展的困境,他的解释是成功的,并开启了宋代性二元论,尤其是宋代"心统性情"说的思想路径。

在现实生活中,人的内心产生情感,有时过之有时不及是不可避免的,故而李翱开始寻求使人的情感达到完全中和的途径,这种最为李翱所向往的境界便是寂然不动。对于这种境界,李翱说:

> 知本无有思,动静皆离,寂然不动者,是至诚也。[①]

在李翱的思想里,天道之诚、人道的求诚与圣人的诚性通过修养最终会以诚而贯通为一,在这个修养的最高境界里,人道的求诚过程最终获得了圣人的至诚之性,人性之诚与天道之诚天人合一,"动静皆离","情性两忘"。而要理解李翱关于"动静皆离""情性两忘"的思想,就必须要思考他所使用的思维方式,在《复性书》中,李翱对于他使用的思维方式有一个很明确的说明:

> 故圣人者,人之先觉者也。觉则明,否则惑,惑则昏。明与昏谓之不同。明与昏,性本无有,则同与不同二者离矣。夫明者所以对昏,昏既灭,则明亦不立矣。[②]

李翱强调儒家思想的觉悟性,这其实是受了禅宗顿悟思想的影响;不

---

① 《李翱文集校注》卷第二《复性书(中)》,第 19 页。
② 《李翱文集校注》卷第二《复性书(上)》,第 14 页。

仅如此,他还从明与昏相对待的角度阐述了自己对儒家"觉悟"的理解。明与昏是相对待而存在的,觉悟了就会明,不觉悟就会迷惑,明与昏是对立的两极,相互依赖着对方而存在。如果其中的一方不存在,那另一方也便不再向我们显现。而在李翱看来,当人性真正觉悟以后,明达到了极致,彻底驱除了昏的存在,那么明也就复归觉本身,故而说明与昏的同与不同就都不再有意义了。从这样的思维方式来看,对于性来说,它就是性本身,本来就没有什么明与昏的分别。而圣人所恢复的性,实则就是明昏皆离的性本身。这样,我们就可以理解李翱"情性两忘"和"动静皆离"的基本含义。从性情关系上来说,当人性经过修养,与至诚的天道合一时,性就不再受邪情所昏;邪情不存在了,性没有了对待之物,便只是它自身,故而便"情性两忘"了。同样,从动静关系来说,静必然生动,动自然生静,在寂然不动的境界里,动不再产生,"人生而静"的天性得到完全的恢复。静是相对于动来说的,动不存在了,静自然失去了对待之物而不再显现,故而"动静皆离",只存本性自身。

这是一种什么样的思维方式呢?这种思维方式在先秦的道家中就存在,比如道家的人性理论讲的就是一种超越善恶的性,在道家的思想里,有善就会有恶,有美就会有丑,道家主张恢复到事物本身,自足其性,才有可能真正地消灭假、恶、丑等负面的属性。而在佛教的思想中,这种思维方式有了更进一步的发展,真正的佛性是不在现实语言描述范围之中的,所以佛教理论并不能真正地直接描述什么是真如佛性,它所采用的方法就是双遣两边。比如僧肇著名的"不真空论"就认为,在现实世界中的"无"和"有"都不是真的,故而是空的;也就是说空的含义是由非有非无来表征的。李翱显然在思维方式上深受佛道两家的影响,当他说"动静皆离""情性两忘"时正是在说明"寂然不动"的不可言说性。也正是在这种新的思维方式基础上,李翱认为,圣人虽然有情,但又好像未曾有情,他说:

圣人者,岂其无情邪? 圣人者,寂然不动,不往而到,不言而神,不耀而光,制作参乎天地,变化合乎阴阳;虽有情也,未尝有情也。①

这样,从体用关系来看性与情的关系,性是纯善的,情也是纯善的,正因为情是纯善的,就使圣人有情又好像无情。可以说,圣人的性与天道的至诚合而为一,已经达到了寂然不动境界,他的情也与性融为一体,互相并无矛盾对待的关系,故而能达到"情性两忘""虽有情,又未尝有情"的寂然不动境。王弼讲圣人有情而不累于情,李翱继承了他的这一思想,并在此基础上发展出了情与性一致以至情不再显现的意涵。

第四节 李翱人性论之性与情的相生关系

李翱的性情思想除了体用关系外,还有性生情的本根思想。当然,由性体而产生情用,也可以是一种相生,但本根论和体用论的相生关系还是不同的。在体用论的性情关系中,性善情必善,但本根论的相生关系就不一定如此。如果我们只把性理解为本体,情理解为本体之用,那么就只会存在圣人的善性善情,而不会有一般人的善性恶情。所以,当我们再来看李翱所说的"虽然,无性则情无所生矣。是情由性而生,情不自情,因性而情,性不自性,由情以明"②时,就会感到,性情关系除了体用关系外还有本根关系,性是本根,情是由本根产生的,而由本根产生的情则有可能是恶的。这样看来,作为本根的性正是产生恶情的根源,这正好对我们的思想有一种启发。当我

①《李翱文集校注》卷第二《复性书(上)》,第13页。
②《李翱文集校注》卷第二《复性书(上)》,第13页。

们研究古代的思想家时,把他们的思想放置在思想史的长河之中,会从后起的更加成熟的理论看到萌芽期理论胚胎中尚未分化的组织,其中却包含着未来器官的胚芽。其实,当我们思考李翱的性情关系理论时,宋代的"心统性情"说是我们不可或缺的参照系,因为其正是李翱性情说的完善形态,这一点将会在下面的论述中进一步证明。

李翱使用"情"这个概念,有时是指善情,有时是指恶情,这要依上下文来确定。在李翱看来,圣人的至善之情因与其性一致或合一而至于不显现的境地,那么世上所显现出的情自然都是有害于性的恶情。这样,我们就会有一个基本的判断,善情是由性而生的,这种"生"可以是体用论的"生",也可以是本根论的"生";而恶情则不可能是体用论的"生",而只能是本根论的"生"。

学术界常常称李翱的人性论是性善情恶论,其实也是有一定道理的;因为李翱认为性是至善的,而"情有善有不善"①,至善之情是圣人之情,这种情其实在一般人中并不存在(或不显现),而他所着重讨论的情,实际上多指一般人的"不善之情"。一般人的情有善有恶,而圣人的情纯善且不与恶相对。这样,我们就对李翱性情关系的思想有了一个大体的理解,这种性情关系既有体用的关系,也有本根论的生成关系,而且至关重要的是,李翱对性情关系思想中所包含的这两种关系并没有做清晰的划分,从而使其体用论与本根论也分而未离。这从圣人的善性产生善情就可以看出来,善性为体而生善情之用,这里的生其实兼有体用与本根两方面的含义,但是倾向于体用关系。对于这种体用关系,李翱强调了性与情的合一,甚至于将这种合一提升到"情性两忘"的程度。而另一方面,恶情的产生就不能从体用的角度来说,因为从体用论来说,善性只能产生善情,而不可能产生恶情。

①《李翱文集校注》卷第二《复性书(中)》,第22页。

那么,在这里,我们就有一个疑惑,在李翱的思想中,恶情是怎样产生的呢?《复性书》说:

> 问曰:"人之性犹圣人之性,嗜欲爱憎之心何因而生也?"
>
> 曰:"情者,妄也,邪也;邪与妄则无所因矣。妄情灭息,本性清明,周流六虚,所以谓之能复其性也。"①

这段对话非常值得推敲,因为在《复性书》上篇中,李翱说:"无性则情无所生矣。是情由性而生,情不自情,因性而情,性不自性,由情以明。"②李翱既然认为"是情由性而生",为什么在这里又说"情者,妄也,邪也;邪与妄则无所因矣"呢?对于此,劳思光说:"李氏提及而全不能解答者,即'情'作为邪妄,何由而生?……以为'邪妄'即'无所因',可谓大谬之说。李氏在此点上显出其人对哲学问题实尚未能真正面对。如此重要关键,乃以'不可解'解之,则累累千言,全无着落矣。"③在这里,我们注意问者的话,问者问的是"嗜欲爱憎之心",而这里问者的话自然也是李翱写的,也许就是假托的问者,实际上是作者本人在设问。针对"嗜欲爱憎之心",李翱却回答的是情,可见他所说的恶情其实与心有很大的关系。

当然,这里将情与心联系起来并不是《复性书》唯一的一处,也不是最重要的一处,我们在《复性书》中可以看到更加重要的一处:

> 曰:"弗虑、弗思,情则不生;情既不生,乃为正思。正思者,

---

①《李翱文集校注》卷第二《复性书(中)》,第23页。

②《李翱文集校注》卷第二《复性书(上)》,第13页。

③劳思光:《新编中国哲学史(三卷上)》,广西师范大学出版社,2005年,第26页。

　　无虑、无思也。"①

在这里,李翱道出了邪情的起源之处,邪情起源于思虑,而思虑正是心的功能。在《复性书》中,李翱也说:"而不专专于大道,肆其心之所为,则其所以自异于禽、兽、虫、鱼者亡几矣!"②这样我们就明白了,在李翱的思想中,邪情并不是从体用论的视角起源于性,而是起源于心,如他又说:

　　　　方静之时,知心无思者,是斋戒也。知本无有思,动静皆离,寂然不动者,是至诚也。③

明确地以"知心无思者"来总结上文的弗虑弗思,进一步印证了李翱对于邪情产生于心的基本看法。其实在这里,我们就会意识到一个问题,本来心与性在宋代理学中是有明确的区分和定位的,但是在李翱的思想中这种定位与区分还没有彻底地明晰。李翱并没有以"心统性情"的结构在其《复性书》中组织性、情、心三者的关系,这就会使人产生疑问,怎么既说性生情,又说情是无因的?显然,在李翱的思想中,性与心的界限并没有完全分开来,这是因为"心统性情"的理论框架还没有出现,我们也自然可以由此确定,李翱的性情学说是开启宋代"心统性情"说的重要理论源头之一。

　　这样,从纯体用关系的角度,善性一定会产生善情,但是在李翱的思想中,体用关系和本根论的生的关系还没有一个明确的区分。我们看到,在李翱的思想中,性与情的体用关系似乎也有着本根论的

①《李翱文集校注》卷第二《复性书(中)》,第19页。
②《李翱文集校注》卷第二《复性书(下)》,第27页。
③《李翱文集校注》卷第二《复性书(中)》,第19页。

生的关系,而本根论的生的关系似乎也与体用关系纠缠不清,这自然不是李翱的错误,而是哲学思想的精度还没有发展到宋明理学时期水平的缘故。这样,在李翱本人的思想中,他不会感到有什么善性产生恶情的问题,因为他并不会从我们的视角只用体用一种关系来看待性情关系。从宋代"心统性情"说的发展历程来看,性与心的界限是逐渐划清的,性是心之体,情是心之用,性情之间是体用关系,但是中间有一个心作为它们的中介。

有了以上的分析,我们就可以具体来看,在李翱的性情思想中恶情是怎样产生的。性其实是心的一个组成部分,当李翱说善性产生邪情时,他其实主要在说心的功能①,也就是性生恶情主要是由心而产生情。这里的性并不是体用论意义上的性,而是本根论意义上的性,本根论意义上的性其实与心的关系十分密切。而由心如何产生邪情,李翱在《复性书》中也说得十分详细,如:

> 人之所以为圣人者,性也;人之所以惑其性者,情也。喜、怒、哀、惧、爱、恶、欲七者,皆情之所为也。情既昏,性斯匿矣。非性之过也,七者循环而交来,故性不能充也。②
>
> 百姓之性与圣人之性弗差也。虽然,情之所昏,交相攻伐,未始有穷,故虽终身而不自睹其性焉。③

李翱对于情的态度与《中庸》对情的看法有很大不同,他受到佛教思想的深刻影响,因为在佛教看来,佛性是绝对超越的本体,而情欲则

---

① 把性看成心,在宋明理学中最典型的是程颢的《定性书》,传统的解释是定性就是定心。
② 《李翱文集校注》卷第二《复性书(上)》,第13页。
③ 《李翱文集校注》卷第二《复性书(上)》,第13页。

是一切烦恼的根源。性是净,情是染,性是实际,情是虚妄;故而佛教一般主张从情欲中解脱出来,真正地体悟到清净的佛性。李翱虽然不主张完全排斥情,但是他所主张的圣人之情却是"虽有情也,未尝有情也"①,这种圣人才具有的善情因失去了与性的对待以至于到了"动静皆离""情性两忘"的境界。在李翱的思想中,他没有明确地区分性与心,所说的由性而产生邪情应该主要是由心而产生邪情,这一产生并不是体用论而是本根论意义上的产生。

在具体的产生过程中,李翱强调七情相互之间的影响,在他看来邪情是七情交伐的结果,也就是说,恶情是在情与情之间的相互作用中产生的。李翱进一步说:

> 情者,性之邪也。知其为邪,邪本无有,心寂不动,邪思自息,惟性明照,邪何所生? 如以情止情,是乃大情也。情互相止,其有已乎?②

这样,性(其实是心)虽然产生情,但邪情是由情与情之间的相互作用产生的,这种相互作用既可以发生在不同类的情感之间,也可以发生在同类的情感之间。也正是在这个意义上,恶其实处于一种无根的状态,这正如李翱所说,"知其为邪,邪本无有,心寂不动,邪思自息"。李翱的复性说其实就建立在这种邪情的无根性上,正因为邪情无根,是情与情之间不当作用产生的结果,所以才能经过人的心性修养而被彻底铲除。

综上所述,李翱性情学说的基本思想便清晰起来,其是在佛教体用思想广泛传播的时代产生的,性与情的关系既包含着体用关系,也

---

①《李翱文集校注》卷第二《复性书(上)》,第13页。
②《李翱文集校注》卷第二《复性书(中)》,第19页。

包含着本根论的生的关系;而李翱本人并没有对此二者做出清晰的区分,再加上其性情理论并没有意识到区分性与心两者的重要性,故而其性情理论在今人的眼里便会产生歧义。显然,从体用论的角度说,性是体,情是用,性是善的,情也是善的。但是从本根论的角度看,性是心的组成部分,性产生情实际上是通过心来发生的。性是善的,邪情并不是从纯善的本体性产生,而是从本根性(其实是心)产生。具体来说,在李翱看来,人性本来相近于静,而当感应外物时,就会因动而产生情;这里所说的"感"和"静"其实从某种意义上说都是在说心。在李翱的思想里,性与心的分殊还不是那样明晰;心感应外物而动,如果动是正的,人就会拥有上智;如果动是邪的,人就会具有下愚。在这里,上智虽高于下愚,但仍然不是李翱所向往的最高境界;这正如李翱所说,"有静必有动,有动必有静;动静不息,是乃情也"①。李翱在《论语笔解》中说:

> 谓人性本相近于静,及其动,感外物有正有邪。动而正,则为上智;动而邪,则为下愚;寂然不动,则情性两忘矣。②

《论语笔解》中所说的"上智"与《复性书》中所说的"正思"的含义十分相近,李翱在谈到"弗虑、弗思,情则不生;情既不生,乃为正思"后发表对"正思"的看法时说:"此斋戒其心者也,犹未离于静焉。"③显然,"正思"正是"斋戒其心"的结果,那么我们可以想见,"上智""正思""下愚"这些李翱所说的人性的"动"都是心的动。这样,当我们

---

①《李翱文集校注》卷第二《复性书(中)》,第 19 页。
②韩愈、李翱:《论语笔解》,《景印文渊阁四库全书》第 196 册,台湾商务印书馆股份有限公司,1986 年,第 22—23 页。
③《李翱文集校注》卷第二《复性书(中)》,第 19 页。

再思考李翱由性而产生邪情的思想时就不再难于理解，但是我们也意识到，正是因为李翱的性情学说还没有完善地发展出"心统性情"的理论，他的性情学说也就具有一定的模糊性。也就是说，如果以体用论来理解李翱的性情关系就会产生歧义，所以，李翱的学说必将走向宋代的"心统性情"说，他的性情学说是其理论先导，具有重要的理论价值，是不可多得的研究"心统性情"说形成源头的根本性文献。

第五章　李翱复性论
与中国古代人性论的精神转向

第一节　李翱复性论
与中国古代人性论的精神转向

先秦时期，影响中国人性论的主要是儒、道两家的思想，道家人性思想的主要倾向是强调每一个事物的自性，这种自性是超越善恶的。儒家人性思想的共同源头自然是孔子的人性思想，但是在孔子之后，儒家人性论主要分为两系，一系是以"天命之谓性"为宗旨的路径，一系是以"生之谓性"为宗旨的路径；前者以子思、孟子为代表，后者以告子、荀子为代表。

无论是儒家还是道家的人性论，都有一个共同的起源。"性"字最初的文字就是"生"字，故而性的最初含义就是生来具有的本性。孔子之后，儒分为八，其中有一系为子思子学派，对这一派思想的研究过去多以《中庸》为主要依据，现在又有了郭店楚简中的一些珍贵资料。过去，我们读朱熹的《四书章句集注》，对于《中庸》中重要观念的认识都受到宋明理学的影响；但是，现在我们借助《性自命出》和《五行》，就可以基本读懂《中庸》中"性"观念的含义。孔子说性很含糊，性的具体含义是什么我们并不清楚。子贡说："夫子之言性与天道,不可得而闻也。"①这里的性与天道应该不仅仅是两个独立的含义,而主要是指性与天道的关系,这一点读《性自命出》的"性自命出,命自天降"就可以明白。子贡的言说应是有针对性的,也许孔子并没有关注性与天道的关系问题,但同时期的道家已经有所讨论,孔子的学生们(比如子思子学派的前辈)中,也许有人已经开始思考性与天道的关系问题。《性自命出》认为,性是来自天命的,也就是说,一个人或者一个物的性是天自然地赋予的。这里的性与天命有着密切的关系,而性的含义即是"生之谓性";所以,性刚开始时与命的含义区分不是十分清楚,这在孟子的思想里看得十分明白。孟子说:

> 口之于味也,目之于色也,耳之于声也,鼻之于臭也,四肢之于安佚也,性也,有命焉,君子不谓性也。仁之于父子也,义之于君臣也,礼之于宾主也,智之于贤者也,圣人之于天道也,命也,有性焉,君子不谓命也。②

在孟子看来,口、目、耳、鼻、四肢各有所主,它们是人性,也是天命;但从其主要来自天命的角度来看,孟子以为称其为命更恰当。反之,仁、义、礼、智虽也是天命,但要获得它,其实每个人都可以,只要有一颗求道的心;故而孟子以为,由于获得它们主要来自人的努力,所以称它们为性更合适。性和命是很难区分的,但孟子初步进行了区分,他认为性和命的意义很接近,但是从人自主性的角度来看,有些来自天命的可以叫作性,而另一些叫作天命则更为恰当。

---

① 朱熹:《四书章句集注·论语集注卷三·公冶长第五》,中华书局,2012年,第79页。
② 朱熹:《四书章句集注·孟子集注卷十四·尽心章句下》,中华书局,2012年,第377—378页。

这样，我们看到，性的含义刚开始与天命有着密切的关联。从文义上来看，《性自命出》和《五行》明显早于《中庸》，而这几篇文字都属于子思子学派，对于性的理解基本是一致的。在《性自命出》中，性的含义对人来说是"喜怒哀悲之气"和"好恶"，也就是天命赋予人不同的"喜怒哀悲之气"，从而使人具有了不同的性。这里的性的含义更为接近性格脾气，在遇到外物时会由"喜怒哀悲之气"产生"喜怒哀悲"以及"好恶"的情绪。《五行》则与《性自命出》的思想倾向不同，并没有讨论五行与性的关系，而是直承孔子关于人的德性的思想，论述什么样的德性是人应该有的。很显然，相比于《性自命出》，《五行》系统化了孔子关于人的德性的思想，而《性自命出》的创新意更强，讨论了在孔子思想中很弱的性与天道的问题。然而很显然，《性自命出》和《五行》的思想并没有很好地衔接起来，而且在其后，告子、荀子是沿着《性自命出》的路径往下走，孟子则是按着《五行》的思路往下走，《中庸》的思想则介于二者之间。

唐以前的人性论大约有五种类型：本性论、生性论、自性论、天性论、佛性论。之所以把佛性论也放置到人性论的分类中，是因为佛性论的一个重要论题就是讨论是人人均有佛性呢，还是只有一部分人具有佛性？无论佛教各派系学术观点如何，至少可以说佛性论与人性论有很大的重叠。现在我们在这里讨论这五种人性论，主要目的是讨论它们和李翱复性论的关系，这里就有一个问题：李翱的复性论是在中国人性论史中早就有的主张呢，还是他独创的提法？如果是李翱独创的提法，那么复性论只是思想史中的一个一般性的主张呢，还是一个划时代的主张？唐君毅说：

> 盖复性之名，原带道家意味。先秦儒者言养性、成性、尽性、化性，汉儒如董仲舒言性非教化不成，扬雄言性善恶混、言修其善者为善人，皆不言复性。唯《易》言不远复，亦未必即复性之

义。庄子乃重教人"性修反德,德至同于初",使人反其外驰之心
知与情欲,而复其自然之性命之情。后淮南之书,亦承之而言
反性。①

唐君毅认为,在李翱之前,儒家只有《周易》言复性,但又不尽同于李
翱所言的复性,而道家的"性修返德"思想可能与李翱复性主张相同。
是不是这样呢? 李翱之前的五种人性论多多少少都与天或者天道有
一定的关涉面,但强调的重点有所不同。在本书人性论分类的部分,
我们已经详细地分析了唐以前历史上出现过的主要人性论主张,在
这里主要做切近我们主题的进一步分析。本性论是生性论的一支,
与生性论不同的是,它非常强调人的日常感受和观察,看到日常生活
中的人性有善有恶,故而提出性分品级的思想。生性论受"生之谓
性"思想影响颇深,主要强调人天生而具有的性与后天教化的关系,
不主张仁义先天地就具备于人心。自性论主张性超善恶,注重每个
事物的自性;既然每个事物都有不同的自性,那么各不同自性之间的
关系就成为一个问题。直到魏晋玄学的郭象说"万物独化于玄冥之
境",自性大约会在玄冥之境有一个交集。到底是一个什么样的交
集,郭象自己也不深说,我们只好认为玄冥之境是人类认识限度的一
种反映。故而道家的"返性""复性"之说多倾向于指返回自性,此自
性并非统一的形而上之本体。我们在这里最要重视的是天性论这一
系,这一系源于孔子,清晰化于《五行》,中经《中庸》,而由孟子发扬
光大。

孟子的尽心、知性、知天是天性论典型的结构,要理解这个结构,
就先要对孟子思想中的天与命两个概念有一个区分,对此,孟子有明
确的主张:

---

① 唐君毅:《中国哲学原论·原性篇》,中国社会科学出版社,2005 年,第 201 页。

> 舜、禹、益相去久远，其子之贤不肖皆天也，非人之所能为
> 也。莫之为而为者，天也；莫之致而至者，命也。①

从这段话来看，天与命意义相似，但方向相反。天是主动的，不是人
力所为，而是天为。命是被动的，是从受体的角度，是天命的自然而
至，是人所受的命运。而孟子所说的性并不是从天的角度，而是从命
的角度来说的，故而他所说的性与命有些连带一体。对于人天赋的
口、目、耳、鼻、四肢所具有的味、色、声、臭、安佚这些属性，孟子认为
更多的是命，故而君子宁愿不把它们称为性。而对于仁、义、礼、智，
孟子认为有命的成分，但性的分量更多，故而君子不把它们称为命。
这样，孟子认为，仁、义、礼、智才是人真正的性。生性论与天性论都
强调性自天来，但生性论的性指人"食色"之类的性，故而无人追寻其
形而上的意义；但是天性论所说的人的性即仁、义、礼、智来自天，那
就有了追寻其形而上学意义的可能。孟子虽然有尽心、知性、知天的
说法，在他前面还有《中庸》关于"天命之谓性"的主张，但孟子的仁、
义、礼、智来源于心之四端；也就是说，人心中有恻隐之心、羞恶之心、
辞让之心、是非之心，由此四心会滋养出仁、义、礼、智四德。显然，在
孟子这个道德之性产生的结构中，他并没有提出复性的主张。不过，
孟子倒是提出过"求放心"的主张，他说：

> 仁，人心也；义，人路也。舍其路而弗由，放其心而不知求，
> 哀哉！人有鸡犬放，则知求之；有放心，而不知求。学问之道无

----

① 朱熹：《四书章句集注·孟子集注卷九·万章章句上》，中华书局，2012 年，第
314 页。

他,求其放心而已矣。①

孟子认为,鸡犬,人不会任其走失,而人的心比家养的动物更重要,有人却任由心意妄为,而不知求心之根本,也就是仁、义、礼、智。这里的论述,有一点回到根本的意思,但从整个孟子心性思想来看,其并没有复性的思想。

《中庸》说:"天命之谓性,率性之谓道,修道之谓教。"②这句话的含义到底是什么,其实并不像我们想象的那样清楚。《中庸》最早是由李翱开始提高其地位的,而我们对于《中庸》的理解其实多是宋明理学式的。宋明理学对于上面所引的话已经开始从天命之性的角度来理解,但在《中庸》本身,这种含义才刚刚萌生。也就是说,"天命"并不是宋明理学所理解的"天理",《中庸》中所说的"天命之谓性"其实和《性自命出》中的"性自命出,命自天降"的意思相近。而"率性"的"率",汉代郑玄在《礼记注疏》中说:"率,循也。循性行之,是谓道。"③孔颖达在疏中说:"'率性之谓道',率,循也;道者,通物之名。言依循性之所感而行,不令违越,是之曰'道'。感仁行仁,感义行义之属,不失其常,合于道理,使得通达,是'率性之谓道'。"④汉唐两位经学家的注,最能反映汉唐时主流的观点。郑玄在注中以为,"率"即是依循天命于人之性而行。孔颖达的疏说得更加准确,他的言说和郑玄的含义一样,但更加具体,认为"率"就是依循天命于人之性的所

---

① 朱熹:《四书章句集注·孟子集注卷十一·告子章句上》,中华书局,2012 年,第 340 页。
② 朱熹:《四书章句集注·中庸章句》,中华书局,2012 年,第 17 页。
③ 郑玄注,孔颖达等正义:《礼记正义》卷五十二《中庸第三十一》,阮元校刻:《十三经注疏》第三册,中华书局,2009 年,第 3527 页。
④ 郑玄注,孔颖达等正义:《礼记正义》卷五十二《中庸第三十一》,阮元校刻:《十三经注疏》第三册,中华书局,2009 年,第 3527 页。

感而行事。什么是所感？他解释说，感是感仁感义，也就是说这个感不是一般的感觉，而是对于仁、义、礼、智的真切感受。孔颖达之意，也是依性之真切感受而行事。从两位著名经学家的解释我们看到，"循"都是依性行事的意思，并未有复性的含义在内。但是李翱在《复性书》中却说："率，循也。循其源而反其性者，道也。"①很明显，李翱训"率"与两人相同，但是加了一个意思，那就是"反其性"。加上此一语，语义大变，中国儒家人性论自此发生了方向性的改变。

　　古人很早就意识到李翱复性思想受到佛道思想的影响，朱熹说：

　　　　《中庸》之书，子思子之所作也。昔者曾子学于孔子，而得其传矣。孔子之孙子思又学于曾子，而得其所传于孔子者焉。……孟子之徒实受其说，孟子没，而不得其传焉。……至唐李翱始知尊信其书，为之论说。然其所谓灭情以复性者，又杂乎佛老而言之，则亦异于曾子、子思、孟子之所传矣。②

清代学者阮元认为李翱的复性说杂于道、释之说。对于受道家影响方面，他说：

　　　　《庄子·缮性篇》曰："缮性于俗，学以求复其初，滑欲于俗，思以求致其明，谓之蒙蔽之民。"又曰："尧、舜始为天下，兴治化之流，澆淳散朴，离道以善，险德以行，然后去性而从于心，心与心识，知而不足以定天下，然后附之以文，益之以博。文灭质，博

<hr/>

①《李翱文集校注》卷第二《复性书（中）》，第20页。
②朱熹著、戴扬本、曾抗美校点：《晦庵先生朱文公文集》卷七十五《中庸集解序》，《朱子全书》第二十四册，上海古籍出版社、安徽教育出版社，2002年，第3639页。

溺心，然后民始惑乱，无以反其性情而复其初。"……彼所谓"性"，即马蹄天放也，即所谓"初"也。以天放为初而复之，此老、庄之学也。唐李翱《复性》之书即本之于此，而反饰为孔、颜之学，外孔、颜而内老、庄也。内庄已不可矣，况又由庄入禅乎？[1]

在此基础上，他进一步指出李翱学说受到佛教的深刻影响：

古人但言节性，不言复性也。……唐李习之复性之说，杂于二氏[2]，不可不辨也。[3]

是以周以前圣经古训，皆言勤威仪以保定性命，未闻如李习之之说，以寂明通照复性也。[4]

如果李习之所说者为是，何以三百篇及《今文尚书》皆绝无其说也？[5]

如果李习之所说复性为是，何以孔子《孝经》《论语》中无此说也？孔子教颜子惟闻复礼，未闻复性也。[6]

若以性本光明，受情之昏，必去情而始复性，此李习之惑于

---

[1] 阮元撰，邓经元点校：《揅经室集》续三集卷三《复性辨》，中华书局，1993 年，第 1061 页。
[2] "二氏"指佛老。
[3] 阮元撰，邓经元点校：《揅经室集》一集卷十《性命古训》，中华书局，1993 年，第 211—212 页。
[4] 阮元撰，邓经元点校：《揅经室集》一集卷十《性命古训》，中华书局，1993 年，第 217 页。
[5] 阮元撰，邓经元点校：《揅经室集》一集卷十《性命古训》，中华书局，1993 年，第 216 页。
[6] 阮元撰，邓经元点校：《揅经室集》一集卷十《性命古训》，中华书局，1993 年，第 223 页。

释、老之说也。不睹、不闻,即不愧屋漏之说也,非如释氏寂静无眼耳鼻舌身意也。①

自明诚谓之教,言愚人受教,能节性也,即孟子所谓有命焉之性也。非如李习之所说,觉照而复性也。儒、释之分,在乎此。②

李习之之言性以静而通照,物来皆应。试问:忠孝不能说在性之外,若然则是臣子但静坐无端倪,君来则我以忠照之,父母来则我以孝照之,而我于忠孝过而曾无留滞,试思九经中有此说否?③

六朝人不讳言释,不阴释而阳儒,阴释而阳儒,唐李翱为始。④

在先秦儒家到唐末之间,有一个真实的复性思想的历史演变过程,这一方面的研究以陈弱水的研究最为优秀,他在其长篇论文《〈复性书〉思想渊源再探——汉唐心性观念史之一章》中说:

灵运《与诸道人辨宗论》是一篇宣扬竺道生(?—434)"顿悟成佛"观念的文章,为了彰显道生此说的特殊意义,文中对过往成圣成佛的理论作了简单的摘要:

①阮元撰,邓经元点校:《揅经室集》一集卷十《性命古训》,中华书局,1993年,第226页。
②阮元撰,邓经元点校:《揅经室集》一集卷十《性命古训》,中华书局,1993年,第227页。
③阮元撰,邓经元点校:《揅经室集》一集卷十《性命古训》,中华书局,1993年,第229页。
④阮元撰,邓经元点校:《揅经室集》一集卷十《性命古训》,中华书局,1993年,第236页。

　　　　释氏之论，圣道虽远，积学能至，累尽鉴生，方应渐悟。
　　　孔氏之论，圣道既妙，虽颜殆庶，体无鉴周，理归一极。（道
　　　宣，《广弘明集》，卷十八，《大正藏》，卷五二，页224—225）
　　这段文字是说，佛教传统认为，圣道虽然遥远，透过渐悟的途径，
　　次第修行，成佛的目标可以达到。儒家则以为，圣道太过高妙，
　　不可能完全习得，即使颜渊也还差一些，但儒家圣人的道理是单
　　纯而不可分解的。谢灵运这段话的主旨是在论证，道生的顿悟
　　论承继传统佛教佛道可成的思想，兼取儒家的圣道单一，得出佛
　　道只能直接领悟、无从分段学习的结论。①

陈弱水虽认为谢灵运对于佛教成佛理论的认知是对的，但说儒家
难成圣境则是不符合史实的，他说："以先秦儒家而论，孟子和荀子
都相信圣人的境界不但可以企及，而且所有的人都可成圣。"他认
为谢灵运之所以有此说实与历史的事实有关，一方面孟子之心性
修养之说不传，而荀子虽在汉代有传，但与佛教对佛理的体悟亦有
很大差别，正如他说："从佛教的成佛理论看来，灵运的'积学能至'
指的是对佛理的体悟和与此相应的心识变化。荀子及其思想追随
者所说的'学'，则偏重于具体规范的理解和实践，这种学习也会导
致心性的转变，但大体来说，重点在强调学习者行为受到节制，合
于礼度。"陈弱水认为，谢灵运之所以有此说的另一重要原因则在
于汉人对于圣人的神化，而且他进一步认为，"在魏晋南北朝，圣人
不可学还是中国本土思想界的普遍看法"。他还引证南梁皇侃在《论
语义疏》中的一个例子说："《论语》……以《学而》最先者，言降圣以

---

① 陈弱水：《〈复性书〉思想渊源再探——汉唐心性观念史之一章》，《"中央研究
　院"历史语言研究所集刊》第六十九本第三分，1998年9月，第430—431页。

下,皆须学成。"①最后他总结说:

> 综上所述,在魏晋南北朝时代,中国本土的儒玄之学并没有
> 修养成圣的问题意识。当时思孟之学衰绝已久,荀子"学为圣
> 人"的思想虽然遗迹尚在,心性修养的涵义不深。一般的看法
> 是,圣人迥出凡俗,禀命于天,可望而不可及。如何透过修养锻
> 炼,成就最高人格,基本上是佛教内部的议题。②

而对于当时的道教,陈弱水论证说,道教原以练形为本,后来受
佛教影响,方有形而上的心性构建。总的来说,陈弱水的论证在于认
为,李翱复性说以先秦思孟心性之学不传为背景,在佛教思想影响下
方承继了先秦儒家的道统。陈弱水之说虽很有历史的质感,但他并
未论及佛教与先秦儒家心性修养的真正不同。其实,先秦儒家、道家
的心性修养的形而上性都并不充足,而佛教佛性思想的形而上学特
点使得受其影响的李翱心性思想带有不同于先秦儒家的形而上学
性,这才是李翱复性思想的真正创新意义所在,而不是只续接了先秦
儒家的传统。

佛教虽从东汉就传入中国,但其影响力是慢慢发生的,直到唐代
佛教鼎盛,传统儒家一直没有接受佛教的思想,故而经学家的思想中
是不可能产生李翱所说的"反其性"思想的。在思想史上,韩愈与李
翱在这个时期具有标志性的意义,他们在思想史上被并称为宋明理

---

①陈弱水:《〈复性书〉思想渊源再探——汉唐心性观念史之一章》,《"中央研究
　院"历史语言研究所集刊》第六十九本第三分,1998年9月,第431、432、433、
　435页。
②陈弱水:《〈复性书〉思想渊源再探——汉唐心性观念史之一章》,《"中央研究
　院"历史语言研究所集刊》第六十九本第三分,1998年9月,第435页。

学的先驱。韩愈已经意识到佛教对于儒家的挑战，并开始不自觉地吸收佛教的某些思想，比如有感于佛教的传法系谱，他提出了儒家的道统说。但是韩愈的主要思想是拒斥佛教的，故而才会因反对皇帝迎佛骨而被贬为潮州刺史。但是李翱则不同，他虽然也反对佛教，但却是第一个将佛教心性思想吸收进儒家思想的人，而宋明理学是儒、释、道三家合一的新儒家，在这一思想历程中，称李翱为宋明理学的先驱是实至名归的。

前已述及，中国唐以前的人性论各派系并没有把性作为世界的本体的思想，而佛教思想则以佛性为世界的本体，故而李翱人性论中复性思想的提出即与佛教佛性思想的本体意义息息相关。佛教对中国传统思想最大的影响有两个方面，其一是性的本体化，其二是与性本体化相配合的体用论和理一分殊的思维方式在中国思想中的形成，而儒家思想在这两方面的真正改变和对佛教思想的吸收都自李翱开始。

李翱人性论的精神实质来自孟子、子思一系的心性论思想，但也吸收了道家的人性论思维方式，尤其是借鉴了佛教的佛性理论和思维方式，从而实现了儒家人性论的精神转向。在李翱的人性思想中，性情关系具有体用论和本根论双重性，但是体用论的思想已经开始占据主导地位。与具有经验实证特点的人性品级论和"生之谓性"系列的人性论不同，李翱受"天命之谓性"系列人性论的深刻影响，开始形成天道、人性贯通的人性论格局。在这里，我们会想到，《中庸》强调"天命之谓性"，孟子承继子思的思想，突出"尽心、知性、知天"的思想路径，可以说，他们的思想也是贯通天道、人性的；那么，李翱的思想与他们有什么不同之处呢？

李翱认为，圣人的性纯善，情也纯善，性情由于没有善恶的对待，故而人性恢复到了它本身，以至于达到了"情性两忘""动静皆离"的境界。但是一般人的性情却是相互对待的，虽然他们的性是善的，但是却被邪情所迷惑，故而就有一个驱除邪情，复归到纯善的性的要求；正是在这个意义上，李翱提出了他著名的复性主张。孔子认为"性相近也，习相远也"①，并没有对性的属性给予太多的关注。《中庸》提出"天命之谓性"的思想，将人性与物性，甚至天命联系起来，但也没有进一步解释这一来自天命的性的属性。孟子则承继了《中庸》"天命之谓性"的思想，并认为这一来自天命的性是善的，而不是恶的。从孔子到子思到孟子，我们看到性的本体意义日益凸显，但是这一发展过程尚没有完成。在《中庸》中，子思说："唯天下至诚，为能尽其性；能尽其性，则能尽人之性；能尽人之性，则能尽物之性；能尽物之性，则可以赞天地之化育；可以赞天地之化育，则可以与天地参矣。"②我们对这句话的理解常受宋明理学的影响，一般会将此性理解为每一个事物分有同一的天理而形成的性。但其实，《中庸》在这里只是说能明白自己的性就会明白人的性，能明白人的性，就会明白物的性；但是并没有明确地肯定人与他人、他物的性就是同一个性。也许有这样的想法，但还不是十分明确。孟子"尽心、知性、知天"的思想也有同一个问题，性与心、性与天究竟是什么关系并不是十分明晰。不过，孟子明确肯定了所有的人性都是善的，这一点可以认为是对子思思想的进一步发展，具有重要的意义。

　　子思、孟子的思想中虽然已经有了性本体的端倪，但是其天道与人性关系的思想并没有完全明晰，孟子虽发展了《中庸》的思想，但他在论证人性同为善时，使用的方法有两种：一种是心之所同然的类比方法，一种是心中具有四端的经验体验方法。显然，孟子并没有从天命贯于人而形成共同的人性、人性同一的本源在于天道的角度来论

①朱熹：《四书章句集注·论语集注卷九·阳货第十七》，中华书局，2012年，第176页。

②朱熹：《四书章句集注·中庸章句》，中华书局，2012年，第33页。

证人性的相同。

　　李翱的性论自然也没有指向万物相同的本性,因为在他的思想中还没有形成宋明理学所说的"理一分殊"思想,但李翱论证人性相同的方法却发生了深刻的变化。受道家人性论特别是佛教佛性论的影响,李翱认为,天道、人道、人性三者统一的基础是诚;也就是说,天道、人道、人性的本质其实是同一的。他明确地说:"性者,天之命也,圣人得之而不惑者也。"①这是强调人纯善的性来自天之命,也正是在这个意义上,李翱提出了循道返源归本的复性说:

　　　　曰:"人生而静,天之性也。性者,天之命也。"

　　　　曰:"率性之谓道。何谓也?"

　　　　曰:"率,循也。循其源而反其性者,道也。道也者,至诚也。至诚者,天之道也。诚者,定也,不动也。"

　　　　"修道之谓教。何谓也?"

　　　　曰:"教也者,人之道也。诚之者,择善而固执之者也。循是道而归其本者,明也。"②

李翱在这里明确地解释了自己对于《中庸》核心思想"天命之谓性,率性之谓道,修道之谓教"的新的理解,在他看来,天道是至诚,人生而具有的性就来自此天道之命。他将"率"解释为"循其源而反其性",这里的"循其源"的源应有两层的含义,一是指天道,一是指性。指"性"大家应没有什么异议,指天道,可能会有争议,但从李翱说"教也者,人之道也。诚之者,择善而固执之者也。循是道而归其本

---

①《李翱文集校注》卷第二《复性书(上)》,第13页。

②《李翱文集校注》卷第二《复性书(中)》,第20—21页。

者,明也"①来看,这种率性修道就有归本于天道的意思。所以,我们基本可以肯定,在儒家的思想系统中,与子思和孟子的人性思想相比,李翱的思想中开始出现了一个以统一的天道本体来贯通人性的趋势,这里的天道虽还离宋明理学的理本体有一定的距离,但可以看作是理本体的萌芽形态,而复性思想也只有在这样的思想结构里才可以提出来。人性有一个统一的本体天道之诚,这个天道之诚赋予人则为纯善至诚之心,但是这个纯善至诚之心却由于心产生的情感而被迷惑;这样,就只有通过驱除邪情,才能复归人的天道赋予的本性。复性的思想在佛教中就已经出现,佛教认为佛性是人的真正本体,人只有破除情欲虚幻的相才可以复归佛性本体,从而超越世俗的世界而进入佛的真如世界,在那里,佛性才会真正地向我们呈现出来。而李翱的复性说正是吸收了佛教的这一思想,从而使儒家人性学说从过去的修养说转向后来的复性说。这样说来,李翱的复性说是儒家思想前后期精神转向的重要路标,他的思想开启了宋明理学性二元论和"心统性情"说的发展历程。

第二节　复性方法对中国传统儒家修养方法的影响

儒家的思想主张归根到底是要落实到修身上的,孔子说:"克己复礼为仁。"②《大学》说:"壹是皆以修身为本。"③《中庸》推崇无过无不及的中庸之道。这些都是儒家思想对于思想本身和由思想指导的

①《李翱文集校注》卷第二《复性书(中)》,第20、21页。
②朱熹:《四书章句集注·论语集注卷六·颜渊第十二》,中华书局,2012年,第132页。
③朱熹:《四书章句集注·大学章句》,中华书局,2012年,第4页。

行为的要求，把这些要求说成是修身的方法也不为过。但是先秦儒家思想中还存在着另一条修养之路，更能体现先秦儒家思想修养方法的特点。这种修养方法与气有着紧密的关系，这主要是因为先秦时期的道并不是宋明理学的天理，道和气有着不可分割的关系。这种修养方法以孟子的"我善养吾浩然之气"①的思想最具有代表性。孟子说：

> 其为气也，至大至刚，以直养而无害，则塞于天地之间。其
> 为气也，配义与道；无是，馁也。是集义所生者，非义袭而取
> 之也。②

这其实是儒家修养方法的核心所在；因为孟子认为，我们修养自身，并不是只知道一些义理就可以了，而是要切实在身体上修养出一种浩然正气。这种浩然正气不是一种观念，而是气与观念的合一体，故而孟子把它与"集义"联系在一起。

孟子主张性善论，荀子主张性恶论，但他们两人在修养上都有类似的思想；荀子谈修养方法，虽主要主张礼的作用，但也谈到"治气养心之术"。他说：

> 治气养心之术：血气刚强，则柔之以调和；知虑渐深，则一之
> 以易良；勇胆猛戾，则辅之以道顺；齐给便利，则节之以动止；狭
> 隘褊小，则廓之以广大；卑湿、重迟、贪利，则抗之以高志；庸众驽

---

① 朱熹：《四书章句集注·孟子集注卷三·公孙丑章句上》，中华书局，2012年，第232页。
② 朱熹：《四书章句集注·孟子集注卷三·公孙丑章句上》，中华书局，2012年，第232—233页。

散,则劫之以师友;怠慢僄弃,则炤之以祸灾;愚款端悫,则合之以礼乐,通之于思索。凡治气养心之术,莫径由礼,莫要得师,莫神一好。①

荀子在《修身篇》中认为,人虽由后天学礼义而修身,但这种修养也是一种治气养生之术。细研此意,我们发现,荀子所说的身心修养的具体方法凸显了修身并不只是一个纯粹的认知过程,而是与人身心气禀的改造有着密切的关系。比如,他举例说,如果一个人所禀气血刚猛,则须用柔性来调节;如果知虑潜深,则易生险诈,故而要以道来改易其弊;做事过于急躁,则要节制而使之和缓;心胸狭小,则要扩充使之广大;行事礼仪失范,贪图利益,则要以高远的意志来调节。显然,荀子此说,也谈到了修养身心是对人由气导致的各种偏颇的中和;只不过荀子所说,没有孟子明确典型罢了。

　　先秦儒家的身心修养,虽有一般的道德原则的践履,但比较有特色的方法却是"集义"与"养气"。但我们发现,在李翱的思想中,由于受到佛教思维方式的影响,有一种新的修养方法开始出现。李翱的复性主张深受佛教佛性理论的影响,他的复性方法是在性与情的相互关系中得以阐明的。李翱认为,圣人的性是纯善的,他的情由于与纯善的性一致而达到不显现的境地;故而李翱所说的复性方法自然主要是针对普通人的。李翱认为,性为纯善,情有善有不善,而恶情主要是针对普通人来说的;普通人因为情为恶,故而就需要克服恶情,从而复归本体之性。那么,李翱的复性主张是怎样的呢? 对此,李翱说:

---

①王先谦撰,沈啸寰、王星贤点校:《荀子集解·修身篇第二》,中华书局,1988年,第25—27页。

> 人之不力于道者,昏不思也。天地之间,万物生焉。人之于
> 万物,一物也;其所以异于禽、兽、虫、鱼者,岂非道德之性乎哉?
> 受一气而成其形,一为物而一为人,得之甚难也。生乎世,又非
> 深长之年也,以非深长之年,行甚难得之身,而不专专于大道,肆
> 其心之所为,则其所以自异于禽、兽、虫、鱼者亡几矣! 昏而不
> 思,其昏也终不明矣。①

李翱认为,人是万物中的一物,都是禀受气而形成,但人与禽兽的区别在于人从天禀受到整全的天命道德之性;如果我们不知道致力追寻大道,那么就和禽兽虫鱼没有什么本质的区别。李翱的这一认识,和孟子的想法是一致的,孟子也认为人与动物的区别非常小,就在于是不是追寻道德。在这里,我们发现,李翱只是讨论了人禀受天命道德之性,而并没有讨论人与万物禀性的相同相异;可见,宋明理学的理本体在李翱的思想中只是露出了苗头,而距离理本体的形成,还有相当的距离。但是从人的角度来说,在李翱的思想中,人一方面禀受了与万物所禀受的相同的气,一方面禀受了与万物不同的整全的天命道德之性,这个结构非常接近宋明理学理与气的关系,但又有很大的不同,毕竟要形成宋明理学理气关系的完善形态还需要假以时日。

李翱复性的方法分为两个步骤,对于第一步,他说:

> 或问曰:“人之昏也久矣,将复其性者,必有渐也。敢问
> 其方?”
> 曰:“弗虑、弗思,情则不生;情既不生,乃为正思。正思者,
> 无虑、无思也。”②

---

① 《李翱文集校注》卷第二《复性书(下)》,第27页。
② 《李翱文集校注》卷第二《复性书(中)》,第18—19页。

在这里,李翱说弗虑弗思,情就不会生出,情既然不能生出,那就是正思。理解这句话,首先要明白,这里的情指的是邪情。李翱在《复性书》中使用"情"字,情有善也有恶,至于文中的"情"字到底是指善情还是恶情,要看上下文才能确定。显然,正思并不是什么思也没有,而是指没有被邪情所引导的思;无虑无思也不是真的没有任何思虑,而是指没有任何虚妄不实的思虑。这第一步复性的方法和以前传统的修养方法并无太多不同,有点像孔子所说的"非礼勿视,非礼勿听,非礼勿言,非礼勿动"①,是一种强制性的行为。但是李翱所说的弗虑弗思从抽象程度上已经超越了传统的方法,不是具体地实践某个道德原则,而是指在道德原则基础上的一种境界。境界是一种难以言传的状态,已经不是一个个具体的道德原则。李翱思想的这种变化在其复性思想的第二步表现得更加明显,他说:

> 方静之时,知心无思者,是斋戒也。知本无有思,动静皆离,寂然不动者,是至诚也。②

弗虑弗思并不是李翱追求的最高境界,他的最高境界,是动静皆离的寂然不动状态。这个状态其实很难言传,是一种不能拿性情、动静来界定的境界。这里所说的"知本无有思",让我们想起慧能所说的"本来无一物,何处惹尘埃"③的偈语。这样,一个事实就呈现在了我们的面前,李翱的复性说不仅改变了儒家心性论的方向,与其相配合的复性方法也改变了儒家的修养方法,从此境界论开始在中国心性

---

① 朱熹:《四书章句集注·论语集注卷六·颜渊第十二》,中华书局,2012年,第133页。

② 《李翱文集校注》卷第二《复性书(中)》,第19页。

③ 惠能著,尚荣译注:《坛经·行由品第一》,中华书局,2010年,第21页。

修养史上占据越来越重要的地位，宋明理学初期就已经开始的关于
圣贤气象的讨论就是源自这样的思想动机和学术发展方向。

当然，寂然不动的思想不是凭空产生的，它在道家思想中也有一
定的表现，老子所说的"玄览""玄同"、庄子所说的"心斋""坐忘"就
与此颇为相似，这说明，李翱也受到道家思想的深刻影响。老子说：

> 致虚极，守静笃。
>
> 万物并作，吾以观复。
>
> 夫物芸芸，各复归其根。归根曰静，静曰复命。复命曰常，
> 知常曰明。不知常，妄作凶。①
>
> ［塞其兑，闭其门；］挫其锐，解其纷，和其光，同其尘，是谓
> "玄同"。②

在老子看来，万物纷纭，使人眼花缭乱，但是万物都有根本，只要我们
注意使自己的内心虚寂灵敏，不被外物牵引，就会看到道的根本，从
而拥有明觉，达到玄同的境界。庄子也提出心斋的思想，主张心通过
集虚而达到与道的默契，他在《庄子·大宗师》中说："朝彻，而后能
见独。"③李翱所说的寂然不动显然也受到庄子思想的影响，这种影
响化为了《复性书》的结尾：

> 吾之生二十有九年矣。思十九年时，如朝日也；思九年时，
> 亦如朝日也。④

①陈鼓应：《老子注译及评介》，中华书局，1984年，第124页。
②陈鼓应：《老子注译及评介》，中华书局，1984年，第280页。
③陈鼓应注译：《庄子今注今译·大宗师》，中华书局，1983年，第184页。
④《李翱文集校注》卷第二《复性书（下）》，第28页。

虽然不是写朝彻,但显然感染了朝彻的情绪。总之,李翱对于儒家修养方法的改变受到道家和佛教思想的影响;当然,两相比较,佛教影响为主。

第三节　李翱哲学思想
对传统思维方式的改变

　　哲学思想与潜在的思维方式有着密切的关联,李翱在心性论思想上的变革必然有着思维方式的基础。从中国古代思维方式的发展历史来看,先秦两汉时期,中国典型的思维方式是法象思维;佛教时期,体用论和理一分殊的思维方式发展完善起来;宋明理学时期,体用论和理一分殊的思想被儒家所吸收,逐渐中国化,成为中国哲学核心的思维方式。从法象思维到体用论再到理一分殊,中国古代思维方式有一个发展的历程,但是我们要注意的是,发展并不意味着彻底取代;也就是说,中国古代法象思维、体用论、理一分殊是一个思维系统,是并存的关系,而不是进化论意义上后者取代前者的关系。同样,我们要注意的是,中国古代法象思维虽然还不是体用论和理一分殊,但是其与体用论、理一分殊在思维方式上不是排斥的关系,而是具有一定的相似性,这也是中国古代思想会主动吸收体用论和理一分殊的真正原因。

　　李翱的思想处于儒家正式吸收佛教思想的最开端,故而我们会看到,在《复性书》以及整个李翱留下的文献中,从来没有出现“体用”的提法,但李翱所说的性情关系却明显地具有体用的色彩;这说明,李翱的思想正处于本根论与体用论就要分离的阶段。其实即使到了朱熹的时代,本根论还是在宋明理学的思维方式中有着淡淡的影像。比如,朱熹虽然认为从逻辑先后次序上来说,理是要生气的,但在其思想中,体用关系已完全成熟,本根论在理本体的论述中分量已经很轻了。

　　李翱的思维方式大约有三个层次:首先是传统的历史循环论,这主要表现在他承继了传统的三统三正学说,对此,他说:

　　　　夏尚忠,殷尚敬,周尚文,何也?
　　　　曰:帝王之道,非尚忠也,非尚敬与文也,因时之变,以承其弊而已矣。①

在李翱看来,历史是循环往复的,而治理之道在于平衡时势,故而他认为,夏尚忠,殷尚敬,周尚文,都是针对时政的举措。在他看来,夏崇尚忠,是为了救文之弊;殷崇尚敬,是为了救野之弊;周崇尚文,则是为了救崇尚鬼神之弊。而且忠、敬、文三者如一循环,终始相继,循环往复;故而他认为,如果孔子继周而王,宜用夏政。他说:

　　　　孔子,圣人之大者也,若王天下而传周,其救文之弊也,亦必尚乎夏道矣。②

孔子崇尚周礼是众所周知的,李翱之说显然受到汉代三统三正说的影响,有很明显的历史循环论思想。循环论自然是一种思维方式,在中国古代非常流行,比如历代都有思想家想要回到三代就是这种思维方式的一种写照。那么,三统三正说内里潜藏的思维方式是什么呢?仔细阅读李翱对于此一思维方式的理解,就可看出,其核心是平衡论的思想。平衡是中国古代道传统的核心真意,《易传》说:"一阴

---

①《李翱文集校注》卷第四《帝王所尚问》,第54页。
②《李翱文集校注》卷第四《帝王所尚问》,第55页。

一阳之谓道。"①道是阴阳的平衡以及借此而来的道的推行。在李翱看来,夏、殷、周各有所长,也有所短,故而殷纠夏偏,周正殷曲,夏补周之不足,形成一循环往复的历史回路。当然,循环的思维方式为中国古代大多数思想家共有,自说不上是李翱的独创。

其次,李翱所处的时代,佛教体用思想已非常流行,在他的性情思想中,体用思想已经是主导思想。但是我们也要看到,李翱在其著作中,尚没有直接使用"体用"这一术语,他的性情学说包含着体用论和本根论两方面的因素。这也就是说,在佛教思想中,体用论和理一分殊的思想已经十分成熟,但是尚没有被完全吸收到儒家思想中;李翱是宋明理学的先驱,他的哲学开始注重吸收佛道思想,对宋明理学有着深远的影响。

中国先秦时期的哲学,本体论与宇宙论尚未分化,可能在当时的哲人心中,本体论与宇宙论本身就是合一而不可分的,比如老子说:"'道'生一,一生二,二生三,三生万物。万物负阴而抱阳,冲气以为和。"②在这段著名的论述中,就既有本体论,又有本根论。佛教在中国兴盛后,体用论的思维方式日渐占据优势,儒家虽没有使用这个词,但已经潜移默化地受到影响,李翱是最早处于这一关节点的儒者之一,他在《复性书》中对于性情的论述已经具有了体用的含义。李翱说:

> 虽然,无性则情无所生矣。是情由性而生,情不自情,因性而情,性不自性,由情以明。③

①周振甫译注:《周易译注·系辞上传》,中华书局,1991年,第234页。
②陈鼓应:《老子注译及评介》,中华书局,1984年,第232页。
③《李翱文集校注》卷第二《复性书(上)》,第13页。

在李翱看来,情是由性而生的,那么很显然,性为主,而情为从,主次关系已经确立。但他继而又认为,情不能独立存在,必须依赖于性;同时,性虽为主,但需要情来展现,没有情的呈现,性就没法被认识。这种阐释已经具有了体用的含义,但没有提"体用"这个词,说明在佛教中已经普遍使用的体用概念正在被儒家缓慢地接受。当然,如果要问在体用观念使用前,中国古代思想关于本体和万物关系使用的是什么语汇,这在王弼的思想中表现得最明确。学界以前认为,体用论最早形成于王弼的哲学,其实不然,王弼哲学使用的最高概念是母和子、本和末,而不是体用。这样说起来,李翱哲学中性情之间的体用关系虽未有其名,但却已有其实,是儒家开始大规模使用体用关系范畴的前夜。

第三个层次则是借鉴了道家自性论和佛教双遣两边思维方式的结果。道家自性论主张万物之间没有可比性,每一个事物只要回到它的自性就是顺应天道,故而自性论主张性是超越善恶对立的。这样,道家自性论其实把善恶的对立分成两个层次的对立:一个是低的层次,在这个层次,善恶因对方的存在而存在。我们可以说,世界上没有恶,就没有善;同样,没有善,也就没有恶。这里所说的善,应该并不是完善的善,而是有缺陷的。那么高一层次的善就不是与恶相对的善,而是完全的善,这个善就是回到事物的自性。道家思想觉得我们甚至于不能给它一个名称,因为给它一个善的名称,就会有恶的对立面产生出来。这样,我们看到,道家已经开始思考两个对立概念的相互关系问题,并且试图寻求出一条解决之道,那就是回到顺应道的事物的自性中去。

佛教进入中国,刚开始经过了格义的阶段,主要是与玄学思想的格义。玄学谈论有无问题,此问题向上承续老子的思想;但是佛教思想在经过格义阶段后,就意识到,从有无的角度谈论佛性本体,其实并非佛教思想的原义,故而佛教将玄学时期对于有无问题的讨论推向了更深的层次,那就是空的层次。僧肇的般若学认为,现实中的有无都是存在的,但是这种存在并不是真的,故而他提出"不真空"的说法。这即是说,无论是有也好,无也好,虽存在,但不是真的;因为不真实,故而是空的。空是什么? 空是非有非无,是佛性世界的真相。这就是佛教双遣两边的思维方式,佛性是难以用世俗语言表达的;故而佛教否定"有",否定"无",因为佛性本体非有非无,处于有无之间。如果我们要在儒家的思维方式中寻求一个对接口,那理应是儒家"执两用中"的思维方式。《中庸》说:"执其两端,用其中于民。"朱熹解释此句说:"盖凡物皆有两端,如大小厚薄之类,于善之中又执其两端,而量度以取中,然后用之,则其择之审而行之至矣。"①显然,儒家也考虑到在两端中取中的问题,但传统儒家的视角较为现实,还没有达到语言不能表达的程度。

　　说到佛教双遣两边思维方式,便会想起禅宗六祖慧能的偈,他说:

　　　　菩提本无树,明镜亦非台。
　　　　本来无一物,何处惹尘埃。②

慧能此说其实与双遣两边不同,双遣两边是要寻求一本体,而此偈则在说明因缘所生事物的不真实性,或者说无根性。李翱思想所使用的思维方式的第三个层次其实是此两种方法的统一体。在李翱的著作中,最能反映其思维方式真义的是《复性书》中的以下一句话:

　　　　觉则明,否则惑,惑则昏。明与昏谓之不同。明与昏,性本

---

①朱熹:《四书章句集注·中庸章句》,中华书局,2012 年,第 20 页。
②惠能著,尚荣译注:《坛经·行由品第一》,中华书局,2010 年,第 21 页。

　　无有,则同与不同二者离矣。夫明者所以对昏,昏既灭,则明亦不立矣。①

劳思光说:"然论及'昏''明'相依而立、一灭俱灭之义,则李氏思想中受佛教影响处似颇明显,不仅'觉''惑'等字眼有佛教气息也。"②在李翱看来,说性是明的,或是昏的,其实都是一种外在的说明;明的存在是因为昏,昏的存在也在于明,当昏不存在后,明也就会因为没有其对立面而不存在。这样看来,性就是性本身,无所谓明与昏的区别,明与昏只是人因不同的修养境界而对性的一种外在阐释或感受。很显然,这种思维方式是吸收了佛教双遣两边后的结果。

　　天台宗智𫖮说:

　　　　理实无名,对无明称法性。法性显,则无明转变为明;无明破,则无无明,对谁复论法性耶?③
　　　　通本对塞,既触处如空,则无复有塞,无塞则无通。④

智𫖮此说,与李翱的言说可以说是一模一样,但李翱在应用此思维方式的基础上,还吸收了佛教因缘不真的思维方式,这一点在他关于七情的思想中表现得最为明显。《复性书》开篇说:

　　　　人之所以为圣人者,性也;人之所以惑其性者,情也。喜、

①《李翱文集校注》卷第二《复性书(上)》,第14页。
②劳思光:《新编中国哲学史(三卷上)》,广西师范大学出版社,2005年,第23页。
③智𫖮说,灌顶记:《摩诃止观》卷第六下,《大正新修大藏经》第46卷,河北省佛教协会,2005年修订版,第82页下—第83页上。
④智𫖮说,灌顶记:《摩诃止观》卷第七上,《大正新修大藏经》第46卷,河北省佛教协会,2005年修订版,第87页中。

怒、哀、惧、爱、恶、欲七者，皆情之所为也。情既昏，性斯匿矣。
非性之过也，七者循环而交来，故性不能充也。①

是情由性而生，情不自情，因性而情，性不自性，由情
以明。②

在李翱看来，性生七情，生出的是纯粹的七情，此纯粹的七情自
然是善的，但恶情产生在哪里呢？李翱说得很明白，产生于七情的交
相攻伐。对于此交相攻伐的七情，李翱又说：

问曰："人之性犹圣人之性，嗜欲爱憎之心何因而生也？"
曰："情者，妄也，邪也；邪与妄则无所因矣。妄情灭息，本性
清明，周流六虚，所以谓之能复其性也。"③

这里说得很明白，恶情本就是虚妄的、邪的，也可以说是人心臆造的；
故而这种邪情、妄情是没有原因的，也就是说，邪情、妄情不是由性而
生的。李翱此说明显吸收了佛教因缘不真的思维方式，从而论证了
人复性的现实可能性。试想，如恶情源源不断地产生自人性，那无论
你如何努力，心中的欲念都不会被根除。故而，李翱在这里将邪妄之
情看作是无根的，只有邪妄之情是无根的，复性的主张才能没有妨碍
地真正得以落实。
李翱论证了复性主张的有效性，同时也吸收佛教双遣两边的思
维方式，论证了性的本体意义，如：

---

①《李翱文集校注》卷第二《复性书（上）》，第 13 页。
②《李翱文集校注》卷第二《复性书（上）》，第 13 页。
③《李翱文集校注》卷第二《复性书（中）》，第 23 页。

> 圣人者,岂其无情邪?圣人者,寂然不动,不往而到,不言而神,不耀而光,制作参乎天地,变化合乎阴阳;虽有情也,未尝有情也。①

> 谓人性本相近于静,及其动,感外物有正有邪。动而正,则为上智;动而邪,则为下愚;寂然不动,则情性两忘矣。②

李翱认为,圣人虽然有情,但是其情由于脱开了与性的对立,故而善情由于与善性一致而到了不显现的境地;故而虽然有情,就像没有情一样。这一说法比王弼"性其情"的想法更加精致。在《论语笔解》中,他认为性情关系最高的境界为寂然不动,而达到此寂然不动境地的圣人就能"情性两忘",这是典型的受双遣两边思维方式影响而做出的结论。有意思的是,《论语笔解》中最重要的这句关乎心性本体的话并没有出现在《复性书》中,在此,我们看到,从《论语笔解》到《复性书》,李翱的思想有所发展;因为在《复性书》中,性已经上升到心性本体的地位,故而说"情性两忘"就不太恰当,而在《复性书》中,他说的是"明与昏,性本无有"③。显然,这种言说上的差异十分微妙,表明了李翱思想的发展变化。

　　从大的方面说,李翱之前儒家思想的思维方式以法象思维和道为核心,法象思维与道是一物的两面,而自隋唐佛教兴盛以来,体用论的思维方式在中国古代思维中成形,是法象思维在隋唐时期表现出的新形式。李翱在儒家思想系统中最早开始提出体用论,他虽然还没有使用体用范畴,但思维结构已经明显地在性情关系上表现出

---

①《李翱文集校注》卷第二《复性书(上)》,第13页。
②韩愈、李翱:《论语笔解》,《景印文渊阁四库全书》第196册,台湾商务印书馆股份有限公司,1986年,第22—23页。
③《李翱文集校注》卷第二《复性书(上)》,第14页。

体用的观念,为宋明理学大规模地使用体用观念奠定了思想基础。

　　从具体的方面说,儒家先秦以来形成的思维方式以中庸和恕道为核心,中庸的核心是执两用中,恕道的核心是推己及人。李翱承继儒家的这一思维传统,并在其将性本体化的过程中,提出了新的思维维度,那就是吸收佛教双遣两边和因缘不真的思想,为儒家本体思想的形而上学化做出了贡献。自李翱之后,儒家在论证本体论思想时,开始使用体用论和理一分殊的思维方式,而体用论和理一分殊的具体操作方式就有佛教双遣两边和因缘不真的思维方式。在《复性书》中,李翱引用《礼记·乐记》中的话说:"人生而静,天之性也。"①后来,程颢所说的"'人生而静'以上不容说,才说性时,便已不是性也"②、王阳明四句教第一句"无善无恶是心之体"③等,从思维方式角度来说,都是承继了李翱所开创的本体论证之道。故而,李翱对宋明理学思维方式的形成和发展有首发之功,在中国哲学史上具有重要的地位。

第四节　李翱哲学对宋代性二元论的影响

　　虽然傅斯年认为李翱《复性书》"为性情二本,性明情昏说"④,但他说的是汉唐之善恶二元论,是一种外在的二元论,韩愈的性三品说就是这一思想脉络的余绪,并不能精确地概括李翱的人性论。而性

---

①郑玄注,孔颖达等正义:《礼记正义》卷三十七《乐记第十九》,阮元校刻:《十三经注疏》第三册,中华书局,2009年,第3314页。

②程颢、程颐著,王孝鱼点校:《二程集·河南程氏遗书卷第一》,中华书局,2004年,第10页。

③王守仁撰,吴光、钱明、董平、姚延福编校:《王阳明全集》卷三《语录三》,上海古籍出版社,1992年,第117页。

④傅斯年:《性命古训辨证》,上海古籍出版社,2012年,第236页。

情二元论又有所不同，它是一种内在有机的二元论。如果从性情内在二元的角度看，则李翱之前的中国古代人性论都以一元论为其特征，孔子的"性相近也，习相远也"①、孟子的性善论、荀子的性恶论、告子的性无善恶论、世硕的有性善有性恶论，以及由此发展而来的性三品说、扬雄的性善恶混论、道家的性超善恶论、佛教的佛性论均有人性一元的特点。中国古代人性常以善与恶的区分为最重要的视域，这与西方人性论有很大的区别。我们注意到，在李翱之前的人性论中，性与善或恶是一种同质的关系，也就是说，性与善或恶是一种一体性的关系；性或者是善的，或者是无善恶的，或者是恶的，或者是超善恶的，或者是善恶混的，但无论是哪一种类型，性与善或者恶都是一体性的关系。在先秦中国人性论发展的早期，善恶的这种一体性关系足以说明性的一源性，体现了人性的一元性。而对于性的来源，最主要的自然就是"生之谓性"的路径。这一点，在郭店楚简《性自命出》中看得非常明显，今天我们理解《中庸》的"天命之谓性"常受宋明理学的影响，但是宋明理学对于此句话的理解其实是后来发展出来的，并不是先秦时期子思子学派的原义。这一点，我们从《性自命出》对于性情的解释上就看得非常清晰：

> 性自命出，命自天降。道始于情，情生于性。始者近情，终者近义。知情[者能]出之，知义者能入之。好恶，性也。所好所恶，物也。善不[善，性也]。所善所不善，势也。②

《性自命出》比《中庸》稍早，但是对于性的来源的理解与《中庸》

---

① 朱熹：《四书章句集注·论语集注卷九·阳货第十七》，中华书局，2012年，第176页。
② 李零：《郭店楚简校读记》，北京大学出版社，2002年，第105页。

的理解是相近的,所以说起来,"天命之谓性"虽已有形而上的端倪,但并不像宋明理学理解的那样是形而上的天理赋予人而成为的性,而更多的是说性来自天,与"生之谓性"的意义相距并不太远。所以在这里,我们要提一个问题:为什么宋明理学会出现性二元论发展趋势,而在先秦时期并无这样的思想倾向。这大约有以下两个方面的原因:

一、性情的分而不离状态。性与情是宋明理学"心统性情"说的两个重要因素,但是性与情在唐以前的分离是有一个发展历程的;性情长期处于一种分而不离的状态,这使得性情具有一体性的关系,故而不可能形成性情二元的思想。《性自命出》说:"喜怒哀悲之气,性也。"又说:"好恶,性也。"这是一种直接用情来界定性的方式。而荀子说:"性者,天之就也;情者,性之质也;欲者,情之应也。以所欲为可得而求之,情之所必不免也。"①在荀子看来,情是性的实质,性情本是一体的关系。到了魏晋时期,由于中国哲学思想中本体论意义的凸显,性情关系表现出新的特点,魏晋圣人无情论十分流行,普通人有性有情,而圣人无情,本身就说明性与情分离的倾向。而王弼主张"性其情",认为要以情近性;故而他认为性无善无恶,情有正有邪。这说明魏晋时期,性情关系已经有了一定的分离,王弼的性其情思想正处于过去性情分而不离的状态向后期性情分离的过渡阶段。李翱正是承继了王弼的这一思想路径,从而在其人性论中提出性善情有善有不善论。

二、李翱之前儒家人性论尚没有本体论化。需要说明的是,虽然道家性超善恶论和佛教佛性论本体论化倾向十分明显,但道家性超善恶论只是向自性的回归,故而并没有表现出二元论的倾向,而佛教

---

①王先谦撰,沈啸寰、王星贤点校:《荀子集解·正名篇第二十二》,中华书局,1988年,第428页。

佛性论主要强调佛性本体的真如本性,其对现实世界并不重视,多认为现实不过是因缘而起,是要用佛性般若智慧破除的对象,故而也很难形成佛性本体与现实人性的二元对立格局。但是在玄学和佛教思想本体意义在中国思想史上清晰呈现后,儒家思想在唐末开始出现本体化的进程,李翱的性情思想就是这一儒家思想本体化进程的重要起点。很显然,一旦儒家思想中的本体观念凸显,其又对现实生活如此重视,那么本体与现实之间的张力就会显现,这一点在李翱的思想中清晰地展现出来。

　　李翱的道论强调道与性命的关系,这在儒家思想史上具有重要的地位。学者说到此,多会举《中庸》和《孟子》中关于天道与性关系的思想,认为其实二者关系在先秦就已经很强调。实际上,这种说法有着过度解释的嫌疑。孔子很少谈及性与天道的关系,而对《中庸》的"天命之谓性"其实不能做宋明理学式的理解,其含义要借助《性自命出》中的思想来理解,此意前已述及,在此就不再赘述。李翱将天道与性贯通起来已经是一种全新的理解,而这更体现在其性情关系的思想上。李翱承继王弼的性其情思想,又将它向前推进了一大步。前已述及,王弼主张性无善恶,而情有正邪,但"性其情"只是主张以情从性,以情近性,而对于性与情到底是什么关系,并没有清晰的论述。而李翱的性情说则不然,完整清晰地论述了性与情的关系,性与情既有相生关系,也有体用关系。体用关系是本体论意义上的关系,相生关系则是对以往性情连带一体的生成关系的进一步发展。从本体论角度来看,作为宋明理学的最高概念天理与气,李翱虽也提到,但显然并没有将它们上升到本体论意义的倾向。也可以这样说,宋明理学时期本体论倾向的形成是从人性论开始的,而李翱就是此一进程的开局之人。

　　李翱在《复性书》中对于性情关系做了经典的表述:

> 虽然,无性则情无所生矣。是情由性而生,情不自情,因性
> 而情,性不自性,由情以明。①

性情论发展至此,性与情的关系日渐清晰。在李翱看来,性情有两种关系,一种是相生关系,一种是体用关系。不过李翱没有用体用这个范畴,显见,此时儒家尚没有考虑好要不要把佛教中已经非常成熟的体用范畴吸收进来。然而用不用这个范畴虽还没有明晰,但李翱阐述性情关系的方法,显然已经是典型的体用关系。性既然能生出情,那么性情无论关系多么亲密,都已经是两个存在。再从体用关系来看,性为本体,情为本体之用,虽然按照李翱的说法双方都离不开对方,但主次位置是清晰的。从生成关系角度来说,善性产生恶情并不一定说不清,比如荀子人性论中的性情关系就是无善无恶的性因其质情而产生欲,从而使得整个性表现出恶来。但是从体用关系来说,善性产生恶情就说不通,因为从体用角度来说,性善情必善,性恶情必恶,故而过去学者研究多认为李翱的性善情有善有不善包含着矛盾。在李翱的思想中,性是纯善的,情有善有不善,在这里要注意的一个思想角度是,如果把李翱所说的情有善有不善看成是情善恶混论,也要与性善恶混论有一个区别。为什么要做这样的区别呢? 因为性是源头性的,到了中国思想的后期又具有了本体的地位;而情越往后发展,越离开性而成为一从属性的存在。故而,说性善恶混我们会注意性将来的善和恶与这种起源性的本体有什么关系,由这样的性产生出的情是善的还是恶的。但情善恶混却是被动的,我们想的是另外的问题,如为什么情是善恶混的,所以说情善恶混的意义便与性善恶混有很大的不同。在李翱的性情关系中,从表面上看的确存在着善性产生恶情的矛盾,但是它的细节是需要我们注意的。

---

① 《李翱文集校注》卷第二《复性书(上)》,第13页。

　　李翱承认圣人也有情感，但是他认为圣人的情与性是统一的，由于圣人的情与性完全契合，故而李翱说圣人"虽有情也，未尝有情也"①。这也就是说，圣人的情由于与性相符合，以至于达到不显现的境地，故而他在《论语笔解》中说："寂然不动，则情性两忘矣。"②显然，圣人的情是善的，而且不会有恶情。这是一种情况，我们由此就不能一概地说李翱是情善恶混论者。李翱认为百姓的性是与圣人一样的，但是百姓的情却有善有恶。我们看到有些学者说李翱是性善情恶论者，或者性善情邪论者，这个显然不是事实。百姓的情有些是善的，有些是恶的，一定要说情是混杂的也可以，但笔者总觉得不准确，这主要是因为善情与恶情并不是一种混杂的状态。对于情，李翱其实很推崇《中庸》的说法，他在《复性书》中说：

　　　　问曰："尧舜岂不有情邪？"

　　　　曰："圣人至诚而已矣。尧舜之举十六相，非喜也；流共工，放驩兜，殛鲧，窜三苗，非怒也：中于节而已矣。"③

显然，在李翱看来，人是有情的，如果人的情是中节的，那就可以了。而情是中节的是什么意思？如果仔细阅读整个《复性书》，我们就会明白，所谓的情的中节，就是符合性的要求，也就是情与性相契合。圣人的情是没有恶的，因为他所有的情都是符合性的要求的。而百姓的情则有的和性相契合，有的不相契合，故而他们有的情是善的，有的情是恶的。我们自然不能认为百姓没有一点善情，这也是不符

---

① 《李翱文集校注》卷第二《复性书（上）》，第13页。
② 韩愈、李翱：《论语笔解》，《景印文渊阁四库全书》第196册，台湾商务印书馆股份有限公司，1986年，第22—23页。
③ 《李翱文集校注》卷第二《复性书（中）》，第22页。

合《复性书》思想的。笔者早期研究李翱的思想，认为李翱的人性论有善性产生邪情的矛盾，但后来拙文《再论李翱的人性论》改变了这一判断，最终以为七情交伐才是情邪的真正原因。但现在觉得要把这两个方面的判断再统一一下。在李翱的思想中，性产生情，如果情中节，那就是善情；如果情不中节，那就是恶情。故而恶情的产生有两个原因，一个是七情之一本身的不中节，一个是七情之间的相互攻伐。七情之中的任何一种情感都是由性产生出来的，从体用关系的角度来说，善性必然产生善情；但从性情的相生关系来说，善性可以产生恶情，因为在生成的过程中，会有许多其他的因素加进来，而且前已论及，此由性生情的过程在李翱的思想中主要是通过心来发挥作用。由七情交伐而产生恶情则很好理解，李翱在《复性书》中也说，以一种情来止另一种情其实会导致更大的情，造成情绪的进一步失控。这样我们看到，性情之间体用关系与相生关系的张力的确会产生善性产生恶情的矛盾，而这一矛盾也是引起宋代性二元论的一个直接原因。

在李翱的性情关系中，包含着两种关系，这就是性情之间的体用关系和相生关系，正是这二者导致了未来宋代性二元论的发生。在先秦儒家人性论中，这两种关系并没有分开来，因为体用关系是在佛教思想中才得以完善的。所以，我们看荀子对于性情的言说，性情关系是一种一体的分而不离的关系，体用关系还很模糊，相生关系体现在情与欲之间。到了汉代，早期的道的思想演化为天人感应思想，天人感应思想的实质是一种法象思维，或如汉学家所说是一种关联性思维。法象思维还不是体用思维，故而虽然董仲舒认为，天有阴、阳，相应地人就有贪、仁二性。阴、阳与贪、仁之间只是一种对应关系，虽然有一点本体论意义上的诉求，但这种诉求很弱，还不能建立起天人性情之间体用一体的关系。在经过魏晋玄学和隋唐佛教本体论的强力发展之后，儒家思想才第一次意识到自己的核心思想需要本体论化。儒家思想的核心其实是其心性论系统,也就是人的修养系统,李翱哲学从性情关系着手进行儒家思想的本体论化自然也就顺理成章。

这样,李翱对道的本体论化的思索,自然会引起其对性情关系的重新思考。李翱的道是性命之道,他有意识地把道和人的性命联系在一起,这样在性情关系上就展现出了两条清晰的路径:一条是传统的路径,那就是性与情之间的相生关系;另一条则是全新的性与情之间的体用关系。这两种关系的交错在中国古代思维史中长期存在,并支撑起中国古代人性论的二元论模式。人性论的二元论模式很好地解决了性情的体用关系和相生关系的一体性结构,故而在拙著《宋代性二元论研究》中,笔者将性二元论进行了这样的界定:

> 性二元论,顾名思义,是在两个相对独立的因素影响下形成的性。只具有两个独立的因素的人性论并不能就称为是性二元论,只有将这两方面的因素在性上内在有机地融合在一起,方可称为性二元论。故而在此意义上,宋代以前的人性论,虽也可以说具备了两方面的因素,但由于它们是以一种外在作用的方式相互发生作用,故至多只能认为具有性二元论的萌芽,而不可即将其视为性二元论。①

一般说来,我们可能会认为,从性情关系的角度来说,性与情是两个未来要引导出性二元论的因素。但事实显然不是这样,性与情其实早就存在,真正会影响到未来性二元论的是性与情之间的体用关系和相生关系,正是这两种关系将性与情内在地联系起来,对宋代性二元论的产生发生了深刻的影响。

---

① 李晓春:《宋代性二元论研究》,中国社会科学出版社,2006年,第1页。

周敦颐是宋明理学的鼻祖,其思想对宋明理学的实际开创者二程兄弟有着深刻的影响。周敦颐传世的著作不多,只有《太极图说》和《通书》,但宋明理学的气象已经在其思想中显现出来。现通行本《太极图说》第一句为"无极而太极"①,朱熹解释说,其意为"无形而有理"。现在流传的周敦颐的《太极图说》和《通书》都是朱熹整理的,但九江本和洪迈所修国史中的记载却与此不同,朱熹当时所见九江本为"无极而生太极",他在《记濂溪传》中又说:

> 戊申六月,在玉山邂逅洪景庐内翰,借得所修国史,中有濂溪、程、张等传,尽载《太极图说》。盖濂溪于是始得立传,作史者于此为有功矣。然此说本语首句但云"无极而太极",今传所载乃云"自无极而为太极",不知其何所据而增此"自""为"二字也。②

显然,《太极图说》首句在当时有不同的说法,朱熹从理学学理的角度考校,觉得"无极而太极"的说法最能体现宋明理学的精义。对于首句到底为何,学界颇多争议,但笔者觉得国史本所记更为可信,而且如果《太极图说》首句为"自无极而为太极"更能体现宋明理学开创期的哲学特点。"无极而太极"只是从体用的体的角度进行言说,而"自无极而为太极"则既有体用关系的萌芽,也有无极生太极的影子;故而很显然,"自无极而为太极"是从过去生成论思维方式向体用论思维方式的一个过渡形态。而正是在这一过渡形态中,我们看到,在

---

①周敦颐著,陈克明点校:《周敦颐集·太极图说》,中华书局,2009年,第3页。
②朱熹著,戴扬本、曾抗美校点:《晦庵先生朱文公文集》卷七十一《记濂溪传》,《朱子全书》第二十四册,上海古籍出版社、安徽教育出版社,2002年,第3410页。

周敦颐的思想中,既有无极与太极类似体用的关系,也有由无极生出太极的生成论关系,这与李翱性情关系的体用与生成关系非常类似。

在周敦颐的《通书》中,诚是其最高的本体概念,他说:

> 诚者,圣人之本。"大哉乾元,万物资始",诚之源也。"乾道变化,各正性命",诚斯立焉。纯粹至善者也。①

本体诚是纯粹至善的,那么恶来自何处呢? 对此,周敦颐在《太极图说》中说:"形既生矣,神发知矣,五性感动,而善恶分,万事出矣。"②又在《通书》中说:"诚,无为;几,善恶。"③又说:"寂然不动者,诚也;感而遂通者,神也;动而未形、有无之间者,几也。"④在周敦颐看来,人的形体产生后,人的神就会有知产生,知就会对于仁、义、礼、智、信这五性有所感应,从而在一念间产生善恶之分。"几"的含义是动之微,在有与无之间,在周敦颐看来,善恶之分产生于人神智几念的瞬息之间。周敦颐没有用性情的结构去分析人性论,但对于不善的态度与李翱是完全一致的。李翱在《复性书》中对于邪情的态度是指出其无根性,"情者,妄也,邪也;邪与妄则无所因矣"⑤。李翱在这里所说的情自然是邪情,他认为邪情是虚妄的,根本没有真正的原因。所谓没有真正的原因,就是说其原因在于人虚妄的杂念,也就是李翱所

①周敦颐著,陈克明点校:《周敦颐集·通书·诚上第一》,中华书局,2009 年,第13—14 页。

②周敦颐著,陈克明点校:《周敦颐集·太极图说》,中华书局,2009 年,第 6 页。

③周敦颐著,陈克明点校:《周敦颐集·通书·诚几德第三》,中华书局,2009 年,第 16 页。

④周敦颐著,陈克明点校:《周敦颐集·通书·圣第四》,中华书局,2009 年,第 17 页。

⑤《李翱文集校注》卷第二《复性书(中)》,第 23 页。

说的七情之间的攻伐;一旦人的修养提升,消除七情之间的无谓干
扰,那么,此邪情自然不攻自破,因为它本来就没有根基,是无根的。
周敦颐对此也有类似的说法,他说:"不善之动,妄也;妄复,则无妄
矣;无妄,则诚矣。"①在他看来,人不善的几念之动,本来就是虚妄
的;如能消除其虚妄,人自然就会归于诚,而不复为虚妄之处境所牵
累。可以说,这种说法与李翱的思路完全一致,与先秦时期将人的情
欲与性混在一起而无可奈何的态度完全不同。

　　周敦颐在《通书·诚上第一》中引用《易传》的话说:"一阴一阳
之谓道,继之者善也,成之者性也。"②在周敦颐的意识里,大约隐约
存在着一个与天道相对应的性,这个性继天道之善,而成于人。这个
性如果我们进行一个推测,大约是《通书》中所说的天道之诚落于人
心而形成的。但是对于人实际的性,周敦颐又说:

　　　　性者,刚柔、善恶、中而已矣。③

周敦颐认为,人性有刚、柔、善、恶四种特点,而且他将刚柔与善恶配
对,形成刚善、刚恶、柔善、柔恶四种有偏颇的人性,并各自指出其优
点或缺点。显然,对于实际的性,周敦颐从刚善、刚恶、柔善、柔恶四
个方面说明了它们的优劣,而他真正推崇的是"中"。毋庸置疑,中就
是与天道之善相配的人的中和之性。这个中和之性的本质理应是诚
的天性在人性中的体现,但是人如果不修养自身,则会落于刚善、刚
恶、柔善、柔恶四性之中;故而在这里,就有一个与天道之诚相契合的

①周敦颐著,陈克明点校:《周敦颐集·通书·家人睽复无妄第三十二》,中华书
　局,2009 年,第 39 页。
②周振甫译注:《周易译注·系辞上传》,中华书局,1991 年,第 234 页。
③周敦颐著,陈克明点校:《周敦颐集·通书·师第七》,中华书局,2009 年,第
　20 页。

中性与其他四性的张力，这种与天道本体相关联的性和现实中有缺陷的四性之间的关系，其实就隐含着宋明理学未来天命之性与气质之性的相互关系。可以看出，宋代性二元论的形成是性的本体化导致的必然结果。不过，周敦颐的论述并没有明确地讨论性与情之间的关系，但是他的哲学系统将对于心性的思考与整个宇宙大系统对应起来，在格局上比李翱的视野更大，自然也与李翱哲学体系的着眼点不同。毋庸置疑，在唐末，李翱的心性理论就超越了同时代的韩愈，即使到了宋初，周敦颐心性理论的水平也没有达到李翱的水准；如果将周敦颐的宇宙大系统理论与李翱对于心性本体的讨论恰当地契合起来，那么一个宋明理学的大的思想格局大致就会清晰地显现出来。

　　真正的宋明理学形成的核心标志之一"天理"出现在周敦颐的学生二程兄弟的思想中，对此，程颢说："吾学虽有所受，天理二字却是自家体贴出来。"①如果说宋明理学最重要的学术核心是什么，那么应该有两个：一是天理与气等本体观念的出现；二是心性本体论结构的确立。在儒家思想传统中，道逐渐成为最高的本体论范畴，我们发现，直到唐末的韩愈、李翱和宋初的周敦颐，他们的思想都是以道为核心的。只不过作为处于过渡期的儒家哲学形态，李翱将道从性命的角度来理解，而周敦颐正在竭尽全力地论证一个从道本体到万事万物的演化生成模式。学界对于周敦颐所说的"无极而太极"（如果不考虑原文有可能是"自无极而为太极"的话）有很多的争论，他本人也从未说过，"无极而太极"是一个天理意义上的存在，还是一个气本体（比如张载所说的"太虚"）意义上的存在。

　　然而，我们要注意的是，从传统的以道为最高概念的儒家思想，

---

①程颢、程颐著，王孝鱼点校：《二程集·河南程氏外书卷第十二》，中华书局，2004年，第424页。

到以天理或太虚为最高概念的宋明理学,儒家的道其实发生了某种重要的变迁。虽然宋明理学又称为宋明道学,道的概念也是各派系的最高概念,表面上似乎仍以道为核心,但我们要明白的是此道非彼道。那么宋明理学的天理与先秦时期的道有什么重要的不同呢? 其实中国古代的道并不仅仅是一种观念性的存在,而是有着实际的存在基础。西方的思想世界将主观与客观二分,真理的世界以逻辑性的观念推演系统来表示;故而西方哲学的一支即概念论系统在西方思想世界一直保持着主流的地位,这一思想系统在柏拉图和黑格尔的思想中有着经典的表述。但是,中国的思想世界从未将主观世界与客观世界严格地区分开来,它的特点是主客一体,故而中国哲学常常表现出天人合一的思想境况。现代学者有很多都反对这种不清不楚的(即非清晰逻辑推理的)学术表达方式,他们对于中国哲学的这种难以有清晰概念的表述表达了强烈的担忧。他们一方面担心这些经不住逻辑性知识检验的思想系统的真理性,一方面也担心这种不以逻辑为基础的思想不会被西方学者所理解,认为如果一种思想不以逻辑性的方法来呈现,就很难存在于当今的思想世界。这种顾虑的确是有效的,因为中国思想所使用的思维方式的确与西方不同。比如道,中国先秦时期所理解的道并不是一种观念存在,并不像柏拉图的理念或者相,也不像黑格尔的绝对精神,它是一种理气混合的存在与状态①。这样说来,先秦时期的道是一种理气一体的存在,而宋明理学则将先秦混沌质朴的道分为理与气两个部分,这是宋明理学对于传统道论的最大改变。

　　《易传》说:"是故形而上者谓之道,形而下者谓之器。"②我们可

———————

① 具体论述请参见拙文《中国古代时空观与道观念的演变》,《兰州大学学报》(社会科学版),2015年第3期。
② 周振甫译注:《周易译注·系辞上传》,中华书局,1991年,第249页。

能会怀疑,道是形而上的,怎么能说道是理气一体的呢? 其实,中国思想中的气介于有形和无形之间,而且即使把气之本体理解为无形的,也没有任何问题。比如气论宗师张载所说的"太虚"就是气的本体,而太虚本身就是无形的。这样,理气两分,对于中国儒家思想产生了重要的影响,也是性二元论产生的本体论基础。而理与气之间的体用关系与相生关系,正如李翱性与情之间的体用关系和相生关系,成为宋明理学哲学思考的重要基础;其实,对于这一问题的思考,也是对李翱所提出问题的思考。换一种说法即是说,李翱所思考的问题虽然多集中在心性方面,但宋明理学未来要思考的问题的萌芽就萌生在他的思想之中。

　　道分化为理气两部分,必然会影响到儒家的人性思想。程颢人性论最著名的一段话如下:

> "生之谓性",性即气,气即性,生之谓也。人生气禀,理有善恶,然不是性中元有此两物相对而生也。有自幼而善,有自幼而恶,是气禀有然也。善固性也,然恶亦不可不谓之性也。盖"生之谓性"、"人生而静"以上不容说,才说性时,便已不是性也。①

程颢言性,走的是"生之谓性"的路径,在他看来,"生之谓性"的要点在于性不离气、气不离性。然而他认为,天理一旦与气结合,就已经不是"'人生而静'以上不容说"之性,而是理与气结合在一起所形成的性,这个性是从继善的角度来说的。故而有的学者认为程颢的人性论是一元的,因为他所说的性实际上指的是"生之谓性",而不是"'人生而静'以上不容说"之性;但是既然已经提到"'人生而静'以

---

① 程颢、程颐著,王孝鱼点校:《二程集·河南程氏遗书卷第一》,中华书局,2004年,第10页。

上不容说"之性,虽人不能直接认识此性,但在程颢的人性思想中已经是两个性,即"'人生而静'以上不容说"之性和"生之谓性"。

程颢在本体论上是理气一体的思想结构,由于此,他没有思考过理气先后的问题;而他的弟弟程颐则深入思考过气产生于何处的问题,只不过他也没有像朱熹一样提出过理生气的问题。第一个思考理生气问题的是张载。说张载第一个思考理生气的问题当然不准确,这只是从哲学史上问题意识的角度来说;因为张载哲学的最高概念是太虚,而不是天理。在张载的哲学中,理的地位比较低,大约在道之下,与性的位置相近。张载哲学是气论哲学,他认为气的本体是太虚,故而太虚与气就既有体用关系,又有相生关系,这也是张载哲学会率先思考本体与气的体用关系和相生关系的原因。太虚与气既有体用关系,又有相生关系,那么体用与相生关系的张力就会出现,正是在这种张力下,张载在中国人性论史上第一个提出了天地之性和气质之性关系的问题。对此,他说:

> 形而后有气质之性,善反之则天地之性存焉。故气质之性,君子有弗性者焉。①

张载天地之性与气质之性思想的提出,显然受到其本体论思想结构的影响。在张载的思想中,太虚是本体,从某种意义上,可以说无形无象,但当它凝聚以后,就会形成气,气再凝聚,就会形成万物。同样,万物散而为气,气再散就重回太虚。显然,在张载的哲学中,存在着一个由本体到万物、再由万物回归本体的循环结构。而在这一结构中,当本体凝聚为气时,气会形成一些自己的属性,当气凝聚为物

---

① 张载著,章锡琛点校:《张载集·正蒙·诚明篇第六》,中华书局,1978年,第23页。

时,物又会形成一些自己的属性,这些凝聚时形成的属性与太虚本体的湛然属性有着很大的不同。这种思想结构与李翱性生成情而七情交伐又使得七情之间形成邪情的结构是一致的。显然,这种本体与用的体用与生成关系的张力是整个宋明理学所要共同面对的问题,也是宋代性二元论产生的本体论基础。

性在张载哲学中居于中枢地位,是天道与具体事物联系的枢纽。对于性,张载说：

> 有无虚实通为一物者,性也;不能为一,非尽性也。饮食男女皆性也,是乌可灭?①
> 性者万物之一源,非有我之得私也。②

在张载看来,性是将有无虚实贯通为一的核心,是万物一源的根据。在此基础上,张载又把性分为天地之性和气质之性。

对于天地之性,他说：

> 湛一,气之本;攻取,气之欲。口腹于饮食,鼻舌于臭味,皆攻取之性也。③
> 聚亦吾体,散亦吾体,知死之不亡者,可与言性矣。④

---

① 张载著,章锡琛点校:《张载集·正蒙·乾称篇第十七》,中华书局,1978年,第63页。
② 张载著,章锡琛点校:《张载集·正蒙·诚明篇第六》,中华书局,1978年,第21页。
③ 张载著,章锡琛点校:《张载集·正蒙·诚明篇第六》,中华书局,1978年,第22页。
④ 张载著,章锡琛点校:《张载集·正蒙·太和篇第一》,中华书局,1978年,第7页。

气之性本虚而神，则神与性乃气所固有，……①

张载认为，世间万物是永恒不灭的，灭的只是其外部的具体形态，而其内在贯通天地万物的性是不灭的。太虚无形，纯净湛一，是气之本体，是事物的本体之性，也就是天地之性。

而对于气质之性，张载说：

> 气质犹人言性气，气有刚柔、缓速、清浊之气也，质，才也。②
> 天下凡谓之性者，如言金性刚，火性热，牛之性，马之性也，莫非固有。③

张载言气质，常从人与物禀气着眼，认为气质就是性气，是人与物生而禀气具有的性，常常因气的遮蔽而不能见天地之性。张载理解的气质在人常指人的刚柔、缓速、清浊之气性，在物常指物性本身，比如金属刚硬、火性炎热等。

张载天地之性与气质之性思想的提出，在思想史上具有重要的意义。由于天地之性与气质之性的生成都源自整个的气化过程，故而在其思想中，并不存在天地之性生成气质之性的问题，如此，李翱由善性产生恶情的矛盾就得到了一定程度的解决。我们仔细思考张载的本体论，其本体太虚从某种意义上是通过性（此性也可以称为天性）而进入具体事物，而具体事物又在气凝聚的过程中形成其气质之

①张载著，章锡琛点校：《张载集·正蒙·乾称篇第十七》，中华书局，1978年，第63页。另见《张载集·张子语录（中）》，第323页。
②张载著，章锡琛点校：《张载集·经学理窟·学大原上》，中华书局，1978年，第281页。
③张载著，章锡琛点校：《张载集·拾遗·性理拾遗》，中华书局，1978年，第374页。

性,此气质之性并不是由太虚之性直接生成的。

　　之所以要先说程颢、张载的思想,再言及程颐的思想,主要是因为,在程颢与张载的思想中,理气都是一体性的;程颢的思想是理主气从,张载的思想是气主理从,而程颐的思想则与其兄有很大的差别,他的本体论思想的主旨是理气相分。中国思想史发展到程颐的阶段,宋明理学的本体开始表现出理气相分的异质性,从而也由此奠定了讨论理气先后以及理是不是可以生气的基础,后来朱熹所说的理气先后就是承继了小程子这一系的思想。

　　程颐承继张载的天地之性与气质之性的区分,提出天命之性与气质之性的思想,他说:

　　　　"生之谓性",止训所禀受也。"天命之谓性",此言性之理也。今人言天性柔缓,天性刚急,俗言天成,皆生来如此,此训所禀受也。若性之理也则无不善,曰天者,自然之理也。①

程颐仔细思考过"生之谓性"与"天命之谓性"同异的问题,他认为说起"性"字,有不同的意义,"生之谓性"在说人的禀受,这主要是指人性格的刚柔、性情的急慢;而"天命之谓性"则是从性理的角度来说的。在程颐的思想中,由于理与气相分,理气的异质性区别非常显著,这影响到其人性论,表现为性二元论的典型形态。程颐认为,"性即理也"②。天命之性即是性之理,而"生之谓性"则指的是气禀之性;天命之性纯善,而气质之性有善有恶。

---

① 程颢、程颐著,王孝鱼点校:《二程集·河南程氏遗书卷第二十四》,中华书局,2004年,第313页。
② 程颢、程颐著,王孝鱼点校:《二程集·河南程氏遗书卷第二十二上》,中华书局,2004年,第292页。

对于哲学思考来说,不同的文化体有不同的思维方式,而思维方式也与文化体的哲学思想发展息息相关,中国古代哲学发展到宋明理学时期,一种崭新的思维方式开始出现,这就是理一分殊,是体用论进一步发展后的形态。它在佛教思想中已经完全地显现出来,但是在宋明理学之前,并没有被儒家思想所吸收。到了宋初,张载、程颢都已经开始有了这方面的思想应用,但是这种思维方式在儒家思想中的命名是由程颐完成的。杨时读了张载的《西铭》,认为主要反映的是墨家的兼爱思想,因为《西铭》主张爱无差等;程颐于是在回答弟子杨时的信中说:

《西铭》明理一而分殊,墨氏则二本而无分。①

理一分殊是中国古代思维方式的最高形态,而这种崭新思维方式的出现,也使得理与气的关系有了坚实的思维基础。在理与气关系问题上,有学者认为,宋明理学理学一系其实也是一元论,因为气归根到底也是由理产生的。但是,我们会发现,程颢对于理气关系的观点是一体性的;程颐虽主张理气相分,但他对于气的产生从未主张过理生气,这导致他的理气关系论在细节上其实是模糊不清的。而朱熹虽说过理生气,但是到了晚年,他也许感到说理生气在许多方面不清楚,故而当学生问到这个问题时,也只是说,推起来说,理是在气先的。所以,宋明理学理学一系,明显是理气二元的,这也导致了性二元论的产生与发展。

在程颐的思想中,天理通过理一分殊的方式进入气中,而且性就是理,性与理一致,是纯善无恶的,这就是天命之性;而气本身又会形

①程颢、程颐著,王孝鱼点校:《二程集·河南程氏文集卷第九》,中华书局,2004年,第609页。

成自己的气禀之性,这就是气质之性。在这里,由于气质之性并不是由天命之性产生的,故而天理也不为由气导致的恶负责。当然,在程颐的思想中,天命之性与气质之性之间的联系较少,这主要是因为它们一者来自理,一者来自气,而理气关系的完善形态只有在朱熹的思想中才建立起来。

当我们认真思考朱熹关于气质之性的理论时,就会发现朱熹只继承程颐一家思想的说法其实是站不住脚的。朱熹一般称张载的天地之性为天命之性、本然之性,但他在谈论张载的思想时,天命之性、本然之性和天地之性的意义是通用的。要明晰朱熹的气质之性,必须首先明白天命之性与气质两个概念。

关于天命之性,朱熹说:

> 性只是理,万理之总名。此理亦只是天地间公共之理,禀得来便为我所有。天之所命,如朝廷指挥差除人去做官。①

朱熹以《易传》的"一阴一阳之谓道,继之者善也,成之者性也"②为叙述方式,认为理在天地间时是纯善的,事物禀受此理方形成性,即"成之者"方是性。朱熹赞成程颐"性即理"的命题,但他认为理与性有区别,理是尚未与气结合的天理流行的状态,而只有理与气结合,"有个安顿处"方会形成性;所以朱熹说:"若是未有形质,则此性是天地之理,如何把做人物之性得。"③

对于气质,朱熹说:

① 朱熹著,郑明等校点:《朱子语类》卷一百一十七,《朱子全书》第十八册,上海古籍出版社、安徽教育出版社,2002 年,第 3687 页。
② 周振甫译注:《周易译注·系辞上传》,中华书局,1991 年,第 234 页。
③ 朱熹著,郑明等校点:《朱子语类》卷七十四,《朱子全书》第十六册,上海古籍出版社、安徽教育出版社,2002 年,第 2524 页。

> 气是那初禀底；质，是成这模样了底。如金之矿、木之萌芽
> 相似。①

朱熹气禀的观点与张载、二程的气质的观点相似，也与张载、二程的
气质之性相似，但是朱熹气质之性的观点却并不等同于张载、二程的
气质之性，其是在全面继承三人思想的基础上形成的。对此，朱熹表
述得十分明确：

> 论天地之性，则专指理言；论气质之性，则以理与气杂而
> 言之。②

朱熹对于张载的天地之性与气质之性的说法评价非常高，认为是极
有功于圣门的贡献，可见张载思想对朱熹影响之深，那么张载的天地
之性和气质之性思想中有什么东西值得朱熹如此重视呢？
　　在《朱子语类》中，朱熹多次谈到了这个问题，如他说：

> 论性不论气，这性说不尽；论气不论性，性之本领处又不
> 透彻。③

---

①朱熹著，郑明等校点：《朱子语类》卷十四，《朱子全书》第十四册，上海古籍出
　版社、安徽教育出版社，2002年，第430—431页。
②朱熹著，郑明等校点：《朱子语类》卷四，《朱子全书》第十四册，上海古籍出版
　社、安徽教育出版社，2002年，第196页。另见朱熹著，徐德明、王铁校点：《晦
　庵先生朱文公文集》卷五十六《答郑子上》，《朱子全书》第二十三册，上海古籍
　出版社、安徽教育出版社，2002年，第2688页。
③朱熹著，郑明等校点：《朱子语类》卷四，《朱子全书》第十四册，上海古籍出版
　社、安徽教育出版社，2002年，第209页。

在朱熹看来，只谈气或只谈性都是有弊病的，所以张载的天地之性和气质之性的理论正是兼顾了性与气，并将两者融为一体，这也正是朱熹推崇张载天地之性与气质之性理论的真正原因。同样，朱熹也借鉴了程颢和程颐关于天地之性和气质之性的思想，他的思想在总的趋向上很接近程颐，对他来说，理就像珠子，气就像水，他说：

> 理在气中，如一个明珠在水里。理在清底气中，如珠在那清底水里面，透底都明；理在浊底气中，如珠在那浊底水里面，外面更不见光明处。①

朱熹接受了程颐理气相分的思想，按说也要接受程颐关于有善有恶的气质之性来自气禀的观点，但他并没有如此，在气质之性的观点上其实更多地受到程颢的影响。程颢主张理气一体，其"'人生而静'以上不容说"之性只有结合在气之中才能显现出来，这有一种事物的性就是"'人生而静'以上不容说"之性与气质相结合的产物的趋向，虽然程颢并没有明说这一点，而朱熹气质之性的观点可以说是明确了程颢的这个思想倾向。朱熹关于气质之性的思想与张载和程颐有很大的不同，二者气质之性的含义相当于气禀的性质。实际上，二程虽未能明确提出朱熹的气质之性概念，但已经从各自体系中表达了物性形成的理论；在他们看来，物的本性正是理透过气的遮蔽而表现出来的，这就肯定了物的本性实际上是理的片段，是在气的缝隙里透出的天命之性的光亮。朱熹正是继承了二程的这一思想，将气质之性看作是"各正性命"之性，是理与气结合后形成的事物本性。朱熹认为，有人说枯槁之物只有气质之性，并没有本然之性，他反对

---

①朱熹著，郑明等校点：《朱子语类》卷四，《朱子全书》第十四册，上海古籍出版社、安徽教育出版社，2002年，第203页。

这种说法：

> 盖由不知气质之性只是此性堕在气质之中，故随气质而自
> 为一性，正周子所谓各一其性者。①

可见，在朱熹看来，气质之性是本然之性与气质结合而形成的"各一其性"之性，是一事物之所以是该事物的本性。这样，在朱熹哲学中，形成了理、气质之性、气质三个层次。朱子说："性之本体，理而已矣。"②"不容说处，即性之本体。"③理为体，理是尚未坠入气质之中的性之本体，而理一旦坠入气质之中，则由于气的遮蔽作用，理的部分片段将被遮蔽，而显露出来的片段适构成一物之为一物的本性，即气质之性。而气质则来源于气禀，其有许多属性，类似于张载所说的刚柔、缓急、攻取等属性。

在将朱熹的气质之性定位为一物之为一物的本性时，有一个关键点需要进一步澄清，如若不然，则往往会引起怀疑。首先我们来看朱熹对于气质之性的一段经典表述：

> 性譬之水，本皆清也。以净器盛之，则清；以不净之器盛之，
> 则臭；以污泥之器盛之，则浊。本然之清，未尝不在。但既臭浊，

---

① 朱熹著，徐德明、王铁校点：《晦庵先生朱文公文集》卷五十八《答徐子融》，《朱子全书》第二十三册，上海古籍出版社、安徽教育出版社，2002年，第2768页。
② 朱熹著，黄珅校点：《孟子或问》卷十一，《朱子全书》第六册，上海古籍出版社、安徽教育出版社，2002年，第981页。
③ 朱熹著，刘永翔、徐德明校点：《晦庵先生朱文公文集》卷四十六《答黄商伯》，《朱子全书》第二十二册，上海古籍出版社、安徽教育出版社，2002年，第2130页。

猝难得便清。①

朱熹认为天命之性是清的，但是不同的气质会对天命之性有不同
的作用，从而使得气质之性有清浊之分。朱熹虽然不反对有天命
之性与气质之性的区分，但他认为，在现实的人物身上，天命之性
就在气质之性之中，如果说人有两种性，反而是对理有所违背，如
朱熹说：

> 气质之性，便只是天地之性。只是这个天地之性却从那里
> 过。好底性如水，气质之性如杀些酱与盐，便是一般滋味。②

如果按这种思路下来，我们便会产生一个疑问，朱熹认为气质之性似
乎是对天地之性的一种污染，如果是这样，那怎么能说气质之性是一
物之为一物的本性呢？对于一物的本性来说，怎么能有善恶的区分
呢？这个问题不回答清楚，我们对朱熹气质之性思想的认识就仍旧
处于晦暗之中。

在朱熹看来，从具体事物的角度，天地之性就寓于气质之性之
中。当然，这自然不是说朱熹不认为有天地之性的存在，在这一点上
他的观点大约和张载一样，只要禀气清和，或者变化气质，就会体会
出天地之性。《朱子语类》有如下记载：

> 问："……将性对'气'字看，性即是此理。理无不善者，因

---

① 朱熹著，郑明等校点：《朱子语类》卷四，《朱子全书》第十四册，上海古籍出版
社、安徽教育出版社，2002年，第202页。
② 朱熹著，郑明等校点：《朱子语类》卷四，《朱子全书》第十四册，上海古籍出版
社、安徽教育出版社，2002年，第197页。

堕在形气中,故有不同。所谓气质之性者,是如此否?"曰:"固
是。但气禀偏,则理亦欠阙了。"①

在朱熹看来,理赋予人而为性,在这一点上他同意程颐"性即理"的说
法;理虽然赋予人而为性,但由于气禀的关系,性在具体的形气之中
便有了分殊,这就形成了气质之性,而这个气质之性则往往由于禀气
的偏颇,使得理也便有所欠缺。在这里其实存在着两个层次的计较,
一是理与性的层次的价值层面,一是理与性的层次的事实层面,而中
国古代的思维其实是将这两者混在一起而没有做明确的区分。最高
的理和性是什么? 一般虽也能说在天为阴阳,在地为刚柔,但中国儒
家思想更加强调的是在人的身上表现的仁、义、礼、智、信之五常。朱
熹认为,如果事物禀气清正,五常就会表现出来,不过现实是只有人
才有体现出五常的可能性,其他的具体事物都由于禀气的偏颇而无
法体现出完整的五常。这也就是说,在五常之外还有一个物性的问
题,一物有一物的物性,这个物性本来应是没有什么善恶问题的,从
一定的意义上理应也是与五常没有什么关系的。

但这是我们从西学视角思考的结果,在中国古人的思想中,价值
与事实的区分并不明显,比如朱熹认为,最高的本体是天理,性就是
天理,这样,五常其实就是从人的角度所能获得的最为完善的天理;
而一般事物的物性其实是理堕入气中而形成的性,但是由于一般事
物禀气的偏颇,不能完全体现出天理,故而仁、义、礼、智、信五者便也
只能偏得一二。这样,从价值与事实不分的角度来说,物性都是不足
的、有欠缺的,具体事物的性之所以不能体现出完整的五常是由禀气
的偏颇造成的。但是从物性的角度来说,这个物性也就是朱熹所说

---

① 朱熹著,郑明等校点:《朱子语类》卷四,《朱子全书》第十四册,上海古籍出版
社、安徽教育出版社,2002 年,第 201 页。

的气质之性,任何一个事物的性,都是因为理堕入气中,并由于气的清浊偏正而表现为一定的物性。对此,朱熹说:

> 人之所以生,理与气合而已。……自一气而言之,则人物皆受是气而生;自精粗而言,则人得其气之正且通者,物得其气之偏且塞者。惟人得其正,故是理通而无所塞;物得其偏,故是理塞而无所知。……物之间有知者,不过只通得一路,……人则无不知,无不能。①

在朱熹看来,人与物的区别就在于人无不知,无不能,也就是人具有五常之性,而其他的物中有知的大约才通得一路,更不要说无知的无生命的事物了。这样说起来,无知的无生命的事物,或通得一路的有知的生物,它们的气质之性并不能体现出完整的五常,甚至于一路都不通,但是它们身上所体现出的天理的片段则构成了事物的气质之性。在这里,我们还要注意一个重要的方面,那就是实际上价值的层面最终不是针对物的,而是针对人的;也就是说,对于人来说,气质之性既可以说是人之为人的本性,也可以说不是人之为人的本性。说气质之性是人之为人的本性,那是从气质之性清明,全体天理的角度来说,这个时候的气质之性就可以完全地体现出五常。相反,如果气质之性由于气禀的遮蔽而使五常受到滞碍,那这时候的气质之性就不能是人之为人的本性,最多只能说是某人为某人的本性,这就使人有沦为禽兽和事物的可能了。从这个角度上来说,气质之性是由理与气共同构成的,如果人禀气清和,就会使天理完全体现出来而表现为人性,这个人性就是天命之性,就含在气质之性里并从中体现出

---

① 朱熹著,郑明等校点:《朱子语类》卷四,《朱子全书》第十四册,上海古籍出版社、安徽教育出版社,2002年,第194页。

来。这样说起来，气质之性就既可能是善的，也可能是不善的；当它清明中和时，就会完全地表现出天命之性而为善；而当它混浊时，就会遮蔽天命之性而为不善。

这样，朱熹气质之性的含义是一物之为一物的本性，这一本性在人则有可能由于禀气清明而在人所独有的心中完全体现出仁、义、礼、智、信之五常，即天地之性或天命之性或本然之性；但对于其他的生物或无生命的物来说，则由于禀气的偏颇而使得五常不全，或仅有一路通达，或者仅仅表现为与五常无关的物性。这样，从五常或禀气清明的角度来说，便出现了一个以人为最高级的事物的等级序列，在这个序列里，每一个事物都通过所禀之气而体现出一定的天理，从而构成一物之为一物的气质之性。这样，朱熹从不同的角度继承和扬弃了张载、程颢和程颐关于气质之性的思想，可以说是宋代气质之性思想的集大成者。

总的来说，宋代性二元论之所以成立，有以下三个层次的原因：

一、理、气关系的确立。中国古代原初所说的道是理气一体的存在，但是在宋明理学中，儒家思想受到魏晋玄学"理"的思想，尤其是佛教"理本体"的影响，将理气二分，从而使得世间所有的事物都受到源自理和气两方面的影响，那种由一元之道贯通解释世界的思想让位给了用理、气二元来解释世界的思想。当然，这并不是说宋明理学的每一个思想家都是这样的思想倾向，比如气论一系就几乎保持了道的原意，但也必须思考理的意义。有学者认为，在宋明理学中，气终究是由理产生的，故而不能把气看成是独立的一元，但这种观点显然受西学影响，是一种逻各斯中心主义的看法。中国古代思想方法使用的是法象思维、体用论和理一分殊，而不是逻各斯，故而我们的思想不是单面的，不是只要最终气是由理生的，气就不能作为一元。我们更加重视的是一种主客不分的法象立体的思想结构，我们虽然也会探究这个结构诸层面的相互关系，但更加关注的是世间的具体事物是受到了哪些层面的影响。在宋明理学的核心意义上，比如典型的理学一系，每一事物都受到理与气两方面的影响。况且退一步讲，二程本就没有明确地讲过理生气，程颐只是认为理不用旧气，而朱熹的理生气观点到了其晚年也只是一种推起来的"理在气先"说。况且朱熹也说过，理生出气，理就管不了气，这种产生之后就管不了的气自然是说其具有不受理制约的独立性，从本体论的角度来说；理和气是异质的，说它们是二元的没有什么疑义。在这里我们看到的依旧是宇宙论和本体论之间的张力，学者主张一元论，是从宇宙论的角度，但从本体论上来说，理生出气，且管不了气，那理就不是气的本体，理、气就是二元的。这一点，宋明理学家们尚没有仔细思考过，现代学者则困于宋明理学并不清晰的表述，而并没有探究其中的奥义。

二、本体论与宇宙论之间的张力。中国古代哲学早期的表述明显具有本体论与宇宙论不分的特点，在这种思维方式中，理气一体，不存在谁先谁后，也不存在一元二元。但在佛教思想传入后，佛性本体论对中国哲学产生了重要影响，中国古代本体论的思维工具体用论、理一分殊相继成熟，故而本体的关系和本根的关系就成为可以使本体论和宇宙论分离的两个力量源泉，这正是宋代性二元论形成的思维基础。

三、天命之性与气质之性的二元性。中国传统人性论基于"生之谓性"的传统，即使是道家自然自性论的根基也是"生之谓性"的传统，但《五行》、孟子思想中的天性论已有将人性本体化或形而上学化的倾向。在受到佛教佛性论的影响后，宋明理学最终完善了这一心性本体化的思想倾向，张载、二程、朱熹相继提出并完善了天命之性和气质之性的二元关系思想。

综上所述，以李翱思想中性与情的体用关系和相生关系为起点，中国古代人性论为解决其中所蕴含的各种矛盾和张力，在宋代发展出性二元论，经过周敦颐、程颢、程颐、张载、朱熹等一代代学者的努力,通过理一分殊的思维方式,最终完善地解决了理与气、性与情之间的关系问题,形成了宋明理学心性论的核心结构,而"心统性情"说正是这一核心结构的完美体现。

第五节　李翱哲学对"心统性情"说及心性未发已发学说的影响

"心统性情"说由张载最早提出,朱熹承继此说而集大成,王阳明又从心学的视角有一个心学意义的阐发;故而"心统性情"说最完善的形态存在于朱熹和王阳明的思想中。然而"心统性情"说的形成有一个漫长的过程,是历代思想家经过长期的努力才最终实现的。

在中国思想的早期,性与情关系紧密,几不可分,而心与性的关系一开始并不像性与情之间那样紧密。《论语》中提到性只有两次,且都与心无关,但是孔子之后,在孔子后学子思子学派的重要代表作《性自命出》中,心与性的关系已经开始凸显。《性自命出》说:"凡人虽有性,心无定志,待物而后作,待悦而后行,待习而后定。"[1]《性自命出》是子思子学派的著作,这句很有可能是在孔子"性相近也,习相远也"[2]基础上对于性与习关系的进一步思考。从这句话中我们看出,性与心的关系已经很紧密了,性之所以由后天的习来定,是由于心没有一定的意志。《性自命出》接着说:"凡性为主,物取之也。金石之有声,(弗扣不)(鸣。人之)虽有性心,弗取不出。"[3]上一句只是感到性与心关系很密切,而这一句则有着将心与性等同的可能性;

---

①李零:《郭店楚简校读记》,北京大学出版社,2002年,第105页。
②朱熹:《四书章句集注·论语集注卷九·阳货第十七》,中华书局,2012年,第176页。
③李零:《郭店楚简校读记》,北京大学出版社,2002年,第105页。

因为人的性与心一样,都要有外部事物的作用才能从某一方面呈现出来。在《性自命出》中,心主要有两方面的含义,一是志,一是思;心没有定志,心的主要功用是思。后来,孟子承继《性自命出》的思想,认为"心之官则思"①。孟子也很重视心志的功用,他在讲志与气的关系时,强调志以帅气,很强调志在心中的地位。《性自命出》讲心,其实意义并不是很清晰,心与性情纠缠在一起,难于区分,而孟子对于心的功用已经有了非常清晰的认识。对此,他说:

> 心之所同然者何也? 谓理也,义也。圣人先得我心之所同然耳。故理义之悦我心,犹刍豢之悦我口。②

显然,在孟子看来,心是用来思理和义的,这就在心的功用上向前进了一大步,思的功用已经非常明晰。而且在孟子的思想中,心与性有了直接的关联,他说:

> 尽其心者,知其性也。知其性,则知天矣。③

我们看到,尽心就能知性,这是在思想上将心与性直接地关联起来,而且孟子将心与性的关系说得非常详细,他说:

> 恻隐之心,仁之端也;羞恶之心,义之端也;辞让之心,礼之

---

①朱熹:《四书章句集注·孟子集注卷十一·告子章句上》,中华书局,2012 年,第 341 页。
②朱熹:《四书章句集注·孟子集注卷十一·告子章句上》,中华书局,2012 年,第 336 页。
③朱熹:《四书章句集注·孟子集注卷十三·尽心章句上》,中华书局,2012 年,第 356 页。

端也;是非之心,智之端也。①

如果我们从最完善的宋明理学心性结构来看,那么孟子在说到心与性的关系时是与后来的说法相反的。我们看到,心有不同的功能,有恻隐,有羞恶,这是心发生情感的功能;有辞让,这个有点接近情,但又有守秩序的意思,这是遵守礼义规则的功能;有是非之心,这是理智或者思的功能。而从其中情的角度来看,恻隐和羞恶之情能够产生仁、义之性,这与后来宋明理学所说的性产生情的次序是相反的。总的来说,孟子说到心时,已经有细目出来,而且心与性情有着很直接的关联;但从宋明理学"心统性情"的角度来说,他还没有那样的结构,也没有在此结构中所包含的思维方式体用论和理一分殊。

在李翱的哲学思想中,心已经是其核心的概念,但他在《复性书》中并没有侧重论述心与性情的关系,《复性书》写作的目的显然是为了确立性与情之间的关系。但是,也许李翱本人也没有想到,在《复性书》中,他其实在无意识中已经描述了心与性情的关系,这主要体现在他对于复性方法的界定上。李翱说:

> 或问曰:"人之昏也久矣,将复其性者,必有渐也。敢问其方?"
>
> 曰:"弗虑、弗思,情则不生;情既不生,乃为正思。正思者,无虑、无思也。《易》曰:'天下何思、何虑?'又曰:'闲邪存其诚。'《诗》曰:'思无邪。'"
>
> 曰:"已矣乎?"
>
> 曰:"未也。此斋戒其心者也,犹未离于静焉。有静必有动,

---

① 朱熹:《四书章句集注·孟子集注卷三·公孙丑章句上》,中华书局,2012年,第239页。

　　有动必有静；动静不息，是乃情也。《易》曰：'吉凶悔吝，生于动
者也。'焉能复其性邪？"

　　曰："如之何？"

　　曰："方静之时，知心无思者，是斋戒也。知本无有思，动静
皆离，寂然不动者，是至诚也。《中庸》曰：'诚则明矣。'《易》曰：
'天下之动，贞夫一者也。'"①

李翱认为，没有思虑，情就不会产生出来，而他又认为这种没有思虑
的正思状态是对心的斋戒状态。显然，推理起来，李翱所说的无思无
虑的状态就是对于心的说明。我们可以说，李翱在《复性书》中把心
分为三个状态：有思有虑的状态、无思无虑的状态和寂然不动的状
态②。李翱在当时显然还没有意识到心的核心地位，但是我们可以
从《复性书》中明显地看到两个层次，一个是性与情相互关系的层次，
一个是在性情关系下的心的层次。李翱在《复性书》中对心的描述使
用最多的语词是"思"和"寂然不动"，他所说的"正思"正是指心的状
态，这一点显然和孟子所说的"心之官则思"③是一脉相承的。而李
翱所说的心的最高状态不是正思，而是"本无有思"，这是一种动静皆
离的寂然不动状态。毋庸置疑，在李翱的思想中，性与情的关系是主
导性的，而性与情的关系与心之间有以下三种关系：

①《李翱文集校注》卷第二《复性书（中）》，第18—19页。
②李翱说："寂然不动，广大清明。"（《李翱文集校注》卷第二《复性书（上）》，第
　14页）"由也，非好勇而无惧也，其心寂然不动故也。"（《李翱文集校注》卷第
　二《复性书（上）》，第15页）"情者，性之邪也。知其为邪，邪本无有，心寂不
　动，邪思自息。"（《李翱文集校注》卷第二《复性书（中）》，第19页）"其心寂
　然，光照天地，是诚之明也。"（《李翱文集校注》卷第二《复性书（中）》，第20
　页）可见，寂然不动是李翱对于心的最高状态的描述。
③朱熹：《四书章句集注·孟子集注卷十一·告子章句上》，中华书局，2012年，
　第341页。

一、圣人的层次。在这个层次,圣人的情与性完全一致,故而对于圣人来说,虽然说圣人也有情,但和没有情是一样的。这也就是说,由于圣人的情与性完全一致而到了不显现的地步,而性与情的这种关系导致了心的寂然不动的状态。

二、贤者的层次。在这个层次,贤者执着于道而不停息地努力,能强制性地使情达到与性契合,但是这种契合是暂时的、勉强的,随时都有可能由于心中之情而产生情的波动。在性情的这种暂时性平衡中,心处于无思无虑的正思状态。

三、百姓的层次。在这个层次,由于百姓在大多数时候其性都会被情所蒙蔽,故而这是一种性善情邪的状态。在性情的这种状态下,人的心就不在正思的状态,而是处于昏的状态。当然,在这里,有一点是要说明的,李翱在《复性书》中并没有说明百姓是不是一直会处于被情所昏的状态;他也没有说明,是不是有些时候,百姓也会像贤者一样,暂时地使情契合于性,而达到正思的状态。

在理解李翱心的哲学时,有一点是需要注意的,这就是李翱对于诚的界定,李翱将诚定义为天道的核心,而它的含义则是"定""不动"。李翱之所以用"定""不动"来理解诚,一方面是强调天道的永恒性,但很大部分源自他对人心寂然不动境界的追求。这样,诚作为天道本体的核心,是贯通天人的中介,也成为将天人连为一体的本体性存在。诚虽是心的特点,但在李翱的思想中尚没有达到"心统性情"的程度,因为李翱论证的中心在于性情关系,而心主要是从修养方法角度来阐发的。在李翱的思想中,心的修养似乎是复性的路径,而尚未将心提高到和性情同样的一个层次。然而可以看出,李翱的性情论是宋明理学的雏形,其思想的进一步展开必然会出现心与性情关系的进一步整合,"心统性情"说的出现是迟早的事情。

在宋明理学中,与心关系最密切的一对范畴是未发与已发,李翱很重视未发之中和已发之和,他也在《复性书》中重点引用了《中庸》

关于未发、已发的经典话语。李翱是中国思想史中最早推崇《中庸》的人，他应该早就注意到了其中关于未发、已发的思想。但是李翱尚没有使用未发、已发这对范畴来具体地构建他独创性的心性理论；不过，虽然他没有明确地使用这对范畴，但是相关的思想在《复性书》中却有很明确的表述，他说：

> 问曰："不虑不思之时，物格于外，情应于内，如之何而可止也？以情止情，其可乎！"
>
> 曰："情者，性之邪也。知其为邪，邪本无有，心寂不动，邪思自息，惟性明照，邪何所生？如以情止情，是乃大情也。情互相止，其有已乎？"①

显然，李翱在这里讨论了心不虑不思的时候与心以情应外物的状况，其实这就是后来所讨论的未发、已发问题，李翱实际上已经根据他理解的《中庸》相关思想进行了一定深度的讨论。他也在《复性书》中借用《易传》的话说："《易》曰：'易，无思也，无为也，寂然不动，感而遂通天下之故，非天下之至神，其孰能与于此？'"②这是对于圣人完善的未发、已发关系的理解。可以这样说，李翱关于心的未发、已发关系的思想虽然还处于初级阶段，但鉴于他是最早推崇《中庸》的人，再加上他对未发、已发关系的早期讨论，他对于宋明理学未发、已发关系思想的影响应该是很重要的。

李翱之后，张载提出其著名的"心统性情"说，奠定了宋明理学"心统性情"说的理论基础。在张载看来，太虚是气的本体，而如只看太虚，太虚的本体是神，用是气化之道。我们再来看气化之道，其核

---

① 《李翱文集校注》卷第二《复性书（中）》，第 19 页。
② 《李翱文集校注》卷第二《复性书（中）》，第 20 页。

心是性,此性正是太虚进入万物的依凭。而从人的角度来看,太虚以天性的方式进入人心,此即是人的天命之性,而人的气质之性则不是由太虚之天性直接形成,而是气化过程中自行形成的。这样,天命之性与气质之性虽是相对待的,但气质之性却不是由天命之性形成的,而是由天性下辖的两端偏向一方而形成。但是天命之性与气质之性又不是没有关联的,这一关联的基础就是心,这是张载思想的重大创制,因为从此以后,中国思想就意识到,只有以心作为枢纽,性情关系中的矛盾才能得到妥善的解决。对于"心统性情"说,张载说:

> 心统性情者也。有形则有体,有性则有情。发于性则见于情,发于情则见于色,以类而应也。①

张载并没有直接说性生情,而是说发于性就会在情中显现出来。在这里,我们看到,性与情都产生于心,也就是说,在李翱哲学中直接相对的性情关系,在这里有了原本处于李翱性情关系基层的心的加入,它向上而与性情成为同一个层次的存在,而且还是性情的直接产生者;也就是说,性与情之间的关系现在有了一个中介,那就是心。可以说,张载的"心统性情"说改变了中国古代思想中性情关系的结构和格局。

张载对于心有着独特的理解,他说:

> 诚则实也,太虚者天之实也。万物取足于太虚,人亦出于太虚,太虚者心之实也。②

---

① 张载著,章锡琛点校:《张载集·拾遗·性理拾遗》,中华书局,1978 年,第374 页。
② 张载著,章锡琛点校:《张载集·张子语录(中)》,中华书局,1978 年,第 324 页。

在张载看来,太虚既是天之本体,也是人心的本体,而太虚在天和在人心这两个层次的表现亦有不同,他说:

> 性于人无不善,系其善反不善反而已,过天地之化,不善反者也;……①

这里所说的无不善的善性就是指天地之性,但是,天地之性虽说是来自太虚本体,但是在天地和人心两个层次的表现却有着很大的不同。对此,张载已经有明确的意识,他说:"老子言'天地不仁,以万物为刍狗',此是也;'圣人不仁,以百姓为刍狗',此则非也。"又说:"'鼓(舞)万物而不与圣人同忧',圣人则仁,此其为能弘道也。"②张载认为,老子说天地不仁,这个是可以的,但是说圣人不仁,这就不太合适。认为天地不仁,当然不是说天地是恶的,而是说天地是无善无恶的,已经超越了人类伦理善恶的范畴。

　　而张载关于太虚坐落于人心而为善的思想则表现在他更加精细的心性结构之中,这一心性结构,李翱已经有了深入的探讨,他说:

> 谓人性本相近于静,及其动,感外物有正有邪。动而正,则为上智;动而邪,则为下愚;寂然不动,则情性两忘矣。③

李翱在《复性书》和《论语笔解》中都很重视动静关系,这也是中国思想的一个传统。这里所说的人性相近的静指的是什么呢? 其实,静

---

① 张载著,章锡琛点校:《张载集·正蒙·诚明篇第六》,中华书局,1978 年,第22 页。
② 张载著,章锡琛点校:《张载集·张子语录(上)》,中华书局,1978 年,第315 页。
③ 韩愈、李翱:《论语笔解》,《景印文渊阁四库全书》第196 册,台湾商务印书馆股份有限公司,1986 年,第22—23 页。

的处所与心的含义非常接近。李翱认为,人心在七情未发之时虽有修养的不同,但一旦七情已发,则由性而生的情就会因感外物而有正邪的区分。心中只要有动静的相互作用,无论是上智也好,下愚也罢,都不是一个可以摆脱恶的境界;故而他才想要超离动静、情性的区分,而达到寂然不动的境地。李翱人性结构图如下:

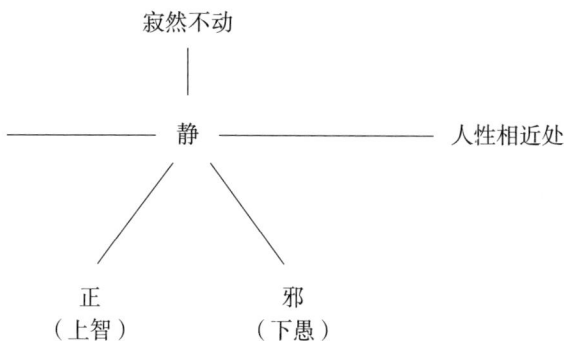

李翱人性论结构图

动、静两个概念是中性的,但它们在心性结构中,又是表述未发已发的重要概念。李翱之后,周敦颐的思想与李翱十分相似,他说:"动而正,曰道。"①又说:"寂然不动者,诚也;感而遂通者,神也;动而未形,有无之间者,几也。"②周敦颐的心性结构其实比李翱的要简单,因为在他看来,动而正是他追求的道的最高境界,也就是他所说的诚的寂然不动的境界。但是对于李翱来说,动而正的上智并不是他的最终目标,其最终目标是超离动静对待的寂然不动状态。两人的最高目标虽都是寂然不动,但他们对于寂然不动的理解却不相同。

①周敦颐著,陈克明点校:《周敦颐集·通书·慎动第五》,中华书局,2009 年,第18 页。

②周敦颐著,陈克明点校:《周敦颐集·通书·圣第四》,中华书局,2009 年,第17 页。

张载对于动静概念也十分重视,除了在一般意义上使用外,在本体论的层次,张载的动静观也十分有特色,他说:

> 至静无感,性之渊源,有识有知,物交之客感尔。①
> 一天下之动,贞也。贞者,专静也。②
> 静者善之本,虚者静之本。静犹对动,虚则至一。③

张载认为,性其实与感知有关,是知的基础;故而性的源泉是至静无感的,但当性有了知觉意,也就是有了心的灵敏,就会与外物相交而形成感知。而在动与静之间,张载认为,天下之动,为静所正。"贞"字一般都释为"正",而张载释为"专静",说明他对于静的本体意义的重视。张载在此基础上进一步认为,太虚是静的根本,静是善的根本;这是在说,善产生于静。从整体上来说,动静是相对的,而太虚作为万物的本体,则是一,而并不与某物对立。这样,张载的人性结构图便如下示:

```
            虚
            │
    ─────── 静 ───────
            │
            动
```

张载人性论结构图 1

---

① 张载著,章锡琛点校:《张载集·正蒙·太和篇第一》,中华书局,1978 年,第 7 页。
② 张载著,章锡琛点校:《张载集·横渠易说·上经·乾》,中华书局,1978 年,第 69 页。
③ 张载著,章锡琛点校:《张载集·张子语录(中)》,中华书局,1978 年,第 325 页。

显然,张载的人性论思想结构与李翱的十分相似,太虚为静的根本,静为善的根本,静本身的意义就是心。而对于太虚是善是恶,张载并未明说,但从其所说的"太虚为一"来看,太虚由于摆脱了动静之对立,可以说它因静而善。但从前所述,我们知道,张载对于太虚的仁分为两个层次,在天地的层次,太虚越出了仁与不仁的区分;而当太虚进入人心之中,就会因知而仁。这种说法很像告子、荀子一系的说法,但又有很大不同。比如荀子认为,性本身是资、朴,是无善无恶的;但荀子的人性有性情一体的特点,故而又认为,资朴之性必然会因情而被欲望所诱导走向恶。但张载的太虚却最终会走向善,对此,他说:

> 虚者,仁之原,忠恕者与仁俱生,礼义者仁之用。①
> 虚则生仁,仁在理以成之。②
> 毋四者则心虚,虚者,止善之本也,若实则无由纳善矣。③
> 天地以虚为德,至善者虚也。虚者天地之祖,天地从虚中来。④

由此可见,张载认为太虚是至善的,这有点像王阳明四句教中所说的

---

①张载著,章锡琛点校:《张载集·张子语录(中)》,中华书局,1978年,第325页。
②张载著,章锡琛点校:《张载集·张子语录(中)》,中华书局,1978年,第325页。
③张载著,章锡琛点校:《张载集·张子语录(上)》,中华书局,1978年,第307页。
④张载著,章锡琛点校:《张载集·张子语录(中)》,中华书局,1978年,第326页。

"无善无恶是心之体"①,王阳明所说,是在强调心之本体是超越了善恶对立的至善。张载认为,太虚是仁的根源,是止于至善的根本,他将善上升到本体论的层次,认为善的含义是与天地产生自太虚的意义相配的。这样,张载认为,太虚本体是"至静无感"②的,这是从未发的角度来说;然而从已发的角度来说,太虚又具有无所不感的能力,正如张载所说,"无所不感者虚也"。张载说:"感者性之神,性者感之体。惟屈伸、动静、终始之能一也,故所以妙万物而谓之神,通万物而谓之道,体万物而谓之性。"③这里所说的感指的就是动,太虚是至静无感的,但此至静无感的本体的用是气化之道,以性而上承太虚,下感万物。张载思想中的静,从心性论的角度与心很接近,而太虚进入人心便成为心之本体,故而性与情从本体相贯通的意义上是一致的。这样,张载的心性结构便可进一步细化为以下的图示:

太虚（至静无感）

静（性）

神

动

张载人性论结构图 2

---

①王守仁撰,吴光、钱明、董平、姚延福编校:《王阳明全集》卷三《语录三》,上海古籍出版社,1992 年,第 117 页。

②张载著,章锡琛点校:《张载集·正蒙·太和篇第一》,中华书局,1978 年,第7 页。

③张载著,章锡琛点校:《张载集·正蒙·乾称篇第十七》,中华书局,1978 年,第63—64 页。

张载说:"动静合一存乎神,……性与天道合一存乎诚。"①这里,性为静,动为知觉,动静合一即是神,即是人心,正如张载所说:"合性与知觉,有心之名。"②这样,太虚之用为气化之道,其中所含之天性下统两端,也就是说,此天性是两端相感的控制者;然而在气化过程中,性所控的两端会出现向其中一端的偏倾,这就会形成气质之性。显然,气质之性与天地之性有一定关联,是在偏离天地之性的过程中形成的。但是有一点是明确的,天地之性并不是气质之性的产生者,故而并不对气质之性的恶负责。气质之性是气之偏,与太虚进入人心而形成的天地之性形成一对应关系,在图中所示的心性结构中,心静与心动就构成天地之性通过心而控制气质之性的机制,这一机制也是未发、已发的机制。

张载的"心统性情"说后来被朱熹继承并发展到完善的程度,朱熹本人就对张载的"心统性情"说给予了很高的评价,认为张载一生有两项重大的有功于圣门的成就,其中一项就是"心统性情"说。朱熹早年除受张载"心统性情"说的影响外,也受到程颐未发、已发思想的影响,程颐曾说:"凡言心者,指已发而言,此固未当。心一也,有指体而言者,寂然不动是也。有指用而言者,感而遂通天下之故是也。"③这说明程颐早年认为,凡是说到心指的都是已发,后来程颐对这种划分也有了一定的反思,认为心中有体,也有用,不能把心都看成是用。而程颐把心之体看作是寂然不动承继了自《易传》以来的传统,也与李翱的想法很契合。朱熹早年也受程颐的影响,他说:"《中

①张载著,章锡琛点校:《张载集·正蒙·诚明篇第六》,中华书局,1978年,第20页。

②张载著,章锡琛点校:《张载集·正蒙·太和篇第一》,中华书局,1978年,第9页。

③程颢、程颐著,王孝鱼点校:《二程集·河南程氏文集卷第九》,中华书局,2004年,第609页。

庸》未发、已发之义,前此认得此心流行之体,又因'程子凡言心者,皆指已发而言',遂目心为已发、性为未发。"①可见,朱熹早年认为,性为未发,心为已发。这种认识一方面来自性与心关系的问题,另一方面则与思维方式的影响有关。性为未发、心为已发的表述显然使用的是体用关系,而非理一分殊的思维方式,但在朱熹的"心统性情"说中,理一分殊的思维方式是必不可少的。从思维方式的角度来说,只用体用论来理解心、性、情之间的关系,就必然会产生善性如何生出邪情或者不当之心的问题。

朱熹一生中有两次顿悟,这两次顿悟的核心都是心性论。朱熹的第二次顿悟叫己丑之悟,此时朱熹完全认识清楚了心在心、性、情三者中的核心地位。在《答张钦夫》中,朱熹说:

> 然比观旧说,却觉无甚纲领,因复体察,得见此理须以心为主而论之,则性情之德、中和之妙,皆有条而不紊矣。②

朱熹在这封书信中陈述了对于心、性、情三者关系的思考,他新得到的感悟就是,在三者关系的结构中,如果以心为主,那么三者的关系就会没有任何滞碍。他认为,不能以性为体,以心为用,心其实就有未发、已发两种状态。对此,朱熹进一步说:

---

①朱熹著,徐德明、王铁校点:《晦庵先生朱文公文集》卷六十四《与湖南诸公论中和第一书》,《朱子全书》第二十三册,上海古籍出版社、安徽教育出版社,2002年,第3130页。
②朱熹著,刘永翔、朱幼文校点:《晦庵先生朱文公文集》卷三十二《答张钦夫》,《朱子全书》第二十一册,上海古籍出版社、安徽教育出版社,2002年,第1418—1419页。

性者,心之理也;情者,心之用也;心者,性情之主也。①

说性是心之理,其实就是在说,性是心之体。故而,朱熹的心性结构可以图示如下:

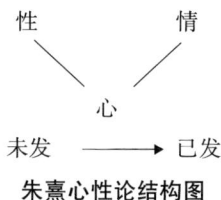

朱熹心性论结构图

显然,在朱熹的思想中,性通过理一分殊的方式进入心中,而情则是心产生的情感。性是体,情是用,但是性与情之间并不是直接的体用和相生关系,而是有了一个重要的枢纽——心。这样,在李翱思想中由于"性体情"与"性生情"所发生的善性产生邪情的问题,在朱熹的心性结构中就不再成为问题。朱熹认为,情由心所生,而情直接的体也是心;故而,如果情是邪的,那么原因在于心,而不用由性来承担责任。而性是心之本体,心虽可生出可善可恶的情,它的本体"性"却是通过理一分殊的方式得自天理,故而性对情具有控制和制约的功用。心也不是只有已发的状态,它分为未发、已发两种状态;未发是涵养的功夫,已发则追求情发而中和;而未发和已发虽与性情相对应,但也不可等同。这样,宋明理学中由李翱开其端的性情善恶以及未发已发问题,经过周敦颐、张载、二程等思想家的发展,最终在朱熹的"心统性情"说中达到大成境地。

---

① 朱熹著,徐德明、王铁校点:《晦庵先生朱文公文集》卷六十七《元亨利贞说》,《朱子全书》第二十三册,上海古籍出版社、安徽教育出版社,2002 年,第 3254 页。

第六节　李翱思想的矛盾及其解决

　　李翱思想受道家和佛教的影响,正处于由先秦原始儒家向宋明理学即第一期新儒家的转型期,故而其思想存在着一定的矛盾是必不可免的。李翱思想的矛盾不是他本人思虑不周导致的,而是由学术发展过程中某些因素的不周全导致,在这些因素中,思维方式是其最底层的结构。任何一种文化体虽都有与其他文化体相同的部分,但也有其独特的部分;而在这些独特的部分中,思维方式的独特性导致了不同文化体在思考相同问题时会具有不同的文化视角。

　　中国先秦时期的思维方式有许多特点,比如说强调道的特点,强调整体性的特点,但中国早期思想在世界图景的构造中最重要的是"法象思维"和宇宙论的"生"的特点。到了魏晋时期,玄学开始强调本体论,而隋唐时佛教在中国的兴盛更是加强了本体论在中国思想中的分量。佛教时期,中国思想中的思维方式以体用论和理一分殊①为主,而当此之时,儒家思想衰微,尚没有开始吸收道家和佛教的思维方式。但是到了唐末,李翱已经开始吸收佛教思想,这是儒家开始大规模吸收佛教思想的一个路标。李翱其实已经很熟悉佛教的体用观念,但是由于儒家思想以前从未使用过这种思维方式,再加上体用观念有着很深的佛教痕迹,故而李翱在其哲学思想的表述中,并未使用"体用"一词。不过,李翱虽未提这个词语,但是体用的实际意义已经成为其思想论述的核心。

　　李翱是最早在儒家思想中借鉴佛教思想的人,但是两种不同的思维方式在整合过程中必然会出现一些矛盾。在《复性书》中,李翱

①佛教本身并无"理一分殊"的提法,这一提法最早由程颐提出,但在佛教思想中,理一分殊的实际意义已经非常完善。

在未发、已发关系中所阐述的静就是"正思",这是传统儒家所表述的最高境界。但李翱借鉴道家和佛教思想,认为"静"和"正思"并不能从根本上解决问题,他想要寻求到一种彻底根除恶的方法,这就是他所说的"动静皆离"①。这一倾向受到道家"性超善恶"思想的影响,更重要的是受到佛教双遣两边思想的影响。恶是要在生生不息的道的运行过程中被不断地克服呢,还是有一个一旦顿悟就一劳永逸的解决方案?这大约是原始儒家与宋明理学的一个重要区别,之间存在着因思想路径不同而导致的思想张力。

学者们在阅读李翱的《复性书》时很早就有一些疑义,如黄开国在《李翱的复性说》中说:

> 关于情,李翱有两种相互矛盾的看法。首先,在情的性质问题上,一方面说:"情者,妄也,邪也"(《复性书·中》),情只是妄、邪一类的恶。故情又称之为邪情。说:"情有善有不善"(同上),情非纯粹的恶,有善有恶。
>
> 其次,在情与性的关系问题上,一方面说:……情是昏惑人性的如同泥沙浑水、烟使火不明一样。只有灭情,才能充性,把情与性视为绝对不相容。又说:"情者,性之动也"(《复性书·上》),把情看作性的发动,认为"性与情不相无也,虽然,无性则情无所生矣,是情由性而生,情不自情,因性而生;性不自性,由情以明。"(同上)情由性生,二者相互依存,相互发明,并非绝对不相容。②

黄开国所说的李翱《复性书》中情的两个矛盾其实是由对"情"字的

①《李翱文集校注》卷第二《复性书(中)》,第 19 页。
②黄开国:《李翱的复性说》,《社会科学》,1990 年第 2 期,第 36 页。

误解产生的，因为李翱在《复性书》的行文中所使用的"情"字的含义，在不同的地方是不一样的。古人大约能从上下文中来体会其义，之所以如此是因为他们的写作有其时代大家都懂的语义背景，但在现代学者看来就存在逻辑不周延的问题。

而在《复性书》中，更重要的疑义出在性情善恶问题上，辛旗在《中国历代思想史》中说：

> 李翱灭情复性与其性情关系之说是相互矛盾的，至善之性何以衍生出恶妄之情，李翱虽本于佛学"薰习"之论，但未明确援引论证，以显其儒家本色。这种矛盾只用高置于仁义之上一境界——"清静"，来解决是远远不够的，……①

张跃则论述得更加细致，他说：

> 这就造成了一系列矛盾。第一个矛盾是：既然天赋的性与情"不相无也"（共存），而情又"惑性"，那么圣人是否有惑性的情呢？他先说，圣人"虽有情也，未尝有情"。就是说，圣人的情不是一般的情，也可视为无情，所以不会惑性。又说："情有善有不善，而性无不善焉。"圣人的"未尝有情"之情大概就是善的情，与性善相一致。这个说法背离了他的性善情恶的基本观点。第二个矛盾是：既然"情不自情，因性而情"，那么，由善性所发动并决定的情怎么会是恶的呢？由这个矛盾又引出了第三个矛盾。既然"性不自性，由情以明"，那么由恶情所体现的内在的性还会是善性吗？这三个矛盾不是简单地说"情者性之动"所能解

---

① 辛旗：《中国历代思想史》（三）《魏晋南北朝隋唐卷》，文津出版社，1993年，第511页。

决的。①

辛旗与张跃所提问题的核心是善性如何会生出恶情，而其他的矛盾则源自对李翱思想的误解。学术界常误解，如许多教科书在标题中都说李翱的人性论是性善情恶论，而李翱在《复性书》中表明他的主张是性善情有善有不善论。李翱所说的情其实有两种，一种是与性一致的情，一种是与性不一致的情。但李翱在行文中却并未区分使用这两种情，故而如不能由上下文确定情的不同含义，就会造成对李翱人性论的误解②。

在李翱的心性论中，性情之间有两种关系：一种是性生情的关系，一种是性与情的体用关系。从性生情的关系来看，性生出情后，七情只要能发而中和，就可以是善的，如不中和，就可以是恶的；但如果性情是体用关系，那么善性必然导致善情，在这里就不存在产生恶情的可能性。这样，在李翱的思想中就存在着性生情与性体情思维方式的冲突，这一矛盾只有在宋明理学的"心统性情"说中才可得以克服。在"心统性情"说中，朱熹认为，性是心之体，情是心之用，性与情之间的体用关系有了一个中介"心"，如此则心生情自然可以产生善情，也可以产生恶情，这就圆满地解决了李翱哲学中善性产生邪情的矛盾。这样，表面上看来，李翱的性情理论存在着善性产生恶情的矛盾，而真正的症结则在于儒家与佛教思维方式的矛盾，当儒家思想最终吸收了佛教体用论和理一分殊的思维方式后，这一儒佛思维方式之间的矛盾也就不复存在了。

在李翱哲学中，还有一个语言维度的问题需要注意。李翱说：

①张跃：《唐代后期儒学》，上海人民出版社，1994年，第132页。
②对于李翱人性论"善性产生恶情的矛盾"的具体解决方案请参阅拙文《再论李翱的人性论》，《甘肃理论学刊》，2001年第3期。

"情有善有不善,而性无不善焉。"①一般认为,"情不善"就是"情恶",这自然没有问题,但他对情使用最多的是"邪"字。在《复性书》中,"恶"和"邪"字义相近,但有区别,恶对善说,邪对正说,邪更加强调情的无根性,如他说:"情者,妄也,邪也;邪与妄则无所因矣。"②不过,李翱没有对情直接使用"恶"字,而是用"不善",这一点从现代哲学的角度可能会有疑义,因为说"情有善有不善",还有一个"中"的问题,在这里存在着善、恶、无善无恶三个选项。如此,"不善"就包含着"恶"和"无善无恶"两个选项,这就有两个可能:一是李翱用"不善"只是习惯,指的就是恶,他的心里只有善与恶的二元选项;另一个就是李翱有意为之,因为百姓的情不都是恶的,人的许多情绪本就是无善无恶的。不过从整个李翱文献来看,李翱的思想应是二元选项,也就是说,"不善之情"就是恶情。但是,不可否认的是,李翱对于百姓情善情恶的表述确实还缺乏细节,容易产生矛盾,这是《复性书》的一个破绽。

①《李翱文集校注》卷第二《复性书(中)》,第22页。
②《李翱文集校注》卷第二《复性书(中)》,第23页。

第六章　李翱哲学思想的现实维度

第一节　李翱复性思想
对其举荐人才思想的影响

之所以要把李翱举荐人才的思想单独提出来,是因为这在中国古代历史和思想史上具有重要的划界意义。中国政治历经周以来的封建制,到春秋战国时期封建制解体,再到秦建立郡县制,政治发生了很大的变迁。但是在这一变迁中,有一个历史潮流在日渐清晰,那就是下层的士人逐渐开始进入政权结构的统治阶层。虽然在唐宋以前也有许多举荐人才的事,但那更多是贵族的事情,或者是战时的权宜之计,并没有形成一个完善的体制。最晚到汉代,统治阶层的来源依旧是权贵阶层,比如汉代表面上推重的举孝廉制度,到后来完全演变为门阀士族对于权力的垄断。汉还非常重视军功,有"非军功不得封侯"的规则,故而统治者直接将统治的合法性建立在军事力量的基础之上。隋唐自然也很重视军事,但自隋唐以来,由于经济的发展和政治的演进,下层的士人渐成气候,也成为皇室对抗门阀以及军事割据势力的重要助力。故而隋唐时期的科举制度虽还没有宋代时那样崇高的地位,但是已经开始了对下层士人的接纳和吸收。这样,从唐末开始,一个真正意义上的士大夫阶层正在渐渐成形。自然,一般意义上的士大夫阶层周代就有,但是直到唐初,这个阶层都是以世代相继的贵族和门阀为其核心和制度基础,而真正意义上作为一种文明精神体现的士大夫阶层则从唐末开始,至宋代而达其巅峰。

李翱虽有家世,族上可上溯至陇西,为凉武昭王之后,但李翱进入士大夫阶层则是通过科举和赏识他的官员的推举。故而身处唐末社会的李翱,深刻地意识到士人相互赏识举荐的重要性,故而在他的思想文献中,有许多关于举荐人才的思想。李翱在未中举前,就通过《感知己赋并序》感谢梁肃对他的推举,并感叹遇到知己的艰难,并表达了渴求被人赏识的希冀。在《答韩侍郎书》中,李翱对于举荐贤者非常重视,他说:

> 如鄙人无位于朝,厄摧于时,恓恓惶惶,奔走耻辱,求食不暇,自一千年来,贤士屈厄,未见有如此者。尚汲汲孜孜,引荐贤俊,如朝饥求飧,如久旷思通,如见妖丽而不得亲然。若使之有位于朝,或如兄侪得志于时,则天下当无屈人矣。①

在这封李翱写给韩愈的书信中,李翱叙述了他虽然并未在朝为官,奔走于养家糊口,但即便如此,也急切地举荐了许多有德有才之人。他还设想,如果自己能立于朝堂,那一定会让贤者尽可能多地得到任用。正是在这样的思想下,李翱很鄙视某些身居高位却不举荐有德之人的官员,他如是说道:

> 三五日前,京尹从叔云:“某大官甚知重陆涔。”当时对云:“士所贵人知者,谓名未达则道之,家之贫则恤之,身之贱则进之故也。若陆涔之贤章然矣,某官之知既甚矣,某官之位,日见于天子,足以进人矣,开幕辟士,足以招贤矣,而皆未及陆涔! 若如

---

① 《李翱文集校注》卷第六《答韩侍郎书》,第73—74页。

此之知,知与不知果同也,若实知,乃反不如不知矣!"京尹不能
对也。①

在《答韩侍郎书》中,李翱叙述了他和从叔李逊在认识上的一个分歧。
李翱在京做官的从叔李逊说,有一位大官很看重陆泣,但李翱对于此
大官的作为就很不以为然。他认为,所谓知人,理应在此人尚没有被
人广泛所知时才能说知;如果此人已经功成名就,才说知此人,又有
什么意义呢? 而且这位大官位置很高,经常会见到天子,他自己也能
开府招募士人,但却从未见他举荐过陆泣。李翱便讥讽这位大官说,
像他这样作为,知与不知没有什么区别,知还不如不知。在李翱看
来,知人就要以实际行为来举荐,而且在于发现别人未发现的贤者。
如果大家都已知道某人是一贤者,你也说他是一个人才,那并没有什
么意义。识人,就在于在他尚没有闻达之时,就在于他尚在贫贱之
时。同时,如果识得某人,也只是口头说一说,那还不如不说;因为李
翱已经把是否举荐贤者看成一个人人品高低的重要凭证。

　　至于举荐人的原则,李翱认为,"或取文辞,或以言论,或以才行,
或以风标,或以政术"②。取人的首要条件自然是品德,这是儒家思
想的根基,在此基础上,又要考虑到人的实际才能,故而李翱在这里
列举了人的一些重要的实际能力,这包括文辞、言论、才行、气象、政
治治理能力。李翱在这里其实表达了一个意思,那就是十全十美的
人,世所难遇,故而这也导致举荐人才时会出现失误。李翱认为失误
必不可免,但只要尽力把自己认为有才德的人举荐上来就是好的,而

---

①《李翱文集校注》卷第六《答韩侍郎书》,第 74 页。
②《李翱文集校注》卷第六《答韩侍郎书》,第 73 页。

且他引用庞统的话说:"拔十失五,犹得其半。"①也就是说,只要大家都用心举荐,只要举荐的人有一半是品德才能过硬的,那就已经不负举荐之诚心了。

从唐末开始,中国古代的士大夫精神开始了文明性的跃升,越来越多的底层士子开始进入统治阶层。这些士子大多没有深厚的家世,他们的升迁之路更加依赖有才德之人的赏识,这导致先贤对于后辈士子的举荐就非常重要,而在即将形成的士大夫阶层中,互相在学术和德性上的砥砺渐渐形成气候。就如李翱在《答韩侍郎书》中对韩愈的批评,正是这种即将成形的士大夫精神的先声;而到了宋代,道德扶持和激励更是蔚然成风。可见,李翱是宋明士大夫精神的最早践履者之一,无论在思想上,还是在社会政治风气方面,他都敏感地注意到一个新时代的到来,不愧被尊称为宋明理学的先驱。

李翱举荐人才的思想不是偶然的或者某个阶段的一时兴起之说,而是终其一生一以贯之的思想;甚至可以说,他举荐人才的思想形成了完善的理论,发出了历史的最强音。在《荐所知于徐州张仆射书》中,李翱系统地表达了举荐和选拔人才的思想。李翱认为,政治治理的基础其实就在于任用贤能的人,他甚至于认为,政治清明就在于选用了真正的贤能之人;而政治的失败,就在于选用了奸佞的小人。对此,他说:

> 齐桓公不疑于其臣,管夷吾信而霸天下,攘夷狄,匡周室,亡国存,荆楚服,诸侯无不至焉;竖刁、易牙信而国乱,身死不葬,五公子争立,兄弟相及者数世。桓公之信于其臣,一道也,所信者贤则德格于天地,功及于后代,不得其人则不免其身,知人不易

---

① 陈寿撰,裴松之注:《三国志》卷三十七《蜀书》,中华书局,2011年精装本,第953页。

也。岂惟霸者为然,虽圣人亦不能免焉。帝尧之时,贤不肖皆立
于朝,尧能知舜,于是乎放驩兜,流共工,殛鲧,窜三苗。举禹、
稷、咎繇二十有二人加诸上位,故尧崩三载,四海遏密八音,后代
之人,皆谓之帝尧焉。向使尧不能知舜,而遂尊驩兜、共工之党
于朝,禹、稷、咎繇之下二十有二人不能用,则尧将不得为齐桓公
矣,岂复得曰"大哉!尧之为君也。惟天为大,惟尧则之,荡荡乎
民无能名焉"者哉![1]

李翱认为,齐桓公为政的成功与失败都在于用人。他任用管夷吾,使
得齐国称霸于天下。显然,管仲使齐国称霸并不仅仅是因为武力的
强盛,而是他辅助齐桓公做了许多符合周礼的事,比如文中所提到的
匡扶周王室、兴灭国、驱逐夷狄等。而齐桓公后期政治的失败则在于
管仲去世后,他任用了奸佞的竖刁、易牙。竖刁、易牙貌似忠良,但易
牙不爱其子,为了让齐桓公品尝人肉的味道,竟然杀死自己的儿子;
竖刁为了向齐桓公表忠心,竟然残害自己的身体。正如管仲所说,这
两个人,一个没有亲情,一个连自己都不爱,他们哪里还会顾惜别人
的死活;故而齐桓公最后被活活饿死就是可以推想的事情了。李翱
进一步认为,不仅一般的君主的为政与任用人才息息相关,即使是圣
人,他们之所以是圣人,也与任用人才有着直接的关联。他认为,假
如尧不能任用舜,而是重用驩兜、共工之流,使得禹、稷、皋陶等贤者
得不到任用,那么尧最终就不会有圣人的地位,甚至于连齐桓公都比
不上。

在此认识的基础上,李翱将推举和任用人才与人的德性结合起
来,他说:

---

[1]《李翱文集校注》卷第八《荐所知于徐州张仆射书》,第109页。

> 孔子曰:"吾未见好德如好色者。"圣人,不好色而好德者也;
> 虽好色而不如好德者,次也;德与色均好之,又其次也;虽好德而
> 不如好色者,下也;最甚不好德而好色者,穷矣![1]

李翱认为,是不是举荐人才和任用人才,与人的道德认知和道德实践
有关。在这里,他借用孔子关于好德和好色的思想,将人分成了五个
等级:圣人是不好色而好德的,这是第一个等级;第二个等级是虽然
也有好色,但比不上好德的人;第三个等级是既好德也好色,也就是
好德和好色等量齐观的人;第四个等级是虽也好德,但主要倾向是好
色,好色胜过好德;最后一个等级是一个极端,就是只好色,不在乎德
的人。显然,从李翱对于德与欲望冲突关系的描述,我们可以想见,
这些人将如何在真正的有德有才之人和自己的亲近之人、私利之间
进行抉择。

　　这样说起来,李翱就赋予了举荐和任用人才以很高的地位,甚至
成了判断一个人品行的试金石。举荐人才和选拔人才真有这样重要
吗? 我们读李翱的书信和文赋,他对于举荐和选拔人才投入了极大
的关注,甚至于对人有些苛责;但是,这种苛责正体现了李翱对于时
代精神的敏感和执着。中国古代社会,从唐代后期开始,底层的士人
开始有了上升的机会,一些读书学到一定知识技能的人开始通过科
举和上层的赏识进入统治阶层。唐代后期社会,藩镇割据,唐王室也
需要大量的优秀人才,但下层士人的上升自然不能靠过去的比如汉
代的察举,也不能靠诸如魏晋时门阀大族的推举,而是通过自己的努
力来进入上层统治阶层。试想,在这样的政治格局下,就需要士大夫
阶层有选任贤能的能力和责任。如果这个人才来自社会上层,自然
有人举荐他,但是我们发现李翱所推举之人大多都是衣食难有保障

---

[1]《李翱文集校注》卷第八《荐所知于徐州张仆射书》,第 111 页。

的底层士子。比如他在《荐所知于徐州张仆射书》中举荐的孟郊就在《赠崔纯亮》中说："食荠肠亦苦,强歌声无欢。出门即有阂,谁谓天地宽。"①李翱对于这些底层士子充满了同情,也满怀着希望。我们从他的字里行间就可以看到,李翱设想这些有才的士子渐渐都得到重用,社会便有了很大的希望,甚至于国家再度强盛起来都不是什么奢望。在这里,我们看到,唐代士子们这种悲壮的生命和理想的跋涉预示着未来宋代士大夫精神的产生。我们从李翱那似乎不能变通的耿直性情,感受到他对于未来的希冀和执着;可以说,李翱是宋代士大夫精神的最早发现者和践行者之一。中国真正的士大夫精神的形成,就在于士大夫阶层形成一个互相扶持的自组织系统,与皇权共生共存,最终带来中国古代政治统治的新气象。

李翱关于人才举荐的思想,并不局限于现实的政治社会之中,甚至还上升到超越的精神层面。在李翱看来,人不仅只在此世生活,他的生命还因为历史的时间纬度而延续到未来。在他看来,一个人所做之事会载于历史,影响到历史对他的评价。他举例说,齐桓公一生为政有得有失,但《春秋》之所以为他隐讳,就在于他在早期任用过管仲,做出过一些政绩。显然,儒家学者有着对于精神永恒的追求,这种追求不是展现一个神的世界,而是对一个真正的意义世界的追索。

李翱重视举荐的思想,还集中体现在他对于下层士子的关注,这是一种改变传统观念的创新性思想,李翱在《贺行军陆大夫书》中说:

> 夫陋巷短褐躬学古知道之人,其所以异于朝廷藩翰大臣、王公、卿士者,口未尝厌乎肥甘尔,体未尝焕乎绮纨尔,目未尝悦乎采色尔,耳未尝乐乎声音耳,居处未尝宿乎华屋尔,出游未尝乘

---

① 《李翱文集校注》卷第八《荐所知于徐州张仆射书》,第110页。

乎乘黄尔，禄利未尝入于家尔，名字未尝得进于天王尔，其如此
而已；至若忧天下之艰难，幸天下之和平，乐天下之人民，得与其
身臻乎仁寿，思九夷、八蛮解辫发椎髻，同车书文轨，则虽朝廷藩
翰大臣、王公、卿士，亦未必皆甚乎陋巷短褐躬学古知道之人
者也。①

李翱认为，出生下层的士子学习古代的大道，他们与上层的王公大
臣不同的也许是没有经历过养尊处优的生活，但是在忧天下之事
和实际的事功方面，不一定就会和上层社会培养出的人有什么区
别。他进一步认为，正是因为下层士子有着与下层民众的紧密联
系，他们更能体会到社会的真正问题之所在，故而他说："士之躬学
古知道者，固与夫天下百姓同忧乐，而不敢独私其心也。"②底层士
人进入统治阶层，是唐宋之间政治变革的主要特征，中国历史和政治
从此开始了一次重要的文明提升。这次提升的意义在于，武力占绝
对统治地位的格局第一次被打破，文人集团也就是士大夫阶层（其许
多成员来自社会下层）的地位首次超过了武人集团，这在中国历史发
展中具有划时代的意义，也为李翱的复性说提供了坚实的社会政治
基础。

第二节　李翱复性思想 在其礼制思想上的表现

中国古代社会，无论是周代的封建制还是秦以后的郡县制，在王
朝的政治统治中，礼都扮演着重要的角色。在传统社会中，礼并不仅

---

①《李翱文集校注》卷第八《贺行军陆大夫书》，第117—118页。
②《李翱文集校注》卷第八《贺行军陆大夫书》，第118页。

仅是一种礼仪,其是社会政治制度的外化,标志着人的地位、身份以及统治的秩序。李翱的礼制思想,总体倾向是复古的,但在具体情景之下,又主张一定的变通。《劝河南尹复故事书》是李翱在任河南府户曹的时候写给河南尹的,他认为,河南府长久以来在食堂施行的礼仪是有问题的,因为并没有守二百年以来河南府的传统。李翱在其中记载了河南府黄卷所记载的礼仪规则:

> 河南府板榜县于食堂北梁,每年写在黄纸,号曰"黄卷",其一条曰:"司录入院,诸官于堂上序立,司录揖,然后坐。"河南,大府,入圣唐来二百年,前人制条,相传岁久,苟无甚弊,则轻改之不如守故事之为当也。[①]

据黄卷记载,河南府司录参军进入食堂,下阶诸曹掾、属吏在堂上序立,向司录参军行礼,然后大家就座进食。李翱认为,这条礼仪制度已经在河南府施行二百年,一定有其道理,故而不主张无故更改。但是,河南府当时并没有施行这个制度,李翱对此议论说:

> 八九年来,司录使判司立东廊下,司录于西廊下得揖,然后就食,而板条黄卷则如故文焉。大凡庸人居上者以有权令陵下,处下者以姑息取容,势使然也。[②]

李翱说,在近八九年来,司录参军让属下诸判司站在东廊下,而他站在西廊下接受下属的揖礼,好像以前黄纸所记载的礼仪规则不存在一样。李翱当时即是河南府户曹参军,此前他其实已经做过京兆府

---

① 《李翱文集校注》卷第八《劝河南尹复故事书》,第120页。
② 《李翱文集校注》卷第八《劝河南尹复故事书》,第120页。

司录参军,此刻站在诸曹掾中间向河南府司录参军行礼,心里感到不是滋味。为何?大约一般诸曹掾恐没有做过司录参军,故而感受不深。但李翱做过司录参军,就感到河南府在任司录参军做得有点过火。从李翱的言辞中我们可以看到,他认为,河南府司录参军是一庸才,小人得志,想利用手中的权力立威。司录参军有监察诸曹掾的权力,比诸曹掾权力大半级,河南府司录参军是正七品上,而河南府诸曹参军是正七品下。李翱为人耿直,将此事汇报给河南府尹,河南府尹于是恢复了黄卷所载的制度。但此举得罪了河南府司录参军,李翱也因此借口软脚病而辞去了河南府户曹参军的职务。

或有人会质疑,一个就餐礼仪,哪里值得这样较真,但李翱在《劝河南尹复故事书》中叙说了他这样较真的缘由:

> 前日阁下偶说及此,云:"近者缘陆司录之故,却使复两廊相见之仪。"此义盖惑阁下听者,必曰京兆府之仪如此,阁下从事京兆府,习其故而信之焉尔。夫事有同而宜异者,京兆府司录上堂自东门北入,故东西廊相见,得所宜也。河南司录上堂,于侧门东入,直抵食堂西门,故旧礼于堂上位立,得所宜矣。若却折向南,是司录之欲自崇,而卑众官,非所宜也,此事同而宜异者耳。假令司录上堂,由南门北入,河南府二百年旧礼,自可守行,亦不当引京兆府之仪而改之也。况又自侧门东入者耶!河南尹,大官也,居之岁久不为滞。且如故门下郑相公之德,而居之六年;阁下之为河南尹亦近,何知未归朝廷间,亦有贤者未得其所或来为曹掾者耶?安可弃旧礼使之立于东廊下,夏则为暑日之所炽曝,冬则为风雪之所飘洒,无乃使论者以阁下为待一司录过厚,而不为将来贤者之谋耶![1]

---

[1]《李翱文集校注》卷第八《劝河南尹复故事书》,第121—122页。

李翱反对河南府司录参军不用故事,但人家司录参军说,我这是从京兆府学来的;因为京兆府司录参军和诸曹掾就是在东西廊相对见礼的。但是李翱前此就做过京兆府司录参军,自然很清楚缘由,这是因为京兆府司录参军和河南府司录参军进食堂的方向不一样。京兆府司录参军从食堂的东门向北进入,一进去即在廊道上,故而一切都顺理成章,没有什么造作。而河南府司录参军却从侧门向东行,直接进入食堂的西门,进去后就在堂上,他却要折而向南,走到廊上,才接受诸下属的礼揖。李翱认为,这就有点画蛇添足了,摆明了河南府司录就是为了抬高自己的地位而故意为之。李翱对此颇为不耻,在他看来,这些下级的曹掾,将来没准就是高层的士大夫,你一个司录,让这些人每天站在廊道里等你,冬寒夏曝,实在是没有道理。在李翱看来,士大夫阶层的最高标准是如何守道,而不是在地位上做这些小把戏。

　　李翱不仅对小的礼仪很重视,对于重要的礼仪也主张要遵循古礼,而不枉自造作。元和十四年,太常丞王泾上疏请去太庙朔望上食,李翱也上疏《陵庙日时朔祭议》,他说:

　　　《国语》曰:"王者日祭。"《礼记》曰:"王立七庙,皆月祭之。"《周礼》不载日祭、月祭,惟四时之祭,禴、祠、蒸、尝。汉朝皆杂而用之。盖遭秦火,《诗》《书》《礼》经烬灭,编残简缺,汉乃求之。先儒穿凿,各伸己见,皆托古圣贤之名,以信其语,故其所记各不同也。古者庙有寝而不墓祭,秦、汉始建寝庙于园陵,而上食焉。国家因之而不改。贞观、开元礼并无宗庙日祭、月祭之礼,盖以日祭、月祭既已行于陵寝矣。故太庙之中,每岁五享、六告而已。不然者,房玄龄、魏徵之辈,皆一代名臣,穷极经史,岂不见《国语》《礼记》有日祭、月祭之辞乎?斯足以明矣。

　　　伏以太庙之享,笾豆牲牢,三代之通礼,是贵诚之义也。园寝之奠,改用常馔,秦、汉之权制,乃食味之道也。今朔望上食于陵寝,修秦、汉故事,斯为可矣。若朔望上食于太庙,岂非用常亵味而贵多品乎?①

李翱认为,《国语》说王者日祭,《礼记》说王者月祭,《周礼》则没有日祭、月祭之说,只有四季之祭,那么现在应该怎么办呢? 他分析说,秦汉开始在皇家墓园里建寝庙,那么太庙和寝庙就应该有功能上的区分,太庙从功能上说注重隆重的祭祀,而寝庙则注重日常的上食。而且贞观、开元时的礼并没有宗庙日祭、月祭之礼,那么宗庙的祭礼就可以恢复到贞观、开元时的礼。李翱进一步认为,宗庙之祭祀注重的是贵诚之义,应使用笾豆牲牢这些三代通用的祭品,而不能用日常随意的常馔;而寝庙上食之礼则可采用《国语》《礼记》中所说的日祭、月祭之礼,再参考秦汉之制,这样就可以体现孝道。最终,李翱建议应罢去宗庙上食的礼仪。

　　总之,李翱对礼的要求是,既要尊重古礼,也要因时制宜,但是他强烈地反对他所处时代没有缘由地变更传统的礼仪。故而我们看到,对于宗庙的祭礼他推崇的是贞观、开元时的祭礼,因为在他看来,唐代的社会现实已经与商、周时代有了很大的区别。但是他又反对唐代后期对贞观、开元时祭礼的无故改变。显然,李翱的礼制思想有两个基本的倾向:其一是追求一种相对恒定的礼制,这其实与他的政治和哲学思想一脉相承;因为李翱的政治思想注重对政治制度的建设,而这种建设自然不能缺少具有制度色彩的礼制的保驾护航。而李翱的哲学思想倡导性命之道和复性说,本身就对于"性命之道"与源自其的人性的恒定性有着精神上的坚守。李翱礼制思想的另一个倾向是面向现实的权变,当传统的礼制与现实相冲突,他会主张一定程度的变通,以适应社会发展的需要。

_____

① 《李翱文集校注》卷第十《陵庙日时朔祭议》,第 148 页。

第三节　李翱道论和复性思想
在其文史思想上的表现

一、文论思想上的表现

李翱承继古文运动的宗旨,以为文章撰写,首先要有旨归,不应过分追求华丽辞藻,而首先要有对古代思想和道德修养的追求,他说:

> 吾所以不协于时而学古文者,悦古人之行也;悦古人之行者,爱古人之道也。故学其言,不可以不行其行;行其行,不可以不重其道;重其道,不可以不循其礼。①

李翱认为,要想学文,首先学做人。他认为,自己之所以学习古文,在于对古人作为的认同,而正因为认同古人的作为,也就很喜欢指导古人言行的儒家之道。故而在他看来,学古人的语言和文字,就要像古人一样以道为思想和行为的指导,以礼为自己行为的外在规范。在此基础上,李翱认为,为文的最高境界就是"创意造言",也就是对思想的创建和语言边界的扩展,他说:

> 创意造言,皆不相师,故其读《春秋》也,如未尝有《诗》也;其读《诗》也,如未尝有《易》也;其读《易》也,如未尝有《书》也;其读屈原、庄周也,如未尝有六经也。故义深则意远,意远则理辩,理辩则气直,气直则辞盛,词盛则文工。如山有恒、华、嵩、衡焉,其同者高也,其草木之荣,不必均也;如渎有淮、济、河、江焉,

---

① 《李翱文集校注》卷第六《答朱载言书》,第84页。

其同者出源到海也,其曲直浅深,色黄白,不必均也;如百品之杂焉,其同者饱于腹也,其味咸酸苦辛,不必均也,此因学而知者也,此创意之大归也。①

在《答朱载言书》中,李翱首先分享了自己阅读古代典籍的体会,说当他读《春秋》时,就好像没有《诗经》一样;当他读《周易》时,就好像没有《尚书》一样;而当他读屈原、庄子的作品时,又好像没有六经一样。显然是在说,这些作品从思想到写作风格都是自成系统的。李翱比喻说,这就如同恒山、华山、嵩山、衡山,它们的共同特点是很高,但是每一座山草木的种类及其生长特点又各有不同。再比如在用词上,李翱同意韩愈“唯陈言之务去”②的说法,他在《答朱载言书》中举例说,描述“笑哂”的样子,《论语》用“莞尔”,《易经》用“哑哑”,《穀梁子》用“粲然”,班固用“攸尔”,左思用“囅然”;故而真正形成自己的文风后,在语言表达上也会有一定的特色。

　　李翱所言的创新思想和语言有两个层次:首先是一个独立的意义系统的形成,在李翱看来,《春秋》《诗》《易》《书》以及屈原、庄周的思想都自成系统,这就是思想意义的独立系统的形成。如果在写作的过程中,没有独立的意义,而只是因循守旧,那就只能拾人牙慧,一定会被归于其中的某个意义系统,而绝不可能有独立的思想传承。显然,思想意义的创造才是文论的核心。其次,在不同的系统之间,或在同一个思想系统之中,要营造好文章的写作风格。在这里,我们体会到,写作不仅仅是词语,而涉及诸多意义层面的营造。李翱认为,文章的意义有深与远两个层次。“义”应该是指具体事物的道理,这个道理要结构合宜且深入;也就是只有对每一个事理看得很深,才

①《李翱文集校注》卷第六《答朱载言书》,第83页。
②《李翱文集校注》卷第六《答朱载言书》,第84页。

会意义更远。"意"应是王弼"得意忘象"之"意",是一个事物的整体意义,而不是局部的。要注意的是,这里所说的事物,其实指的是事,而不是西学意义上的物。有了意义的深与远,那么自然就会在道理上占据上风;在道理上占据上风,就会理直而气壮;理直气壮表现在文章里,就会言辞切实而鼎盛;言辞丰富,自然就会文字工整。

总结以上两个层次,李翱认为,创造思想和语言,就像在共同的源与归之间,展开数条思想的道路,每条道路的源与归是一样的,但是道路却是不同的。至于行文的风格,李翱说:

> 天下之语文章,有六说焉。其尚异者,则曰:文章辞句,奇险而已。其好理者,则曰:文章叙意,苟通而已。其溺于时者,则曰:文章必当对。其病于时者,则曰:文章不当对。其爱难者,则曰:文章宜深不当易。其爱易者,则曰:文章宜通不当难。此皆情有所偏,滞而不流,未识文章之所主也。①

李翱认为,文风大约存在六种倾向:一为尚异,一为好理,一为溺于时,一为病于时,一为难,一为易。一种文风追求标新立异,但要有思想创制的实践基础;没有此基础,文章就会显得怪异奇险,而实际上却言之无物。一种文风只追求讲通道理,但真正讲清道理一定要有新的境界,有新的语言气象;无此气象,只讲道理,一则不易流传,二则即使有理,也有限度,没有大格局。第三、四种文风,一种喜欢写与时事有关的事,一种喜欢写与时事无关的事。但写文是不是与时事有关,要因写作的对象,而不是主观的好恶。第五、六种文风,一种喜欢写难读的文章,一种喜欢写易读的文章。但是文章的易读或难读取决于思想的深度,而不是为文的好恶。把简单的道理讲复杂,不是

---

①《李翱文集校注》卷第六《答朱载言书》,第83页。

用心诡诈,就是不会为文;把难涩的道理写简单,一定会丢掉一部分
深度。以上种种,李翱均认为没有掌握形成文风的真正精神;故而,
他认为每一种都居于一隅,而不知变通,滞呆而没有灵气。因此,他
说:"古之人能极于工而已,不知其词之对与否、易与难也。"①显然,
李翱所说的文辞的工,并不是一种文字尺度上的技巧,并不局限于所
谓异与理、对与否、易与难的格局,而是要有一种道境界意义上的意
气,义深而意远。

那么,李翱主张的真正的为文原则是什么呢? 对此,他说:

> 故义虽深,理虽当,词不工者不成文,宜不能传也。文、理、
> 义三者兼并,乃能独立于一时,而不泯灭于后代,能必传也。②

在李翱看来,一篇好文章的写作要在三个方面下功夫,即文、理、义。
文指的是语词的"工",理指的是道理,义指的是意义。理与义有些相
似,但还是很容易分辨;义指的是事物的意义,侧重于看问题的深度,
理则指的是道理,侧重于道理的正确与恰当。比如我们看一件事,掌
握了它很多的知识,或亦有许多实际的践履,于是就会看得很深入,
把一件事的方方面面都会分析出来,这是写文章对义的要求。有了
深入的义的认识,就会帮助我们获得正确的认识,这就是"理当"的含
义了。

李翱反对把写文章看作一种才艺,他认为,世人所说的作为一艺
的文章无非是有盛名于近代。而他之所以好古文,是因为古人所写
文章主要在于阐发儒家思想即仁义的道理,正如他在《寄从弟正辞
书》中所说:

---

① 《李翱文集校注》卷第六《答朱载言书》,第83页。
② 《李翱文集校注》卷第六《答朱载言书》,第84页。

　　　　夫性于仁义者,未见其无文也;有文而能到者,吾未见其不
　　力于仁义也。①

李翱的复性说对其文论有着重要的影响,他认为,真正的好文章一定
出自有仁义真知的人;而人有真正的文才,也一定会致力追求仁义之
道。在这里,李翱提出了一个很有意思的问题,是不是只有人的道德
修养达到一定的程度,才可以写出好的文章? 在这个问题上,首先我
们要理解的是"道德修养"这个概念的原义。一般我们说到道德修
养,容易把它简化为伦理上的善;中国古代思想中所说的道德当然包
含伦理之善,但它的意义要比伦理之善深入和宽广。道的本义是人
所行的道路,当它形而上学化后成为万事万物的本体;德则是世间每
一个事物从道本体中获得的属于自己的部分。所以道德是人对于这
个世界的一种洞悟和觉察,而一个对于宇宙和世间之事有深入领悟
的人就会觉察到伦理之善对于人类的本质性的意义。如此说来,李
翱说得没错,一个没有洞察力的作者,大约写不出意境深远的文章。
基于此,李翱对先有道德修养还是先有文才进行了如下的概括:

　　　　由仁义而后文者,性也;由文而后仁义者,习也。由诚明之
　　必相依尔。②

李翱是最早提高《中庸》地位的哲人,他对于《中庸》的诚明关系也理
解得非常到位。在李翱看来,如果已经修养到以仁义为本性,那么自
然就会写出优秀的文章,这个过程就是自诚而明的过程;如果先理解
文意,而后开窍,渐次进入对仁义之性的领悟,这是"习",即后天学习

──────────
① 《李翱文集校注》卷第八《寄从弟正辞书》,第124—125页。
② 《李翱文集校注》卷第八《寄从弟正辞书》,第125页。

的效果,也是自明而诚的过程。对于李翱来说,富贵在天,能不能得到富贵不是我们追求就可以获得的;而心性修养在我,只要我努力追求,就可以写出优秀的道德文章,传于后世。

二、史学思想上的表现

李翱对于历史记述有着远大的抱负,据《答皇甫湜书》记载,他有志于写作《唐史》,而且当时已经开始了写作,但不知最后写了多少,可惜这一部分文献没有流传下来。虽然李翱所著《唐史》没有流传出来,但是《答皇甫湜书》中说到了许多李翱写作《唐史》的思想和原则,可以一窥他的史学思想。

首先,关于古代士人为什么要著书立说,李翱说道:

> 凡古贤圣得位于时,道行天下,皆不著书,以其事业存于制度,足以自见故也。其著书者,盖道德充积,厄摧于时,身卑处下,泽不能润物,耻灰烬而泯,又无圣人为之发明,故假空言,是非一代,以传无穷,而自光耀于后,故或往往有著书者。①

李翱认为,古代圣贤,如果能得其位,其道就会行于天下,且在某个方面有独特的发明,故而他们一般不会著书;因为其思想和功德已经存在于制度之中。相反,如果贤者虽道德修养已成,但地位卑下,没有办法德被万物苍生,故而要使自己的生命不至于如灰烬一样泯灭,便想通过著书使自己的思想流传于世。当然,这也是李翱自己想要撰写《唐史》的动机。

李翱写作《唐史》,有其所坚持的原则,正如他所说:

---

① 《李翱文集校注》卷第六《答皇甫湜书》,第79页。

用仲尼褒贬之心，取天下公是、公非为本。群党之所谓为是者，仆未必以为是；群党之所谓为非者，仆未必以为非。使仆书成而传，则富贵而功德不著者，未必声名于后；贫贱而道德全者，未必不烜赫于无穷。①

李翱认为，著作史书，应以孔子以《春秋》褒贬时政之心为出发点，以天下之公为根本，记载当时一代功臣、贤者的功绩，以流传于后世。他进一步认为，史家应有自己独特的视角，不被群党之意见所左右，对历史记载的评价在于建立一个完善的评价系统，以影响当代以及后世的社会治理和道德风尚。故而李翱认为，有些历史人物生前虽拥有很高的地位，但对社会没有什么贡献，故而就不应该在历史的记述中给予他什么位置。而相反，有些历史人物，生前地位卑下，但具有很高的道德水准，就应该让他们彪炳后世。显然，李翱对历史人物和事件的评价标准是道德原则，而道德原则的原则是公与私的区分。故而他引用韩愈的话"诛奸谀于既死，发潜德之幽光"②，认为历史人物虽已成往事，但对于奸邪之人，即使死了，我们也要诛他；而对于具有高尚道德的人，即使已经逝世，我们也要传扬他、赞美他。

对于历史记述，李翱除了强调根本的思想外，还对于记述的文字风格和方式非常重视。李翱对于当时唐代史官的写作能力进行了批评，说他们的文辞鄙陋，没有真正地描述出唐代从高祖以来历代帝王的圣德事迹，文采根本比不上周代和汉代的史书。鉴于此，他进一步说：

故温习者事迹彰，而罕读者事迹晦。读之疏数，在词之高

①《李翱文集校注》卷第六《答皇甫湜书》，第79—80页。
②《李翱文集校注》卷第六《答皇甫湜书》，第80页。

下，理必然也。唐有天下，圣明继于周、汉，而史官叙事，曾不如
范晔、陈寿所为，况足拟望左丘明、司马迁、班固之文哉？①

李翱认为，史官有没有才能与对文风的感悟程度直接影响了史实的
传播和作用。他举例说，虽然西汉高祖定天下的功劳很大，但是惠、
景二帝的事功也不一定全都高于东汉的明、章二帝，但由于司马迁、
班固记述上的成功，故而使西汉的人物事迹耳熟能详。故而他认为，
成功的写作能使史书被广泛阅读，而不成功的写作则会使本来很重
要的历史事迹隐没在历史之中。他感叹唐代史官叙事的文采连范
晔、陈寿都比不上，更不要说与左丘明、司马迁、班固这些史学巨擘相
比了。

　　对于史实的记述，李翱反对过度的没有根据的渲染，要求按照真
实的史实来记载，如他在《百官行状奏》中说：

　　　　今之作行状者，非其门生，即其故吏，莫不虚加仁、义、礼、
　　智，妄言忠、肃、惠、和。或言盛德大业，远而愈光；或云直道正
　　言，殁而不朽，曾不直叙其事，故善恶混然不可明。②

李翱对于当时写作行状的风气进行了批评，认为写行状的都是门生
故吏，这些人曾受恩惠于行状所写的人，故而一味地写一些大话，而
不述事实。针对这样的情况，他上书唐宪宗，请求写作行状以史实为
主，不要虚加无谓的空话。在他看来，写作行状，不能没有任何根据
地写一些"仁义礼智""忠肃惠和"之类的套话、空话。他举例说，比
如给魏徵做传，只要记录下魏徵所上的谏诤之词，其正直的人品自然

①《李翱文集校注》卷第六《答皇甫湜书》，第79页。
②《李翱文集校注》卷第十《百官行状奏》，第143—144页。

跃然纸上,何必多言无谓的空话。显然,李翱主张在历史写作中应坚持客观中立的叙述手法,用这种叙事手法,读者读了史实,自然会明白作者所要表达的含义;而过分的夸大性的描述只能混淆视听,甚至使人产生疑虑。

李翱论史,受到其哲学思想的深刻影响,在他整个思想系统中,对于道和复性的践履是核心,故而他把撰写史书之类,看作迫不得已的事。如不能亲自在事功中发扬性命之道和复性主张,那退而求其次,可以从事史书的写作。李翱对于史的陈述有两个原则,一个是要有一定的文采,而另一个则是通过事实来表达史家的观点。只记史而少用空话评价,恢复到事实本来的样态,这种主张,我们很难说不与他关于性命之道和复性的主张有一定的思想关联。

第四节 李翱复性思想与其排佛思想

李翱的哲学思想确对于佛教思想有很大的承继,冯友兰讨论李翱《复性书》中性、情二字时说:

> 此虽仍用韩愈《原性》中所用之性情二名词。然其意义中所含之佛学的分子,灼然可见。性当佛学中所说之本心;情当佛学中所说之无明烦恼。众生与佛,皆有净明圆觉之本心,不过众生之本心为无明烦恼所覆,故不能发露耳。如水因有沙而浑,然水之为水,固自若也。然无明烦恼亦非与净明圆觉之本心,立于对待之地位。盖无明烦恼,亦须依净明圆觉之本心而起也。[1]

钟泰亦言:

①冯友兰:《中国哲学史》,中华书局,1961年,第805页。

　　然则愈之为说也,执于一;而翱之为说也,通乎无方矣。虽然,翱之说固有所受之者也。其言性情,即佛氏真如(本觉)、无明(不觉)之变名也。无明覆真如,故曰"情既昏,性斯匿矣"。无明无自性,故曰"情不自情,因性而情",曰"情者妄也邪也。邪与妄,则无所因矣"。真如虽为无明所覆,而其妙明本觉自在,故曰"人之性犹水也。其浑也,性本弗失。及其复也,性亦不生"。真如起用,无明自灭;无明既灭,则亦无真如之相可得,故曰"觉则明,否则惑,惑则昏",曰"明者所以对昏,昏既灭,则明亦不立矣"。按此以寻其言,盖无一不与佛合。然而援释以入儒,而不见其迹,则自翱始矣。愈曰:"今之言性者,杂佛、老而言也。"或者以为即对翱而发。然而翱之所至,愈不能知也。故言文则翱不如愈,言学则愈不如翱。①

　　学界多认为李翱复性思想受到梁肃传自天台宗的止观思想的影响,亦受到《大乘起信论》一心二门思想和在李翱的时代越来越兴盛的禅宗思想的影响,这自然是事实。如傅斯年所说,《复性书》上、下篇均讲儒家思想,但其中篇"以《易·系》《中庸》为口号,然其中央思想则受禅学感化矣"②。冯契先生说:"他讲'诚明'和天台宗讲'定慧'('止观')没有多少差别,而他说圣人昭然明辨而不著于物,虽有情而未尝有情,这同《坛经》说的'无相者,于相而离相③,无念者,于念而无念',也是一样的意思。"④不过,我们还是要看到,李翱承继佛

①钟泰:《中国哲学史》,《钟泰著作集》第 1 册,上海古籍出版社,2021 年,第196—197 页。
②傅斯年:《性命古训辨证》,上海古籍出版社,2012 年,第 237 页。
③"离相"二字,原书为"无性",根据《坛经》原文修改。
④冯契:《中国古代哲学的逻辑发展(中)》,华东师范大学出版社,1997 年,第339 页。

教思想在于吸收其理论内核，但他的思想充满着儒家理性主义的光辉。对于怪诞的事情一般都持否定态度，比如在《解惑》中，他对于村人所传的王野人死后，处士陈恒打开棺木只见空衣的事情持怀疑的态度；故而他见到陈恒，进行了求证，并最终证实此事虚妄不实。对于佛教的传播，李翱亦从事功的角度进行了有效的批驳：

> 佛法之流染于中国也，六百余年矣。始于汉，浸淫于魏、晋、宋之间，而澜漫于梁，萧氏遵奉之，以及于兹。盖后汉氏无辨而排之者，遂使夷狄之术行于中华，故吉凶之礼谬乱，其不尽为戎礼也无几矣。①

李翱所处之唐代，佛教传播已有六百年之久。佛教从汉代传入中国，后经魏晋，至隋唐而大盛。李翱认为，佛教在中国传播，汉儒未意识到问题的严重性而没有排佛，故而使得佛教在中国的影响日益增大。李翱本人并没有意识到佛教与道家的本质性差异，故而他说："佛法之所言者，列御寇、庄周言所详矣，其余则皆戎狄之道也。"②李翱排佛，具有理性的特点，他并不盲目地反对佛教，在他看来，佛教思想分为两个层次：第一个层次应该是有一定的道理，但李翱认为，其内容实际上列御寇、庄周诸人已经有详尽的言说。而第二个层次则是中国不需要的，他认为这就是戎狄之道。显然，李翱并非没头没脑地反对佛教，而是肯定了佛教的一部分内容，同时他还认为佛教在其原生地应是有一定道理的，只不过并不适合中国罢了。也正是在这一思想的基础上，李翱说："使佛生于中国，则其为作也必异于是，况驱中

① 《李翱文集校注》卷第四《去佛斋并序》，第45页。
② 《李翱文集校注》卷第四《去佛斋并序》，第46页。

国之人举行其术也。"①李翱肯定了佛的智慧,认为假使佛生于中国,佛的作为就会因中国的国情而有所不同。虽如此,李翱依旧认为儒道要高于佛道,在他看来,佛道有局限性,而儒道则全天下行之而没有弊端。他认为,儒道在中国源远流长,从伏羲到孔子,即使再过百代,其核心精神依旧是永恒不变的。

在《去佛斋并序》中,李翱其实在肯定一种历史久远的传统,在他看来,传统不是短期的行为所能形成的,是历经时间的验证,经过各种历史事件的考验,最终成为不变的全天下都可施行的大道。李翱既然肯定儒家的耕读经济和道德修养的思想,就自然对佛教对于来生的追求持反对态度。在李翱看来,佛教剃度信徒,不事生产,役使民力大量修建佛寺,这会导致儒家理想的耕读经济和政治的毁坏和崩溃;故而,李翱大力渲染禹生活简朴和三过家门而不入的精神,认为儒家思想的核心并不是追求富贵利禄,而在于修身、齐家、治国、平天下。

李翱对于佛教的核心义理其实是有所同情的,他认为,佛教真正的精华在于以佛理证心,而不是现实中的兴建佛寺和出家。他说:

> 天下之人,以佛理证心者寡矣。惟土、木、铜、铁,周于四海,残害生人,为逋逃之薮泽。②

他认为,在中国的社会环境中,对佛理真正有领悟的人很少,而大量地使用土、木、铜、铁来兴建佛寺,劝人出家,会使社会的经济和政治受到极大的影响。李翱进一步认为,佛教的危害甚于杨、墨之学。对此,他说:

①《李翱文集校注》卷第四《去佛斋并序》,第46页。
②《李翱文集校注》卷第十《与本使杨尚书请停率修寺观钱状》,第153—154页。

佛法害人,甚于杨、墨,论心术虽不异于中土,考较迹实有蠹于生灵。浸溺人情,莫此之甚,为人上者,所宜抑焉。①

李翱认为,孔子去世后,异学众多,孟子阐发义理而使思想步入正途。佛教的心性之术不异于中国本土的心性之学,但是当把这些心性理论放置于社会中去践履时就会发现并不适合中国的社会现实,因为佛教倡导背离基本的伦理人情。故而,在他看来,儒家思想其实就是在与各种不同思想的斗争中逐渐壮大起来的。孔子去世后,道家与墨家思想繁盛,而孟子通过对儒家思想的创新而使道家和墨家的思想有所削减。而现在,佛教的影响又强于道家和墨家,故而需要社会上层的统治者有意识地对这种势头进行扼制。

第五节　李翱《杂说二首》质疑
及其晚年避世修道思想初探

从现存文献来看,李翱绝大部分文献都有很强的儒家修身、齐家、治国、平天下的抱负,但个别文献中,也反映出他晚年产生了避世修道思想,这些文献更显得珍贵,应该引起我们的重视。

李翱著作皆有名称,唯《杂说二首》似并不是严格意义上的名称,应是在整理李翱著作时收集到的逸篇。李翱一生写的文章很多,如他在《感知己赋并序》中说:"梁君殁于兹五年,翱学圣人经籍教训文句之旨,而为文将数万言,愈昔年见于梁君之文弗啻数倍。"②李翱未中进士前,就已经为文数万字,而《李文公集》文字不到六万字;显然,李翱思想文献逸失极多,后来他又言及在准备写历史著作,不知写了

①《李翱文集校注》卷第十《再请停率修寺观钱状》,第155—156页。
②《李翱文集校注》卷第一《感知己赋并序》,第1页。

多少,应该也有一些文献逸失了。故而很可能在编《李文公集》时收集到一些逸篇,而《杂说二首》显然就是这样收集来的。《杂说二首》第一首从行文看,完全是儒家的思想,但是《杂说二首》第二首,显然不属于儒家思想。《杂说二首》第二首全篇很短,全文如下:

> 龙与蛇皆食于凤。龙智而神,其德无方,凤知其可与皆为灵也,礼而亲之。蛇毒而险,所忌必伤,且恶其得于凤也,不惟啮龙,虽遇麟龟,固将噬而亡之。凤知蛇不得其欲,则将协豺、犬而来吠噪也,赋之食加于龙。以龙之神浮于食也,将使饱焉,终畏蛇而不能。麟与龟瞠而讴曰:"凤兮凤兮,何德之衰,往者不可谏,来者犹可追,已而已而!"既而麟伤于毒,伏于窟,龟屏气潜于壳,蛇侦龙之寐也,以毒攻其喉,而龙走,凤丧其助,于是下翼而不敢灵也。[1]

《杂说二首》第二首的故事主要出自《论语》,《论语·微子》记载说:"楚狂接舆歌而过孔子曰:'凤兮!凤兮!何德之衰?往者不可谏,来者犹可追。已而,已而!今之从政者殆而!'孔子下,欲与之言。趋而辟之,不得与之言。"[2]显然,《杂说二首》第二首里的"凤"暗指的是孔子,全文的观点却像是孔子见到了楚狂接舆,接舆对自己的观点做了进一步的阐发。《杂说二首》第二首认为,儒家思想固然可以交接善人,而却不能交接恶人。如果用儒家思想来治世,必然会是恶人当道。这正如故事中所说,凤虽欲善待龙,但却对蛇采取姑息的态度;这种态度必然会导致蛇最后接连伤害麟、龟、龙,而使凤没有辅助

---

① 《李翱文集校注》卷第五《杂说二首》,第 70 页。
② 朱熹:《四书章句集注·论语集注卷九·微子第十八》,中华书局,2012 年,第 184—185 页。

的力量,最后被迫放弃了自己的主张。

《杂说二首》第二首带有道家色彩,因为我们在故事里会感到事件是按照麟和龟的推断来走的,而麟和龟显然暗指的是像接舆一样的道家隐者。而李翱是宋明理学的先驱,其基本的思想倾向是推崇尧、舜、禹、文、武、周公、孔子这样的儒家圣贤,绝不可能写出这样的著作;除非有证据说明,李翱在人生的某一段时期具有道家的思想,对儒家思想有排斥的倾向。不过,无论如何,至少现行版本中放在同一篇《杂说二首》中的两首应该不是同一时期写的,因为观点是完全冲突的。那么,李翱思想中有没有道家思想呢?从现存文献看,确实在个别文献中具有一定的道家思想。

李翱早期思想的鬼神观念并不强,但却时有表现,如写作于元和六年(811)的《解江灵》描述的故事就带有鬼神色彩,只不过当时他意气尚盛,此种观念并不是其思想的主流。写作于元和八年(813)的《何首乌录》也描述了与仙有关的事件,文中说"汝有仙相,吾授汝秘方"[1],虽表面在记述中药的功用,但何首乌的故事远远超出了医药的范畴,带有仙道的色彩。不过李翱的记述还算节制,没有表现出太多对于仙道的推崇。传李翱任朗州刺史时所作《赠药山高僧惟俨二首》如此说:

> 练得身形似鹤形,千株松下两函经。
> 我来问道无余说,云在青霄水在瓶。

> 选得幽居惬野情,终年无送亦无迎。
> 有时直上孤峰顶,月下披云啸一声。[2]

---

①《李翱文集校注》卷第十八《何首乌录》,第 327 页。
②《李翱文集校注·李翱诗文补遗·赠药山高僧惟俨二首》,第 337 页。

　　此二首诗的作者虽有争议,但系李翱作的可能性是有的。此诗反映了出世修道的思想,如为李翱所作,当能显示出他在朗州刺史任上时的心境。《全唐诗》亦载有李翱的另一首诗《赠毛仙翁》:

> 紫霄仙客下三山,因救生灵到世间。
> 龟鹤计年承甲子,冰霜为质驻童颜。
> 韬藏休咎传真篆,变化荣枯试小还。
> 从此便教尘骨贵,九霄云路愿追攀。①

此诗和事记录在《宋高僧传》卷第十七《唐朗州药山惟俨传》中:

> 　　翱乃坐此出为朗州刺史。翱闲来谒俨,遂成警悟。又初见俨,执经卷不顾,侍者白曰:"太守在此。"翱性褊急,乃倡言曰:"见面不似闻名。"俨乃呼,翱应唯,曰:"太守何贵耳贱目?"翱拱手谢之,问曰:"何谓道邪?"俨指天指净瓶曰:"云在青天水在瓶。"翱于时暗室已明,疑冰顿泮。寻有偈云:"炼得身形似鹤形,千株松下两函经。我来相问无余说,云在青天水在瓶。"又偈:"选得幽居惬野情,终年无送亦无迎,有时直上孤峰顶,月下披云笑一声。"……翱邂逅于俨,顿了本心。末由户部尚书、襄州刺史,充山南东道节度使,复遇紫玉禅翁,且增明道趣,著《复性书》上下二篇。大抵谓本性明白,为六情玷污,迷而不返,今牵复之,犹地雷之复见天地心矣。即内教之返本还源也。其书露而且隐,盖而又彰,其文则《象》《系》《中庸》,隐而不援释教;其理则从真舍妄,彰而乃显自心。弗事言陈,唯萌意许也。韩柳览之,

---

①《李翱文集校注·李翱诗文补遗·赠毛仙翁》,第337—338页。

叹曰:"吾道萎迟,翱且逃矣!"①

文后"系曰":

> 尝览李文公《复性》二篇,明佛理不引佛书,援证而征,取《易》《礼》而止。可谓外柔顺而内刚逆也,故日得象而忘言矣。经云治世诸言皆成正法者,李公有焉。②

此事在《五灯会元》里也有部分记载:

> 鼎州李翱刺史,向药山③玄化,屡请不赴,乃躬谒之。山执经卷不顾。侍者曰:"太守在此。"守性褊急,乃曰:"见面不如闻名。"拂袖便出。山曰:"太守何得贵耳贱目?"守回拱谢,问曰:"如何是道?"山以手指上下,曰:"会么?"守曰:"不会。"山曰:"云在青天水在瓶。"守忻惬作礼,而述偈曰:"炼得身形似鹤形,千株松下两函经。我来问道无余说,云在青天水在瓶。"守又问:"如何是戒定慧?"山曰:"贫道这里无此闲家具。"守莫测玄旨。山曰:"太守欲得保任此事,直须向高高山顶立,深深海底行。闺阁中物,舍不得便为渗漏。"守见老宿独坐,问曰:"端居丈室,当何所务?"宿曰:"法身凝寂,无去无来。"④

---

①赞宁撰,范祥雍点校:《宋高僧传》卷第十七《唐朗州药山惟俨传》,中华书局,1987年,第423—424页。

②赞宁撰,范祥雍点校:《宋高僧传》卷第十七《唐朗州药山惟俨传》,中华书局,1987年,第425页。

③即惟俨禅师。

④普济著,苏渊雷点校:《五灯会元》卷第五《刺史李翱居士》,中华书局,1984年,第278—279页。

　　很难相信作为宋明新儒家先驱的李翱会写这样的诗,其所追求的道家仙道世界与儒家思想完全是冲突的。此传记虽不知有多少可信成分,但其宝贵之处在于,记载了宋代佛教僧侣对《复性书》的看法,认为李翱《复性书》与佛教核心宗旨不违。这三首诗与所记事项尚可存疑,但《李文公集》里也有关于李翱鬼神观的确定的记载。李翱对于鬼神的态度,在《故歙州长史陇西李府君墓志铭》中稍有表现,他记述说:"弟遇病暴卒,别驾烧一指以祷于神,既而弟复生,自说方就絷,上帝有命,以兄烧指,宜复其生。"①此记述虽不能完全说明李翱有鬼神思想,但他记述了,并未排斥,说明他在心里并未像排佛一样完全拒斥鬼神思想。此书信写于宝历三年(827),这也许说明了李翱在晚年的一种思想变化。而在李翱六十一岁时,他在《与翰林李舍人书》中说:

　　翱思逃后祸,所冀存身,惟能休罢,最惬私志,从此永已矣,更无健羡之怀。况乞得余年,退修至道,上可以追赤松、子房之风,岂止于比二疏尚平子而已?但举世好爵禄权柄,具写此心以告人,人无有少信之者,皆为不诚之言也。王拾遗是桂州旧僚,颇知此志,若与往来,伏望问之,可知其旨。但以常情见待,岂知失时,还有偏尚之士哉?又近日来,两施子粗得其说,未及就正,当此时使获长往,亦足以不愧宗门,不负朋友。

　　尝慕张公以不能取容当世,故终身不仕。况向前仕宦,亦以多矣,幸免刑戮,方尔退修,与致令名。年已六十有一,比之诸叔父兄弟,为得年矣。且不知余年几何,意愿乞取残年,以修所知之道。如或有成,是万世一遇,纵使无成,且能早知止足,高静与三老死于林薮之下,比其终日矻矻耽乐富贵,而大功德不及于海内,而卒于位者,所失得,伏计舍人必以辨之矣。

①《李翱文集校注》卷第十五《故歙州长史陇西李府君墓志铭》,第258页。

以舍人比他见知,故尽其意焉,若非至诚,亦何苦而强发斯言乎?①

　　李翱晚年,仕途艰险,使他萌生退意。他说:"况向前仕宦,亦以多矣,幸免刑戮,方尔退修,与致令名。"可以看出,李翱多年为官,感到未遭刑戮,已是侥幸,故而产生退隐的念头。而且李翱的退隐已不是一般意义上的从官场退隐,而是开始显示出对于道家思想的认同,这是不同寻常的。李翱在文中提到两施子的典故,明显带有道家的意味,完全没有孔子"知其不可而为之"②的气魄。文中显示出他对赤松、张良的推崇,并对于退隐后的生活有明晰的筹划:"且不知余年几何,意愿乞取残年,以修所知之道。如或有成,是万世一遇,纵使无成,且能早知止足。"这里说的所修之道从上下文看已明显不是儒道,而是道家的大道。从此文看,李翱在任桂州刺史时,就已经有了出世的思想,其时是大和五年(831),属于李翱晚年,而《与翰林李舍人书》作于大和九年(835)。

　　综上所述,在青壮年时期,儒家思想是李翱思想的核心,他的作为也是积极进取的。但也许是长期险恶的仕途让李翱倍感压力,又见证了唐末社会的诸般丑恶,再加上晚年身体渐渐病弱,他渐渐产生了一定的道家思想,甚至对佛教也有了一些同情。但我们很难判定道家思想在他晚年思想中所占的分量,如果《杂说二首》第二首非李翱的作品,那么说明李翱晚年思想主导还是儒家,只是稍有修道的想法。但如果《杂说二首》第二首是李翱的作品,那一定出自李翱晚年,而且可以断定,他晚年已不是一个儒者,道家思想已经是其思想的主流。

---

①《李翱文集校注》卷第八《与翰林李舍人书》,第125—126页。
②朱熹:《四书章句集注·论语集注卷七·宪问第十四》,中华书局,2012年,第159页。

第七章　中国古代人性论精神转向的意义反思与当代儒家心性理论建构

　　研究古代哲学思想,不是为了研究而研究,必须要关照当代哲学的发展;而且没有对于当代哲学思想的深入研究,我们就对古代哲学的意义没有深入的理解和感悟,对于李翱的人性或心性思想的研究亦复如此。李翱人性论的复性主张引起整个宋明理学对儒家心性理论的重新建构,这一点在古代思想的背景下已经显得非常清晰;但是我们的探讨不能到此为止,因为还有一个当代哲学对古代思想进一步发展的问题。中国古代人性论的精神转向在当代是否亦存在一个承继和转向的问题? 而且,为了将李翱以及由其肇始的宋明理学心性理论的深刻意蕴真正地揭示出来,就不能封步于过去的语言系统,只有在当代的哲学语言系统中探讨并揭示出古典哲学的核心概念(比如"性""心""意""情")在当代哲学中的意义,才能将对古代哲学的研究落到实处。

第一节　真理、道与儒家思想的现代化[①]

　　自 1840 年鸦片战争以来,在西方军事和文化双重入侵的情势之

---

①该小节在拙文《儒家思想传承及其现代化》基础上修改完成,原载《社科纵横》,2018 年第 1 期。

下,传统的儒家文化逐渐衰微。再至20世纪,儒家文化日渐退化,此不但是迫于西方的文化强盛,而且也在于相当一部分国人对国学文化的日渐疏离,如此,中国文化便出现了一种内外交困的局面。于是,有国人对儒家文化的核心价值提出质疑,认为儒家文化是过去传统社会的思想形态,不再适用于工业现代化的当今社会。同时,又有一部分国人痛惜国学道统不继的现状,大力推动儒家文化的复兴,在全国各地出现国学热,也出现了面向儿童的读经运动。然而,面对这样的情势,如何才是国学以及儒家思想传承的正途,需要我们深思。

一、道与真理

西方文化的实质是追求真理,而中国传统文化更偏重对大道的体悟;然而在当今中国,追求真理和追求道是同等重要的事情。虽然如此,我们对于真理和道的含义还是需要有深入的反思,只有这样,才能使国人既不偏激,又不偏安一隅,而能从容应对,胸怀天下。

西方文化的精神摇篮一个是古希腊,一个是希伯来;古希腊为西方人奠定了追求逻辑性智慧的基础,而希伯来则成为西方基督教信仰的发源地。在古希腊的城邦制中,由于城邦规模相对都比较小,再加上希腊除了与大陆相接的部分,还有众多被海洋分割开的岛屿,这在希腊政治生活中孕育出协商的机制。协商的本质即在于持有不同观点的人和群体互相之间进行谈判,这导致了协商规则的产生,而这种规则的实质即是逻辑性,构成了西方文化的逻各斯精神。

在希腊的逻各斯文化精神中,人们相互交流和谈判,一定要确定每一个概念的具体含义,这样就会最大限度地减少争议和误解,而概念的明确也有利于逻辑性推理的顺利进行。显然,发源于希腊的西方逻各斯精神面对着一个物的世界,这也导致西方的古典思想世界是一个两分的世界,即一个由永恒的形而上学逻辑世界和一个不断变动的现象世界构成的双重世界。在西方人心目中,只有透过变化的现象世界才能看到这个世界形而上学的本质，而认识本质的过程就是追求真理的过程。当代科学技术的思想世界正是在西方的这种文化传统中诞生的；所以，在科学技术的世界中追求真理和追求形而上学的真理应该说是一脉相承的。

在西方思想史中，关于真理的理论大约主要有以下几种：

一是符合论真理观，它将世界看成是主客二分的，主观世界的认识（如概念、命题）是对客观事物的反映；在这一系哲学家看来，人的主观认识如果与客观实际相符合，就是真理性的认识，反之就是谬误。当然对于符合论的哲学家来说，认识（概念、命题等）为什么与客观事物有着同构关系则有着不同的观点。

二是一致论真理观，这一系的思想并不认为真理在于与客观事物的符合，而是更加重视概念系统的建构，是一种真理的意义系统，典型的表现形式就是西方的逻辑推演系统，如欧几里得几何学、黑格尔的逻辑概念系统。在一致论的真理观中，一个命题的真理性在于其与所在推理系统的融洽性。

三是实用主义真理观，这一系的思想重视真理的效用性、工具性，认为只要是真理，就一定会表现出真实的效用。

四是以海德格尔和后期维特根斯坦为代表的关于真理基础认识的原始真理观，他们都对传统的符合论真理观进行了解构，并认为真理之所以可能，在于其所依赖的更加深层次的基础。

与西方文化的两分世界不同，中国传统文化主体与客体之间并没有明显的区分，中国文化的一个典型特点就是天人合一，这从西方文化视角看起来是不可思议的事情，体现了中国迥异于西方的传统。中国古代文化虽然也追求真理，比如有许多对于符合论真理观的研究和揭示，但对真理的追求一般包含在对道的追求之中。真理和道有相互重合的部分，也有不可通约的部分。虽然在对人类社会的理论研究中也存在着真理，但对真理的追求在自然科学方面则更加真切；这主要是因为人类在看待自然物时视角是一致的，并不会导致太大的思想冲突。但是，在社会科学中就不是这样，由于人与人的生活境遇不同，人们的观点便很难达成一致。虽然人们在社会科学的某些方面可以达到真理性的认识，但在有些方面则难以达成一致。显然，真理观虽然在哲学史上有很多种，但都带有客观真实性的特点，无论在自然界和人类社会，只要人们能达成共识，承认某一认知的客观真实性，我们也就相应地得到了真理性的认识。

中国的道观念与真理性的认识有很大的不同，道并不区分主观世界与客观世界，道是中国人面对这个世界的观察视角。与西方文化的概念论不同，道在中国文化中的体现并不是观念，而是一种气与观念未分的存在，这一点在老子《道德经》中就有体现：

> "道"生一，一生二，二生三，三生万物，万物负阴而抱阳，冲气以为和。①
>
> "道"之为物，惟恍惟惚。惚兮恍兮，其中有象；恍兮惚兮，其中有物。窈兮冥兮，其中有精；其精甚真，其中有信。
>
> 自古及今，其名不去，以阅众甫。吾何以知众甫之状哉！以此。②

在老子的思想中，道是什么呢？是一种概念吗，或者是一种逻辑性观念的存在？显然不是，冯友兰对此有一个理解，他说：

> 道生万物的程序："道之为物，惟恍惟惚，惚兮恍兮，其中有象，恍兮惚兮，其中有物。"依庄子的解释，道是"非物"，可是它

---

① 陈鼓应：《老子注译及评介》，中华书局，1984年，第232页。
② 陈鼓应：《老子注译及评介》，中华书局，1984年，第148页。

在恍惚之中就生出物来了。如果《老子》书说："道之生物，惟恍
惟惚"，这种解释就对了，可是《老子》书明是说："道之为物"，不
是说"道之生物"。《中庸》说："其为物也不二，则其生物不测。"
"其为物"和"其生物"是两回事。①

冯友兰的理解是很中肯的，显然，道与气有着紧密的联系，道不是逻
辑性的概念论，而是一种理气不分的存在。所以，中国人对于道的追
求不是把道思考清楚，道并不完全是逻辑性思维的对象，中国人对于
道的认识更加强调知行合一。孟子谈到儒道的修养时提到"浩然之
气"，这种充溢在人身心中的"浩然之气"并不是思考的结果，而是长
期集义的结果。在孟子看来，儒家的道德之心，是我们慢慢在实践中
改变气质而形成的。这样看起来，真理与道所针对的对象有很大的
不同，真理主要针对的是一个客观真实的世界，而道则针对的是一个
与人相关的事的世界。

二、如何面对真理的世界和道的世界

既然存在着真理的世界和道的世界的区分，那么，我们对它们会
采取什么态度呢？在传统中国，中国人对于物的客观世界虽有认知，
但是从本质上来说，中国文化并没有直接面对一个物的客观存在的
世界。我们对于物的世界虽然也有着一定的认识，但是当中国人说
到物的时候总是与事紧密地联系在一起，如《传习录》中有这样的
记载：

> 爱曰："昨闻先生之教，亦影影见得功夫须是如此。今闻此
> 说，益无可疑。爱昨晓思格物的物字即是事字，皆从心上说。"先

①冯友兰：《老子哲学讨论集》，中华书局，1959年，第62页。

生曰:"然。身之主宰便是心;心之所发便是意;意之本体便是知;意之所在便是物。……所以某说无心外之理,无心外之物。"①

显然,王阳明同意徐爱所说的"格物的物字即是事字,皆从心上说",这也说明,在中国传统社会中,虽然我们对于客观的物有一定的认识,但是中国人眼中的物总是附着在人事之上。从这个意义上来说,中国人对于纯粹的客观物并没有清晰的界定,也从未走进西方意义上的物的世界。然而,自中国文化与西方文化发生碰撞以来,一个物的世界已经在中国人的精神世界中显现出来,这就使我们心中产生疑惑,中国人在真理的世界和道的世界之间要采取一种什么样的态度呢?

随着20世纪西方哲学反形而上学思潮的兴起,西方现代哲学的主流对于诸如本体、形而上学一类的语汇都持批评态度,进行了深入而全面的反省。然而我们要意识到的是,这种批判表面上看起来似乎伤筋动骨,但其实对于西方思想的逻辑性传统并没有完全否定,而只是反对逻各斯中心主义,这其实只是对传统的逻各斯进行了有益的改造和更新。比如在维特根斯坦的前期代表作《逻辑哲学论》中,维氏是以一种逻各斯中心主义的态度在构建概念的系统,但是在一段时期以后,维氏意识到在一个现代性的社会中,或者从一个历史系谱的角度来看,确立一个语词的唯一意义或者凝固不变的意义实际上是不可能的。维氏认为,语词是一个意义的系列,他将这个语词意义系列的相互关系描述为家族的相似性。这样,维氏的后期哲学不存在逻各斯中心主义,正是对其前期思想的修正。可以说,在维氏的

---

①王守仁撰,吴光、钱明、董平、姚延福编校:《王阳明全集》卷一《语录一》,上海古籍出版社,1992年,第6页。

思想里,逻辑性的核心并不会动摇,只不过这种逻辑性已经不是传统的逻各斯中心主义,而是拥有了更加细致的逻辑意义。其实,西方思想对于传统哲学反思的原因在于社会形态发生了重大变化,在19世纪末20世纪初,随着西方生活世界的现代化,社会由过去的贵族式社会进入平等的公民社会,使每一个人的主体性日益加强。而且,现代化的资本主义经济生活的本质由过去的完全依赖资本转而对于人的创造性有了更大的需求,这使得资本主义的经济秩序日益重视发挥每一个人对于经济活动的创造性。显然,随着个体在社会经济活动中地位的加强,人们日益感到过去一直遵守的贵族式形而上学生活规则对他们是一种损害。也正是在这个意义上,西方的反形而上学思潮其实深化了西方的传统,使逻各斯传统转型为具有现代面相的形态,但它们在根本上又是一脉相承的。

　　然而,当中国人受到西方反形而上学思潮的影响,也在中国文化中开始反中国的形而上学"道"的时候,损害的就不只是一个道的观念,而是动摇了中国文化的根本。《易传》说:"是故形而上者谓之道,形而下者谓之器。"①今天,有一些国人以为"道"是中国人在传统社会中的一种虚构,今天理应放进历史博物馆。他们没有意识到,西方对于形而上学的反对并没有动摇西方文化的逻辑性本质,而我们对于道文化的反对则会导致中国传统文化核心精神的终结,这显然是两种意义完全不同的运动。

　　然而,中国文化核心精神不只源自民族的文化情感,更源自中国传统道文化的深邃内涵。在过去,有许多学者都认真研讨过中国文化的继承问题,在这些讨论中,冯友兰所提"抽象继承法"实得传统文化传承的精髓。中国儒家思想并不是一成不变的,在历史的不同时期会有不同的表现形式。孔子的思想针对春秋时期的社会现实,孟

---

①周振甫译注:《周易译注・系辞上传》,中华书局,1991年,第249页。

子的思想针对战国时期；同是春秋战国时期，两位思想家的思想也有不同。到了汉代，经学昌盛，而宋明时期宋明理学又表现出深受儒、释、道三家思想影响的新形态。显然，儒家在不同时期虽有不同的表现，但核心精神是永恒不变的，这正如陆九渊所说，五百年前出一个圣人，是这样；今天，出一个圣人，还是这样；再过五百年，再出一个圣人，其核心思想依然如是。这说明，儒家思想虽然在发展，但其核心精神是被后世完全承继的，如果把这种承继称为抽象的继承，也无不可。

　　然而，我们承继传统，却并不意味着保守和封闭。儒家思想的心性理论是对世界敞开的，所以，当一个物的世界已经出现在中国人的当下生活中时，我们理应以一种开放的心态接纳这个崭新的世界。我们要确信的是，不仅道的生活是我们的生命根基，而且真理的生活也成为我们生活的家园。然而，道与真理毕竟又有着实质性的差异，这从两者思维方式的差异上就可以看出来。在中国传统文化中，对道的理解主要是通过法象思维、体用论和理一分殊的思维方式，而对客观世界的真理性认知则主要是通过逻辑性的推理和思考。也正因为这种区别，如何协调二者之间的关系就成为当代中国哲学所面对的重要问题。

　　老子认为，道是很难言说的，王弼同意老子的说法，他说：

　　　　夫象者，出意者也。言者，明象者也。尽意莫若象，尽象莫若言。言生于象，故可寻言以观象；象生于意，故可寻象以观意。意以象尽，象以言著。故言者所以明象，得象而忘言；象者，所以存意，得意而忘象。犹蹄者所以在兔，得兔而忘蹄；筌者所以在鱼，得鱼而忘筌也。……然则，忘象者，乃得意者也；忘言者，乃得象者也。得意在忘象，得象在忘言。①

————————

① 王弼著，楼宇烈校释：《王弼集校释·周易略例》，中华书局，1980年，第609页。

显然,对于中国思想来说,要获得对道的认识,语言或者说逻辑的意义相对只是工具性的;而对于真理来说,语言和逻辑几乎是其全部的手段。

三、儒家道文化的传承在于儒家思想的现代化

在当今中国社会,无论是主张儒家思想已经过时,还是主张复兴传统文化,都忽略了一个问题,那就是儒家传承的核心是什么。是不是我们只要重新学习古代的儒家经典,就可以起到复兴传统文化的作用?

儒家保守主义者以传承儒家思想为旗帜,认为儒家思想是与西方思想完全不同的学术思想,所以,他们只看到两者本质上的差异,从而选择了完全排斥西方文化的立场。然而,坚守这一立场就可以使儒家思想在当代社会得以复兴吗? 显然,这一主张的缺点就在于当我们面对现代生活时,一味地只是保守,其实是没有出路的。

而对儒家思想持反对态度的国人,之所以拒斥儒家思想,在于对儒家思想缺乏了解,更重要的是没有从儒家思想中感受到在当代生活中的真正的生命力。

而在当下的国学热中,许多热心于儒家思想传播的人士,付出了许多精力来弘扬传统文化,比如说非常流行的儿童读经活动。但是,是否只通过阅读和背诵传统的经典就可以使人们了解并接受传统文化和儒家一些有价值的思想呢?

显然,以上对于儒家思想的三种态度各有优缺点,但都有一个大家没有意识到的问题,那就是没有儒家思想的现代化,就没有儒家思想的真正复兴,中国传统文化的有益价值就不能落在实处。对于这一点,只要我们参照思想史的脉络,就可以清晰地认识到。

任何思想形态都是针对当下社会的,一个脱离了当下生活的思想是没有生命力可言的。在中国古代,其实也存在着重视逻辑的学派,比如先秦名家和后期墨家,都对逻辑进行了一定的研究,但是秦

以后中国社会重政治的现实抑制了这种对逻辑的进一步钻研；所以在先秦之后，名家和后期墨家就没有了学派的传承，中国人似乎对于类似的主题也缺乏兴趣。这说明，社会形态对于学术思想有着深刻的影响，而那些被社会所选择的学术思想也同样在不同的历史时期会有着不同的面相。儒家思想在先秦是一种原始儒的面相，在汉代表现为重视经学的面相，而到了宋明时期则表现为集儒、释、道三家为一体的新儒家的面相。

今天，儒家思想所面对的情形与隋唐时期儒家的遭遇非常相似。隋唐时期，佛教兴盛，儒学衰微，由于汉代以来的经学因循守旧，且越来越烦琐，难以适应汉以后的社会现实，故而儒学面临危亡的局面。在当时，儒家思想在思维方式、本体论的构建、心性阐释等诸方面均落后于佛教。面对如此危局，唐末的韩愈和李翱开始倡导复兴儒学，韩愈借鉴佛教的传法系谱，构造了儒家道统传承理论，而李翱则在其《复性书》中初步构建了宋明理学式的心性结构。到了宋明，儒者们借鉴佛教，创新思想，逐渐构建完成适合于宋明时期社会生活的宋明理学。有意思的是，宋明理学的最高概念"天理"就是从佛教思想中吸取过来的。

在当代社会，中国人面对着一个物的规则的世界，这也是当代儒家思想现代化所首先要面对的一个问题，传统的儒家思想能不能面对这个新的世界，是其能不能现代化的关键所在。在这个问题上，照搬西方的思想其实并不能完成儒家思想的改造，而正确的道路大约应该和宋明理学时期的情形相似，我们借鉴西方的思想，但是根本的思想理应在中国思想的根基上生长出来，而不是嫁接过来。如前所述，中国思想对待物的世界的态度与西方思想有着本质的差别，那么儒家思想汇通中西的路径在哪里呢？

西方思想从古希腊时期开始就对物的世界有着高度的敏感性和默契性，这一思想发展越来越丰富，也更加精确，胡塞尔的现象学对于描述物的世界与中国宋明时期王阳明对于物的态度有着很强的反差，当然也具有很强的可比性。在胡塞尔看来，虽然西方思想的逻辑性过去已经取得很大的成就，但是逻辑性的基础在他看来依旧并不牢固。他努力使逻辑具有更加稳固的基础，提出现象学的意向性理论，探讨物向我们展现意义的方式，在他看来，物是在纯意识中直接给予的。意向性是物向观察主体的呈现，这种呈现存在于纯意识中，意图摆脱过去西方哲学主客对立的传统，而使得呈现物的纯意识是主客一体的。然而即使在这样的纯意识中，我们依然感受到物向意识呈现的方向性，在纯意识里，是物向我的呈现，这个方向体现出物的逻辑性规则，也是我们必须要遵守的物的规则。海德格尔其实已经意识到这个问题，他批评胡塞尔并没有完全与过去的形而上学划清界限，在他的思想里，已经意识到对作为西方思想的核心的逻各斯规则需要进一步反思。

与现象学的物向我们的呈现不同，王阳明所代表的中国儒家思想并不这样看，在《答顾东桥书》中，他说：

> 心者身之主也，而心之虚灵明觉，即所谓本然之良知也。其虚灵明觉之良知，应感而动者谓之意；有知而后有意，无知则无意矣。知非意之体乎？意之所用，必有其物，物即事也。如意用于事亲，即事亲为一物；意用于治民，即治民为一物；意用于读书，即读书为一物；意用于听讼，即听讼为一物：凡意之所用无有无物者，有是意即有是物，无是意即无是物矣。物非意之用乎？[①]

在《传习录》中，还有一段相似的语录：

---

① 王守仁撰，吴光、钱明、董平、姚延福编校：《王阳明全集》卷二《语录二》，上海古籍出版社，1992年，第47页。

　　问:"身之主为心,心之灵明是知,知之发动是意,意之所着为物,是如此否?"先生曰:"亦是。"①

在王阳明看来,心是身的主宰,而心的灵明就表现为知,知向外发动就是意,意一定会落实到物上,意之所在便是物。很显然,中国人使用的是体用的思维方式,心、意、物三者之间是一种体用传递结构:"心"意指"意","意"意指"物"。在中国人的思想中,物并不是西方意义上的物,而主要指的是事,物是人的意加入后得以形成的。这样我们会发现,中国思想中的物并不是客观的规则性很强的存在,故而中国人并没有物向我们单方面呈现的强力的压迫感和规则感;而是相反,物从属于人的意,是人的意改造过的物,从方向性上说,是意指向物,而不是西学的物向我们的呈现。

　　中国思想的核心是心性论,儒家思想现代化的途径理应主要在于心性论的现代化。传统心性论一个最大的缺陷在于没有意识到一个客观的物的世界的存在,这就要求我们在当代儒家心性论的建构上考虑这个因素,让中国思想意识到物的两个层次的区分。有鉴于此,我们在王阳明心性结构的基础上,稍做改造,呈现出如下图示:

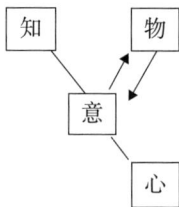

儒家心性结构图

①王守仁撰,吴光、钱明、董平、姚延福编校:《王阳明全集》卷一《语录一》,上海古籍出版社,1992年,第24页。

朱熹的心性结构核心在心上,性为心之体,情为心之用。王阳明为心学集大成者,心自然是其思想核心,但其心性结构更加精微,其心性核心上移到意,意比起心抽象程度有所提升,心一般只言性情,而意就可意指事物。王阳明心性结构是宋明理学晚期的代表性思想,或可成为儒家心性论现代化的起始之基。在王阳明的心性结构中,意之所在必有事物相对应,但是意并没有明确意识到来自物的规则的强制性。而在儒家心性结构的现代化形态中,我们已经明确地意识到一个物的世界向我们的展现,故而意与物的关系就不能只是意指向物的单向性关系,还应包括物向人呈现的现象学意义上的由物指向人的关系。这样,中国传统的心性结构中就有了两个层次的心物或者意物关系:一是物向我们展现的物的给予性,一是意向物意指的心赋予物的世界的真正意义的关系。当然,以上图示的改造只具有路标的作用,并非一个完善的形态,未来中国儒家心性论应尽可能吸收现代哲学的研究成果,逐渐形成儒家心性理论的当代形态。儒家心性理论的现代化,是儒家思想现代化的基础,而只有实现儒家思想的现代化,才能真正完成对儒家思想精髓的传承,并使中国传统思想中的优秀成分对当代社会产生积极的影响。

第二节　笛卡尔的身心二元论和赖尔的逻辑行为主义

心性论是中国古代哲学形而上学的核心,它在中国的生活世界境遇中日渐发育滋生,并长成一棵思想的参天大树,对于中国文化和中国人的身心修养都具有非常重要的作用。但是我们不能只是停留在古代,当中国社会已经从过去的熟人熟事的世界进入新的以公德为主要特点的世界之后,我们对于中国古代的心性论就要进行慎重的反思。

　　中国古代心性论的核心概念"性"源自"生"字,后来渐渐有了意义的区分,而至少在郭店楚简的《性自命出》中,性与情尚不能清晰区分。此后性情的意义日渐区分,而中国思想对于性的理解多是针对情来说,正如在李翱的思想中,性也主要是在与情对待的意义上来言说的。不过,在现代社会的境遇下,我们有必要从现代哲学的视角,进一步反思中国古代人性论的现代意义。

　　对于心性的重视自然不是中国文化专有,人类思想发展到一定的阶段大约都会有类似的思想产生,比如在西方哲学中,这一理论视角主要是通过身心关系的思路来展开。对于身心关系问题,古希腊时期的哲学家们就有所涉及,比如柏拉图在灵魂与身体的相互关系中,就认为灵魂是我们获取真正知识的根据,而肉体则是一种妨碍。在西方哲学中,从巴门尼德开始就对思想的意义有了深入的理解,在他看来,存在与思想的同一正是指在稳定永恒的意义上,思想才是与存在同一的,而变动不居的现实世界只不过是意见的对境,而不是真知即真理的对境。当然在这里,我们看到西方思想对于真理的重视,这与中国古代思想对于道的重视有着一定的区别。不过,身心关系真正的展开源自笛卡尔的"我想,所以我是"(旧译:我思故我在)①的思想,我们知道,对于外界事物的认识是通过知觉系统来达成,但是如果我与外部事物是通过一个知觉的中介关系来达成,而不是一种直接的一体性的关系,那么我怎么会相信知觉系统给予的就不是一种假象呢?就像电影《黑客帝国》描绘的世界那样,这个世界是不是有可能就是一个电脑程序而已。正是基于这样的考虑,笛卡尔认为,我们不能只是盲目地相信感官告诉我们的事情,而应依赖于思维的力量。但是在这里,笛卡尔显然是通过对上帝的信仰来进行论证的,在他看来,我们之所以能清楚明白地感受和认识事物,是因为上帝就

---

①笛卡尔著,王太庆译:《谈谈方法》,商务印书馆,2000年,第27页。

是这样安排的。如此,对于笛卡尔来说,人类最清楚明白的莫过于自己正在经历的思维,故而他说:

> 从而,就是因为我确实认识到我存在,同时除了我是一个在思维的东西之外,我又看不出有什么别的东西必然属于我的本性或属于我的本质,所以我确实有把握断言我的本质就在于我是一个在思维的东西,或者就在于我是一个实体,这个实体的全部本质或本性就是思维。①

笛卡尔在思考一个问题,即我是什么,我的本质是什么,什么是我之为我的根据。笛卡尔认为,他不会完全被人的感觉器官所左右,经过仔细的分析,他认为他的本质的存在就是一个在思维的东西,或者说是一个思维的实体。这个思维的实体是一个没有广延但有着时间历程的存在。基于这样的认识,他提到了与思维的实体并存的人的身体,它是有广延但却不能思维的存在,并认为人的本质不在于人的身体,而在于人的思维。不过,按一般的观念来说,思维与身体是紧密相关的,而且即使按照笛卡尔的观点,也存在着一个思维的实体与身体相互关系的问题。这样,在笛卡尔看来,人是由两个部分构成的,一个是人的身体,一个是人的思维,而且他认为人的本质在于思维而不在于身体。笛卡尔并不怀疑肉体感觉(比如痛苦、饿或渴)的真实性,但他认为作为思维实体的我是住在具有痛苦、饿或渴等感觉的肉体之中的。至于身体与思维实体的具体关系,笛卡尔说:

> 我不仅住在我的肉体里,就像一个舵手住在他的船上一样,

---

① 笛卡尔著,庞景仁译:《第一哲学沉思集:反驳和答辩》,商务印书馆,1986年,第85页。

而且除此而外，我和它非常紧密地连结在一起，融合、掺混得像
一个整体一样地同它结合在一起。因为，假如不是这样，那么当
我的肉体受了伤的时候，我，这个仅仅是一个在思维的我，就不
会因此感觉到疼，而只会用理智去知觉这个伤，就如同一个舵手
用视觉去察看是不是在他的船上有什么东西坏了一样；当我的
肉体需要饮食的时候，我就会直截了当地认识了这件事，用不着
饥渴的模糊感觉告诉我。因为事实上，所有这些饥、渴、痛等等
感觉不过是思维的某些模糊方式，它们是来自并且取决于精神
和肉体的联合，就像混合起来一样。①

在笛卡尔看来，作为思维实体的我与身体紧密地融合在一起，故而作
为思维实体的我就可以感受到来自身体的各种感觉。他认为虽然我
们有各种不同的源自身体的感觉，但是这些感觉只是思维的一些模
糊方式，而身体从本质上来说与我身体之外的围绕着我身体的其他
事物没有本质区分。在这里，我们就会思考，人的精神与肉体之间是
一种什么关系，而在学术史上也把笛卡尔的这种经典学说称为身心
二元论。

笛卡尔认为，作为思维实体的自我不存在于空间中，但是存在于
时间之中，虽然在这里我们不用考虑空间对于人的统一性的影响，但
是时间对于人的统一性是有影响的。笛卡尔认为，人的生存时间可
以分为无数的部分，而且这些部分之间并不存在因果必然性的关系，
不能从过去一段时间我的存在推理出现在的我和过去的我是同一个
存在。笛卡尔对此说：

---

① 笛卡尔著，庞景仁译：《第一哲学沉思集：反驳和答辩》，商务印书馆，1986 年，
第 88—89 页。

事实上，这对于凡是要仔细考虑时间的性质的人都是非常清楚、非常明显的，即一个实体，为了在它延续的一切时刻里被保存下来，需要同一的能力和同一的行动，这种行动是为了重新产生它和创造它所必要的，如果它还没有存在的话。因此，自然的光明使我看得很清楚，保存和创造只是从我们的思想方法来看才是不同的，而从事实上来看并没有什么不同。①

我们从小到大有一个成长的过程，但是小时候的我和成年后的我是同一个人吗？从笛卡尔的视角来看，我们的生命被时间分为无限的部分，但是这些无限的部分之间并没有必然的相互关联来保证生命是一个统一体。故而笛卡尔认为，要想使一个人具有统一性就要具有使生命的无数个部分同一的能力和行动。而这个问题即使在现在也并不失效，什么使一个人保持其同一性呢？在中国古代哲学中，比如李翱会认为所有人的性都是同一的，人与人的不同是由于情作用的结果。而更加成熟的宋明理学理学一系会认为，天理赋予人而为性，天理本就是一个，人的天命之性也是相同的，故而在中国思想中，似乎并不会发生笛卡尔所担忧的自我统一性问题。

笛卡尔之后，斯宾诺莎以其实体与属性的理论，莱布尼茨以其单子论，进一步思考了笛卡尔留下的思维实体与肉体相互关系问题。

斯宾诺莎认为实体是神，有点像中国哲学中所说的"无"，也就是说人不能直接地感觉和认识它，而这个类似于"无"的实体即神，是由无数个属性来表征的。可惜的是，人只能清晰地认识到其中的两个，即物体和心灵，如此说来，物体和心灵就是表征实体的本质的存在。但是我们看到的具体事物和心灵则又是这两者进一步分殊后的样

---

① 笛卡尔著，庞景仁译：《第一哲学沉思集：反驳和答辩》，商务印书馆，1986 年，第 53 页。

式,这就带有了一定的偶然性因素,虽然斯宾诺莎极力地在其思想系统中排斥绝对的偶然性存在。在笛卡尔的思想中,身与心具有二元性,斯宾诺莎虽然将身与心看成是同一实体的两个属性,但无论如何,他与笛卡尔一样,依旧要面对身体与心灵的关系问题。

从将物体和心灵落实到人的视角来看,物体对于人来说就是身体,而物体的秩序链条与心灵的秩序链条是相应的;也就是说,人的心灵的对象是身体,由身体本身或别的物体引起的身体变化会影响心灵的观念。斯宾诺莎把心灵的观念分为三类,即意见、理性知识和直观知识。这一区分承继了自巴门尼德和柏拉图以来的传统,即意见并不是真理性的认识,而只有理性认识和直观认识才能把握永恒的存在。斯宾诺莎进一步认为,心灵中由经验而引起的情感、想象之类是易变的存在,而真观念不是由心灵产生的,由于它是对真理、永恒的把握,只能源自神,即实体。而对于心灵中有没有自由意志的问题,斯宾诺莎说:

> 在心灵中没有绝对的或自由的意志,而心灵之有这个意愿或那个意愿乃是被一个原因所决定,而这个原因又为另一原因所决定,而这个原因又同样为别的原因所决定,如此递进,以至无穷。①

在他看来,只有实体即神有自由意志,而人的心灵并无自由意志,因为心灵总是沦陷在因果关系的链条之中而不能自拔。但人从某种意义上可以意识到心灵的这种状态,而相对地拥有有限制的自由。

斯宾诺莎之后,莱布尼茨的理论更加复杂,他提出精神性的单子理论,认为每一个单子都是独一无二的,而且单子并没有窗户通向外

---

① 斯宾诺莎著,贺麟译:《伦理学》,商务印书馆,1983年,第86页。

面,外面的单子也无法从因果关系的角度影响到它。既然单子之间是相互独立的,那么它们之间的和谐关系是怎样形成的呢？莱布尼茨相信,上帝安排了单子之间的和谐,如此,则所有的单子虽各自都是一个独立的世界,但它们又从自身的角度像镜子一样在关照整个统一和谐的世界。落实到身体与心灵的相互关系上,莱布尼茨没有采用偶因论的说法,而是认为身体和心灵是平行的,这种一致的平行性是由上帝前定地安排好的。当然,莱布尼茨对于身体和心灵关系的解决方案是以上帝的存在来论证的,但是在当代哲学中,身心二元的问题依旧是一个重要的尚需深入思考的问题。

对于解决身心二元的问题,在心理学研究领域,以威廉·詹姆斯为代表的副现象论提出了一种解决方法:承认身与心的存在,但刻意地降低了心灵的重要性,认为心灵无非是身体物质系统运行的一个现象而已,重要的是身体物质系统的运行,而不是作为心灵的现象。而对于身心二元论的一个重要批评来自行为主义思想家,以斯金纳为代表的行为主义注重对人的行为的研究,拒绝承认心灵的独立地位,认为只有真正观测到的行为表现才是真实的,而带有私人性质的心灵体验并不具有独立的地位。

在哲学思想界,由于受到心理学对身心问题研究的影响,出现了逻辑行为主义的思想倾向。吉尔伯特·赖尔评价源自笛卡尔的身心二元论时认为,笛卡尔的身心二元论实际上有两个系列:一个是处于空间中的肉体,它遵循物体都遵守的机械法则,这一系列的行为是公开的,人们可以从外部观测到它。而心灵是另一个系列,它并不存在于空间中,故而也不遵循机械法则,而且我们并不能从空间的层面观测到它。故而心灵是私密的,只有本人才能对心灵有直截的直观认知,赖尔对此说:

　　一个人的一生有两部并行的历史,一部历史由他的躯体内

部发生的事件和他的躯体遇到的事件所构成，另一部历史由他
的心灵内部发生的事件和他的心灵遇到的事件所构成。前一部
历史是公开的，后一部历史是私密的。前一部历史中的事件是
物理世界中的事件，后一部历史的事件是心理世界中的事件。①

在赖尔看来，笛卡尔的世界两分的关键问题在于，心灵并不在空
间之中，它不能存在于物理世界的事物之中，而物理世界的事物也无
法以其空间性质进入人的心灵之中。这个说法非常有意思，心灵是
一个非常神奇的存在，它不是任何的事物，但却能在思想和观念的世
界里变现出任何事物，当然这个事物必须要以心灵的视角来呈现，就
像康德在其自在之物的学说中说的那样。然而赖尔更加关心的是，
在这个两分的世界中，心灵的世界和物理的世界是怎样发生联系的。
正如他所说，一个物理事件距人的肉体几米或几里之远，怎么会使人
的心灵发生反应？而且几乎同时地，这个不存在于空间中的心灵又
怎么使得处于空间中的四肢瞬间运动起来？赖尔认为，心灵的内在
和身体的外在之间存在着一种比喻的关系，而在如何说明内在与外
在之间的关系上存在着各种说法或者理论。但他认为这些说法只不
过是"一些理论上的羽毛球，一直在生理学家和心理学家之间被来回
地打来打去"②，因为这些理论或说法既不能在心灵中内省，也不能
通过身体的行为确证。对此，赖尔进一步说道：

　　把一个人的两种生活作这样的二分在某种程度上是一种比
喻的说法，在这种比喻的说法下面，还有一层似乎更深的哲学上
的假定。人们假定，有两种不同的存在或地位。存在的东西或

①吉尔伯特·赖尔著，徐大建译：《心的概念》，商务印书馆，1992年，第5页。
②吉尔伯特·赖尔著，徐大建译：《心的概念》，商务印书馆，1992年，第6页。

发生的事情可以具有物理存在的地位，也可以具有心理存在的地位。……物理性存在物的特性必定是，它处于时空之中；心理性存在物的特性必定是，它处于时间而不处于空间之中。物理性存在物由物质构成，或者是物质的一种功能；心理性存在物由意识构成，或者是意识的一种功能。①

在这里，赖尔所说的内在的心灵与外在的物理事件之间的隐喻关系，有点像中国古代思想中的法象思维以及由此发展来的体用论，不过西方哲学对此的表述是关联性思维。赖尔认为，心灵与物理世界之间的交互关系并不像笛卡尔所说的那样简单，或者只要有上帝的最后保证就可以，他发现两者之间的交互作用是神秘的，我们既不能在物理的世界里观察确证它，也不能在心灵的世界里感受确证它。其实在这里，我们遇到了哲学最根本的问题，也就是我们人类的认识是不是有界限。这一点中西哲学家都有着自己独特的看法，像苏格拉底所说的"认识你自己"，康德所说的对于自在之物认识的困境，维特根斯坦所说的"对于不可言说的东西，人们必须以沉默待之"②，而对于中国古代的思想家来说，郭象的说法是其高峰。郭象认为圆者已自圆，方者已自方，圆与方就是这样向我们呈现的。如果你想要知道圆与方产生的原因，当然可以用几何学点与线的关系来描述，但这显然不是问题的根本，根本的问题是无论人有多聪明，他不是上帝，无法知道为什么这个世界会出现圆和方这样的事物或者观念。

赖尔进一步认为，在这种心灵与物理世界的相互关系中，有一种更加核心的哲学上的假定，那就是事物会呈现出心灵或者物理事物

①吉尔伯特·赖尔著，徐大建译：《心的概念》，商务印书馆，1992年，第6页。
②维特根斯坦著，韩林合编译：《维特根斯坦文集》第2卷《逻辑哲学论》，商务印书馆，2019年，第111页。

中的一种,就像钱币落到地上总会呈现它的正面或反面一样。而对于心灵,赖尔认为,源自笛卡尔的传统理论认为人们会有直接的认知,而且不可能出错,他说:

> 一个人当下的思想、感受和意愿,他的知觉、回忆和想象,都内在地"发着磷光";它们的主人必然知道它们的存在和它们的本性。内心的生活是这样一股意识流:这股意识流就是心灵的生命,若说心灵可以不知道它生命中流过的东西,那是荒谬的。①

心灵的实质是意识流,在这个意识流中存在着各种属性的成分,赖尔在这里列举了思想、感情、意愿、知觉、回忆、想象等诸多类型,而且无论有多少类型,都是意识所在的心灵亲历的,故而是被心灵清晰地捕捉到的。然而对于他人的心灵,人类则没有办法寻到一条走进去的道路,他说:

> 另一方面,一个人却不具有直接进入另一个人的内心生活事件的途径。他至多能够做到,借助于根据他自己的行为引出的类比,从观察到的他人的身体行为可疑地推出一些心理状态,假定那种行为表现了这些心理状态。②

赖尔认为,如何证明他人也和自己同样拥有心灵是不可能做到的,我们只能通过类比,从他人身上所表现的行为,或然地推论出他人可能具有和我一样的心灵。这一点对于西方思想来说很困难,但是从中

---

① 吉尔伯特·赖尔著,徐大建译:《心的概念》,商务印书馆,1992年,第7页。
② 吉尔伯特·赖尔著,徐大建译:《心的概念》,商务印书馆,1992年,第8页。

国思想的角度来说几乎没有什么太大的问题,孟子在论证其性善论时,就认为人同此心,而后的中国思想正是从此一路径发展而来的。宋明理学认为天下万物的天理是相同的,这就从理论上前设了人都有相同的心灵。但中国哲学的这一思路在当代哲学中自然会受到擅长逻辑推理的哲学家们的质疑,我们会在稍后的叙述中展开对于这方面更加深入的讨论,此处我们接着赖尔的思想继续前行。赖尔认为官方的说法犯了"范畴错误",他把官方学说称为"机器中的幽灵说"。什么是他所说的"范畴错误"呢? 赖尔举例说,一个人在访问了牛津大学或剑桥大学的一些学院、图书馆、实验室和运动场后,却仍然不知道大学在哪里,他分析说:

> 大学并不是另一个并行的机构,并不是某种秘而不宣的与他所看到的学院、实验室和办公室相当的东西,大学只是他所看到的全部东西的组织方式。当他看到了这些东西并且理解了它们的协调关系时,他也就看到了大学。他的错误在于他天真地认为,我们可以把基督学院、博德莱恩图书馆、阿什莫林博物馆和大学相提并论,似乎除大学之外的上述其他单位都是一个类的成员,而"大学"代表了这个类的另外一个成员。他错误地把大学划归给上述其他机构所属的同一个范畴了。①

显然,在赖尔看来,讨论物理事物与心灵的区别,就像讨论大学与各实体机构、建筑物之间的关系,大学并不是与各实体机构、建筑物并列的同类的存在,并不是隐藏在这些实体机构和物理存在物之后的幽灵。赖尔认为,之所以会犯这样的错误,是因为"他们的困惑不解

---

①吉尔伯特·赖尔著,徐大建译:《心的概念》,商务印书馆,1992 年,第 10—11 页。

起因于没有能力使用英语词汇表中的某些词项"①。

赖尔将他的这种分析应用到心灵与身体的相互关系,认为之所以会产生机器中的幽灵的说法源自以下人们错误的推论:

> 因为一个人的思维、感受和有意的行动确实不能只用物理学、化学和生理学的用语来加以描述,所以它们必须用相应的用语来描述。由于人体是一个复杂的有机单位,因此人心必定也是一个复杂的有机单位,尽管它由一种不同的材料所构成并具有一种不同的结构。另外,由于人体像任何其他的物质团块一样,是一个因果领域,因此人心必定是另一个因果领域,尽管(要赞美上帝)其中的因果联系不是机械性质的因果联系。②

在这里,涉及的首要问题是心灵的思考、感受和行动无法完全还原为物理学、化学和生理学的用语,我们很自然地就会感到,存在着两个平行的领域,一个是物理世界,一个是心灵世界。而且我们会认为,物理世界与心灵世界的结构关系是相似的,它们内里的因果关系虽有机械和非机械的区分,但都存在着相似性。

赖尔强调人类在使用语言时不能误用不同类的范畴,比如说:"买了一只左手的手套、一只右手的手套和一副手套。""她回家时既痛哭流涕又坐着轿子。"(She came home in a flood of tears and a sedan-chair.)③他认为:

> 然而机器中的幽灵的教条正是犯了同样的错误。它坚持认

---

① 吉尔伯特·赖尔著,徐大建译:《心的概念》,商务印书馆,1992年,第12页。
② 吉尔伯特·赖尔著,徐大建译:《心的概念》,商务印书馆,1992年,第13页。
③ 吉尔伯特·赖尔著,徐大建译:《心的概念》,商务印书馆,1992年,第17页。

为,既存在着躯体也存在着心灵;既有物理过程也有心理过程;身体运动有机械原因也有心理原因。我将论证,这些合取和其他类似的合取都是荒谬的;但必须指出,这种论证不会表明,被不合逻辑地连接在一起的单个命题就其本身来说是荒谬的。例如,我并不否认存在着心理过程。做长除法是一种心理过程,说笑话也是。但我要说,"存在着心理过程"与"存在着物理过程"并不具有同样类型的含义,因此,把它们二者合起来或拆开来都是无意义的。①

显然,赖尔并不反对存在着物理的过程,也存在着心灵的过程,但是这两种过程属于不同的范畴类型;故而如果把它们用合取或析取的方式进行组合就会得出机器里的幽灵这样荒谬的结论。

赖尔接着分析了如何解释事件发生原因的问题,他举例说,玻璃破碎有两种解释方法:一种是因果关系,如玻璃破碎是因为石头砸了它;另一种是用一个假言命题,"玻璃受打击后破碎了是因为它易碎"②,这是一种法则意义上的命题。赖尔分析说:

似法则一般假言命题是怎样起作用的呢? 它粗略地说明了,假如玻璃受到激烈的打击或扭曲等等,不会溶解、延伸或挥发,而会破成碎片。在解释的这种含义上,若第一个事件即石块的撞击满足了这个一般假言命题的条件从句,并且第二个事件即玻璃的破碎满足了它的结论句,那么,玻璃确实在某个特殊的时刻受到一块特殊的石块打击后破成了碎片这个事实就得到了

①吉尔伯特·赖尔著,徐大建译:《心的概念》,商务印书馆,1992年,第18页。
②吉尔伯特·赖尔著,徐大建译:《心的概念》,商务印书馆,1992年,第105页。

解释。①

　　赖尔认为,解释事件发生的原因有两种不同的路径:一种是指事件发生的外在原因,比如石头;而另一种则指事件发生的内在素质,比如玻璃易碎的素质。而赖尔就以素质为一种思想的范式,以它来将人心灵中的事件描绘成行为主义的素质,从而希望以此来解决物理世界与心灵世界的二元问题。然而心灵中的事件虽然可以转化为行为主义的素质性的表述或者事件,但这种表述真的可以将心灵中的事件还原成逻辑行为主义的行为素质吗? 这一点其实非常值得存疑,实际上无论是行为还是与行为近似的行为的素质都与我们一般意义上所理解的心灵中发生的思想、情感、决断、意志有本质的差别,这种从心灵向行为的还原作为一种思想的类型当然有其一定的合理性,但我们并不认为这种还原是完全的。从另一种意义上说,它并不能真正地消除两个世界之间的隔阂和冲突。

第三节　身体与心灵的同一论思想

　　如何处理心灵与身体的关系? 对于二元论,或者减弱甚至取消心灵事件,或者减弱甚至取消物理事件,但这些方法总会有些缺憾,因为在人类的经验世界里,物理事件和心灵事件都有其存在的基础。于是,人们在以前思考的基础上,又提出了身体与心灵的同一论,这一思想没有否定两者之中的任何一方,但是把这双方看作是同一事件(无论是过去说的心灵事件还是物理事件)不同侧面的表述。

　　斯马特(J. J. C. Smart)在其论文《感觉和大脑过程》中认为,世界上几乎所有的事物都可以用物理要素的相互关系来解释,甚至于有

---

①吉尔伯特・赖尔著,徐大建译:《心的概念》,商务印书馆,1992 年,第 105 页。

机体也可以。自然,有机体包含了人的身体,但他感到,人的意识似乎是一个例外。他认为,人的活动包含两个方面,一个是肉体组织、器官、神经系统的活动,另一个是人的意识活动,这包括人的视觉、听觉和触觉以及人的"痛""难受"之类的感觉和情感。斯马特认为,虽然从表面上看来,人的感觉、意识状态的确处在身体的物理过程之外,但他觉得这很难理解,并不认同这样的结果。他进一步认为,过去身体与心灵之间的联系只是一种法则学意义上的关联,就像他指出的,自然的基本规律能使简单要素与或许十亿的神经元组成的构型(天知道有多少基本粒子)全都加在一起组成整个世界。他觉得这太复杂了,世界不会这样运行。他的潜台词是在说,心灵与身体一定是同一的,根本就不需要在它们之间有这样复杂的关联系统。故而,用他的话来说,这种关联性法则很古怪,他难以相信心灵与身体之间是这样的布局,这也许是斯马特维护身体心灵同一性思想的信念基础。

而关于身体与心灵同一性理论的具体思想,斯马特在《感觉和大脑过程》中并没有因为主张心灵与身体的同一性而将二者等同,主张心灵感觉只是大脑过程的一个记录,感觉和大脑过程的逻辑是可以不同的,而且这种不同不会影响到感觉是大脑过程的记录这个事实。事实上他主张心灵感觉和大脑的物理过程是同一的,心灵感觉只是大脑过程的记录,并不存在于大脑过程之外。他认为,感觉陈述的逻辑虽然不同于大脑陈述的逻辑,但这并不能说明感觉陈述是大脑陈述之外的某种事物。这就回答了人们的疑问,因为在人们的感受中,心灵感觉与物理性的大脑过程是有很大差别的,但斯马特认为,这种差别或者说陈述逻辑的不同并不代表它们不是同一的。他强调,他所说的感觉和大脑过程之间的"是"是严格同一的,而不是在说这两者之间的关系。

同一论的弱点其实很明显,因为它虽然并没有否认心灵感觉有其独特的逻辑叙述,但更愿意认为只存在着同一性的大脑过程,而心灵感觉只是一种用不同的语言逻辑表达的记录罢了。这就取消了心灵感觉的独特性,这一点受到反对同一论的学者的批评,沙弗尔(Jerome A. Shaffer)在《心的哲学》中对同一论进行了界定,他说:

> 这种理论认为,思想、情感、意志以及其它心理现象可以等同于一种而且是同一种事物,如身体的状态和过程。(或许可精确地说是神经系统甚至只是大脑的状态或过程)。这样,具有思想就等于是这样一些身体细胞处于这种状态或另外一些细胞处于另外一种状态。①

对于这段话里所说的"同一"或"等同",沙弗尔做了进一步的确定,在他看来,晨星和暮星虽有不同的意义,但都指向同一个对象,即金星。"晨星等同于暮星,它们指的是同一个客体。"②他进一步分析说:

> 当然,心理的东西等同于生理的东西,其中的等同不完全是这样一种等同关系,因为据认为这是同时性的等同,而不是某个时候的一个事物等同于后来一个时候的另一个事物。……
> 按此方式,等同论者就可以认为思想、情感、意志等等的一类事物等同于物理状态。其等同的意思不是指心理术语意义上与物理术语相同,而是指心理术语指称的那些实际事件就是物

①沙弗尔著,陈少鸣译:《心的哲学》,生活·读书·新知三联书店,1989年,第72页。
②沙弗尔著,陈少鸣译:《心的哲学》,生活·读书·新知三联书店,1989年,第74页。

理术语指称的那些实际事件,二者是相同的事件。①

在确定了"等同"或"同一"的意义后,沙弗尔进行了评述。他首先谈到等同论的优点,就是不需要面对心理世界和物理世界两分的世界,而只需要面对一种语言意义上的二元论,而不是实体物质意义上的二元论。但他随即就对这种语言意义上的二元论提出质疑:

> 我们真得只有语言二元论而没有它种二元论吗? 就金星的情况来说,确实只有一个客体,但"晨星"指的是这个客体的一个历史阶段,即早晨见到的这颗星,而"暮星"则指这个客体的另一个阶段。即傍晚时分的这颗星。如果这个客体没有这两个不同面,那认为晨星和暮星确是同一颗星就不成其为发现,而用不同方式去指称它也就丝毫没有意义。
>
> 在此,等同论者应当承认,物理与心理术语指称的并不是相同客体的不同历史阶段。那么它指的是哪种等同呢? 让我们转到一个据说是更为贴切的类比吧,即闪电等同于电的某种特殊现象。这里,我们仍有两个可区分的方面,一是肉眼可见的现象,另一方面则是物理学描绘的特性。说心物事件之间具有这种等同,似乎也没有道理。肉眼可见的神经事件的现象完全不同于具有想法和疼痛的经验。②

沙弗尔强调身体心灵同一性主张者将身心二元论转化为语言上的二

---

① 沙弗尔著,陈少鸣译:《心的哲学》,生活·读书·新知三联书店,1989 年,第74—75 页。

② 沙弗尔著,陈少鸣译:《心的哲学》,生活·读书·新知三联书店,1989 年,第76—77 页。

元论,而且他质疑语言的二元论是否就仅仅是语言的二元论。他以晨星和暮星为例,认为这两个名称其实是有其实际意义的,而并不只是一种语言上不同逻辑性的表达。他进一步对闪电的类比提出批评,因为闪电与放电是同类现象,肉眼所见的表象与物理结构之间的关系并不能等同于心灵与大脑的物理过程。他强调,无论是哪一种物理意义上的描述,都与人对于心灵的亲身感受有着本质的差异。等同论者一般会认为,心理事物是对大脑过程的一种不精确的描述,而生理学术语则能更精确地描述同一的大脑过程,但这种观点也受到了沙弗尔的质疑,他说:

> 逃避二元论困境的这样一种聪明的企图经得起哲学的考察吗? 我倾向于认为不能。让我们还是回到那位报告有红色视觉余像的人那里吧。他意识到具有这样或那样性质的这样或那样事物的出现。在我看来,他显然不必意识到那个时刻他大脑的状态(我怀疑,我们中的大多数人曾意识过自己的大脑状态)。一般地讲,他那时也不必意识到有关他身体的任何物理性质。当然,他或许会偶然意识到身体的某些物理性质,但就他意识到红色余像而言,他不必有这样一种意识。①

沙弗尔显然看到了斯马特论述的破绽,实际上心灵中的余像是不可以还原为大脑的物理过程的,因为心灵的感受是一个独立的意义系统,与大脑的物理系统具有不同的意义。如果像斯马特那样认为心灵的语言只是为了说明大脑的物理过程,显然并没有真正地抓住人类心灵世界的核心,这正如沙弗尔所说:

---

① 沙弗尔著,陈少鸣译:《心的哲学》,生活·读书·新知三联书店,1989 年,第 79 页。

假如用 X 射线和其它手段，我们能看见大脑中发生的每件事，我们还是决不能窥见到一个思想。诉诸幻想，我们可以把大脑增大，把自己缩小，以致我们能在大脑中自由地走动，但我们仍旧不能观察到一个思想。在脑中我们所能见到的一切，将是在它之中发生的物理事件。假如心理事件在脑中有个位置，那就会有侦察到它们在哪里的手段。但这当然是没有的。这种想法毫无意义。①

第四节　身心关系的功能主义理论

戴维·布兰登－米切尔（David Braddon-Mitchell）和弗兰克·杰克逊（Frank Jackson）在《心灵与认知哲学》一书中认为，这个世界存在着各种现象和事物，比如"状态、发明装置、社会阶层、对象、过程、属性与事件"②等，但这些互相不同和分离的事物却可以还原为功能，并由此而将这个世界通过"功能"联为一体。他进一步认为，充任角色可以由不同的事物完成，但不同的充任角色可以扮演相同的角色，而且他认为，重要的是被充任的角色，而不是充任角色。显然，在他的思想世界中，这个世界虽然有不同的事物，但正是这些事物的功能才将这个世界联为一体。对此，他说：

> 所有这些情况中需要区别之处是功能角色担当或充任的事情。一些恒温器是双金属条，一些恒温器则是较复杂的电力装

①沙弗尔著，陈少鸣译：《心的哲学》，生活·读书·新知三联书店，1989 年，第84 页。
②戴维·布兰登－米切尔、弗兰克·杰克逊著，魏屹东译：《心灵与认知哲学》，科学出版社，2015 年，第 37 页。

置,这两种装置如果能实现所需的温度控制则被算作是恒温器;许多不同的人可以是大学副校长;防盗铃可有多种形状与尺寸;潜在危险的拐角有各种状况。

同样,研究心灵的功能主义者们把由输入、输出在角色句界定的功能角色与充任这些角色的事情区分开来,并坚持认为,对于这个或那个心理状态中的存在来说重要的是被充任的角色,而不是充任角色。假使恰当的角色被充任,那么什么事情充任之并不重要。①

在戴维·布兰登-米切尔和弗兰克·杰克逊的描述中,我们发现世界由物质体和这些物质体的功能构成,而实际上将世界联为一体的,或者说统一为一体的是事物的功能,而不是物质体本身。这个说法很有意思,主要是将作为功能的心灵活动与作为物质体的大脑活动进行了新的界定,这种叙述让我们想起了以前很流行的三论,即信息论、系统论和控制论。这个世界的真相有没有一个确切的认知,我们并不是很清楚,这个世界上的事物就像一个个黑箱,我们不知道这些黑箱里面的真实构造到底是什么,但我们可以通过对它们的控制来了解。确切地说,我们可以通过向它输入信息,再通过它向我们反馈的信息来确定它的具体状况,我们所获得的对于这些黑箱的认知或者说控制就是这里所说的"功能"。这个世界有许多的事物,我们可以把物质体换算成一种功能的语言或者状态来最终把世界联为一体,使世界由一个离散的有间断性的世界,变成一个平滑的曲线性图形,而功能主义者把多个物质体可以实现一个共同功能的状况称为"多重可实现性"。功能主义者主张,有朝一日,随着人工智能技术的

①戴维·布兰登-米切尔、弗兰克·杰克逊著,魏屹东译:《心灵与认知哲学》,科学出版社,2015年,第37页。

进一步成熟,计算机会模拟出人类的心灵,这是一种典型的极致的心灵功能主义的主张。

约翰·塞尔(John Searle)对这种功能主义进行了批评,在他看来,大脑确实可以实体化为一台计算机,但大脑却比计算机拥有更多的功能,而计算机的特点只在于程序的运行,而程序的运行只在于数据的处理,却无法产生人的心理。故而他说:

> 人心不仅是语法的,它还有一个语义的方面。计算机程序永不可能替代人心,其理由很简单:计算机程序只是语法的,而心不仅仅是语法的。心是语义的,就是说,人心不仅仅是一个形式结构,它是有内容的。①

约翰·塞尔不反对由其他的化学成分产生心灵,但前提是这种化学成分必须有能力引起大脑的所有功能。显然在他看来,计算机硬件并不具有这样的能力,他总结说:

> 在一个外部观察者看来,依靠使用一种形式的计算机程序,虽然你操作得准确无误,好像你已理解了汉语,但你仍旧是目不识丁。如果说通过适当的计算机程序来获得对汉语的理解力对你来说是不够的话,那么,对任何数字计算机来说也是不够的。……计算机具有的是一种语法,而不是语义。……计算机的运算是按其执行程序的能力来定义的。而这些程序通过纯粹形式就可加以规定,也就是说,它们不具有语义内容。②

---

① 约翰·塞尔著,杨音莱译:《心、脑与科学》,上海译文出版社,2016年,第23页。
② 约翰·塞尔著,杨音莱译:《心、脑与科学》,上海译文出版社,2016年,第24页。

计算机所使用的只是在人类智慧基础上的一种编程,即使现在的人工智能具有了更强的自主学习能力,那也不过是一种程序的逻辑数字推演,而这些程序本身并没有一个真正意义的世界。也许在未来的一天,人类会制造出高度仿真的机器人,甚至于其学习能力和生存能力都超过了人类,但那依旧是机器人,因为它们没有心灵,没有心灵所展现的意义的世界。

为了解决身心关系问题,约翰·塞尔在其《心、脑与科学》中提出的第一个论点说:

> 全部心理现象,不论是有意识的或无意识的、视觉的或听觉的,不论是痛觉、触痒觉或思想,乃至我们全部心理生活,都是由在脑中进行的过程产生的。①

他提出的第二个论点说:

> 痛觉和其他心理现象正是脑(也许还包括中枢神经系统的其他部分)的特征。②

在约翰·塞尔看来,这两个命题似乎表面上是冲突的,正如他猜测的学界的质疑:"怎么会同时出现脑产生心、心又正是脑的特征这两种情况?"③他进一步分析这种表面矛盾产生的原因:

> 如果说心理和物理现象具有因果关系,那么,其中一种现象

---

① 约翰·塞尔著,杨音莱译:《心、脑与科学》,上海译文出版社,2016年,第10页。
② 约翰·塞尔著,杨音莱译:《心、脑与科学》,上海译文出版社,2016年,第12页。
③ 约翰·塞尔著,杨音莱译:《心、脑与科学》,上海译文出版社,2016年,第12页。

怎么会是另一种现象的特征呢？这不正暗示着心可以自生——那令人生畏的自因理论吗？这里，引起我们困惑的是一种对因果性的误解。我们很自然地会设想，每当 A 引起 B 时，必定会有两种分离的事件。一种被确认为原因，另一种被确认为结果；全部因果关系的功能就好像台球相互撞击的方式一样。这种粗糙的心脑因果关系模式，迫使我们去接受某种二元论的观点；迫使我们去认为，物质领域中的"物理的"事件是非物质领域中的"心理的"事件产生的原因。在我看来，这是一个错误，而改正这个错误的方法就是提出一种更精致的因果观。①

约翰·塞尔提示我们，不能把因果关系仅理解为两个分离的事物，其实也可以把它们理解为同一事物的不同层次，比如构成桌子的分子、原子及其微观关系构成的系统与桌子的固体性之间的关系，他认为心、脑关系与此类似。这种在西方思想中需要仔细论证的因果关联在中国哲学传统中并没有论证的难度，因为它在中国古代体用论思维方式涵盖的范围之内。在体用论的思想中，体虽产生用，但体与用本来就是一种即体即用的关系。也就是说，体用既是因果的关系，又是一体的关系。这也对中国传统体用论提出了新的时代性要求，也就是体用论需要进一步发展，来适应当代哲学和生活所提出的越来越多的新的且愈加复杂的问题。

　　从身心二元论到身心同一论，再到身心关系的功能主义，其间还有许多其他的理论，人类对于心灵的认识日益明晰。心灵的主体是意识，人类是对意识具有反思能力的生物，很早就认识到意识与外在事物甚至于与自己的身体乃至大脑器官的不同。这种区别主要表现

---

① 约翰·塞尔著，杨音莱译：《心、脑与科学》，上海译文出版社，2016 年，第 12—13 页。

在物体是存在于时间和空间之中的,而意识虽历经时间,但却并不在物体所在的空间之中。对于这种情况,人们自然会疑惑,会提出一些非常重要的问题:为什么一个无生命的由众多物质体所构成的世界会突然产生生命? 人虽能感受到自己的意识,但我们最多只能观察到他人的行为,至于他人有没有意识,我们只能通过自己的体验来猜测,那么这种猜测成立的原因是什么? 既然人的意识并不存在于物体所在的空间之中,那么它与具体的物体,比如与大脑组织的关系如何? 这些问题正是人类身心问题所关注的核心,也是儒家心性论走进现代生活时所必须要面对的。

第五节　中国古代心性论的思维方式①

意识是心灵的主体,意识与人脑组织有着密切的关联,但是人脑组织与意识又有着很大的不同,那么它们之间是一种什么样的关系呢? 孔子提出,"性相近也,习相远也"②。人性是人心的核心,人性相近,说明人心是相近的,至于是怎样推论出这个结果的,孔子并没有关注。但是孟子已经意识到这个问题,他认为人的眼、耳、鼻、舌等身体诸感官都有相同的属性,难道只有人心没有吗? 故而孟子得出结论,认为人心也有"同然者",在他看来,人心有恻隐之心、义理之心、羞恶之心、是非之心四端,由此四端而产生仁、义、礼、智四德,这就是孟子所理解的"同然者"。而孟子所使用的推理方法就是中国古代独特的法象思维,与西方的逻辑性推理有很大的不同。

---

① 该小节在拙文《中国古代法象思维研究——兼论法象思维、体用论与理一分殊的相互关系》基础上修改完成,原载《科学·经济·社会》,2019 年第 4 期。
② 朱熹:《四书章句集注·论语集注卷九·阳货第十七》,中华书局,2012 年,第 176 页。

王弼说："得意在忘象,得象在忘言。"①这句话在中国古代思想中非常经典,准确地揭示出中国古代思想的特点。王弼认为,无论是语言还是象,都是用来表示意的,语言和象本身并不是思想追求的目的,只是达成思想本质的手段。中国思想追寻对道的领悟,而获得对道的明悟所使用的思维方式与西方哲学追寻真理的思维方式有很大的不同;追寻真理的思维方式是逻辑学诸原则,而明悟道的思维方式则是法象思维。

一、法象思维的含义

20世纪80、90年代以来,随着中国学界对西学认识的日益清晰,学者们意识到中国思想与西方思想在思维方式上存在着重大的差异,这导致对中国古代核心思维方式的研究进入繁盛期,获得了一批重要的研究成果。在这些关于思维方式的研究成果中,最典型的表现形式有综合整体论、象思维、意象思维、关联性思维、类比思维、取类比象等。

综合整体论强调中国思想不分主客、天人合一的特点,认为中国思想长于综合而弱于分析,故而中国思想对于世界的认识更加倾向于整体性的把握。象思维是学者们对中西思想本质特点反思后的结果,象思维的对境是概念论,认为西方思想的核心是逻各斯的传统,逻辑性的推理方法是其思维方式的核心;但是,逻辑性的思维方法虽然对于认识西方概念论式的本体论(比如柏拉图的相论)是非常本质的方法,但是却不能用于认识中国思想中的本体(比如"道""无"这样的本体)。故而象思维认为,认识这样的本体,要有更加原始的、本源性的思维方式;在潜意识中,学者们其实将象思维看作是比逻辑思

---

①王弼著,楼宇烈校释:《王弼集校释·周易略例·明象》,中华书局,1980年,第609页。

维更加本原的思维方式。象思维的提出者王树人强调，象思维的象虽然与形象有关，但它是一种精神性的象，故而并不能只看作普通感官意义上的象。他进一步认为，象并不是实体性的，而是处于流转的状态之中，如他说："'象思维'在'象之流动与转化'中进行，表现为比类，包括诗意比兴、象征、隐喻等。概念思维则在概念规定中进行，表现为定义、判断、推理、分析、综合以及逻辑演算与整合成公理系统等。"①总的来说，象思维是在中国学者意识到西方思想与中国思想差异的背景下发展起来的理论，揭示出中国古代思维方式的一些本质特点，象思维主要的表述和目标显然是针对中国思想中的本体言说的。

谢朝丹、何世民、李其忠在《传统文化视域下的意象思维概念辨析》一文中分析了"意象思维"这一概念，在文中，他们引用韩非《解老》的话说："人希见生象也，而得死象之骨，案其图以想其生也，故诸人之所以意想者皆谓之'象'也。"②他们认为，"象，既可以是客观形象，也可以异变为某种借喻意义的卦象、心象或拟象，而古文献所涉之象，多为融入了主体加工的意象"。最后他们这样界定意象思维："意象思维即是以感性直观的物象、符号或模型为工具，运用直觉、比喻、象征、联想、类推等方式，以表达对外部世界的主观认识。"③总的来说，意象思维是具有象征意义的符号、形象和概念通过类比（类似于中国诗歌常用的"比兴"手法）、对应等方式对世界的象征性表达。

类比思维主要是从逻辑学视角来看待中国古代的思维方式，但是逻辑学的类比思维是不是能够完全解释中国古代思维方式，这一

---

① 王树人：《中国哲学与文化之根——"象"与"象思维"引论》，《河北学刊》，2007 年第 5 期，第 23 页。

② 高华平、王齐洲、张三夕译注：《韩非子》，中华书局，2015 年，第 209 页。

③ 谢朝丹、何世民、李其忠：《传统文化视域下的意象思维概念辨析》，《中医药文化》，2016 年第 1 期，第 35 页。

点学者们有不同的意见。取象比类与象思维、意象思维很类似,后两者常常把它纳入其中,作为自身理论的一种实际操作方式或实际展开方式。取象比类最典型的是中医对它的应用,它是在不同类事物的对应类比中(在中医中主要是指人与自然万物结构之间的关系)取其对应类似的意象,比如花朵生于植物顶端,它的药用便会与人的头疾相关。取象比类在中国古代思维方式中显见易懂,容易把握,是中国古代思维方式现代化理论化的非常重要的方法论。

汉学家也讨论了中国古代的思维方式,葛瑞汉在《论道者:中国古代哲学论辩》一书中认为,中国古代的思维方式其实西方也有,他称之为关联思维。葛瑞汉通过语言的分析,揭示了语言中对立链之间的关联思维。但他进一步认为,西方后来开始重视因果关系,而这也开启了现代科学的图景。葛瑞汉认为,西方在过去总是想要将分析区分于关联性的背景,但这一努力却受到现代哲学的挑战,这说明关联性思维有其重要的价值。不过,葛瑞汉对于中国古代思维方式的讨论没有与中国对道的言说的特点联系起来,这一缺失使他的讨论有不完满的地方。

思维方式是思维的潜在结构,人们在思考的时候甚至注意不到它对自己思想的影响。中国文化在 19 世纪后由于受到西方思想的深刻影响,所以我们在思考中国文化特点时一般都会以西方文化为对境。西方文化在基督教兴起以后,哲学与宗教相分的格局更加明显,而西方哲学在发展中也形成典型的思维方式,这种思维方式在现代和后现代思想兴起之前表现为强烈的逻辑意识。一般我们会认为古典西方哲学的形而上学就是以"是"为核心的逻辑推演系统,而后现代哲学虽然出现了反形而上学的思潮,但我们还是会感到,反形而上学的思潮其实正是奠基在对形而上学的理解、传承和批判的基础上。

西方思想重视逻辑,与他们追寻真理的路径相契合,但是,中国思想的思维特点是什么呢?

　　法象思维和象思维概念形式比较相像,但法象思维揭示的内容和象思维并不相同。象思维强调的是象对于概念系统的独立性,象的主要含义与概念的抽象性有所区别。而法象思维并不独立于概念系统,反而可以借助语言和概念的系统,遵循的正是王弼思想中"得意忘象,得象忘言"的原则。法象思维中的"法"与"象"最主要的含义并不是一般意义上的形象,或者超越形象的精神之象,而是由形象的含义派生出的更深层次的含义"效法",这个效法既可以是形象的效法,也可以是不同类事物属性和结构上的效法,还可以是概念的抽象系统之间的效法。

　　法象的观念有几个来源,有《周易》的传统,有佛教的传统,有中医的传统。我们这里所说的传统是来自《周易》,佛教和中医中关于法象的解说都是派生意义上的。《易传》说:

　　　　古者包牺氏之王天下也,仰则观象于天,俯则观法于地,观鸟兽之文与地之宜,近取诸身,远取诸物,于是始作八卦,以通神明之德,以类万物之情。[1]

包牺氏大则上观星象,下察地法,细则观察鸟兽的纹理和土地上动植走兽之宜;近处从自己的身体着眼,远处贯通周遭的事物,从而感受到世界统一的规则,并将它化为八卦。在这里,我们首先要体会的是中国人立于天地之间的这种境遇,这是一个以人为中心的统一整全的世界,人是这个世界意义呈现的中心。人的头顶是天,脚下有坚实的大地,这就是《易经》中《乾卦》和《坤卦》的意象。天地是人生存的根基,中国人的视野也局限在这个天地之中。在中国古人的视野里,

---

[1]周振甫译注:《周易译注·系辞下传》,中华书局,1991年,第256页。

天地就是人生活的世界,这个世界是一个具象物的世界,有山有水,有云有雨,有鸟禽动植,有人间万象。故而包牺氏以自己为中心,贯通天地万物,思考体悟天地间万物的关系,于是画出八卦。显然,这是中国人的意义空间,这个意义空间不是只有抽象的观念物,而是观念物与具现物融汇在一起。而统一起天地间万事万物的是什么呢?这就是中国人所说的"道"。在中国的道文化中,由于道从某种意义上并不向人直接地显现,故而观察大道的象与法就十分重要。天地是至大的,象是天显现出的迹,法是地显现出的规则,而象与法的核心意义则是"像"和"效法"。《易传》说:"爻也者,效此者也。象也者,像此者也。"①在这里,象作为形象,在中国古人的视野里,是对周遭事物的模拟,而这种模拟或者模仿是一种什么样的状况呢? 从纯哲学的角度来看,中国哲学的思维方式有一个发展的过程,有很多不同层次的特点,但在最深的哲学层次,应该是法象思维、体用论和理一分殊的思维方式系列。

　　什么是法象思维呢? 我们先看一下《尚书·洪范》关于五行的一段表述:

　　　　五行:一曰水,二曰火,三曰木,四曰金,五曰土。水曰润下,
　　火曰炎上,木曰曲直,金曰从革,土爰稼穑。润下作咸,炎上作
　　苦,曲直作酸,从革作辛,稼穑作甘。②

仔细解读这一段的含义,其表述显然并不是以逻辑性为基础,在它的结构中,其实包含着几条意义链之间的对应关系:

---

①周振甫译注:《周易译注·系辞下传》,中华书局,1991年,第255页。
②顾颉刚、刘起釪:《尚书校释译论·洪范》,中华书局,2005年,第1153页。

> 水、火、木、金、土。
> 润下、炎上、曲直、从革、稼穑。
> 咸、苦、酸、辛、甘。

这是一种很有意思的表述方式，这一段文字由"水、火、木、金、土""润下、炎上、曲直、从革、稼穑""咸、苦、酸、辛、甘"三条意义链构成，它们之间是一种对应解释的关系。在这个语言结构中，每一条意义链有五个节点，和相邻意义链对应的节点具有一种相互对应的关系，如"水"的特点是"润下"，"润下"又与"咸"这种味道有所关联。显然，"水""润下""咸"之间是一种模仿的关系，这种关系在《周易·系辞》里表述得更加清晰："爻也者，效此者也。象也者，像此者也。"①我们都很熟悉《周易》的八卦或者六十四卦，无论是在八卦还是六十四卦中，卦中各爻之间的关系是怎样的呢？显然，在《周易·系辞》中，把这些爻放在一起的根据就在于每一爻都是在效法或者说模仿某个东西，这个东西从天地的角度来说是道，从每一卦的具体所指来说是卦体。

　　语言学家王力认为，先秦时期的中国语言中缺乏系词，而我们都知道，系词在西方的逻辑性系统中所起的作用是十分重要的；没有系词，逻辑性的语言系统就无法真正地组织起来。这样看来，中国语言中系词的缺乏和意义链之间的法象对应关系在先秦时期中国古代思维方式中具有重要的意义。法象思维主要强调的是意义链节点之间的效法关系，这种效法关系使先秦时期的中国人认为，在世界万物中，或者至少在一定的局部结构中，我们的语言或者对象的法象结构中传递着某种永恒的存在，而这个永恒的存在就是在中国文化中居于核心地位的道。中国文化中的道和西方思想中的真理有着很大的

---

① 周振甫译注：《周易译注·系辞下传》，中华书局，1991 年，第 255 页。

不同,真理是可以通过逻辑性的语言来言说的,而道则往往很难用语言表达清楚,这正如老子所说,"道可道,非常道"。西学的真理是一种可以用语言表达的具有系统性的理性推演系统;而中国文化的核心精神道则并不是如此,道在先秦时期其实是处在一种理气不分的状态。孟子说,"我善养吾浩然之气"[1],这显然具有中国文化追求道的特色,也就是说,我们所追求的道不是通过逻辑思考出来的,而是体悟出来的、修养出来的。

这样,在先秦,中国人的表达方式,或者是法象思维,或者是道,两者其实是一物的两面,这种对道的追求的思维方式对中国后来的思想发生了深远的影响。不过,在先秦时期,人们所考虑的因素尚比较少,比如前引《尚书·洪范》主要思考五种因素构成的意义结构,而易卦的每一卦最多六爻,所有的卦也只有六十四个。然而,随着中国人对世界更加深入的思考,我们要考虑的因素就变得越来越多,越来越复杂,以至于法象思维的表达方式明显地会吃力,比如在扬雄的《太玄》中,众多的因素就使法象思维的表达显得过于繁杂。正是在这种情况下,中国古代思维方式便开始了进一步的发展,这首先体现在体用观念的形成上。

二、法象思维、体用论和理一分殊
是中国古代思维方式的核心系列

法象思维并不能涵盖中国古代思维方式的所有特点,因为法象思维在魏晋隋唐时期形成了体用论、理一分殊的新形式。

体用观念起始于什么时候,学术界有争议,冯友兰认为,体用观念最早在魏晋时期哲学家王弼的思想中体现出来。但是也有学者认

---

[1] 朱熹:《四书章句集注·孟子集注卷三·公孙丑章句上》,中华书局,2012年,第232页。

为体用观念并不能说从王弼开始,因为在王弼的著作中,虽然体用对举的例子共有八处,但是除了《老子道德经注》中的一处有点像后来所说的体用论外,其他七处都与体用论含义有很大的不同。其实,古代学者早就意识到体用观念与佛教的传入有关系,如北宋晁说之说:"经言体而不及用,其言用则不及体。体用所自,乃本乎释氏。"①南宋魏了翁说:"《六经》《语》《孟》发多少义理,不曾有体、用二字,逮后世方有此字。先儒不以人废言,取之以明理,而二百年来,才说性理,便欠此二字不得。亦要别寻一字换,却终不得似此精密。"②明清之际,顾炎武与李二曲也就此有书信讨论;论辩之际,似李二曲稍稍胜出。李二曲说:"如内外、本末、形影之不相离,有之实自佛书始。……然西来佛书,虽无此二字,而中国佛书,卢惠能实始标此二字。惠能,禅林之所谓六祖也,其解《金刚经》,以为'金者,性之体;刚者,性之用'。"③又说:"'体用'二字相连并称,不但《六经》之所未有,即《十三经注疏》亦未有也。"④

　　可见,体用观念最后的成形与佛教理论有很深的关联,但是佛教典籍浩如烟海,现在尚没有学者研究出体用观念最早出自哪部佛经。这样,我们会得出结论,体用观念在王弼时期已经开始显现,在佛教格义时期逐渐成形。显然,体用观念不是完全来自佛教,而是中国本土思维方式在佛教理论刺激下正式形成的。体用观念的含义有两

①黄宗羲原著,全祖望补修,陈金生、梁运华点校:《宋元学案》卷二十二《景迂学案》,中华书局,1986年,第863页。
②黄宗羲原著,全祖望补修,陈金生、梁运华点校:《宋元学案》卷八十《鹤山学案》,中华书局,1986年,第2652页。
③李颙撰,陈俊民点校:《二曲集》卷十六《答顾宁人先生》,中华书局,1996年,第149页。
④李颙撰,陈俊民点校:《二曲集》卷十六《答顾宁人先生》,中华书局,1996年,第150页。

层:一种是形体与功用之间的关系,一种是本体与用的关系。形体与功用的关系,中西方哲学都有,其实就是西学中实体与属性的关系。但是本体与用的关系却是西方哲学所没有的,如果我们仔细考察体用观念的实质,就会发现其是先秦时期法象思维的承继和进一步发展。我们都知道,从万物本体来说的体用论的"体"是无形的,而万物显现出来的属性则是通过效法"体"来形成自身的。

体用论在佛教中开始大量使用,是佛教核心的思维方式;而儒家哲学在隋唐时期也由于佛教的兴盛而在思辨上处于弱势,正是在这样的历史和思想背景下,唐末的哲学家已经意识到这个问题,开始在儒家思想中使用体用的思维方式。在这里,我们要明白的是,体用论从核心意义上是先秦法象思维在新的历史时期的发展,因为体与用的关系依然是效法的关系,只不过体用关系从先秦法象思维的烦琐模式中解放了出来,可以用来处理更为复杂的现象。

理一分殊的思维方式在佛教思想中就已经出现,只不过这个概念是由程颐最早提出的,程颐在其学生杨时质疑张载《西铭》宣扬墨家的爱无差等时,写书信说:"《西铭》明理一而分殊,墨氏则二本而无分。"[①]这是理一分殊这个概念第一次出现在中国思想史中,而自此以后,理一分殊成为儒家思想最核心的思维方式。理一分殊的思想其实是在佛教思想中正式形成的,佛教对此有一个比喻,叫作"月印万川"。这是在说,世间万千条河流中晚上所映出的月亮,其实来源于天空中同一个月亮。可以说,佛教的这一思想深刻地影响了宋明理学的本体论,宋明理学理学一系认为,天理是世界的本体,任何事物中都存在着完全的天理,只是因为气的遮蔽作用,才使以理一分殊方式进入万物的天理不能够完全地显现出来。

①程颢、程颐著,王孝鱼点校:《二程集·河南程氏文集卷第九》,中华书局,2004年,第609页。

　　然而体用论和理一分殊并不是突然产生的,其在中国文化中有着深刻的根源,这个根源就是法象思维。中国古代法象思维的基础元素并不是单个的概念,而是一条一条的意义链,比如《尚书·洪范》关于五行的三条意义链如下所示:

> 水、 火、 木、 金、 土。
> 润下、炎上、曲直、从革、稼穑。
> 咸、 苦、 酸、 辛、 甘。

这三条意义链有着对称的指示关系,各有五个节点,每个节点都会指向相邻意义链对应的节点,这种指示是一种什么关系呢?从西方哲学的角度看,有点像实体和属性的关系,比如水的特点是可以向下流淌并滋润土地和生物。中国的体用论有两个层次,其第一个层次其实与实体和属性的关系相似,因为中国古代体用论的最基本含义是形体与功用的关系。但是体用论最核心的含义并不是事物的形体与功用的关系,而是将体上升为抽象的形而上的本体,这个时候的体就不是形体意义上的体。它是什么,要通过它的用来了解;故而我们看到,体用论正是从法象思维发展而来。至于体用论与理一分殊的关系,过去我们并没有过多地关注过它们之间的区别,比如朱熹就认为"体"是"理","用"是"分殊"。不过,如果我们仔细研究,就会发现,体用和理一分殊在有些情境下可以等同,但在有些情况下并不是完全等同的关系,这一点在朱熹的心性结构中最为明显,他说:

> 性者,心之理也;情者,心之用也;心者,性情之主也。①

---

①朱熹著,徐德明、王铁校点:《晦庵先生朱文公文集》卷六十七《元亨利贞说》,《朱子全书》第二十三册,上海古籍出版社、安徽教育出版社,2002年,第3254页。

天理

性　　　　情

心

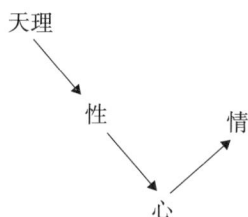

朱熹的心性结构图

在朱熹的心性结构中,性为心之体,情为心之用,这是其己丑之悟领悟到的心性结构。"天命之谓性",朱熹认为,天理赋予人心,成为心之本体,天理进入人心就是理一分殊的过程。在这里,虽然朱熹早期认为性为体,心为用,但在其己丑之悟后便意识到以性为体、以心为用的不当之处。甚至于朱熹本人都没有意识到,在他的第二次顿悟①所形成的心性结构中,中国古代理一分殊与体用论的区分明显地呈现出来。在朱熹的心性结构中,心的本体是理,在理学一系也就是性。在这里,朱熹承继程颐"性即理也"的思想,性为心之本体,这个本体已经不能用早期的"性为体""心为用"来完全概括。故而,性是体,情是用,心是性与情的中介,而心与情的关系即是传统的体用关系。

那么,体与用、理与分殊是一种什么关系呢? 在体用关系中,形体与功用的关系是我们的感觉就可以明晓的,但在真正形而上的体用关系中,体并不是直接展现在我们的感官面前,体是什么,是通过用来显示的。也就是说,体是不可言说的,它是什么是通过用来说明的。同样,理与分殊也有类似的问题,虽然从宋明理学的角度来说,天理在天为阴、阳,在地为刚、柔,在人为仁、义、礼、智、信,似乎天理是可以言说的。但是如果我们深入思考就会发现,天理是什么并没有一个大全式的说明,是通过其在各种情境中的际遇而显现的。其

---

①朱熹一生有两次重要的顿悟,都发生在心性论领域,即丙戌之悟和己丑之悟。

实,天理正是不可言说的道在宋明时期的表现,先秦时期的道在宋明时期分化为两个部分,即天理与气。

从更加深入的哲学思想层面来看,体与用、理与分殊是一种什么关系呢? 很明显,就是一种"像"的关系,它们与法象思维"效法"的含义是一脉相承的。区别在于,法象思维的效法是相邻意义链之间的关系,而体用和理一分殊则是对本体的效法,这个本体在法象思维中处于什么位置呢? 法象思维中意义链之间的空隙,即无,并不是没有意义,相反,正体现着法象意义空间的本体,只不过这个本体在当时比如在《尚书》中,还没有真正地被体认出来。

需要说明的是,法象思维、体用论和理一分殊虽然有着历史的演进过程,但是并不能认为后者可以完全取代前者,这三种一脉相承的思维方式是一个意义系列,在后期的中国思想中,比如宋明理学中是共时性地存在的。

三、中国古代法象思维的当下反思

中国古代的法象思维、体用论和理一分殊不仅是思维方式,也是核心的哲学思想本身。我们研究中国古代的思维方式,并不是仅仅有好古之心,而是想要寻找到中国文化和思想的源泉,为完成中国古代哲学思想的现代化提供坚实的基础。20世纪,在世界范围的哲学界兴起了声势浩大的反形而上学思潮,西方哲学的形而上学是以"是"为核心的逻辑推演系统,西方在进入现代、后现代的历程中,意识到以逻各斯为传统的西方哲学思想的局限性。逻各斯虽有逻辑性的优势,但关照的范围只限于社会的上层,而没有关注到万千的普通公民的个性;故而西方意义上的反形而上学,并不是彻底抛弃形而上学的传统,而是使其思想更加精细地进入现代和后现代的现实生活之中。

但是,在中国,情况又有所不同,中国古代哲学思想进入清代之后,思想渐渐停滞,再加上西方工业化国家的武力入侵和思想、文化日益增大的影响,越来越面临巨大的挑战。在中国社会现代化的过程中,中国人学习西方的科学思想,吸取有益的社会、政治和哲学思想,渐渐对于本民族的传统哲学思想,形成三种截然不同的态度:一种是认为世界上只有一种哲学,那就是西方哲学,在西方哲学为主流和经典版本的前提下,中国哲学只不过是唯一的哲学的一个示例。另一种观点则认为中国传统哲学思想完全和西方哲学不同,这种观点对西方思想表现出一种根本的不信任和不认同。第三种观点则比较温和,认为虽然哲学研究的对象有相似的情况,但不同的文化体有自己独特的哲学思想,这些哲学思想有可以通约的部分,也有只属于本文化的独特的不可通约的部分。笔者赞成第三种观点,中国传统哲学是一个独立的自足系统,虽然也有和西方思想可通约的部分,但不能说中国古代哲学思想就只是西方哲学思想的一个注脚,一个可有可无的例证。

显然,中国传统哲学由于与西方思想的遭遇而受到了一定的影响,而中国思想界要领会现代生活又需要一个较长的时间,故而我们在学习西方思想的过程中,也在不断反思我们本土文化的思想意义。思维方式是中国古代哲学的思想基础,对它的反思在中国古代哲学思想的现代化过程中就显得格外重要。那么,中国古代法象思维对于当代有没有借鉴意义呢?

首先,我们会发现,西方思想的反形而上学思潮并没有动摇西方文化的思想根本,因为后现代思想是与传统形而上学相对来说的,没有古典的形而上学,后现代思想就成了无本之木;故而,西方思想的反形而上学思潮可以说使西方哲学思想更加完备,其社会基础从精英和贵族普及到每一个社会成员。而在中国思想界,对于中国思想形而上学的彻底扬弃则会导致对传统文化根基的舍弃。对于中国哲学来说,道是其最形而上的概念,我们对于道的质疑和反对会直接导致传统文化根基的毁坏。从思维方式的角度来说,用西方逻辑思想来理解道其实是很困难的,而法象思维是理解中国形而上思想恰当的思维方式。

其次,中国以道为诉求的思想系统与西方以真理为目标的思想系统是互补的关系,也是不可互相取代的。西方古典思想以主客二分为其主要特征,它有一个主体对于客体的认识论机制,这是一种在认识论上追求对客观世界的新认知和在实践论上寻求对于客观世界的控制和征服的机制;这一思想系统以追求真理为其重要的目标,虽然在西方哲学发展的历程中,对于真理有各种不同的表述。而中国文化所孕育出的思想则是面对一个熟人熟事的世界,虽然在中国有非常完备的经验意义上的知识,但在中国古代,格物致知的认识论主要是对于熟悉的社会现成经验的领悟,这也可以帮助我们理解,为什么中国在古代历史的发展中并没有产生系统性的科学技术。而西方的哲学与其科学技术有着相似的结构,学者们从亚里士多德的四因说中就可以看到未来诞生真正物理学的可能性。中国思想的形而上核心思想是心性论,它将人的心性与天道关联起来,以人的心性澄明为其最终目标。

最后,我们要意识到法象思维在当代哲学中也具有重要的意义。法象思维是中国古代表达道的思维方式,是古代中国哲学的思想基础。如果说中国古代思想就止步于古代,那么法象思维大概率也会完成它的历史使命;但是,如果中国古代思维,尤其是儒家思想能够完成其现代化,那么法象思维的现代化就首当其冲。

法象思维虽独立于逻辑思维,但它与逻辑学中的类比推理也有相似的地方。法象思维的确有类比推理的特点,但又不局限于此,它的意义更加宽广,有着更加深刻的哲学意义。法象思维的现代化需注意以下几个方面:

一、法象思维具有其独特的结构。法象思维的构成具有三种样

态,即法象思维、体用论和理一分殊。三者中,体用论与理一分殊是
法象思维的抽象化版本,可以说,法象思维、体用论与理一分殊是三
位一体的关系,但它们之间又不是简单的等同关系。也就是说,从抽
象的层面看,我们会看到体用关系或者理一分殊的关系,但从具体细
节来看,它们会具体化为法象结构。法象结构的基本单元是意义链,
而不是单个的概念;相邻或相关的意义链之间相互指涉,构成意义
域,意义域指的是在一定的范围内,由意义链互相指示而构成的中型
的意义领域,这是一个独立的意义域。而由意义域相互关联会形成
整个的意义空间,这是一个更加完整的涉及多个意义域的立体结构。
从空间和时间的角度来看,法象思维更强调意义的空间性,而时间性
则被束缚在这个立体的空间中,并在这个空间中流转。

　　二、法象思维的结构强调的是世界构成诸因素之间的关系,而非
实体。意义链是法象思维的基层单元,它不是单个的概念或者节点,
而是关系的链条,任何一个实体性的节点都因存在于这样的关系链
条里才能清晰显示它的意义。而意义链之间的互指,以及更大范围
意义空间的形成,都在指示诸要素之间的关系。有意思的是,现代物
理学的发展越来越倾向于对事物关系的研究。经典的物理学理论,
无论是牛顿力学,还是后来发展起来的量子力学,都是以实体为其理
论的基础。比如量子力学所研究的场和粒子的世界,由夸克、电子等
一系列微观粒子构成,它们的意义显然是具有实体性的。然而物理
学家们对于这样的世界构成基础显然有着许多的不满意,德国比勒
费尔德大学的哲学教授梅纳尔·库尔曼在《世界本源并非物质》一文
中说:

　　　　面对这两种标准的经典概念带来的困境,物理学界中的一
　　些哲学家已经开始构想一些更"玄幻"的基元来替代它们。他们
　　提出,物质世界最基本的构成应该是一些无法具象的内容,比如

说"联系"和"属性"。一个颠覆性的想法是,宇宙万物都可以被还原成无形的内容,而不必借助任何实体概念。①

梅纳尔·库尔曼在文中谈到,物理学家们认为量子纠缠中的量子,已经很难说是两个独立的粒子,它们更多的是一种不同于实体的相互关系。梅纳尔·库尔曼进一步说道:

> 越来越多人认为真正重要的不是事物本身,而是这些事物间的联系。……
>
> 这种名为结构现实主义(structural realism)的观念,是由一种相对平和的版本逐步发展而来,那时它还叫认知结构现实主义(epistemic structural realism),主旨如下:我们也许永远无法了解事物的真正本质,而只能了解它们彼此间的联系。②

在中国古代的法象思维中,从意义链到意义域,从意义域到意义空间,我们关注的亦不是一个一个独立的节点,而是诸节点之间的关系。比如易卦,每个易卦都由六爻组成,在这里,每个卦就是一个意义域,每一爻就是一意义丛或意义链,而整个的《易经》六十四卦则是一个由较小的意义域构成的超大型的意义空间。而诸意义链和意义域之间是一种法象的关系,这种像就像我们在镜子里看见自己,但是这面镜子并不是自然之境中的镜子,而是一种能够使你的形象变形的镜子。也就是说,这个世界就像一面有着无数个维度的镜子,每一

---

① 梅纳尔·库尔曼撰,庞玮译:《世界本源并非物质》,《环球科学》,2013年第12期,第82、84页。

② 梅纳尔·库尔曼撰,庞玮译:《世界本源并非物质》,《环球科学》,2013年第12期,第85页。

个存在于其中的事物,都是这个世界里某些意义关系的镜像,这其实就是佛教和宋明理学中所言说的理一分殊的真义。佛教的僧侣们为了让修行者明白其中的道理,会在一间屋子的屋顶、地面以及四周墙壁上装上铜镜,在屋子中间的桌上放上佛像,然后点燃烛火,让人看到烛火照亮的佛像在镜子里无尽相摄的镜像。前后、左右、上下的镜子都会摄入桌上烛火照亮的佛像的影像,同时,每一面镜子又会摄入其他每面镜子摄入的影像,此一过程无际无涯,是一种无限相摄的情景,这正是中国古代理一分殊思想的真义所在。

与结构现实主义(structural realism)的观念相比,中国古代的法象思维方式又有它的特点,它与结构现实主义(structural realism)的观念相似的方面是都强调世界结构的关系,但法象思维更加倾向于人心性的意义生成。这个世界是两个层面叠加的,一个层面是自然物的层面,一个层面是心灵的层面;而当这两个层面复合在一起时,我们很难区分它们。结构现实主义(structural realism)的观念大约更加倾向前者,而中国的法象思维更加注重后者。当然,我们知道,要想单独地言说这两个层面中的一个是非常困难的,法象思维和结构现实主义(structural realism)的观念之间的这种区分也是相对的。

中国人在古代的社会中,实际上面对的是一个熟人熟事的世界,而不是一个陌生人的客观物的世界,故而中国人的心性论正是面对这样一个境遇的意义创生。考虑一下张载所说的灵性十足的太虚,回想一下程颢所说的承载天理的心灵,仔细推敲一下王阳明对于太虚与心灵关系的描述①,可以说,中国古代思想中所说的本体,就像

①王阳明说:"有只是你自有,良知本体原来无有,本体只是太虚。太虚之中,日月星辰,风雨露雷,阴霾饐气,何物不有? 而又何一物得为太虚之障? 人心本体亦复如是。太虚无形,一过而化,亦何费纤毫气力?"(王守仁撰,吴光、钱明、董平、姚延福编校:《王阳明全集》卷三十五《年谱三》,上海古籍出版社,1992年,第1306页)

这个世界的本源,是无形无象的镜子,而万物都是这个无限维度镜子里的镜像。这样,我们就明晓了,从纯哲学的角度来看,中国哲学的思维方式是法象思维、体用论和理一分殊的思维方式序列,它们的实质是法象关系。

第六节　客观物质世界、心灵和人工智能

从西方哲学早期的身心关系理论来看,人类可以感受到自己的心灵,但却不能感受到他人的心灵活动,我们只能推测他人具有和我们一样的心灵,这种思维方式显然是类比的思维方式。在西方思想中,汉学家称这是西方思想固有的关联性思维,而在中国这即是法象思维。不过,西方的关联性思维无法发展出体用论、理一分殊的思维形态,从这一点也可以看出关联性思维虽与法象思维的样态近似,但两种思维方式的发展路径却有很大的不同。

中国古代儒家心性论从早期的"生""性"不分,"性""情"不分,经孔子、郭店楚简、《中庸》、孟子、荀子、董仲舒、韩愈、李翱、北宋五子、陆九渊、朱熹、王阳明、王夫之、戴震等思想家或著作的发展,形成了中国古代人性论的成熟形态。虽然中国思想的特点是体悟大道,但这不意味着中国哲学是不发展的,恰恰相反,一个学者是否能体会到古圣人的道,就是看他是否能在当下的生活和现实中创造出新的哲学形态。如非如此,那他所理解的哲学思想就还停留在古代的形态,不仅如此,既然不能贯通于当代的生活和世界,那我们所理解的哲学思想就有着很大的缺陷,不复是完整的古圣人之道。

中国古代的心性论强调心、性、情、意等诸观念,强调性善性恶的区分,这与西方的心灵论有很大的文化上的差异。但现在,当西方和现代的心灵思想已经呈现在我们面前时,我们自然会在当代儒家的心性论中吸收当代哲学的优秀成果,构建新的儒家心性理

论,而当代哲学所思考的关于心灵思想的诸多问题,也理应是我们思考的主题。

关于心性问题的出发点,笛卡尔的立场具有标志性的意义,在他看来,"我思故我在"①,世界呈现在我们的心灵中,它不是以其原始的意义让我们知晓,而是以我们的心灵为中介。正如王阳明所说,如果我们没有心灵,万物虽在,但却不是我们可以认知的世界,而这个我们所不能认知的世界是一个什么样的世界呢?我们很难设想。即使是我们通过心灵认知到的世界,是不是就是这个世界的本相呢?也不尽然。先不说"世界的本相"这样的提法有没有意义,在西方哲学经过认识论和语言学转向的今天,我们对于这个世界的看法已经与过去有了很大的不同。比如,我们看面前的课桌,它被人工制造得很光滑水平,但桌子的表面真是这样的吗?显然不是,如果人的视力再清晰一些,比如借助于电子显微镜,我们就会看到凹凸不平的桌面,桌子的平面的世界是人类意义世界的产物。再比如同是这张桌子,它的色彩是红色的,但我们不同的人所看到的红色是一样的色度吗?其实,如果是色盲的人,他也许根本就不可能知道什么是红色,而我们一般人用"红色"在交流,但看到的"红色"也许有着色度的差异,只不过我们很难知晓罢了。

这样,我们所看到的世界受到心灵的意义世界的很大影响,既然心灵世界如此重要,它又是怎样影响我们看到的现象界呢?这个世界有很相像的三种世界景象:

第一个世界是客观的物的世界,这个世界是我们直接面对的世界。这个世界虽然是人类经过心灵的中介而认识到的世界,但它却是一个统一的处于时空中的世界。人类过去对这个世界进行了诸多的观察和研究,在古典时期,我们提出了本体的观念,认为这个世界

————————

① 笛卡尔著,王太庆译:《谈谈方法》,商务印书馆,2000年,第27页。

是由本体来统一和贯通起来的。我们为什么要提出本体的观念呢？这个世界存在着数不清的客观事物，它们的一个共同特点就是都具有时空的性质，既然诸多的事物同处于一个时空中，那么它们之间就是相互关联的。如果有许多事物是相互关联的，那我们就很自然地会提出一个问题，这些事物之间为什么是相互关联的呢？为了回答这个问题，人类最成熟的一个想法就是它们拥有一个共同的本体，这个说法凸显了人类的智慧和这个世界的特点。古希腊时期，哲学家们首先想到的世界本源是水、火、无限者、四元素、原子等，到了巴门尼德，他意识到"存在"这个概念的重要性，并体悟出"存在"与"思想"的同一性，这大约是比较早的探索身心关系的思想。西方的哲学家们大约有两种思路：

一种是认为世界上所有的事物都是由统一的基质或者说质料来形成的，也就是说，这个世界的基质或者说质料能够变现出任何一种事物。这个想法很了不起，在这个世界上，我们所见的任何一个具体事物都没有这种能力，但是基质有这种能力。也正因此，亚里士多德早期就认为，质料是一种本体性的存在，他认为，每一个事物都由质料和形式构成，而且如果推到极致，就会得到纯质料，这是一种没有任何属性的质料，能够构成世间的任何事物，并把万物统一为一。

当然，除了质料可以作为客观世界的本体外，西方哲学以巴门尼德和柏拉图为代表发展出了另一种思路，即理念论的思想路径。这一路径吸收了赫拉克里特的逻各斯思想，经亚里士多德的发展，至近代哲学，在黑格尔的绝对精神中达到巅峰。这是一条以逻各斯为核心的道路，故而我们也经常说，西方哲学的本体论是以"是"为核心的逻各斯推理系统。如果说质料的思想在中国也有类似的表达，而此逻各斯的本体思想路径就是中国思想所完全没有的。故而有的西学研究者主张，只有这种类型的哲学才能称为哲学，其他的思想形态都不能称为哲学,最多可以称为思想,这也是"中国没有哲学"这种说法的起源。在这里,我们不讨论这种观点谬误的原因,先把关注点集中在本体对于这个客观世界的意义上。不过,在现代哲学中,几乎所有的现代哲学派别都激烈地反对古典哲学的本体论,这也成为现代哲学支离破碎的根本原因。

虽然现代哲学反形而上学或者本体论的呼声很高,但本体论思想依然在当代发挥着重要的作用,一些当代哲学家也开始重新审视本体论的合理性。甚至于在流行的科学观念中,也有类似的观念被人们所熟知,比如在现代科学中,关于整个宇宙的来源,宇宙大爆炸理论很流行,此理论通过对宇宙中天体位置和运动的观察和计算,认为整个宇宙来源于一个足球大小的物体的爆炸。如果这个假设是真的,我们可以想象,这个世界的物质体起初大约都是紧密相关的,正是这最初的原始物质构成了整个世界。

总的来说,对于一个客观的物的世界,我们常常会设想存在着一个统一万物的本体,这个本体在不同哲学家的思想世界里具有不同的名称和特点,比如柏拉图的理念(相)、亚里士多德的质料或形式、康德的自在之物、黑格尔的绝对精神等等,不一而足。我们意识到,客观存在的世界要想保有其统一性,就必须有一个类似于本体的存在。无论这个存在叫不叫本体,除非主张不可知论,或者把这个世界想象成多元的平行空间。之所以说是想象,是因为人类永远只能想象,而不可能真正直面一个不同的平行空间,永远也进不到另一个想象出的世界之中。然而对于这个客观的物的世界的本体,我们其实没有直接的经验,如果不是这样,也不会在现代哲学中导致这样猛烈的批评。然而我们要问的是,如果这个世界是统一的,那么除了给它指供一个本体外,还有其他的路径吗?

有的人可能会说,什么本体,无非是人虚构出的东西,这完全有可能,这就到了我们要说的第二个世界,那就是人的心灵或意识的世界。如果说对于在客观的世界中是不是存在一个统一万物的本体人们还有争议的话，那么对意识或心灵将我们心中的世界统一为一个整体就没有太多的争议。当然，也不是完全没有争议，比如弗洛伊德就认为，人的心灵除了意识，还有一个无意识的层面。然而无论如何，意识具有将这个世界中的所有事物模拟出来的能力，这很像在物的客观世界中的本体，也正是因为意识有这样的能力，我们才能把它和客观的物的世界放置到同等高度上，因为只有意识才符合构造一个世界的入门条件。

人的意识源自哪里，这个很难说清楚。从进化论的角度说，人的意识是经过自然界千万乃至上亿年的岁月逐渐演化而来的，但这只是一种历史性的说明，并不是对意识产生的真正意义的阐释。其实从苏格拉底的时代，人们就意识到人的认识的局限性，这并不是一种受时间和空间限制的局限性，而是受生命形式限定的局限性。除非成为无所不知的神，否则人类对于这个世界的幽深之处就总会有知识的局限，这伴随着人类自身发展的整个过程。苏格拉底说，人类的智慧在于明白自己的无知。郭象承继庄子的思想，很早就意识到这个世界的有些层面我们永远也不会知晓，按他的说法，不仅玄冥之境我们不会知晓，而且这个世界上许多的事件，比如圆者自圆、方者自方、红者自红，人类能说什么呢？它们就这样呈现在我们面前，如果想要问为什么这个世界上会有圆、方、红这样的存在，没有任何人能告诉你答案。也许有人会说，红色是波长约 640~780 纳米的光线。但这只是在说一个测量单位意义上的存在，与红色本身没有什么真正的关联。

意识来源于什么？我们也很难回答。当然我们能做许多科学意义上的研究，但如前所述，我们只能知道它们发生的外在过程，而无法知晓意识内在的意义世界产生的原因。与客观的物的世界不同的是，意识除了有再现客观的物的世界的能力，还存在着一个专属于它的,不存在于空间中的意识的意义领域,这包括感觉、知觉、理性、情感、意志、信仰等诸方面。这是一个神奇的世界,它以客观的物的世界为基础,营建出了一个专属于人类的意义世界。

对于大脑组织与心灵的关系,我们应该注意到心灵的不同层次。心灵的层次有许多分法,比如胡塞尔的现象学对于心灵中物的形成做了细致入微的描述,不过在这里笔者想借用康德的区分。康德把人的心灵世界分为三个层次,即感性、知性、理性,之所以要借用这个区分,是因为康德的这个区分对于分析心灵与客观的物的世界的关系很简洁直观。大脑组织与意识存在伴生关系,但是人类对于大脑神经的科学研究却永远也不会揭示出人的心灵的真正意义,虽然如前所述,身心一体论者认为,总有一天我们可以将两种语言统一于一种。至于身心是一元还是二元,这要看我们怎样看待一元、二元的提法。如果只是从起源的物质意义来说,身心自然是一元的;但是如果涉及身与心具体的意义世界,那么身心确是二元的。因为我们发现,从人的大脑组织向意识的转化发生了一个断裂,也就是说,意义的世界有来自客观的物的世界的部分,但有很大的部分是它自生的。这就像宇宙的研究者发现的那样,宇宙一直在产生粒子,而且这些粒子不是由别的粒子转化过来的,而是自生的,不知是从宇宙的哪个维度蹦出来的。而意识从大脑中产生出来则更加玄奥,人类的神经学家们再研究万年,或许也不能发现其中的真相,因为这和郭象所说的万物"独化于玄冥者"①"圆者已自圆,而方者已自方"②是一个类型的问题。

如果进一步探讨大脑组织与心灵的关系,心灵与大脑的接触面就有一个层次深浅的问题,过去的讨论大都没能注意这个层次的问

①郭象注,成玄英疏:《庄子注疏·齐物论第二》,中华书局,2011 年,第 60 页。
②郭象注,成玄英疏:《庄子注疏·知北游第二十二》,中华书局,2011 年,第 392 页。

题,总是把大脑组织和心灵看成一个单质同一的存在,这不利于我们进行更加深入的研究。心灵是由大脑产生的,它们之间存在着交界面。首先,心灵的感觉是与大脑最临近的存在,在大脑组织中,并不是所有的组织成分都与心灵的意识有关,与人的心灵意识有关的部分应该很少,这些很少的成分在整个大脑组织的养育和系统性的配合下产生了人的意识,那么这些大脑物质组织与产生于其上的感觉是一种什么关系呢? 大约有三种关系:第一种是同一的关系,也就是说,大脑组织及它之中神经流的运行与感觉是一物的两面。第二种是部分交互的关系,也就是说感觉有其自性,其一部分与大脑神经系统的神经流同一,另一部分则有其自身的自性。第三种是大脑神经系统中的神经流与感觉是平行的,互相之间通过复杂的机制交涉。但无论是以上的哪一种,感觉都是与大脑神经组织关系最密切的层次。

其次,在感觉与知性之间,存在着大脑的时空直观,这是康德就发现的事实,而人之所以有时空的直观能力,表面上的解释是人脑进化的结果,但真正的原因是由生物的感觉渐渐塑造的。这就不仅涉及大脑的组织,而且真正意义上涉及了人脑之外的客观事物,因为生物的感觉能够通过与外部事物漫长岁月的交流,逐渐将外部客观世界的时空属性刻印到人的大脑格式之中,而大脑的这种时空直观能力为人类知性能力的形成提供了生理学意义上的基础。

显然,人类的知性能力正如康德所说,是对于感觉和时空的一种综合统觉能力,它本身离大脑组织比感觉更远,但距外部客观事物比感觉更近。而在人类头脑中所形成的诸多观念,如原因与结果、偶然与必然等等都是人在与外部事物的交流过程中逐渐形成的,也可以按照现象学的说法,是这个客观的世界向我们给予的。

最后,人类的理性能力则面对的是一个意义的世界,它以心灵世界中的事物为对象,是对于心灵世界的一种领悟,不是简单的一种知性意义上的显现，而是一种如同中国人所说的"顿悟"意义上的意义世界的呈现。如果说知性的世界是一个客观的冰冷的世界，理性的世界则有一颗跳动的人的心脏，它是人心灵的真正核心。

以上所说的人类心灵的三个次层是叠加的，也就是说理性一定包含知性与感性，知性一定包含感性，但反之则不然。

除了物质客体的世界和人的意识世界外，还有没有将客观世界模拟出来的事物呢？这就是第三个具有与本体相似功能的事物——人工智能。人工智能使用的是数字语言，这种语言通过复杂的开关电路，再加以呈现技术，几乎可以乱真地呈现客观物质世界和人的意识表现为行为的部分。然而我们知道，人工智能是人类意识分化出来的，它所使用的语言也是人工语言系统的一个分支。虽然现在很多思想家都对人工智能表现出的塑造这个世界的能力很是担忧，但这种能力到目前为止尚没有失控，至于当人工智能发展到一定程度后会不会产生意识的问题，目前尚在争议之中。我们现在就能预测到的人工智能的真正危险其实是它对于人类思维知性部分越来越强的模仿，可以想象，几百年以后，人工智能虽然没有心灵，但却可以具备人类的一部分知性能力，即逻辑记忆和计算能力。这部分能力有可能会模仿出人类的判断能力和维持生存的系统筹划能力，形成比人类更强的自主学习能力，并部分地具备创造发明的能力。显然，人工智能所具备的这部分知性能力，会大大地超越人类，就此一点就有可能会引发人类生存的危机，不仅可能会完全重塑人类社会的结构，而且在最极端的情况下，可能会毁灭整个人类。我们可以想象出这样一幅在科幻小说中的场景，当人工智能消灭了人类之后，会形成一个由人工智能统治的世界，它们会做精密的远超人类的知性思维，但是它们没有理性，也没有意义的世界，因为它们没有心灵，除非它们寻找到制造心灵的秘诀。当然人工智能也有可能把人的大脑或者高级动物的大脑纳入它的系统

中,并部分地启用人的大脑和动物大脑的部分功能,从而在进一步
的进化中增强它的适应性。

第七节　中国古代人性论的
现代转化与当代建构

从西方哲学思想的发展来看,西方思想以其重视逻各斯的传统,
从笛卡尔开始,就对于心灵与身体之间的关系进行了深入的探索,这
一思想路径一直延展,并成为当代哲学研究的重要论题。同时,西方
哲学对于人性的研究范围很广泛,与中国哲学人性论重视心性尤其
是人性善恶的传统不同,西方哲学的人性论对于人的感觉、知性、理
性、意志、情感等诸方面都有着广泛的研究,其人性论更侧重对人性
的逻辑结构和原则的研究。而中国古代的人性论以其对心性的研究
为特点,重视人性善恶维度的研究,并对心性结构给予了极大的关
注,其与西方哲学最大的不同在于强调心性的觉悟而不是逻辑分析,
更重视对心性结构有一个本体论意义上的建构。那么中西哲学对于
人性论的研究为什么会有着明显不同的传统呢?

虽然西方从古希腊时期就存在着神话和对神的信仰,但这是一
种多神论的信仰系统,而在古罗马解体后,西方的精神世界接受了基
督教,从此西方的思想世界有了哲学与宗教的分野。也就是说,哲学
的逻各斯传统更加强烈,而对于信仰和世界的感悟则存在于宗教之
中。正是在这种思想背景下,西方古代思想的主流更加重视逻辑分
析的力量,建立起以“是”为核心的逻辑推演系统。而中国的思想世
界却与此有着很大的不同,中国文化随着儒家的日渐强盛而走上了
内在超越的道路,其信仰、体悟与理性是一种合一的状态。如前所
述,儒家思想由孔子源起,经孔子后学、孟子、汉代经学,至唐末韩愈
和李翱提出复兴儒学的主张,再到宋明理学吸收佛、道思想,心性论

日渐成为其思想的核心。如果要说在中国古代思想中什么样的思想可以与西方哲学的核心形而上学或本体论相提并论，那一定是心性论。西方形而上学建立的基础是逻各斯的思维方式，或简化来说是系统的逻辑思维方式，其追求的目标是真理；而中国心性论的思维基础则是法象思维、体用论和理一分殊的思维系统，其追求的目标是道。正是中西哲学的这种文化差异导致了它们对人性问题思考和探究的差异。不过我们会疑问，这两种看待人性的方式有什么差别吗？毕竟它们都是对于人性的探讨。

西方古典哲学追求对于存在的把握，而且从巴门尼德开始就已经意识到思维与存在的同一性问题。从西方哲学传统看来，日常变动不居的经验世界与永恒不变的本体世界（比如柏拉图的理念世界）完全不同，一个是意见的世界，一个是真理的世界，这就使得西方思想中的世界是一个两分的世界，这种两分性也导致了客体世界与主体世界的两分。而中国文化的思想世界并不存在这样的区别，既不存在理念的本体世界与经验世界的两分，也不存在客体世界与主体世界的两分，也正是在这样的语境下，我们说中国的思想世界是天人合一的。西方哲学通过思维来界定存在，到了笛卡尔的"我思故我在"，这条路径就清晰地表达出来。他其实想说，虽然存在着上帝，但至高无上的上帝是不会欺骗我的，在上帝给予人的世界里，我们可以用思维、用清晰的逻辑推理，来把一个包括我在内的客观世界认识得清清楚楚。这种认识既基础稳固，又向未知世界敞开，是一种人类对于客观世界和主观世界的开拓，是对人类认识边界的拓展。

与此不同的是，中国文化由于哲学世界与信仰世界的不分，客观世界与主观世界的不分，再加上宗教意识的弱化，中国人并未走逻各斯的思维道路，而是走上了法象思维的思维道路。法象思维指示的是中国人追求道的路径，而这条道路之所以能够成立，就在于中国人所面对的世界与西方人有所不同。西方人面对的是一个物的世界,而中国人面对的是一个熟人熟事的世界;物的世界需要人类向着未知领域突进,而熟人熟事的世界虽也有对未知世界的认知,但更重要的是对于一个已知世界的平衡和在熟人熟事世界中的果断抉择。道的本义源自道路,中国人思想世界中的本体似乎拥有数不清的道路,可以通达世间的每一个事物。从中西古典哲学比较视角来看,中国哲学更倾向于人的理性,而西方哲学更重视人的知性。这当然不是说西方哲学不重视人的理性,比如虽然康德认为人只能用知性来认识现象的世界,而一旦使用理性就会导致二律背反,但黑格尔就不这样看,反而认为康德所说的二律背反正是理性的规则,人完全可以通过绝对精神来洞悉这个世界。然而我们看到的是,西方哲学的这种路径是一种纯粹的知性或者说理性的道路,而中国哲学的理性的道路又与此不同,更强调一个理性的意义世界的确立。要注意的是,这里所说的理性并不是使用不使用逻辑规则或者推理是不是严谨的问题,而是一个意义世界的建立问题,宋明理学的气论宗师张载所说的"德性所知,不萌于见闻"①说的就是这个意思。

　　人类来到这个世界,常常受制于周围的环境,我们的自由意志似乎常常受到来自自然和政治的各种压力,俗语里"识时务者为俊杰"之类的话常常为人们的随波逐流提供心灵的安慰,但问题是,人有没有可能摆脱物的世界和身体的束缚而形成独立的意义世界?在这一点上,中西哲学是一致的,但西方哲学追求的是与存在同一的思想,而中国哲学追求的是不分主客的道,并没有把被西方古典思想排斥的变动不居的经验世界排除出去,这种对世界的不同态度也影响到中国人对本体和心性的理解。本体思想受到现代哲学主流的极力批

---

① 张载著,章锡琛点校:《张载集·正蒙·大心篇第七》,中华书局,1978年,第24页。

判,人们对于客观世界中本体是不是存在的问题充满了疑惑。无论本体在客观的世界中是不是成立,在人的心灵中是绝对成立的,这是中国古典思想对于世界哲学的重要贡献。

在中国古典思想中,李翱提出复性主张,并将古典的心性理论进行了宋明理学式的建构,此一路径经由宋明理学的着力发展,形成集大成的两种心性论结构,即朱熹的心性结构和王阳明的心性结构:

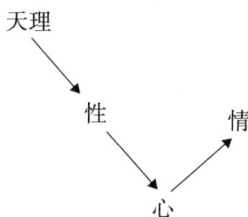

天理

性　　　　情

心

朱熹的心性结构图

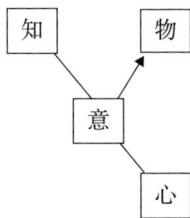

知　　　物

意

心

王阳明的心性结构图

中国人说到心性修养,不仅仅是如西方人理解的伦理学范畴,它其实是通过心性的本体而与整个世界贯通的精神境界。精神境界有伦理的层面,也有超越伦理的层面,比如冯友兰把中国人的精神境界分为四种:即自然境界、功利境界、道德境界、天地境界。在这里先不说道德境界是不是和伦理原则等同,天地境界显然是完全超越伦理境界的。对于中国文化来说,人能够完全自主地形成其意义世界,这个意义世界不是客观的逻各斯世界,其中的事物不由逻各斯组织起来,而由中国独特的法象、体用和理一分殊三位一体的思维结构建构起来。在柏拉图的理念论中,每一类事物都有一个理念,逻各斯的原则即是由这许多理念之间的逻辑关联建构起来的以"是"为核心的逻辑推演系统。而中国人并不这样看待世界,比如在儒家思想的成熟形态宋明理学中,理学一系认为,并不是每一个事物都有一个天理,而是所有事物中的天理都是同一个。天理是同一个,那就没有逻各斯的任何位置,但是没有了逻各斯,事物之间总要有相互的关系,这就是法象、体用、理一分殊的关系。

中国人说到世界的本体,有许多说法,到了哲学的成熟期,最重要的大约有这样几种:无、道、气、天理、性、心。"无"和"道"主要是由道家提出的,"无"指的并非什么也没有,按王弼的说法,无是万物的本体,没有现实世界中的任何属性,故而能成为万物的本体。道是本体还是本体之用,这在不同学者的表述中有所不同,但道作为本体通达万物的能力,至少是对本体的一个方面的显现。气和天理是对照来说的,张载承继先秦道家关于气的思想,认为万物源自气,太虚又是气的本体。宋明理学理学一系则承继中国传统关于理的思想和佛教关于本体界的思想,比如华严宗四法界说中的理法界,认为天理是万物的本体。而心学则将心视作心灵世界的本体,这个心其实是包含性在其中的。湖湘学派的胡宏,提出性为本体的思想,这个派系在过去由于宋明理学气、理、心三派的强大而显得不甚起眼,但其核心思想在今天已经越来越引起学界的关注。关于胡宏的思想,有一件事要提一下,我们在理解孔子"性相近也,习相远也"中的"性"字时多遵日常语义和宋明理学的解释,而胡宏将其解释为"好恶",这在漫长的岁月里被认为是一种对孔子思想的曲解。然而在新出土的郭店楚简《性自命出》中却说"好恶,性也",这说明胡宏对性的原初义理的理解是非常准确的,他的思考跨越了时间的长河,而贴近了性的本意。同时,他将性定位为世界的本体,从学理上来说实际是向上承继了李翱《复性书》的主要宗旨。

在中国哲学对于本体的诸种界定中,我们很难说哪一种是对的,哪一种是错的;这也就是说,中国古代心性论所显示的本体会有它的各种面相,这正是中国古代法象思维的精义所在。但是我们又会发现,这些差异是与活生生的哲学家的生活联系在一起的,因为正是我们当下的生活会影响我们站立的位置,就像面对太阳,我们有的人看到的是清晨的太阳,有的人看到的是正午的太阳,有的人看到的是即将落山的夕阳。有意思的是,我们最终只会持一种主张,而不可能在同一个时间点持有不同的主张。在这里,如果要在中国古代最重要的六种本体中选择一种,或者有能力自己独自发现一种,笔者根据思考和阅读,会选择性作为当代中国心性论的本体。为什么要做这样的选择,因为性在中国思想中具有独特的意义,它不仅是中国古代心性论的核心本体,也契合当代哲学对于人性以及心灵领域的研究。

"性"字源起于"生"字,在中国早期的文献中,生、性不分,但随着人们对事物属性认知的加深,生与性渐次分化。孔子"性相近"的性是什么意思,没有正面的说法,但我们可以通过郭店楚简中的《性自命出》推知。性指"好恶""喜怒哀悲之气",性与情尚没有分化,也就是说,性最初用到人身上大约是指人的性情。这种用法在《孟子》中也存在,孟子对四端之情与四德之性,也将它们看作是一种一体性的关系。到了荀子,亦是如此,荀子思想中的性、情、欲尤其是性与情之间也是一种紧密的关系。随着思想的发展,性情的含义渐次分化,王弼主张"性其情",而李翱《复性书》中的性善情有善有不善论就是在这样的思想背景下产生的。也正是在这样的思想语境中,我们才能真正明白李翱《复性书》在中国古代人性论和心性论思想发展史中至关重要的作用。现在的问题是,我们明晓了性在中国古代思想中的意义,但当我们走进现代哲学时,性将会把什么样的意义向我们显现出来呢?

　　性的本意源自生,生的意义就是在这个世界生成一种事物,然而性的意义并不是这种经验意义上的生,而是本体意义上的生。在这里,我们就要借助前面已经仔细讨论过的心灵与大脑组织的相互关系原理,来讨论人的心灵是怎样产生的问题。人的心灵自然是由大脑组织产生的,但是产生出的意识却并不存在于这个世界的空间之中,那么这个已经产生出的最初意识的原点是什么呢? 在前述身心关系的讨论中我们会发现缺少这样一个本体意义上的阐述,而这个位于身心之间,我们人类永远也不可能在经验的时空中,通过实验和观察来发现的产生意识的根源,就是中国古代思想中所说的性。意识与客观事物最大的区别是它的"感"的特点,从一个机械的或者无机的世界中产生感的确是一件不可思议的事情。这一不可思议之事,用哲学语言描述,就是性。在日常经验中,人的感觉已经有了很细致的分化,眼睛、耳朵、鼻子、舌头、身体会对应不同的感觉,而在每一类感觉中,我们又可以进行更加细致的划分。比如眼睛所看见的红色,就有一个无限的色谱差异,虽然眼睛只能看到这些差异中有限的层次,但已经足够了。但是作为本体的性不是指这其中任何具体的分化过的感觉,它是感觉的本体,是产生这些感觉的源点或起源。当然,我们在这里所谈的感并不仅指人的感觉,也包含在诸感觉基础上形成的时空之感、情感、意志、知性、理性等意识能力。也就是说,作为本体的性之所以是意识或心灵世界的本体,就是因为它是诸感觉、时空之感、情感、意志、知性、理性的真正起源。而且性与身体和心灵的关系不同,它还会进入诸感觉、时空之感、情感、意志、知性、理性之中,因为它是以上诸心灵表象的本体。

　　既然性是意识的本体,那性与意识之外客观世界中的事物是什么关系呢? 这个世界是客观存在的,除非你怀疑心灵呈现的这个世界,而客观世界中的事物却并不能认识它们自身,只有投影到人的意识或心灵中才能将其在心灵世界中呈现出来。性的特点不仅是对内的感,也是对外的感。对外的感感的是什么？是事物的差异,故而物性与人心灵的感性在这里是一致的,这就是康德所说的感性、时空直观、知性与自在之物共同构成的现象界。现象界中向人所显示的部分其实也可以用性来代指,因为它与人心灵的本体性是完全一致的,至于人所不能感受到的客观事物的部分,我们很难给它一个名称,也许我们可以叫它"无",叫它"自在之物"。这些名称也是迫不得已才给出的,因为我们从来也看不到它,我们只是从人类能勉强思考的角度给一个勉强的标记。当然,现代西方哲学会很强烈地反对这种说法。比如现象学会说,别说什么在人视域外的客观事物背后还有什么本质的存在,事物就是现象给予我们的这个样子,背后什么也没有了。当代分析哲学也会说,你说的这一切都不过是语言的误用,醒一醒,你是在头脑中产生的语言的海洋中迷失了自己。但是在当代哲学中,一些哲学家已经开始重新重视本体论对于当代哲学的意义。笔者并不觉得现代哲学批驳本体论的论证能够说服自己,本体论确实有它的问题,但从人类的意义世界来说,追寻本体也许是人类刻在命运里面的倾向。当然,如果客观的世界存在本体,我们也可以寻到它与心性本体"性"的直接关联,因为性毕竟产生于大脑,产生于身体,产生于客观世界。也许在这个客观世界的本体中就已经包含了性的存在,只是它在客观世界中是隐性存在的。我们常常会有这样的想法,这个世界上怎么会莫名其妙地蹦出一个新的、过去没有的东西,不会,绝对不会。如果这种说法是对的,那么心性意义世界的本体"性"早就隐性地存在于客观世界的本体之中了,如此,客观世界的本体与心性的本体也就有了直接的关联。不过,这个推论的前提也只不过是一个假想的未经证实的命题,我们在这里只是展现了这种哲学推理的结论,而并不打算做出最后的判断。哲学也许有时候并不能给出最后的答案,但会在我们的意义世界中展现出所有的可能性。至于哪一种可能性是真实的,也许人类永远也不会知道;但也许假以时日,一部分我们的疑问会有一个结果。

　　性是心灵世界的核心,也是心灵世界的核心"意义世界"的核心,性是人类心灵的本体,因为人类心灵的所有现象都以性为起源和归宿。它们都以性为体或理,而以心灵中的各种存在,如诸感觉、时空之感、情感、意志、知性、理性为用或分殊,所有具体心灵的存在都通过性而贯通为一。这样,我们已经看到,中国哲学的心性理论有了很大的拓展,我们走过了李翱所说的以性情为核心的时代,走过了张载的"心统性情"的时代,走过了朱熹的"性是心之体,情为心之用"的时代,走过了王阳明的"意之所在便是物"的时代,走过了王夫之的"性日生日成"的时代,我们走进了现代哲学,这是一个将心灵的内容拓展到整个的容纳感觉、时空之感、情感、意志、知性、理性的时代。但是,无论这一变化有多么剧烈,性是心性的本体,将心灵和意义世界的本体的含义,更加清晰地向我们展现出来。

　　中国古代心性论的涉及范围在不断扩大,王阳明将心性平台由心移到了意上,虽然王阳明所说的意更多的是《大学》的"诚意"之意,但也带有明显的意识的含义;因为在朱熹的心性结构中,心的用是情,尚没有将物纳入心性论中。而在王阳明的心性论中,阳明说"意之所在便是物"①,这就将物纳入心性结构之中。很显然,阳明的心性论在范围上大大超过了朱熹,而在当代心性论的建构中,心其实和意识具有相同的内涵,如果要区别,那就是心还有血肉之心和非意识的部分即潜意识的含义在里面。心性论以意识为基质,而性是整个意识的本体,儒家思想的意义世界就在这以性为本体的意识世界中呈现出来。性的核心含义承继了儒家的传统,即仁、义、礼、智、信,

①王守仁撰,吴光、钱明、董平、姚延福编校:《王阳明全集》卷一《语录一》,上海古籍出版社,1992年,第6页。

只是我们对于这些含义要进行符合当代社会的新的界定，而这个意义世界与传统心性论的最大不同就是，意不仅是朝向物的，物的世界也向人显现出来。如果我们借用王阳明的心性结构图把这种新的变化显现出来，那就会呈现出如下的结构：

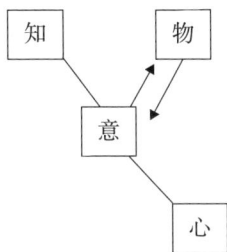

```
知          物
      ↗↘
      意

            心
```

我们再对以上的图示做一个现代化的修改，如下所示：

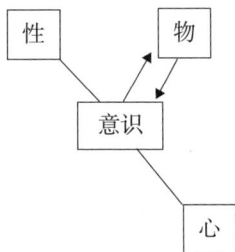

```
性          物
      ↗↘
     意识

            心
```

性是心灵或意识的本体，它不仅是意识或心灵的起源本体，还构成了意识本身，我们可以把性和意识的关系看成理一分殊的关系。意识或心灵包含感觉、时空直观、情感、意志、知性、理性等诸多意识形式，它们面向物的世界，感受和认知到物的世界向心灵或意识的呈现，同时也在此物的世界和内心诸种意识形式的基础上形成人心灵中的意义世界。这个意义世界与知性认识的客观世界并不是完全重合的，而不重合的部分正体现了人的心灵的真正价值所在，因为它是人类心灵意义世界的核心。

附　录　《复性书》①义疏

一、复性书上

人之所以为圣人者,性也;人之所以惑其性者,情也。喜、怒、哀、惧、爱、恶、欲七者,皆情之所为也。情既昏,性斯匿矣。非性之过也,七者循环而交来,故性不能充也。

每个人都具有相同的本性,它是人之所以能成为圣人的人性基础。既然每个人都具有相同的至善本性,那为什么圣人非常罕见呢?这是因为人的本性常常被情所迷惑。李翱引用《中庸》说:"喜怒哀乐之未发,谓之中;发而皆中节,谓之和。中也者,天下之大本也;和也者,天下之达道也。致中和,天地位焉,万物育焉。"②但他所说的中节,指的是情与性相融合而无对待的状态,是圣人"虽有情也,未尝有情也"的情性两忘的状态。这样说起来,喜、怒、哀、惧、爱、恶、欲七种情感就有两种情况:一种是中节的七情,一种是不中节的七情。中节的七情是与性无对待的纯粹七情,不中节的七情是与性相对待的昏乱的七情。如此,情便有两个层次,圣人的情由于与性一致而不会与性有冲突,是纯粹的作为性之用的情感,而一般人的喜、怒、哀、惧、

①《复性书》原文引自李翱撰,郝润华、杜学林校注:《李翱文集校注》卷第二《复性书》,中华书局,2021 年,第 13—28 页。

②朱熹:《四书章句集注·中庸章句》,中华书局,2012 年,第 18 页。

爱、恶、欲七种情感却常常遮蔽性本体而使人处于昏乱的情感之中。情感一旦昏乱，人的本性也就被遮蔽了；这自然不是性的问题，而是七种情感互相影响、互相干涉的结果。《三国志·魏书·钟会传》附《王弼传》有这样一段话：

> 何晏以为圣人无喜怒哀乐，其论甚精，钟会等述之。弼与不同，以为圣人茂于人者神明也，同于人者五情也，神明茂故能体冲和以通无，五情同故不能无哀乐以应物，然则圣人之情，应物而无累于物者也。今以其无累，便谓不复应物，失之多矣。①

李翱受到佛教以情为虚妄思想的影响，他的性情学说中的情的观点类似于王弼的性情说，想要兼取无情说和有情说的优点，在表现形式上就出现了"虽有情也，未尝有情也"的说法。其实，人生的意义离不开人情，而人情又是最易引人犯错的，故而人对于情本来就有两面的态度。人类的语言非常神奇，李翱通过性与情的关系所表达的两种情形我们也可以从另一个角度来理解。在他看来，圣人的性与情是合一的，也许就是一种性情不分的状态，我们已经很难用性情这样的语汇来区分它们，因为它们是一种分而不离的状态。其实，人性中先天地就包含着情，无情的人性是不可理解的，这正如在《性自命出》和荀子的思想中，性情本来就是一体难分的关系。而在中国人心中有了本体的观念之后，性与情就开始区分开来，情具有了独立性，但它的意义依旧离不开性。性情的区分使它们具有了两种关系，一种是相合融洽的关系，一种是对待相异的关系。性情之间相合融洽的关系使得性与情的区分并不明显，正像在它们原始的意义之中；而

———————

①陈寿撰，裴松之注：《三国志》卷二十八《魏书》，中华书局，2011年精装版，第795页。

性情之间相异对立的关系则使性与情具有了很大的异质性,我们可以把这种关系看成性情关系在语言和思想的流变中产生的新的意义。在这里,我们也许会想起王弼的话,"得意在忘象,得象在忘言"①,语言是流变的、不稳定的,它们的意义是在思想的长河中确立的。

　　水之浑也,其流不清;火之烟也,其光不明:非水火清明之过。沙不浑,流斯清矣,烟不郁,光斯明矣;情不作,性斯充矣。

　　水与沙、火与烟是中国古代思想中常用的比喻。这里,李翱以水、火比喻性,以沙、烟比喻情,以说明没有邪情的昏乱,性就会充足完满地呈现出来。不过,要注意的是,以水沙、火烟来比喻性情,并不能说明性与情是体用关系,因为沙并不是水的用,烟也不是火的用;沙与烟形成的原因并不在水与火,而是有其他的产生根源。描述体用关系,最好的例子是水波之喻,水是本体,波是水的用。这说明一个问题,李翱思想中的性情关系并不是明确的体用关系,而是一种夹杂体用论与本根论的双重关系。

　　性与情不相无也。虽然,无性则情无所生矣。是情由性而生,情不自情,因性而情,性不自性,由情以明。性者,天之命也,圣人得之而不惑者也;情者,性之动也,百姓溺之而不能知其本者也。

　　沙不是水的用,烟也不是火的用;但是在现实世界中,它们又是常常在一起的。李翱所说的性与情显然要比水与沙、火与烟的关系更加紧密,他认为,性与情是互相不可分离的。性与情具有一定的体

————————

①王弼著,楼宇烈校释:《王弼集校释·周易略例·明象》,中华书局,1980年,第609页。

用关系,情要依赖性而产生,性又要借助情来呈现自身的存在。不过,在性与情之间又存在着相生的本根关系,这从"情者,性之动也,百姓溺之而不能知其本者也"一句似能看出一些端倪。李翱在这里用了"知其本",而没有用"知其体",显然他还没有把体用的观念完全贯彻到儒家思想之中。"本"其实一般都有本根论的意义,再加上这里所说的"情者,性之动也",性怎样动呢? 在李翱的思想中更多地是通过心来动的,由心而产生情,与由性而直接产生情具有不同的意义。如果我们参照朱熹的"心统性情"说,它们不清晰的意义或许就一下明晰起来。

圣人者,岂其无情邪? 圣人者,寂然不动,不往而到,不言而神,不耀而光,制作参乎天地,变化合乎阴阳;虽有情也,未尝有情也。然则百姓者,岂其无性者邪? 百姓之性与圣人之性弗差也。虽然,情之所昏,交相攻伐,未始有穷,故虽终身而不自睹其性焉。

寂然不动是李翱所说的儒家道统之传的真谛,儒家思想注重心性修养,目的在于使人拥有超越性的判断能力,而要具有超越性的判断能力就要使人的内心复归道本体,不被虚妄不实的情欲所干扰。在李翱的思想里,寂然不动并不仅仅是宁静,而是超越动静之分的与道契合的境界。"不往而到,不言而神,不耀而光"都是强调顺道而行、不强行作为但本体自然会显现的话语;因为我们的作为并不是勉强而行,而是道的自然施行,人顺道施为就好像道本身在运行,没有丝毫用强的感觉。恢复到性情本体的意义上,李翱认为圣人虽然有情,但此情与性相合无碍,就如同性本身一样,故而又像是无情。有情之情指人的纯正情感,无情之情指人的造作乱欲之情。在李翱看来,每个人都具有相同的纯善之性,所以百姓的性和圣人的性是一样的;但是百姓的性被情所昏乱,这种昏乱来自情与情之间的不当干涉,比如以喜止哀,或以哀止喜,都并不能从根本上解决问题。这样,百姓沉溺在情欲之中,如果不能复性,也许终其一生都不能使自己先天就有的本性显现出来。

火之潜于山石林木之中,非不火也;江、河、淮、济之未流而潜于山,非不泉也。石不敲,木不磨,则不能烧其山林而燥万物。泉之源弗疏,则不能为江、为河、为淮、为济,东汇大壑,浩浩荡荡,为弗测之深。情之动弗息,则不能复其性而烛①天地,为不极②之明。

火潜藏于山林之中,只要敲磨石木就可以燃烧;水蕴藏在山中,只要疏浚源头就可以泉水流注。人虽然有纯善之性,但如果不能使情达于寂然不动之境,就不能恢复人的本性。

故圣人者,人之先觉者也。觉则明,否则惑,惑则昏。明与昏谓之不同。明与昏,性本无有,则同与不同二者离矣。夫明者所以对昏,昏既灭,则明亦不立矣。

圣人是首先觉悟的人,李翱"觉悟"的思想应该受到佛教顿悟论很大的影响。人一旦觉悟,就会明晓事物的细理;而当人尚未觉悟时,就处于昏乱迷惑的状态。但是性就是它本身,性的显现就是性本身的显现,并不存在什么明与昏的区别。当人真正觉悟后,他由天命而得到的天性本源就向他真实地呈现出来,这个时候再说明与昏的同与不同就没有什么必要了,因为同与不同只是人在未觉悟时的感受。明是相对于昏来说的,如果昏不存在了,与昏对待的明其实就复归到性本身。"同与不同二者离矣"是说,同与不同的对待会因明与

①烛:照,照亮。
②极:1.尽头,终了;2.尽,穷尽。"不极之明"言此性犹如一轮太阳,在空间上没有边界,在时间上没有尽头;比喻为永不熄灭、照亮心灵和世界的光明。

昏对待的消失而自然地消解，也就是说，同与不同的区别取决于明与昏的对待。既然已经没有了明与昏的对待，那么说明与昏的同或者不同又有什么必要呢？

　　这一节反映了《复性书》所使用的思维方式，也是李翱哲学的思维方式。这种思维方式显然与原始儒家有很大的不同，因为它已经深刻地受到道家"破除对待"和佛教双遣两边思想的影响，是儒家为突出寻求本体的力度而做出的努力。

　　是故，诚①者圣人之性也。寂然不动，广大清明，照乎天地，感而遂通天下之故，行止语默无不处于极也。复其性者，贤人循之而不已者也，不已则能归其源矣。

　　在李翱的思想里，天道与人道、人性之所以能相互贯通，就是因为天道、人道和人性的本质都是诚；也可以说，诚在李翱的思想中具有本体的地位。诚在中国思想中是一个非常重要的概念，《中庸》对于诚有很经典的表述："自诚明，谓之性；自明诚，谓之教。诚则明矣，明则诚矣。"②诚是针对明来说的，明是对于事物细理的明晓，而诚则是与世界或事物本体的默契。诚在中国思想早期如汉代的经学家释其为"真实无伪"，而宋明理学家受佛教影响，释其为"真实无妄"，李翱对诚的解释介于二者之间，为"诚者，定也，不动也"③。对于诚的"真实无妄"的含义应该怎样理解呢？中国思想与西方思想不同，是面对熟人熟事世界的哲学，而西方思想是针对物的逻辑性思想系统；所以，"真实无妄"主要不是说真理的，即不是针对物的世界，而是针

―――――――――――

①汉人将诚解释为"真实无伪"，宋明理学受佛教的影响将诚解释为"真实无妄"。

②朱熹：《四书章句集注·中庸章句》，中华书局，2012 年，第 32 页。

③《李翱文集校注》卷第二《复性书（中）》，第 20—21 页。

对熟人熟事的世界来说的。在《易传》中，孔子对其高足颜渊有一个很高的评价："颜氏之子，其殆庶几乎？有不善未尝不知，知之未尝复行也。"[1]诚是世界向我们的真实呈现，比如颜渊，世界向他真实地呈现，所以他犯了错，就会知晓，知晓了就会改正。而一般的人，常常沉溺于虚假的世界而不自知，比如生性懦弱的人常常以为自己拥有柔善的美德而不自知其性格的缺陷。如果一个人看到的不是真实的世界，而是他臆造出的世界，怎么可能会不犯错呢？

　　人修养到极致就会成为圣人，圣人呈现出性的本真特点——诚，有了诚的显现，人心就会处于寂然不动的状态。寂然不动是拥有诚本体的心灵状态，这就如同我们的心中升起了一轮太阳，阳光照临天地四方，天清地阔，气象万千。这样的心灵一旦感遇外物，就可以贯通事物的变故，明晰事物的根源，感微知几，无论是行、止、语、默都会顺道而行，无过无不及。当然，诚是圣人的性，在人未成圣人之前，就需要复性；贤者如能循着性的根源而追索不息，终有一日会使自己的性复归本源，拥有至诚的圣人之性。

　　《易》曰："夫圣人者，与天地合其德，日月合其明，四时合其序，鬼神合其吉凶，先天而天不违，后天而奉天时，天且弗违，而况于人乎？况于鬼神乎？"此非自外得者也，能尽其性而已矣。

　　李翱引《易传》的话以阐释自己的想法。《易传》此语，描述大人（也可以说是修养有成的圣人）修养到极致后的效果，他能与天地、日月、四时、鬼神相互契合，做事也不违天道。这种叙述正是中国思想天人合一境界的写照，也是中国古代法象思维关系的一种例证。在中国古代思想中，人与天地、日月、四时、四方存在着一种同构关系；

---

①周振甫译注：《周易译注·系辞下传》，中华书局，1991年，第264页。

李翱认为，圣人之所以能体会到这种同构关系，主要在于他能使自己的心性澄明，只有心性澄明，才能感悟到整个世界处于一种同构的天人合一境界。

> 子思曰："惟天下至诚为能尽其性。能尽其性，则能尽人之性；能尽人之性，则能尽物之性；能尽物之性，则可以赞天地之化育；可以赞天地之化育，则可以与天地参矣。其次致曲，曲能有诚。诚则形，形则著，著则明；明则动，动则变，变则化。唯天下至诚为能化。"

李翱尊崇《中庸》的一个主要原因就在于其性命理论，不过，我们也要意识到，李翱的理解和《中庸》的原义可能是有差异的，这种改变自然是解释学意义上的改变。《中庸》中谈到明白了自己的性就能明白人的性，明白了人的性就可以明白物的性；但是这里并没有明确地说明人与物的性是同一的，或者万物的性是同一个性。孟子承继了《中庸》"天命之谓性"的思想，但他在论证人性相同时也只使用类比的方法，即他所说的"心之所同然"①。孟子并没有从宋明理学的万物共同本体"天理"的角度来论证万物之性的共同来源天理的同一性，他只是从"心之所同然"出发，认为人心都有四端，从而可以发展出仁、义、礼、智的道德属性。但是，李翱在引用《中庸》这段话时着眼点已经有了很大的不同，他显然有把万物的性看成同一的趋向，至少在人类之中，他论证人性相同的方式已经开始凸显本体的意义，而并没有使用心之所同然或四端的方法。

> 圣人知人之性皆善，可以循之不息而至于圣也，故制礼以节之，作乐以和之。安于和乐，乐之本也；动而中礼，礼之本也。故在车则

---

① 朱熹：《四书章句集注·孟子集注卷十一·告子章句上》，中华书局，2012 年，第 336 页。

闻鸾和之声,行步则闻佩玉之音,无故不废琴瑟,视听言行,循礼而动,所以教人忘嗜欲而归性命之道也。

　　礼,不仅仅是礼仪,而是代表着人与人之间关系的准则。如再往深处言说,礼在中国古代甚至代表着整个社会政治体制的规则,是人们安身立命的现实基础。张载说:"盖礼者理也。"①可见,从人际交往角度来看,礼是理的外在表现;所以人的行为,遵循礼的要求,其实对人来说是至关重要的。孔子说"文质彬彬"也是这个意思,内在的质朴与外在的文采要相互配合。不过,礼对还没有顿悟儒家大道的人来说具有规则约束的意义,也就是说具有一定的强制性;但是对于明晓儒家精义的人来说,礼只不过是天理的自然表现而已。乐和礼不同,李翱说"故制礼以节之,作乐以和之";显然,礼是为了节制人的欲望,而乐则具有使七情中和的意味。乐与礼相比,似乎更加主动,更加自愿,这与乐的艺术形式有关;因为比起礼的节制来说,乐具有潜移默化的作用,更容易被人接受。这样,有了礼的节制,再加上乐的配合,由于人性本善,故而只要循着善性拳拳不失,终有一天会达到圣人的境域。

　　道者,至诚也。诚而不息则虚,虚而不息则明,明而不息则照天地而无遗。非他也,此尽性命之道也。哀哉! 人皆可以及乎此,莫之止而不为也,不亦惑邪?

　　西方思想的精髓倾向于真理,而中国思想的精义倾向于道,道与真理有重合,但也有不同。西方人的精神世界面向物和规则的世界,而中国古人的精神世界面向熟人熟事的世界。面向物的世界所追求的是形而上学的规则世界,必然会走向知识论的科学世界;而面向熟

①张载著,章锡琛点校:《张载集·张子语录(下)》,中华书局,1978 年,第 326 页。

人熟事的世界所追求的是道，虽然也认知世界，但这种认知知识论的意义相对较弱，采用的是格物致知的形式。在李翱看来，道是中国人精神世界的核心，其实质是诚。诚的字义是"真实无妄"，其哲学意义是在此基础上的进一步深化。诚是世界的本真状态，人如果达到诚的状态就可以与万物贯通，而不被具体事物所窒碍。其实，在中国古人的思想中，担心的不是能不能认知物的世界，而是真实的世界被私欲遮蔽；所以，如果内心能持久地涵养诚，就会绵绵不息，达到虚静的境界。虚与实相对，从道的角度来说，它不是实的，正如王弼所说，万物的本体是无，如果是有，那就不能成为本体，而只能是一事一物。如果心灵能够诚而不息，那么就会体会到与实相对的虚。也正因为体会到虚，才能明白世间存在的万千的实，因为有了虚就会有明，虚无正是孕育万物之实的本体。相反，如果只是局限于一偏之实，那本体世界就会从心灵中退隐，虚明之境将不复存在。这样，由虚就会有明，明而不停息自然就会像心中升起了一轮太阳，使天地之间的万物显现而无遗。而要做到这一点，就需要心性修养的功夫，这与西方对智的追求并不十分相同。李翱感慨说，其实每个人都可以修养到这样的境界，可惜人往往被私欲所蒙蔽而难以做到。显然，中国古人的精神世界重视的是心性的修养，是对欲望的革除，故而与西方追求智的逻辑的思想有很大的区别。

昔者圣人以之传于颜子，颜子得之，拳拳不失，不远而复，"其心三月不违仁"。子曰："回也其庶乎，屡空。"其所以未到于圣人者一息耳，非力不能也，短命而死故也。其余升堂者，盖皆传也。一气之所养，一雨之所膏，而得之者各有浅深，不必均也。子路之死也，石乞、盂黡以戈击之，断缨，子路曰："君子死，冠不免。"结缨而死。由也，非好勇而无惧也，其心寂然不动故也。曾子之死也，曰："吾求何焉？吾得正而毙焉，斯已矣。"此正性命之言也。子思，仲尼之孙，得其祖之道，述《中庸》四十七篇，以传于孟轲。轲曰："我四十不动心。"轲之门人，达者公孙丑、万章之徒，盖传之矣。遭秦灭书，《中庸》之不焚者，一篇存焉，于是此道废缺。其教授者，惟节行文章章句、威仪击剑之术相师焉，性命之源，则吾弗能知其所传矣。

自韩愈首倡道统说以来，儒家思想便对道统之传十分重视，李翱认为，孔子把儒家大道传给了颜子，颜子得到了儒家的大道，衷心保持，恳切而不失，能够做到"不远而复""其心三月不违仁"。"不远而复""其心三月不违仁"的说法在儒家思想中是有深意的，圣人与道相合，无时而不仁，但对于一般的人来说，人的修养总会与道有一定的距离。其实，与一般人切实相关的并不是圣人，而是追求圣人之道的人，他们的作为与我们的生活更加切近，也更容易理解。颜子的修养已经达到极高的境界，他深体圣心，世界向他真实地呈现；所以他犯了错误能"不远而复"，三月而不违仁，心性也长期处于寂然不动的境界。而对于尚没有体悟大道的人，世界被私欲所遮蔽，犯了错误却并不知晓。比如一个生性懦弱的人，他看不到自己懦弱性情的邪恶之处，反而以为自己不违逆他人是心性善良的表现。

孔子据说有三千弟子，这三千弟子中又有七十二贤者。在这些学生中，真正登堂入室的并不多，且得道深浅不等。子路面对死亡时说："君子死，冠不免。"他内心宁静，视死如归，达到了寂然不动的境界。曾子面对死亡时，也内心宁静，求仁而得正，又有何憾？子思得到了儒家的大道，其思想精髓通过《中庸》传给了孟子。孟子领悟儒家大道，四十岁达到寂然不动的境界。孟子的门人，公孙丑、万章等承继孟子的志向，继续传播儒家的大道。但是秦始皇建政后，焚书坑儒，诸子百家的典册遭秦祸而毁，《中庸》亦在其列，被毁后只剩一篇传世，从此儒道不传，师生相互传授的只有章句、威仪、击剑等外在的浮华之术，而真正的儒家性命之道却从此不传！

道之极于剥也必复,吾岂复之时邪? 吾自六岁读书,但为词句之学。志于道者四年矣,与人言之,未尝有是我者也。南观涛江入于越,而吴郡陆傪存焉,与之言之。陆傪曰:"子之言,尼父之心也。东方如有圣人焉,不出乎此也,南方如有圣人焉,亦不出乎此也。惟子行之不息而已矣。"呜呼! 性命之书虽存,学者莫能明,是故皆入于庄、列、老、释,不知者谓夫子之徒不足以穷性命之道,信之者皆是也。有问于我,我以吾之所知而传焉,遂书于书,以开诚明之源,而缺绝废弃不扬之道,几可以传于时,命曰《复性书》,以理其心,以传乎其人。乌戏! 夫子复生,不废吾言矣。

李翱对于道统之传有很大的抱负,他认为,道之发展必然由"剥"而"复";儒家之道终究不可能永久地沉寂,必然会复苏而风行于天下。李翱南游,吴郡的陆傪对他的见解很是赞同,说:"子之言,尼父之心也。东方如有圣人焉,不出乎此也,南方如有圣人焉,亦不出乎此也。"这正如陆九渊所说:"东海有圣人出焉,此心同也,此理同也。西海有圣人出焉,此心同也,此理同也。南海北海有圣人出焉,此心同也,此理同也。千百世之上至千百世之下,有圣人出焉,此心此理,亦莫不同也。"[1]在李翱看来,现下虽有性命儒道之书策存世,但是学者由于失其师承,儒道沉寂,故而多归于佛道。这种情境会在世人心中形成一种错觉,以为儒道至浅,并不能真正穷尽性命之道的本源。这样说起来,儒道之传,需要两方面的因素,一是儒道,一是传统,两者缺一不可。李翱正是看到了这一点,潜心儒道学理,并立志复兴儒道的传统,于是写作了《复性书》,意图重回诚明学术的根源,接续断裂已久的道统。

---

[1] 陆九渊著,钟哲点校:《陆九渊集》卷三十六《年谱》,中华书局,1980 年,第483 页。

二、复性书中

或问曰："人之昏也久矣，将复其性者，必有渐也，敢问其方？"

曰："弗虑、弗思，情则不生；情既不生，乃为正思。正思者，无虑、无思也。《易》曰：'天下何思、何虑？'又曰：'闲①邪存其诚。'《诗》曰：'思无邪。'"

既然儒家道统不传，人被情欲所昏日久，那么有没有具体的恢复本性的方法呢？"弗虑、弗思"指的显然并不是什么也不思考，什么也不忧虑，而是指人的"正思"不被私欲所干扰。也就是说，作为"正思"的思，自然是有思的。《易传》说"天下何思、何虑"与此相似，天道以诚而行，顺畅无碍，并不会像人一样有私心杂念。人和天道不同，人有心，天道无心，这正说明人要做到天道的至诚是非常困难的。也正因此，人要存养出本体"诚"就必须要防止心中的私欲，故而孔子称赞《诗经》说："《诗》三百，一言以蔽之，曰'思无邪'。"②

曰："已矣乎？"

曰："未也。此斋戒其心者也，犹未离于静焉。有静必有动，有动必有静；动静不息，是乃情也。《易》曰：'吉凶悔吝，生于动者也。'焉能复其性邪？"

曰："如之何？"

曰："方静之时，知心无思者，是斋戒也。知本无有思，动静皆离，寂然不动者，是至诚也。《中庸》曰：'诚则明矣。'《易》曰：'天下之动，贞夫一者也。'"

---

①闲：防。

②朱熹：《四书章句集注·论语集注卷一·为政第二》，中华书局，2012 年，第53 页。

　　做到无思无虑的"正思"是不是就可以完全地复性了呢？李翱认为，这只是复性的第一步，而不是终极的顿悟。为什么这么说呢？因为，无思无虑有两种：一种是用强制的力量所获得的勉强的结果；一种是顿悟后修养到的自然而然的境界。上章所说的无思无虑显然带有强制性的色彩，而要使无思无虑成为自然而然的结果，就不能是强制性的斋戒，而应是更高一级的寂然不动境界。斋戒就是用强制性的力量迫使自己的内心归于平静，但是有静就会有动，有动就会有静，这种内心的动静交互作用，其实就是人的情欲。李翱认为，只要有动，就会有善、恶、吉、凶，恶情就是有根的，这怎么能恢复人的本性呢？故而只有使宁静的心在境界上再进一步，方能恢复人的天命之性。在李翱看来，强制内心时心中虽似寂静而无欲望之思，但只要这种强制性的力量去除，私欲就会自然滋生出来；而要使私欲不再滋生，彻底摆脱私欲对人性本体的遮蔽，就必须要体悟私欲本就是无根的。如能体悟此境界，私欲只不过因情之交伐而生，情回归本位，则心中本就没有私欲之思。此时我们才能回归道之本根，动静之类的对待亦不复存在，内心达到真正的寂然不动境界，这也是至诚的天道显现的境界。这样，正如《中庸》所说，"诚则明矣"，有了内心的本体之诚，则自然会有心灵的明察之用，正如天下扰扰，法象万千，但都可以用寂然不动的本体来统摄、贯通。

　　问曰："不虑不思之时，物格于外，情应于内，如之何而可止也？以情止情，其可乎！"

　　曰："情者，性之邪也。知其为邪，邪本无有，心寂不动，邪思自息，惟性明照，邪何所生？如以情止情，是乃大情也。情互相止，其有已乎？《易》曰：'颜氏之子，其殆庶几乎？有不善未尝不知，知之未尝复行也。'《易》曰：'不远复，无祇悔，元吉。'"

　　"格"的含义是"至""到"，当事物来到面前，将我们卷入一个事件之中时，应该怎样处理这个事物或事件呢？一般人们都会有这样的经验，当事物出现在面前时，内心就会有情感的反应；但按李翱的说法，心要复性，就要达到寂然不动的境地，那应该如何看待我们的情感呢？在这里，如果只是着眼于停止情感的波动，那是不是可以用一种情感来调和另一种？比如用喜来调和悲，用悲来调和过度的喜。显然，李翱否定了这种路径。在他看来，如果人没有完全复性，就会有情，这种情是与性对立的，而这种与性对立的邪情其实本来就是虚妄的。故而，只要我们的内心能真正地达到寂然不动的境界，人心中的本体"性"就会像一轮太阳一样照亮我们心灵显现出的世界，在这样一个大光明的世界中，邪又能从哪里产生呢？而如果我们的内心还没有恢复出性的本体，我们的性就像被乌云所遮蔽，邪情就会像物的影子一样随时产生出来。李翱认为，如果只是用一种情感去调和另一种情感，其实就走错了路。正确的路径应该是修养我们的内心，达到寂然不动的境界，邪情自然就会消失。那么，这种寂然不动的性本体显现的境界到底是一种什么样的状况呢？李翱把孔子的高足颜回作为一个典范，推荐给我们参照。颜回是修养最接近道的学者，正因为他明悟了道的真义，真实的世界就在他的面前呈现出来。也正因此，假如他的行为稍有不善，自己就会觉察到；而一旦有所觉察，就不会再做这样的事。颜回犯了错自己就能知道，知道了马上就会改正，所以不会犯大的错误，也就没有大的悔恨。可是，对于一般的人来说，处在一个虚妄的世界中却不自知，做了错事却还以为做的是善事，差异何其之大啊！

　　问曰："本无有思，动静皆离，然则声之来也，其不闻乎？物之形也，其不见乎？"

　　曰："不睹不闻，是非人也。视听昭昭，而不起于见闻者，斯可矣。

无不知也,无弗为也,其心寂然,光照天地,是诚之明也。《大学》曰:
'致知在格物。'《易》曰:'易,无思也,无为也,寂然不动,感而遂通天
下之故,非天下之至神,其孰能与于此?'"

也许我们会对李翱寂然不动的境界本身产生怀疑,如果像他所
说,在寂然不动的境界,动静皆离,难道当声音传到耳朵中时我们会
没有感觉,当事物出现在眼前时我们会没有反应吗?李翱在这里回
答得很好,在他看来,人不是草木,当然能听能看,但问题的关键是,
要视听"昭明"。这种"昭明"有着深刻的含义,它其实并不产生于我
们的耳朵和眼睛,而是产生于人心至善的本体之性。这也就是说,一
旦内心恢复了本性之善,那么便没有不能知的,没有不能为的。这里
的"无不知也,无弗为也"的状态与西学认知性的知识论不同,如果那
样理解,我们就会产生疑问。古代中国人所面对的是一个熟人熟事
的世界,这与西方人所面对的物的世界不同。当面对物的世界时,永
远也不会处在一个"无不知也,无弗为也"的状态,因为总有一个陌生
的世界是我们所不知的。但是,对于中国古人来说,所面对的是一个
熟人熟事的世界,一切都是熟知的,只是由于内心的欲望,才遮蔽了
对于这个世界的真正的明悟。只要能够从内心驱除私欲,就可以处
在一种"无不知也,无弗为也"的境界。当内心处于寂然不动的状态
时,心中的性本体就像一轮升起的太阳,作为世间万事万物的本体,
它会使我们明晓世间万事,这种明晓就是由本性之诚而产生的"明"
之用。这就是《大学》所说的"致知在格物"的真义,也是《易传》所说
"易,无思也,无为也,寂然不动,感而遂通天下之故。非天下之至神,
其孰能与于此"的神妙之处。当人的修养达到寂然不动的境界时,独
处时,内心寂然不动;当有外物来到面前时,寂然不动的心性本体就
会感外物并贯通外物,使外物准确地呈现在面前。

曰："敢问'致知在格物'，何谓也？"

曰："物者，万物也。格者，来也，至也。物至之时，其心昭昭然明辨焉，而不应于物者，是致知也，是知之至也。知至故意诚，意诚故心正，心正故身修，身修而家齐，家齐而国理，国理而天下平，此所以能参天地者也。《易》曰：'与天地相似，故不违。知周乎万物而道济天下，故不过。旁①行而不流，乐天知命，故不忧。安土敦乎仁，故能爱。范围天地之化而不过，曲成万物而不遗，通乎昼夜之道而知，故神无方而易无体，一阴一阳之谓道。'此之谓也。"

中国古代思想中的格物致知不同于西方的知识论，故而以现代的知识论来理解这一段话是不恰当的。什么是中国古人所说的格物致知呢？李翱认为，"格"的含义是"来""至"，"格物"即是说当物来到人面前，或者人进入事态之中；当此之时，人对于所处的事态会有一个认知和决断。在这里，眼睛所看到的、耳朵所听到的都只是事情的表象，中国古人相信在这个情态之中其实有着永恒的道在起着作用。故而，只要人的内心修养到了本体本性，就可以真正地面对事态，使事态的真实情态呈现出来。这里所说的其实就是诚的境界，也就是世界向我真实呈现的状态，这就是中国古人所说的致知。而"知之至"，也就是最高的知，有了它，人的内心就会诚；有了诚，内心就会澄明端正；内心澄明端正，人的修养就达到一个新的境界，人的内心也就有了一个安身立命的基础；而一个人可以安身立命，就可以使家得到治理；所有的家都有了安身立命的基础，那国家就会平衡、贯通而合理；国家得到治理，天下也就太平而有秩序了。这与《周易》的思想也是一致的，《周易》的思想体现着中国最原始的法象思维方式，因为万物都法象天地，故而只要人能法象天地，则处世就会顺化而畅

———————————

①旁：遍。旁行：遍行。此句是言，如道一样普遍地行于万物，而不是只流于一方，拘于一隅。

通。道作为万物的本体,会包罗万事万物而不会遗漏任何一个,故而说"周乎万物"。知道了这一点,就不会违背大道,就不会流于一隅之偏。

曰:"生为我说《中庸》。"

曰:"不出乎前矣。"

曰:"我未明也,敢问'何谓天命之谓性?'"

曰:"人生而静,天之性也。性者,天之命也。"

曰:"率性之谓道,何谓也?"

曰:"率,循也。循其源而反其性者,道也。道也者,至诚也。至诚者,天之道也。诚者,定也,不动也。"

《礼记》说:"人生而静,天之性也。"[①]在李翱的思想中,静与动相对,而在动与静之上,还有一个脱离动静对待的寂然不动的境界。这样说起来,正如李翱在《论语笔解》中所说,"人性本相近于静"[②],人的性来自天命本体,当它落于人心时起初都是相近的,这个"相近"指的是相近于人性之静。但是有静就有动,有动就有静,动静不息就会产生情感,这是人由性而生情的自然状况。如此,人虽有天生的天性,却没有天生的寂然不动,故而便需要"率性"。李翱把"率"解释为"循",认为人只要循着性的本源本体就可复归于性,这也是对道的体悟。在李翱看来,道的精义就是诚,天道就是至诚,而诚的含义则是定和不动,这与汉代把诚解释为"真实无伪"和宋代解释为"真实无妄"有很大的不同。李翱所说的诚,强调本体的恒定性,但显然也

---

①郑玄注,孔颖达等正义:《礼记正义》卷三十七《乐记第十九》,阮元校刻:《十三经注疏》第三册,中华书局,2009年,第3314页。

②韩愈、李翱:《论语笔解》,《景印文渊阁四库全书》第196册,台湾商务印书馆股份有限公司,1986年,第22页。

与人心的寂然不动和决断有着重要的关联。

"修道之谓教。何谓也？"

曰："教也者，人之道也。诚之者，择善而固执之者也。循是道而归其本者，明也。教也者，则可以教天下矣，颜子其人也。'道也者，不可须臾离也，可离非道也。'说者曰：'其心不可须臾动焉故也。动则远矣，非道也。变化无方，未始离于不动故也。''是故君子戒慎乎其所不睹，恐惧乎其所不闻，莫见乎隐，莫显乎微，故君子慎其独也。'说者曰：'不睹之睹，见莫大焉；不闻之闻，闻莫甚焉。其心不动，是不睹之睹，不闻之闻也；其复之也远矣。故君子慎其独，慎其独者，守其中也。'"

在这一部分中，紧接着对"天命之谓性""率性之谓道"两句话的解释，李翱对《中庸》第一章后面的三句话进行了深入的解析。

首先是"修道之谓教"。对于"率性之谓道"，李翱说"循其源而反其性"；而对于"修道之谓教"，他说"诚之者，择善而固执之者也。循是道而归其本者，明也"。很明显，这两种表述有很大的差别，虽然都在说复性，但一个说的是本体，一个说的是修养本体。对本体来说，直接是循源返性；而对于人道来说，则是择善固执。李翱区分了"诚"和"诚之者"，"诚"是本体本身，而"诚之者"则是对诚的追求。而且李翱明确地说，"诚之者"就是明的过程，这种说法反映了李翱对《中庸》诚、明关系的深刻理解，而这个明的过程就是作为人道的教化的本质。在这里要注意的是，李翱接着举了颜渊的例子，为什么不举孔子的例子呢？因为孔子是圣人，学者无从学起，而颜渊尚未成圣，人们可以模仿学习。因为颜渊正处于孔子教化他或者说明的过程中，故而李翱说"教也者，则可以教天下矣，颜子其人也"。

其次是"道也者，不可须臾离也，可离非道也"。《中庸》认为，道是万物的本体,故而任何事物及事件都不能离开道的关照。而李翱主要是从人心的角度进行了解析,他认为,"诚"的含义就是"定"与"不动",而人心修养到诚本体,就是修养到了"定"与"不动";故而人心动,就会远离道。他认为,要想从容应对千变万化的事物,就必须有一颗不动之心。这里要注意的是他在说心的"不动",没有说"寂然不动",应是针对人道而说的。如果说天道,比如说孔子,应该会用"寂然不动"来表述。

最后是"是故君子戒慎乎其所不睹,恐惧乎其所不闻,莫见乎隐,莫显乎微,故君子慎其独也"。李翱对此句的理解,完全超越了《中庸》"慎独"的原意。他认为,眼睛的看、耳朵的听都只能看到和听到表面的形象和声音,但真正的看与听则应超越于此,而以心中的天道为准则,保持内心的宁静,拒绝外部不好事物的牵扰,这就有点张载"德性所知,不萌于见闻"①的意思,显现出宋明理学心性本体的最初气象。

> 问曰:"昔之注解《中庸》者,与生之言皆不同,何也?"
> 曰:"彼以事解者也,我以心通者也。"
> 曰:"彼亦通于心乎?"
> 曰:"吾不知也。"

李翱认为,过去注解《中庸》的人只是就事论事,而没有体会到《中庸》的真正精义;他认为自己是真正以心贯通了《中庸》的思想,而不仅仅是就事论事。很明显,李翱的这一思想在唐代古文运动"文以载道"的基础上又加上义理阐释的新学术理路,完全不同于汉唐经学训诂考据的治学方法,其思想目标直指宋明理学,他是名副其实的宋明理学先觉者。

---

① 张载著,章锡琛点校:《张载集·正蒙·大心篇第七》,中华书局,1978 年,第24 页。

曰："如生之言,修之一日,则可以至于圣人乎?"

曰："十年扰之,一日止之,而求至焉,是孟子所谓以杯水而救一车薪之火也,甚哉! 止而不息必诚,诚而不息必明,明与诚终岁不违,则能终身矣。造次必于是,颠沛必于是,则可以希于至矣。故《中庸》曰:'至诚无息,不息则久,久则征,征则悠远,悠远则博厚,博厚则高明。博厚所以载物也,高明所以覆物也,悠久所以成物也。博厚配地,高明配天,悠久无疆。如此者,不见而章,不动而变,无为而诚。天地之道,可一言而尽也。'"

复性需要多长时间才可以达成呢? 显然在李翱看来,这有一个较长的过程,其思想倾向于渐修。在此基础上,李翱还说明了修养心性、恢复本性的大体次第。首先要停止内心私欲的侵扰,如果能这样做而不停息,终有一天会获得诚的境界。有了诚就会有明,就会由本体而产生生用。人的心性修养既有诚的本体,又有明的功用,如能终一年(当然,这里所说的一年只是一个大概的数字,并非确指)而不反复,则可以保持终身不变。如能再进一步,正如《论语》所说,"造次必于是,颠沛必于是"①,也即无论是仓促之间,还是颠沛流离之时,都能坚守儒家的大道,则圣人之境也可期待。

问曰:"凡人之性犹圣人之性欤?"

曰:"桀纣之性,犹尧舜之性也。其所以不睹其性者,嗜欲好恶之所昏也,非性之罪也。"

人的本性都和圣人的本性一样,即使是桀、纣的性也和尧、舜的性是一样的。桀、纣之所以不能够体会人真正的本性,是因为情欲昏

①朱熹:《四书章句集注·论语集注卷二·里仁第四》,中华书局,2012 年,第70 页。

乱了他们的本性,这不是性的过错。

　　曰:"为不善者非性邪?"

　　曰:"非也,乃情所为也。情有善有不善,而性无不善焉。孟子曰:'人无有不善,水无有不下。夫水搏而跃之,可使过颡,激而行之,可使在山,是岂水之性哉?'其所以导引之者然也。人之性皆善,其不善亦犹是也。"

　　人性都是善的,而情则有善有不善。在李翱看来,善情由于与善性相一致而至不显现的境地,这即是他所说的"情性两忘"的状态;而他所说的情一般多指百姓的不善之情。

　　问曰:"尧舜岂不有情邪?"

　　曰:"圣人至诚而已矣。尧舜之举十六相,非喜也;流共工,放驩兜,殛鲧,窜三苗,非怒也:中于节而已矣。其所以皆中节者,设教于天下故也。《易》曰:'知变化之道者,其知神之所为乎?'《中庸》曰:'喜、怒、哀、乐之未发谓之中,发而皆中节谓之和。中也者,天下之大本也;和也者,天下之达道也。致中和,天地位焉,万物育焉。'《易》曰:'唯深也,故能通天下之志。唯几也,故能成天下之务。唯神也,故不疾而速,不行而至。'圣人之谓也。"

　　圣人虽也有情,但他们的情与性一致而不妨害性,故而能达到"情性两忘"的境地。所以尧、舜推举人,并不是私心喜欢;惩罚人,也不是私心厌恶。他们做事中节,并不是为了私心,而是使天下都处于大公无私的教化之中。《易传》说"知变化之道者,其知神之所为乎"①,神是潜藏在事物背后推动事物发展变化的力量。在中国古

————————

① 周振甫译注:《周易译注·系辞上传》,中华书局,1991年,第241页。

代思想中,说到变化,一定会关联到神的作用。万物为什么如此变化,比如水结为冰,花朵鲜艳地呈现,这是人所不能解释的。我们能观察到它们表面的变化,也可以科学的原理来解释这些现象,但是它们之所以如此的神妙莫测的原因是我们一般人所没有办法把握的。比如花朵的红色,我们可以说红色的波长,但红色不是波长,红色为什么会出现在这个世界,是人类无法解释的。虽然如此,中国古代思想认为,修养高深的圣人、贤者能感知变化之道,故而对于天道之神用具有深刻的体认。这种变化之道在人身上体现为七情的作用,李翱认同《中庸》的说法,认为七情未发为中,发而中节为和,人只要能使七情达到中和,就能体会到天地之道的根本。这正如《易传》所说,"唯深也,故能通天下之志;唯几也,故能成天下之务;唯神也,故不疾而速,不行而至"①。天道真正的意志本体,只有深入其中才能体会,而体会到此天道本体,就会感受到天下万物很微小的变动(几的含义是"动之微"),就能应天顺时,成就万事。所以,只有体会到事物表面变化下的本体神用,才能顺应天道,"不疾而速,不行而至";之所以这样,是因为当人顺天做事时,其实自己并没有做什么特别的事,而是天道自己在运行。故而从人的角度来说,只要顺行天道,不疾行却能像天道一样迅捷,就如同人置身于地球表面,并没有疾行,却能"坐地日行八万里",如此自然便能"不行而至"了。

　　问曰:"人之性犹圣人之性,嗜欲爱憎之心何因而生也?"

　　曰:"情者,妄也,邪也;邪与妄则无所因矣。妄情灭息,本性清明,周流六虚,所以谓之能复其性也。《易》曰:'乾道变化,各正性命。'《论语》曰:'朝闻道,夕死可矣。'能正性命故也。"

---

① 周振甫译注:《周易译注·系辞上传》,中华书局,1991年,第244页。

　　既然普通人的性都和圣人的性是一样的，那么有了这样的性之本体，作为本体之用的情自然也应该是善的，如此，则不善之情又是从哪里产生的呢？这是学者们对于李翱复性主张的一个疑惑。李翱认为，恶情是虚妄的，是邪的，这种虚妄邪恶的情是没有原因的。李翱在这里所说的情只是指恶情，而不指善情。据此推论，圣人的本性产生的情感只能是善情，这种善情由于与性一致甚至于达到"情性两忘"的程度；所以，这里所说的情是一般人的不善之情，这种情是由于人的本性被遮蔽才产生的。在这个情境里，只有虚妄的情在起作用，而这种虚妄的邪情是因心而生的，是虚假不实的，是没有稳固根基的。一旦我们的内心明悟，这种虚情就会被破除，如此说来，这种情本来就是没有原因的，也即是无根的。正如《易传》所说，只要我们顺应天道，正于性命，虚妄之情就无从产生。而《论语》所说的"朝闻道，夕死可矣"，其实并不能简单地理解为，我们早上知道了道，晚上就可以死了。它毋宁是在说，只有我们顿悟了大道，才可以真正地面对死亡，视死如归，明白万事万物生生灭灭的根源，不会在死亡面前产生无谓的消极情绪。这样说起来，只有心性修养才能使我们的情感真实而不虚妄，不会被邪情所干扰。

　　问曰："情之所昏，性即灭矣，何以谓之犹圣人之性也？"

　　曰："水之性清澈，其浑之者沙泥也。方其浑也，性岂遂无有邪？久而不动，沙泥自沉。清明之性鉴于天地，非自外来也。故其浑也，性本弗失，及其复也，性亦不生。人之性亦犹水也。"

　　学者可能会有这样的疑问，既然每个人都具有如同圣人一样的性，那么为什么此性被情所昏乱，就会不再显现？凭什么就能说常人的性和圣人的性是一样的呢？李翱举了中国思想史中常用的水沙之喻，在他看来，性与情的关系就如同水与沙，水的本质并不会因为沙的有还是无而有所改变，同样，每个人都具有的纯善之性并不因情的昏还是不昏有所改变；故而人的性是先天具有的，而不来自外部的习染。

问曰："人之性本皆善，而邪情昏焉，敢问圣人之性将复为嗜欲所浑乎？"

曰："不复浑矣。情本邪也，妄也，邪妄无因，人不能复。圣人既复其性矣，知情之为邪，邪既为明所觉矣，觉则无邪，邪何由生也？伊尹曰：天之道，以先知觉后知，先觉觉后觉者也。予天民之先觉者也，予将以此道觉此民也，非予觉之而谁也？如将复为嗜欲所浑，是尚不自觉者也，而况能觉后人乎？"

既然人性本善，那么当人修养到圣人的境界，会不会再被私欲所污染？这个问题涉及我们对于情的看法，在李翱看来，情本来就是虚妄的，这种虚妄其实是指没有实在的原因，这也是李翱复性思想之所以能够成立的理论基础。试想，如果人心中的邪情本来就是有根基的、不可根除的，那复性的主张就仅仅是勉力而为，圣人的境界也就是一个假想的希望。所以，由于圣人领悟到邪情的虚妄，虚妄的情源自心中的私欲，并没有牢不可破的基础，这样才能破除心中的私欲而成为圣人。既然心中的邪情已被破除，那么这无根的邪情便不再存在，圣人能成其为圣人的原因也就在于此。圣人是首先觉悟的人，担负着使后觉者觉悟的职责，如果他还会被私欲所惑，那说明还不是圣人，又怎么能担负起使后觉者觉悟的职责呢？

曰："敢问死何所之耶？"

曰："圣人之所不明书于策者也。《易》曰：'原始反终，故知死生之说。精气为物，游魂为变，是故知鬼神之情状。'斯尽之矣。子曰：

'未知生,焉知死。'然则原其始而反其终,则可以尽其生之道;生之道既尽,则死之说不学而自通矣。此非所急也,子修之不息,其自知之,吾不可以章章然言且书矣。"

儒家对于生死采取的是一种自然主义的立场,倾向于重视生;而对于死,儒家只是表明了一种面对死亡的态度,并未有一个超越生死的主张。在李翱看来,死生之说,其实就是在这个世界中,精气聚而形成具体的有形之物,而当气聚至极限,则物散而游魂离体,物变而为死或无的状态。他引用孔子的话说:"未知生,焉知死。"这句话强调的是人生时对于大道的体会,在他看来,明晓了大道,也就知道了怎样生,同样也就明白了怎样面对死。中国人提问题的方式与西方有很大的差异,西方人问的是"原因",中国人更重视"怎样"。从中国人的视野看,世界如其所是的存在是一个基本事实,也是人类生存的基本前设。在这样的前设下,中国人所重视的不是如何超离这个限制,而是关心如何(或怎样)在这个如其所是的世界上生活。李翱说:"生之道既尽,则死之说不学而自通矣。此非所急也,子修之不息,其自知之,吾不可以章章然言且书矣。"这并不是一种搪塞的话语,因为在他看来,只有懂得了怎样生,才会知道应该怎样死。也就是说,关于死的态度的形成是后于生的态度的,所以李翱认为不用着急,写得再明白,但如果不知如何生,自然也就不知如何死。在这里,我们看到古代中国人与现代中国人提问方式的差异,现代中国人受西方生死观的影响,以为提生死问题,就是说地狱与天堂。但是中国古代的儒者想的却是如何面对生与死的问题,至于这个世界有没有鬼神,那是另一回事,不是生死问题。当然我们也可以说,李翱在此节中,把一个死后去哪里的问题,换成了如何面对生死的问题,事实也确实如此。

三、复性书下

昼而作,夕而休者,凡人也。作乎作者,与万物皆作;休乎休者,与万物皆休;吾则不类于凡人。昼无所作,夕无所休;作非吾作也,作有物;休非吾休也,休有物。作耶? 休耶? 二皆离而不存,予之所存者终不亡且离也。

白天劳作,晚上休息,这是一般人每天经历的事情。但是如果注意到事物是遵循天道而独立运行的,就会使自己的劳作和休息与万物的兴作和休息一致。不要在万物休息的时候逆天道而行,非要劳作;因为我们的劳作不仅仅关乎自己,也必然会关涉周围的事物。当然,"作乎作者,与万物皆作;休乎休者,与万物皆休"还不是李翱所说的最高境界,他所理解的最高境界是"作非吾作也,作有物;休非吾休也,休有物"。在这一最高的境界中,我们要明白的是,如果能顺应天道而行,那么并不是我们在作,是物在顺天道而行;并不是我们在休,是物在顺天道而休。如此,"作"与"休"的对立与区别似乎也就没有那样大,"作"与"休"都是顺天道而行,我们能够体会出"作"与"休"背后的天道本体。这一天道本体并不分什么"作"与"休",故而李翱说"二皆离而不存",也就是"作"与"休"在本体的层面,就像《复性书》上篇所说的"昏"与"明"的区别已不复存在。也正因此,我们所存养的天道本体,终于不会因"作"与"休"或"明"与"昏"的显现而隐退不显,故而李翱说:"予之所存者终不亡且离矣"。这显然是受道家和佛教思想影响的结果,其含义是万物本为一体,任何对天道本体从一个侧面的理解都是对这样一个整体的分离。

人之不力于道者,昏不思也。天地之间,万物生焉。人之于万物,一物也;其所以异于禽、兽、虫、鱼者,岂非道德之性乎哉? 受一气而成其形,一为物而一为人,得之甚难也。生乎世,又非深长之年也,以非深长之年,行甚难得之身,而不专专于大道,肆其心之所为,则其所以自异于禽、兽、虫、鱼者亡几矣! 昏而不思,其昏也终不明矣。

吾之生二十有九年矣。思十九年时,如朝日也;思九年时,亦如朝日也。人之受命,其长者不过七十、八十、九十年,百年者则稀矣。当百年之时,而视乎九年时也,与吾此日之思于前也,远近其能大相悬耶? 其又能远于朝日之时耶? 然则人之生也虽享百年,若雷电之惊相激也,若风之飘而旋也,可知耳矣。况千百人而无一及百年者哉! 故吾之终日志于道德,犹惧未及也,彼肆其心之所为者,独何人耶?

人生于这个世界,拥有非常短暂的生命,但是相较于世间其他事物,又是十分难得的。世间万物都禀气而生,人虽也是万物中的一物,但是却具有对道德的自性明悟,这是其他事物所不具备的。故而人如果不珍惜自己真正的生命精神,肆意而为,就会使其心被私欲所蒙蔽,终不能明悟真正意义之所在。人生短暂,即使终日专心于道德,尚很难明悟生命的真正意义,何况那些从不思考生命本源的人呢?

主要参考文献

一、古代文献

程颢、程颐著,王孝鱼点校:《二程集》,中华书局,2004 年。

程树德撰,程俊英、蒋见元点校:《论语集释》,中华书局,2014 年。

戴震著,何文光整理:《孟子字义疏证》,中华书局,1982 年。

傅亚庶:《刘子校释》,中华书局,1998 年。

郭庆藩撰,王孝鱼点校:《庄子集释》,中华书局,1961 年。

韩愈、李翱:《论语笔解》,《景印文渊阁四库全书》第 196 册,台湾商务印书馆股份有限公司,1986 年。

韩愈著,刘真伦、岳珍校注:《韩愈文集汇校笺注》,中华书局,2010 年。

胡宏著,吴仁华点校:《胡宏集》,中华书局,1987 年。

皇侃撰,高尚榘校点:《论语义疏》,中华书局,2013 年。

黄晖:《论衡校释》,中华书局,1990 年。

黄宗羲原著,全祖望补修,陈金生、梁运华点校:《宋元学案》,中华书局,1986 年。

惠能著,尚荣译注:《坛经》,中华书局,2010 年。

李翱撰,郝润华、杜学林校注:《李翱文集校注》,中华书局,2021 年。

李颙撰,陈俊民点校:《二曲集》,中华书局,1996 年。

刘昫等:《旧唐书》,中华书局,2011 年精装本。

陆九渊著,钟哲点校:《陆九渊集》,中华书局,1980 年。

欧阳修、宋祁:《新唐书》,中华书局,2011 年精装本。

阮元校刻:《十三经注疏》,中华书局,2009 年。

阮元撰,邓经元点校:《揅经室集》,中华书局,1993 年。

僧祐撰,刘立夫、魏建中、胡勇译注:《弘明集》,中华书局,2013 年。

僧肇著,张春波校释:《肇论校释》,中华书局,2010 年。

邵雍著,郭彧整理:《邵雍集》,中华书局,2010 年。

司马光撰,李文泽、霞绍晖校点:《司马光集》,四川大学出版社,
　　2010 年。

司马迁撰,裴骃集解,司马贞索隐,张守节正义:《史记》,中华书局,
　　2011 年精装本。

苏舆撰,钟哲点校:《春秋繁露义证》,中华书局,1992 年。

王弼著,楼宇烈校释:《王弼集校释》,中华书局,1980 年。

王守仁撰,吴光、钱明、董平、姚延福编校:《王阳明全集》,上海古籍出
　　版社,1992 年。

王先谦撰,沈啸寰、王星贤点校:《荀子集解》,中华书局,1988 年。

玄奘译,韩廷杰校释:《成唯识论校释》,中华书局,1998 年。

扬雄撰,司马光集注,刘韶军点校:《太玄集注》,中华书局,2013 年。

赞宁撰,范祥雍点校:《宋高僧传》,中华书局,1987 年。

张载著,章锡琛点校:《张载集》,中华书局,1978 年。

周敦颐著,陈克明点校:《周敦颐集》,中华书局,2009 年。

朱熹:《四书章句集注》,中华书局,2012 年。

朱熹:《朱子全书》,上海古籍出版社、安徽教育出版社,2002 年。

宗密撰,阎韬校释:《禅源诸诠集都序校释》,中华书局,2021 年。

二、现代文献

卞孝萱、张清华、阎琦:《韩愈评传》,南京大学出版社,1998 年。

陈鼓应:《老子注译及评介》,中华书局,1984 年。

陈鼓应:《管子四篇诠释——稷下道家代表作解析》,商务印书馆,
　2006 年。

陈鼓应注译:《庄子今注今译》,中华书局,1983 年。

陈霖庆撰写,季旭升改订:《〈上海博物馆藏战国楚竹书(一)〉读本·
　〈性情论〉译释》,万卷楼图书股份有限公司,2007 年。

陈美东:《中国古代天文学思想》,中国科学技术出版社,2007 年。

戴维·布兰登-米切尔、弗兰克·杰克逊著,魏屹东译:《心灵与认知
　哲学》,科学出版社,2015 年。

笛卡尔著,庞景仁译:《第一哲学沉思集:反驳和答辩》,商务印书馆,
　1986 年。

笛卡尔著,王太庆译:《谈谈方法》,商务印书馆,2000 年。

冯友兰:《贞元六书》,华东师范大学出版社,1996 年。

冯友兰:《中国哲学史》,中华书局,1961 年。

冯友兰:《中国哲学史新编》,人民出版社,1999 年。

傅斯年:《性命古训辨证》,上海古籍出版社,2012 年。

葛兆光:《中国思想史》,复旦大学出版社,2009 年。

顾颉刚、刘起釪:《尚书校释译论》,中华书局,2005 年。

侯外庐主编:《中国思想通史》,人民出版社,1956—1959 年。

侯外庐、邱汉生、张岂之主编:《宋明理学史》,人民出版社,1997 年。

吉尔伯特·赖尔著,徐大建译:《心的概念》,商务印书馆,1992 年。

劳思光:《新编中国哲学史》,广西师范大学出版社,2005 年。

李零:《郭店楚简校读记》,北京大学出版社,2002 年。

李泽厚:《中国古代思想史论》,安徽文艺出版社,1994 年。

吕思勉:《吕思勉全集》,上海古籍出版社,2016 年。

牟宗三:《心体与性体》,上海古籍出版社,1999 年。

潘桂明:《中国佛教思想史稿》,江苏人民出版社,2009 年。

钱穆:《国史大纲》,商务印书馆,1996 年。

钱穆:《国学概论》,商务印书馆,1997 年。

钱穆:《朱子新学案》,九州出版社,2011 年。

沙弗尔著,陈少鸣译:《心的哲学》,生活·读书·新知三联书店,1989 年。

斯宾诺莎著,贺麟译:《伦理学》,商务印书馆,1983 年。

汤一介:《郭象与魏晋玄学》(增订本),北京大学出版社,2000 年。

唐君毅:《中国哲学原论·原教篇》,中国社会科学出版社,2006 年。

唐君毅:《中国哲学原论·原性篇》,中国社会科学出版社,2005 年。

汪子嵩、范明生、陈村富、姚介厚:《希腊哲学史》,人民出版社,1997 年。

王力:《王力语言学论文集》,商务印书馆,2000 年。

王晓毅:《王弼评传　附何晏评传》,南京大学出版社,1996 年。

维特根斯坦著,韩林合编译:《维特根斯坦文集》第 2 卷《逻辑哲学论》,商务印书馆,2019 年。

徐复观:《两汉思想史》,华东师范大学出版社,2001 年。

徐复观:《中国人性论史(先秦篇)》,上海三联书店,2001 年。

俞宣孟:《本体论研究》,上海人民出版社,1999 年。

约翰·塞尔著,杨音莱译:《心、脑与科学》,上海译文出版社,2016 年。

张岱年:《中国哲学大纲》,中国社会科学出版社,1982 年。

张跃:《唐代后期儒学》,上海人民出版社,1994 年。

钟泰:《中国哲学史》,《钟泰著作集》第 1 册,上海古籍出版社,2021 年。

周振甫译注:《周易译注》,中华书局,1991 年。

三、博士论文

韩丽华:《回归诚明——李翱〈复性书〉研究》,苏州大学,2012 年。

黄爱平:《李翱研究》,复旦大学,2007 年。

李小山:《李翱生平与思想新论》,西北大学,2009 年。

四、期刊论文

陈弱水:《〈复性书〉思想渊源再探——汉唐心性观念史之一章》，《"中央研究院"历史语言研究所集刊》第六十九本第三分，1998 年 9 月。

冯友兰:《韩愈李翱在中国哲学史中之地位》，《清华周刊》第 37 卷 9—10 期，1932 年 5 月。

郝润华:《李翱交游考》，《社科纵横》，1994 年第 2 期。

李恩溥:《李翱年谱》，《中央日报》，1948 年 5 月 17 日。

李光富:《〈李翱年谱〉订补》，《四川大学学报》(哲学社会科学版)，1985 第 4 期。

李光富:《李翱著作年代及版本考》，《四川大学学报》(哲学社会科学版)，1996 年第 1 期。

林采佑:《略谈王弼体用范畴之原义——"有体无用"之"用体论"》，《哲学研究》，1996 年第 11 期。

林耘:《李翱复性学说及其思想来源》，《船山学刊》，2002 年第 1 期。

马积高:《李翱生平仕履考略》，《湖南师院学报》(哲学社会科学版)，1980 年第 3 期。

漆侠:《唐宋之际社会经济关系的变革及其对文化思想领域所产生的影响》，《中国经济史研究》，2000 年第 1 期。

唐明贵:《论韩愈、李翱之〈论语笔解〉》，《孔子研究》，2005 年第 6 期。

杨荣国:《李翱思想批判》，《哲学研究》，1959 年第 Z1 期。

后　记

　　1992年我考入兰州大学哲学系，师从刘文英先生攻读中国哲学硕士学位。那个时候研究生还很少，兰州大学哲学系只有中国哲学一个硕士点，也只有刘先生一位导师，全系每年只招两名研究生，有时候没有好的生源，就只招一个。我考硕士研究生考了两次，第一次考的是西方哲学，那一年我本科毕业已经工作了两年，很担心考不上，所以在考场上很紧张，竟然把英语作文题只看了一半，因为另一半是在考卷的背面，没有看到。到了第二年再考的时候，我已经工作了三年，感到时不我待，所以准备报考我的母校兰州大学，以尽可能增加考取的可能性。不过由于母校只有中国哲学专业，而没有西方哲学专业，我不得不放弃报考西方哲学。

　　现在回想起来，我感到我在本科时早期的学习很是愚钝，迟迟不能在思想上有深入的感悟。后来在大学执教，我见过许多惊才绝艳的学生，他们对于思想的领悟之强以及对知识的学习速度之快使我常常生出羡慕之心。我的导师刘文英先生是一位仁厚的长者，我本来的兴趣点在西方哲学，对于中国哲学没有太深的理解，但在刘先生的指导下，开始接受中国哲学的训练，逐渐有了一点小想法，也对中国哲学越来越喜欢了。到了要做毕业论文的时候，刘先生推荐做李翱思想的研究，我接受了刘先生的建议，并于1995年完成了硕士毕业论文《李翱的人性论及其历史地位》。后来在兰州大学哲学社会学院执教，申请到的第一个国家社科基金项目就是"李翱著作校释及其复性思想研究",这本书就是该项目的研究成果。

在中国古代哲学尤其是儒家哲学中,心性论是其核心,它的地位有点像本体论或形而上学在西方古典哲学中的地位。中国古代人性论由最初的性情混沌不分的状态,渐次发展,逐步形成完整的思想系统。在这个漫长的发展历程中,李翱的人性论思想是中国古代人性论发展前后期的一个重要转折点。李翱的人性论思想主要集中在其代表作《复性书》中,《复性书》有一个特点,那就是大量引用了中国先秦时期的重要经典,比如《论语》《周易》《中庸》《孟子》《礼记》《诗经》等,而且《中庸》在历史上地位的抬升就是从《复性书》开始的。如果不仔细看,我们会感到李翱在拾古人的牙慧,但深入研究后,就会发现,李翱虽然引用了大量的经典话语,但他的思想已经形成了一个宋明理学的初步气象。

韩愈的文采肯定要高于李翱,但韩愈在哲学上的造诣却要弱于李翱。何以见得呢?这从两人对人性的探讨上就可以看出,韩愈的性三品说将性分为三品,相应地把情也分为三品,这就像把古代的人性论做了一个集合论意义上的分类,人的三种品性似乎是互不相关的,没有真正地建立起一个有机的人性理论。李翱的人性论则不同,它就像在韩愈思想基础上的一个升华,将人性善恶问题通过体用和生成关系巧妙地组合起来,具有了更加深刻的解释意义,并开启了宋代性二元论的思想路径。

研究古人的思想,还有一点是我们需要注意的,那就是我们的研究并不是为了研究而研究,学术研究的目的是思想的创新,是为当下的生活提供更好的解释工具。研究李翱的人性论也是如此,我们的目标是在研究李翱思想的基础上关照到儒家心性理论的现代化。要做到这一点,就必须对于现当代的哲学有一定的涉及,要从现当代心灵哲学的视角重新思索我们古人的人性思想,并力图建构适合当代中国人生活的理论范式。故而本书书名所说的"中国人性论转向"有两层含义：一个是指李翱哲学在中国古代人性论中的分水岭的作用，而另一个则是讨论中国古代人性论在当代的转向问题。我们都知道，从生物进化的视角看，哺乳动物在母腹中的发育在刚开始时和人类非常相像，但随着胚胎的发育，人与动物各自的形象愈来愈清晰，差别也越来越大。这反映了在生物进化的历程中，我们只有知道生物进化后面的阶段，才能对前面诸阶段的意义有更加深刻的理解。故而我们对中国古代人性论在当代哲学语境下的讨论，对于深化李翱的人性论以及整个中国古代人性论的研究有着重要的作用。当代哲学对于心灵的研究有着广阔的视域，它关注的对象不限于我们古人常关心的性善性恶、理气关系等问题，而是涉及感觉、时空之感、情感、意志、知性、理性等诸方面，这些广泛的思维对象有助于我们在更高的层面上深化中国古代的心性思想，并有望形成更多的思想萌芽，成就中国古代哲学的现代化成果。

　　本书是 2014 年度国家社会科学基金项目"李翱著作校释及其复性思想研究"（14BZX054）的成果，2019 年提交研究成果，2020 年 3 月经审核准予结项。在此书即将出版之际，我想感谢国家社会科学基金项目的资助，使我完成了本书的研究和写作。感谢明达同泽学科建设基金对于本书出版的资助！感谢中华书局罗华彤先生和高天女士对本书出版无私的帮助和支持！感谢方锡良、王旭强老师和中国哲学专业研究生胡顶、李青芳同学通读书稿并提出宝贵意见！

2022 年 11 月于兰州大学